I0813352

EL LIBRO DEL WHISKY

EL LIBRO DEL WHISKY

LA GUÍA DEFINITIVA DE LAS MEJORES DESTILERÍAS DEL MUNDO

JONNY McCORMICK y GAVIN D. SMITH

CONTENIDO

¿QUÉ HACE DEL WHISKY UNA BEBIDA ÚNICA?

Ninguna otra bebida espirituosa concita el grado de pasión y reverencia que el whisky, ni despierta el mismo interés por el estudio y la investigación. ¿Cómo embruja esta bebida de tal modo a sus seguidores? Quizá se trate de la seductora mezcla de artesanía, historia y misterio que la envuelve, o que una bebida espirituosa tan noble y elegante, y notoria por la dificultad que entraña elaborarla bien, sea, sin embargo, un destilado de los ingredientes más humildes posibles. Algo que asombra del whisky es que solo tres ingredientes básicos –grano, levadura y agua– se combinen para crear tal plétora de sabores distintos.

ELABORACIÓN DEL WHISKY

La cebada es el grano más empleado para hacer whisky, el único en la malta escocesa, y casi todos los whiskies contienen un porcentaje de cebada malteada.

Malteado La cebada se somete a un proceso que activa las enzimas y maximiza el contenido de almidón, después convertido en azúcar y luego en alcohol. Si para aromatizar los granos se quema turba, el whisky tendrá un sabor ahumado.

Maceración La malta se muele como una harina gruesa, o *grist*, y se mezcla con agua caliente en un recipiente *(mash tun)* para extraer los azúcares solubles. El mosto obtenido *(wort)* se canaliza para emplearlo luego.

Fermentación Al mosto se le añade levadura y se calienta en una cuba. La levadura se alimenta de los azúcares del mosto y produce alcohol y dióxido de carbono. La fermentación da como resultado una cerveza fuerte y bastante ácida llamada *wash*.

Destilación La siguiente etapa consiste en destilar la cerveza para extraer de ella el alcohol. En esencia es un proceso sencillo: el alcohol tiene un punto de ebullición inferior al del agua y, por tanto, al hervir la cerveza, el alcohol asciende como vapor, que se condensa y se recoge. En la mayoría de los casos el whisky se destila dos veces.

El corte La primera y última parte de la segunda destilación no son lo bastante puras para su empleo. Conocidas como *foreshots* (cabeza) y *feints* (cola), respectivamente, se vuelven a destilar con los *low wines* de la primera destilación. La parte deseada de la destilación es la fracción media, llamada corte medio, corazón o simplemente «el corte». Este aguardiente utilizable, conocido como *new make*, se puede beber, y presenta ya algunas de las características que se encontrarán en el whisky final. El destilador debe evaluar el aguardiente e identificar el punto de corte.

***Malteado en el suelo en Stauning** (**Dinamarca**). El malteado libera los azúcares del grano remojado en agua para estimular la germinación, y luego se seca para detenerla.*

***Campos de cebada** (**Escocia**). La cebada es el único cereal en la malta escocesa, aunque para hacer whisky también sirven el maíz, el trigo, el centeno, la espelta, la avena e incluso el trigo sarraceno. El maíz es el grano principal en el bourbon y el whisky de Tennessee.*

Maduración La graduación del *new make* se reduce algo hasta un 63 o 64 % de APV, la óptima para comenzar la maduración, y pasa por tuberías desde un tanque hasta barricas de madera. La maduración es el proceso que convierte el *new make* incoloro y sin tratar en la bebida de sabor complejo y ricos matices que conocemos como whisky. La duración varía según las condiciones climáticas, el tamaño y tipo de barriles usados, cómo se almacene y los requisitos legales.

***La cuba de maceración** de la destilería Blair Athol, donde el agua caliente extrae azúcares solubles de la malta molida y se obtiene el mosto.*

CÓMO EVOLUCIONÓ EL WHISKY

En la cuestión del origen, se ha debatido mucho dónde comenzó la destilación del grano, y los mejores candidatos son Oriente Próximo y el Sureste Asiático. Lo cierto es que no se sabe, y que en la misma época aproximada en varios lugares del mundo se pudo comenzar a separar el alcohol del agua para hacerlo más fuerte o puro. Sí parece probable que el clero tuviera algo que ver con el proceso, y que sus orígenes guarden relación con la medicina. La palabra «alcohol» procede del árabe, y no carece de fundamento la teoría de que sacerdotes viajeros trajeran de vuelta los secretos de la destilación a Irlanda, y de allí a la costa oeste de Escocia.

EL WHISKY: MOMENTOS EN EL TIEMPO

La historia del whisky está plagada de momentos estelares, tanto para el descubrimiento y evolución de la bebida como por el contexto económico y político en el que ha evolucionado. ¿Cuál fue el momento clave? Un firme candidato es la invención de la columna o alambique Coffey, así como la introducción de las barricas de roble y su tostado o quemado, pero para todo amante del whisky quizá el momento más decisivo sea aquel en que toma un sorbo y el sabor cobra todo su sentido. Ese instante es insuperable.

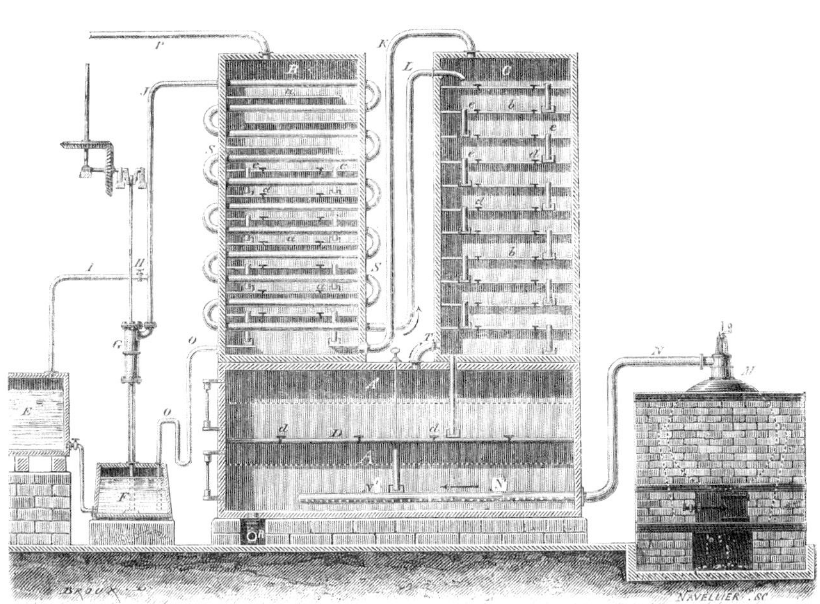

Innovación continua. *La historia global del whisky escocés comienza en 1826 con la invención del alambique o destilador Coffey (apellido de su inventor), también conocido como* patent *o alambique de columna o continuo. Permitió la destilación continua en lugar de por lotes, y dio lugar al whisky de grano, más ligero, que mezclado con los de malta tuvo un éxito inmediato.*

UNA DESTILACIÓN DEL TIEMPO: HITOS EN LA HISTORIA DEL WHISKY

Los orígenes del whisky se pierden en el tiempo, pero se remontan a cientos de años, posiblemente miles. Es cuestión muy debatida cómo evolucionó esta bebida espirituosa y por obra de quién. He aquí, pues, algunos hitos.

El primer whisky
Nadie sabe quién destiló whisky primero, pero hay indicios antiguos de la técnica tanto en China como en Mesopotamia para preparar fármacos y perfumes. Desde luego, hay vínculos claros entre salud y alcohol: baste considerar lo que se dice al brindar en casi cualquier idioma.

Echa la culpa al clero
La Iglesia tiene mucho que decir en materia de alcohol: los peregrinos medievales viajaban lejos, y es probable que volvieran a Europa con destilados. Los monasterios eran los guardianes de la elaboración de la cerveza y el aguardiente, y su disolución en Inglaterra contribuiría a difundir tales conocimientos.

A la luz del día
En Escocia, la ley de tasas de 1823 legalizó un comercio de whisky ya floreciente. En Irlanda, el whiskey se legalizó en 1608 con la primera licencia mundial. En EE.UU., no sin una rebelión y el reasentamiento en nuevas fronteras en el Sur, la destilación de whiskey se estableció a orillas del río Ohio. Japón empezó a producirlo en 1923.

Que ruede el barril
Nadie puede precisar con exactitud cuándo aparecen las barricas de roble en la historia del whisky, pero es casi seguro que fue un accidente afortunado. Al crecer la exportación hacían falta recipientes. En Escocia, probablemente el whisky se guardaba en barricas que habían contenido de todo, entre ellas las de vino y jerez que llegaban por mar.

La destilería Old Bushmills, fundada en 1784, con sede en Irlanda del Norte, hoy ostenta el título de destilería de whisky con licencia más antigua del mundo.

El doctor Jim Swan fue científico y asesor de whisky de nuevas destilerías de todo el mundo. Se le atribuye la difusión de la barrica STR.

El maestro japonés del whisky Masataka Taketsuru aprendió en Escocia los secretos de la producción de whisky puro de malta, y los aplicó al crear la industria japonesa del whisky, conocida hoy por sus whiskies de malta.

Jasper (Jack) Daniel aprendió a elaborar whisky con Nearest Green, pero el éxito que tuvo vendiéndolo le llevó a fundar la destilería Jack Daniel's en Lynchburg (Tennessee). Ahora su whisky se vende en más de 165 países.

A George Urquhart, de Gordon & MacPhail en Elgin (Escocia), se le recuerda como pionero del whisky puro de malta escocés, y llenó las barricas con whiskies que acabarían siendo de los embotellados más antiguos. Murió en 2001 a los 82 años.

A Bill Lark se le atribuye haber dado impulso a la industria australiana del whisky, tras abrir una destilería en Tasmania. El apoyo mutuo de Lark y sus contemporáneos asentó un ámbito del whisky artesanal en la isla, y Lark contribuyó a introducir el whisky australiano en ultramar.

Nuevos horizontes
Hay muchas leyendas en torno a la «invención» del bourbon en EE.UU. En realidad, la técnica de carbonizar las barricas pasó del Viejo al Nuevo Mundo, y simplemente el maíz de la mezcla era el grano local más abundante. Hoy en día el modelo se mantiene con el whisky de malta estadounidense floreciendo en el Pacífico noroeste.

El ascenso de Japón
Masataka Taketsuru aprendió a elaborar whisky en Escocia, y fue el primer destilador en Yamazaki, la empresa que más tarde sería Suntory. Se marchó para crear su propia empresa, luego Nikka Whisky, y en 1934 abrió la destilería Yoichi. El siglo xxi ha sido testigo del reconocimiento mundial del whisky japonés y los sabores del roble mizunara.

El *single malt*
El interés por el whisky escocés single malt empezó a crecer en la década de 1980, con el número de destilerías que ofrecían maltas embotelladas a distintas edades. La sed actual es tal que en 2023 la exportación superó de largo los 2300 millones de euros, y The Glenlivet y Glenfiddich encabezaron las ventas globales.

Epicentro turístico
El primer centro para turistas de una destilería abrió en 1969 en Glenfiddich, y desde entonces el turismo del whisky ha sido una fuente de ingresos en muchos países. Hoy muchas destilerías ofrecen un «menú» de experiencias a los visitantes, con visitas entre bastidores y degustación de la barrica para los entendidos.

Whiskies «acabados»
David Stewart, maestro maltero de The Balvenie, guardó en una barrica de jerez whisky de malta maduro envejecido en barrica de roble americano para ver si añadía más sabor, y funcionó. Así nació Balvenie Classic, hoy Balvenie Doublewood. En la actualidad se acaban whiskies en todo el mundo con barricas de roble virgen, vino, cerveza, aguardiente y vino fortificado.

TIPOS DE WHISKY

En la actualidad, el whisky se elabora en muchos países de todo el mundo, desde sus orígenes tradicionales en Escocia, Irlanda, Canadá y EE.UU. hasta nuevos lugares, que van desde China y Líbano hasta México y Corea del Sur. En distintos países se escribe whisky con o sin «e», lo cual no tiene mayor importancia que dar una pista sobre el país de origen: en Escocia, Japón y Canadá se escribe whisky, mientras que Irlanda y EE.UU. prefieren whiskey, con «e».

MEZCLA
El *blend* es una combinación de whiskies de malta y de grano. En Irlanda puede ser cualquier combinación de dos o más estilos de whisky irlandés. Las mezclas estadounidenses son la excepción, al contener un mínimo del 20 % de whisky puro o mezcla de ellos, y el resto puede incluir destilados neutros más económicos u otros whiskeys más jóvenes.

MEZCLA DE MALTA
El *blended malt* combina whiskies de malta de más de una destilería, antes llamada *vatted malt*. Monkey Shoulder es una mezcla de whiskies puros de malta muy apreciada por los bármanes para mezclar, mientras que embotelladores independientes como Douglas Laing, Elixir Distillers y Compass Box mezclan partes de distintos whiskies puros de malta para crear perfiles de sabor específicos.

PURO DE MALTA
El *single malt* se elabora al 100 % con cebada malteada en una única destilería. En este estilo son muy conocidos los whiskies escoceses, pero es un estilo líder hoy también en Japón, Taiwán, Irlanda, Inglaterra, Gales, Europa continental y Australia, y su importancia crece en EE.UU., Canadá y Nueva Zelanda.

GRANO ÚNICO
Hecho con cebada malteada, maíz, trigo y otros cereales destilados en alambique de columna en una única destilería. Suele producirse para mezclas o se embotella como opción más barata para coctelería. Los más interesantes proceden de destilerías como Loch Lomond, el alambique Coffey de Nikka en Miyagikyo y embotelladores y mezcladores como Compass Box para Hedonism Wines.

SINGLE POT STILL
Estilo clásico de whiskey irlandés elaborado en alambique con cebada malteada y verde (sin maltear), y pequeñas cantidades de otros granos como avena o centeno. El estilo casi desapareció en el siglo XX, pero destiladores irlandeses lo popularizaron otra vez. Hoy en día florece con productores irlandeses dedicados a producir whiskey de alambique único.

El momento elegido para realizar los cortes *afecta al estilo de whisky obtenido. La imagen es de Mackmyra (Suecia).*

La normativa sobre elaboración de whisky varía de un país a otro, desde el rigor del Reglamento del Whisky Escocés de 2009 hasta países sin normas establecidas, donde los destiladores son libres de seguir su propio camino a la espera de que se acuerde un conjunto de criterios nacionales.

Por suerte, las definiciones de los distintos estilos de whisky se suelen observar y respetar a escala internacional, y las explicaciones siguientes abarcan los estilos básicos de whisky que se pueden leer en la etiqueta.

WHISKY DEL MUNDO

La expresión *world whisky* puede indicar una mezcla o whiskies de más de un país, pero también se refiere a whiskies elaborados en países distintos de los tradicionales en la producción de whisky.

CANADIENSE

Hecho a partir de cualquier cereal, debe macerar, envejecer y destilarse en Canadá y pasar tres años en barrica. Suele mezclarse para obtener el whisky final. El whisky de centeno de Canadá no tiene que atenerse al requisito estadounidense de una mezcla de grano con un mínimo de 51 % de centeno. En Canadá también se hace whisky puro de malta.

WHISKEY DE TENNESSEE

Elaborado en Tennessee con un 51 % de maíz. Se distingue por el proceso del condado de Lincoln, un filtrado a través de cubas de carbón de arce azucarero que suaviza el whiskey antes de pasar al barril. Jack Daniel's domina la categoría a escala mundial, pero vale la pena explorar todas las destilerías del estado, pues se han ganado una reputación sólida por su innovación.

BOURBON

Elaborado con al menos un 51 % de maíz, puede contener cantidades menores de trigo, centeno, cebada malteada y otros granos menores, y debe madurar en barricas nuevas de roble carbonizado. Aunque es sinónimo de Kentucky, se hace bourbon en todo EE. UU. Para el envejecimiento no se exige mínimo alguno, pero un *straight whiskey* (whisky puro) debe envejecer dos años.

CENTENO

En EE. UU. se elabora a partir de una mezcla de al menos un 51 % de centeno, y puede contener cantidades menores de maíz, trigo, cebada malteada y otros granos menores. Muchos whiskies canadienses se denominan *rye* (de centeno), pero no se exige ni mucho menos un 51 % de centeno. En Escocia, Inglaterra, India, Australia y toda Europa también se elabora.

MAÍZ

Hecho con al menos un 80 % de maíz, puede envejecer en barricas nuevas de roble sin carbonizar, barricas usadas o venderse sin envejecer. Es un producto minoritario, pero en catas comparativas con los whiskies de maíz de nuevas destilerías de México y Perú, los whiskeys de maíz estadounidenses ofrecen un contrapunto interesante.

LA IMPORTANCIA DE LA BARRICA

Es cierto que el whisky se elabora con solo tres ingredientes, pero hay otros dos que contribuyen en gran medida al sabor: la turba usada a veces para secar la malta verde y la madera usada para madurarlo. El destilado de la malta sale del alambique como un líquido claro, y pasa a barricas de madera para iniciar su viaje hacia el whisky. Cuánto tiempo pase allí depende de muchos factores, tales como el país donde se elabore, el estilo de whisky y lo ligero o fuerte que sea el destilado para vérselas con los sabores intensos del roble. Hasta tres cuartas partes del sabor de un whisky puro de malta proceden de la barrica, y en el caso del bourbon una proporción bastante más alta. La magia y el misterio del whisky surgen de la madera.

Nadie sabe cuándo se descubrió que dejar reposar el fogoso aguardiente en barricas de madera mejoraba notoriamente la calidad desarrollando un carácter más suave y «redondo». Casi con toda seguridad fue un accidente afortunado, pues la finalidad de los recipientes de madera era ante todo almacenar líquidos.

En muchos estilos de whisky definidos legalmente, lo estipulado es usar roble para la maduración, sobre todo por ser una madera dura, relativamente fácil de trabajar para los toneleros y de porosidad suficiente para permitir que el destilado respire sin pérdidas.

Los dos tipos principales de roble para envejecer whisky son el roble blanco americano *(Quercus alba)* y el roble europeo *(Quercus robur)*. En Escocia, debido a la popularidad del jerez en Gran Bretaña durante los siglos XVIII y XIX, tradicionalmente el whisky se maduraba en barricas de roble europeo que habían contenido jerez.

El empleo de barricas de roble americano antes usadas para madurar bourbon fue una innovación del siglo XX, al disponer los destiladores escoceses de un gran número de barricas sobrantes, dado el requisito legal de usar una sola vez las barricas de bourbon afeitadas y carbonizadas de nuevo.

La medida coincidió con el declive de la afición británica al jerez. Hoy hay unos 18 millones de barricas de whisky madurando en bodegas escocesas, pero solo un 5% aproximado contenía antes jerez. Una barrica de jerez de calidad puede costar diez veces más que una de bourbon. Tanto las barricas de roble europeo como las de roble americano se aderezan con jerez antes de su nueva vida en Escocia, y varias destilerías escocesas como The Macallan, The Dalmore y Glenfarclas siguen destacando por hacer amplio uso de antiguas barricas de jerez.

Aunque, con diferencia, el roble es la madera predilecta para madurar whisky, pero donde el roble no es un requisito legal, en ocasiones se usan otras maderas. Irlanda es uno de tales lugares, y allí han utilizado castaño francés y japonés, cerezo y morera para el acabado de destilados de alambique único en Midleton (condado de Cork). Bushmills en el condado de Antrim (Irlanda del Norte) ha empleado acacia. Dadas las deseables características de sándalo e incienso que confieren a los whiskies japoneses, las barricas japonesas de roble mizunara son muy solicitadas para el acabado por destiladores de todo el mundo. Por los sabores especiados y a canela que pueden aportar a la maduración del whisky, los destiladores optan cada vez más por barricas de amburana.

Sea cual sea la madera, las barricas las construyen toneleros altamente cualificados que pasan por un largo aprendizaje para montar y reparar estos valiosos recipientes. El arte de la tonelería exige uniones y ajustes muy precisos, sin cola ni clavos, y aunque en las últimas décadas diversos dispositivos que ahorran trabajo han facilitado la vida de sus practicantes, crear

El roble blanco americano **Quercus alba** *es el roble más empleado para surtir de barricas a la industria global del whisky.*

y mantener barricas que duren unos cincuenta años sin gotear requiere un gran dominio de esta artesanía.

Crianza en barrica

El sabor final de un whisky depende mucho del tipo de madera usada para hacer la barrica y de lo que contenía antes de introducir en ella el destilado. No obstante, en los mejores whiskies, más que dominar la barrica realza los sabores. No necesariamente muchos años en barrica es algo bueno: en una barrica demasiado activa, con una maduración prolongada los sabores derivados de la madera pueden prevalecer en exceso.

INTERACCIÓN ENTRE DESTILADO Y MADERA El destilado nuevo (*new make*) es un líquido incoloro, y una vez en la barrica se dan cuatro reacciones. Primero, el aguardiente se expande y contrae levemente al moverse en la barrica con el paso de las estaciones, penetra más profundamente en las duelas y toma de ellas sabor y color. Un segundo efecto es que la madera retira impurezas y compuestos negativos del destilado. En tercer lugar, la reacción mutua de la madera y el alcohol produce una miríada de sabores, la magia inexplicable del whisky. La parte final de la maduración se debe a la oxidación, pues al evaporarse parte del líquido, el roble deja pasar aire al interior de la barrica.

TAMAÑO DE LA BARRICA El whisky casi siempre madura en roble, pero el tamaño de la barrica afecta al tiempo de maduración. Cuanto menor el barril, mayor contacto del alcohol con la madera y, por tanto, mayor efecto en la maduración en menos tiempo. La bota de exportación de jerez tiene una capacidad de 500 litros, la media bota, de 250 litros, y la barrica americana estándar, de 200 litros.

EDAD DE LA BARRICA Que la barrica sea nueva o usada también afecta a la maduración. El bourbon debe madurar en barricas nuevas de roble blanco carbonizadas (otra opción es tostar el interior). Algunos whiskies puros de malta maduran en barricas de roble virgen, pero lo habitual son las ya usadas para producir otra bebida, normalmente bourbon o jerez. Sin embargo, se usan cada vez más tipos distintos de barrica, sobre todo para un periodo secundario de envejecimiento, o acabado, a menudo en barrica de vino, para impartir diferentes características de aroma y sabor al destilado.

FACTORES ATMOSFÉRICOS También afectan a la maduración la temperatura media, las máximas y mínimas, la humedad y la presión atmosférica, así como el tamaño y tipo de bodega. En el *dunnage* tradicional, fresco, húmedo, con suelo de tierra y las barricas en dos o tres alturas, el aguardiente pierde fuerza pero conserva bien el volumen. Por el contrario, en EE.UU. las barricas se apilan en almacenes con estanterías de hasta ocho alturas, y el tiempo es cálido –caluroso, incluso– y seco junto al techo. Con ello se pierde volumen, pero la graduación se mantiene alta, y las barricas suelen llenarse con destilado de menor grado. En el clima subtropical de India y Taiwán, el whisky madura mucho antes que en Escocia, se requiere menos espacio de bodega y es raro ver la edad declarada en las botellas.

***La duración de la maduración** en barrica es el factor que más influye en el sabor del whisky maduro. No hay un tiempo óptimo: depende de la historia de la barrica. Los whiskies de la misma añada y destilería se distinguen claramente de una barrica a otra. La imagen es de la destilería A Smith Bowman en Virginia, propiedad de Sazerac.*

***Quemar el interior de la barrica** (en la imagen, en Kavalan, Taiwán), provoca cambios químicos en la madera sin los cuales el destilado no madura. Las barricas europeas suelen tener un tueste ligero; las americanas se carbonizan.*

EL FACTOR HUMANO

El whisky es una industria importante para la economía, aporta cientos de miles de puestos de trabajo en los sectores agrícola, de alimentos y bebidas, manufacturero, hostelero, minorista y turístico, y, por tanto, da oportunidades de formar parte de su historia a muchas personas con habilidades diversas.

Puede estar hecho de nada más que cereales, levadura y agua, pero detrás de cada botella que se compra hay todo un equipo que trabaja duro en tareas distintas. Estas son algunas de las personas que ponen el corazón y el alma en cada gota de su vaso.

El maltero se encarga del remojo de la cebada, la germinación y el secado de la malta en el horno hasta la humedad requerida. La mayoría de las destilerías de whisky puro de malta recurren a malterías comerciales, pero algunas conservan las de suelo tradicionales.

El cervecero se ocupa de macerar y fermentar, etapas críticas para maximizar la producción de alcohol y sabor. El agua caliente extrae los azúcares del grano molido en el recipiente del mosto, luego bombeado a cubas de fermentación donde se añade levadura para convertir el azúcar en alcohol, y se crea una maravillosa gama de sabores afrutados. Para el bourbon puede utilizarse un molino de martillos y cocerse el maíz y los granos menores antes de añadir la levadura.

El destilador controla de forma segura el proceso de destilación en los alambiques, maneja la *spirit safe*, o caja de alcohol, toma y analiza muestras, documenta el resultado de cada lote y garantiza la limpieza y el mantenimiento de los alambiques, y en caso necesario llama al calderero para repararlos.

El tonelero se encarga de la tarea altamente cualificada de fabricar y reparar barricas de roble, que requiere dominar distintas herramientas y máquinas para dar forma a las duelas, elevar las barricas, martillar los aros, tostar y carbonizar el interior de la barrica hasta el grado requerido y encajar las cabezas para obtener el producto final: un recipiente hermético al alcohol. Las empresas más grandes, como William Grant & Sons, Loch Lomond Group y Brown-Forman, tienen sus propias tonelerías *in situ*, mientras que las más pequeñas pueden comprar barricas a una tonelería independiente, que sus propios toneleros mantendrán y repararán durante toda su vida útil. Los toneleros realizan un aprendizaje de cuatro años y luego se convierten en toneleros oficiales.

Kirsteen Campbell, *tras su paso por Cutty Sark y The Famous Grouse como maestra mezcladora, fue nombrada en 2019 maestra whiskera de The Macallan.*

La carrera de Ashok Chokalingam *lo llevó de ser embajador de la marca Amrut en India a su director de destilación, ventas globales y marketing.*

La experiencia de comprar ***whisky*** *en el siglo XXI ha pasado de la tienda física minorista, como aquí en The Whisky Exchange en Covent Garden de Londres, a la compra en tiendas en línea como The Whisky Exchange, Amazon y ReserveBar. Los entusiastas pueden comprar directamente en los sitios webs de destilerías, y adquirir whisky por ofertas de barricas, programas de selección de barricas, subastas, como NFT y plataformas de entrega como Uber Eats.*

El encargado de la bodega se ocupa de la entrada y salida de barricas de un depósito franco o almacén, y es el responsable de identificar barricas con fugas, tomar muestras y de la seguridad de la bodega, de su contenido y del personal. Antaño, las destilerías de whisky escocés también contaban con un funcionario de aduanas para asegurarse de que se contabilizaba cada gota de whisky madurado en los depósitos francos de la destilería.

El director de marca se encarga del marketing, comunicación, estrategia y visión de la marca, incluida la responsabilidad clave del éxito comercial, y puede transmitir conceptos para nuevas expresiones, gamas y diseños de envasado al equipo de mezcladores para trabajar con el destilado y hacerlas realidad.

El maestro mezclador es responsable de la calidad, la coherencia y de proveer las gamas de whisky del momento. Trabaja con científicos analíticos para controlar la calidad del destilado, innova con embotellados especiales, trata con los medios de comunicación y atiende a los consumidores en las ferias.

El operario de la sala de embotellado mantiene el control de calidad en las líneas de embotellado al llenar, sellar, etiquetar y empaquetar cada botella en cajas de cartón antes del embalaje en cajas listas para enviar a todo el mundo. Es un papel crucial para garantizar la autenticidad del whisky, y ayuda a disuadir a los falsificadores con medidas de seguridad integradas en el empaquetado.

El embajador de marca encarna la marca de whisky, da vida a las historias de la destilería y su whisky para los consumidores en ferias y festivales, y forma y mantiene relaciones con clientes importantes, periodistas, blogueros y personas influyentes en las redes sociales.

El guía del centro de visitantes dirige visitas a la destilería, describe cómo se elabora el whisky, organiza catas multisensoriales, gestiona el entorno del bar y la tienda y ofrece experiencias memorables a visitantes de todo el mundo.

El barman deleita con cócteles deslumbrantes y presenta nuevos sabores con catas de whisky adaptadas a todas las necesidades, exhibiendo creatividad y destreza con el *jigger*, la coctelera, el hielo y la guarnición, y demostrando un conocimiento profundo de la cultura de la bebida contemporánea.

El minorista reúne la mejor selección de whiskies para su clientela, desde los de diario y fáciles de beber hasta las últimas novedades, embotellados independientes *cask strength* para el bar de casa, tragos de lujo, coleccionables y embotellados añejos raros.

CON VISTAS AL FUTURO

El whisky nunca deja de avanzar. Mientras los productores tradicionales aprovechan la creciente demanda mundial, mantienen como referencia que el atractivo del whisky se centra en el patrimonio, la procedencia y la integridad. Para elaborar bebidas espirituosas de calidad no hay remedos. Hay también una nueva generación de productores dispuesta a promover innovaciones. Muchas de ellas no pueden llamarse whisky, pero nadie sabe si en el futuro no se inventarán nuevas categorías de bebidas estrechamente emparentadas.

Nuevas empresas y desafío a los límites

En Irlanda, Inglaterra, Japón, Australia y Nueva Zelanda prosperan nuevas destilerías, mientras abren otras pioneras en nuevos países productores de whisky como China, Perú, Líbano y Corea del Sur. Aprovechando la falta de normativa y criterios acordados en los nuevos países productores de whisky, muchos nuevos destiladores desafían los límites con una perspectiva innovadora.

Categorías superpremium

Ayudados e instigados por el crecimiento del mercado secundario del whisky, los productores se han afanado en ofrecer a los coleccionistas una gama cada vez mayor de rarezas, ediciones limitadas y productos exclusivos. El primer Macallan vendido por más de un millón de dólares se subastó en 2018; en 2023 se vendió el primero que superó los 2 millones de dólares.

Innovación y sostenibilidad

Los productores de whisky de todo el mundo reconocen la urgente necesidad de abordar cuestiones de sostenibilidad, y muchos ya son líderes mundiales en reducción de emisiones, eficiencia energética e hídrica y soluciones de envasado más respetuosas con el medio ambiente.

La cebada ecológica suena atractiva, pero para igualar el rendimiento de otras variedades requiere más tierra. Se sigue exportando cebada malteada a destilerías construidas en regiones del mundo no aptas para el cultivo de la cebada.

El interés por el acabado en maderas exóticas como la amburana, el cedro, el castaño, el nogal americano y la sakura puede acarrear costes de flete adicionales para el transporte de los recipientes. Conscientes de ello, a los destiladores australianos les distingue usar barricas de vino, tawny y apera disponibles localmente.

Además de tomar en serio su responsabilidad medioambiental, destilerías como Domaine des Hautes Glaces, Nc'Nean, Westland y Ardnamurchan están encontrando modos de transmitir este mensaje con autenticidad y ganarse la fidelidad y el respeto de sus aficionados.

Se puede encomiar el compromiso con la sostenibilidad de las pequeñas destilerías independientes, pero el cambio significativo se debe a la acción de los grandes del sector, como Diageo, Brown-Forman, Suntory Global Spirits, Pernod Ricard e International Beverages.

Lo viejo vuelve a ser nuevo

Junto a tales innovaciones de índole tecnológica, al mirar al futuro muchos destiladores a pequeña escala han decidido volver atrás en el tiempo. Con crear sabores óptimos como meta, han optado por emplear variedades tradicionales de cebada y maíz, sustituidas por variedades de mayor rendimiento, y levaduras diversas, también con el objetivo de maximizar el sabor. En Irlanda, varios destiladores han intentado redefinir el whiskey de alambique único (*single pot still*) usando una proporción mayor de cereales distintos, como avena y centeno, como hacían sus predecesores hace más de un siglo.

El futuro es femenino. Cada vez más mujeres emprenden carreras de éxito en el sector, sobre todo en áreas infrarrepresentadas como la producción. La doctora Abbie Jaume es cofundadora y destiladora jefe de la inglesa Cooper King Distillery.

PENSANDO EN VERDE

El futuro de la energía

Producir whisky es un proceso que consume mucha energía. Se calcula que en Escocia la industria del whisky representa el 10 % del consumo total de energía del país. Para reducir las emisiones de carbono hay que abandonar los combustibles fósiles y recurrir más a fuentes renovables, como la energía eólica y solar, la generación *in situ* de biogás mediante digestión anaerobia y un uso más inteligente de la energía en la destilería, como los sistemas de recompresión térmica o mecánica de vapor, y el potencial para las destilerías que representan los avances en la industria del hidrógeno, tras los ensayos con hidrógeno en las destilerías Bruichladdich y Yamazaki.

__Una experiencia de whisky ártico__ en la cima del mundo: a la destilería Aurora Spirit, en el norte de Noruega, llegan visitantes para saborear un trago de whisky de malta Bivrost bajo el espectáculo de la aurora boreal.

***Ad Gefrin, la destilería más septentrional de Inglaterra**, experimenta con variedades tradicionales de cebada en su cooperativa de agricultores locales.*

***En la destilería Komoro** en la prefectura de Nagano (Japón), Ian Chang, antes maestro destilador de Kavalan, elabora hoy whisky japonés de alta calidad en una destilería de última generación y ofrece cursos para aficionados de todos los niveles.*

***El centeno suele asociarse con el whisky canadiense** y los whiskeys de centeno de EE.UU., pero hoy tiene un arraigo firme en Europa, con productores en Alemania, Austria, Inglaterra y Países Bajos.*

ESCOCIA

ESCOCIA

CALENDARIO DEL WHISKY ESCOCÉS
Desde hace mucho tiempo, el whisky escocés es parte íntima de las principales celebraciones del país. Es casi obligatorio un trago de bienvenida al Año Nuevo a medianoche en *Hogmanay*, y la Cena de Burns, que conmemora el nacimiento del bardo nacional de Escocia, Robert Burns, el 25 de enero de 1759, incluye siempre la bebida nacional. En 2012, Blair Bowman, alumno de la Universidad de Aberdeen y hoy consultor especializado en whisky, tuvo la idea de celebrar el tercer sábado de mayo el Día Mundial del Whisky (www.worldwhiskyday.com).

Hoy el whisky puede ser una bebida verdaderamente global que se disfruta en muchos países del mundo y se produce en varios de ellos, pero sigue predominando la idea de su origen en las Highlands, las Tierras Altas de Escocia (lo cual negarían sin duda los irlandeses). La conocida imagen de las destilerías encaladas sobre el fondo imponente de un brezal por el que fluye un arroyo de agua pura deriva en parte del trabajo de generaciones de publicistas y expertos en marketing para equiparar el producto con lo bello, lo natural y lo arquetípicamente escocés. Cuando liban un whisky, los consumidores no suelen fantasear con líneas de embotellado de alta velocidad en estructuras de hormigón en polígonos industriales de la década de 1980.

Escocia cuenta con una extraordinaria gama de destilerías repartidas por algunas de las zonas más hermosas del país, sobre todo las Highlands y las islas. Es de por sí notable que en un mundo comercial y poco sentimental en el que predominan las políticas de concentración y racionalización hayan sobrevivido hasta bien entrado el siglo XXI casi cien destilerías de malta. Muchas de estas destilerías fueron fundadas en el periodo victoriano, cuando el *blended* escocés fue conocido en todo el mundo.

En los últimos años, el nivel de exportación sin precedentes ha propiciado la expansión de las destilerías existentes y la creación de otras nuevas. En las últimas dos décadas, desde los Borders hasta el extremo norte de Gran Bretaña se han creado unas cuarenta destilerías. La mayoría son de propiedad y gestión independiente, pero en conjunto la propiedad sigue concentrada en relativamente pocas manos. Los dos principales productores, Diageo y Chivas Brothers, filial de Pernod Ricard, poseen 41 de las 135 destilerías de malta, lo cual representa casi la mitad de la capacidad total.

Tras un largo periodo de crecimiento de las ventas mundiales de whisky escocés, y mientras la producción de whisky puro de malta sigue creciendo, hay indicios de ralentización o incluso retroceso en algunos mercados. Por primera vez, la producción del puro de malta y del destilado de grano son aproximadamente iguales. Existe el riesgo de que la oferta supere a la demanda, y vuelvan los tiempos de lo que la prensa llamó «el lago del whisky» de principios de la década de 1980. Para el whisky escocés, EE.UU. y Francia siguen siendo los dos mayores mercados exteriores.

***La destilería de Strathisla** dibuja una bella silueta con su tejado con gabletes y hornos de secado rematados en forma de pagoda.*

REGIONES PRODUCTORAS DE WHISKY ESCOCÉS

Por razones prácticas y administrativas y también como resultado de las similitudes estilísticas percibidas entre los whiskies destilados en las proximidades unos de otros, las regiones de producción del whisky de malta escocés han evolucionado. La división entre «Highland» y «Lowland» surgió a raíz de la ley Wash, de 1784, que imponía distintos niveles de impuestos en las dos zonas, mientras que los whiskies producidos en Islay, por ejemplo, destacaban por su alto contenido en turba.

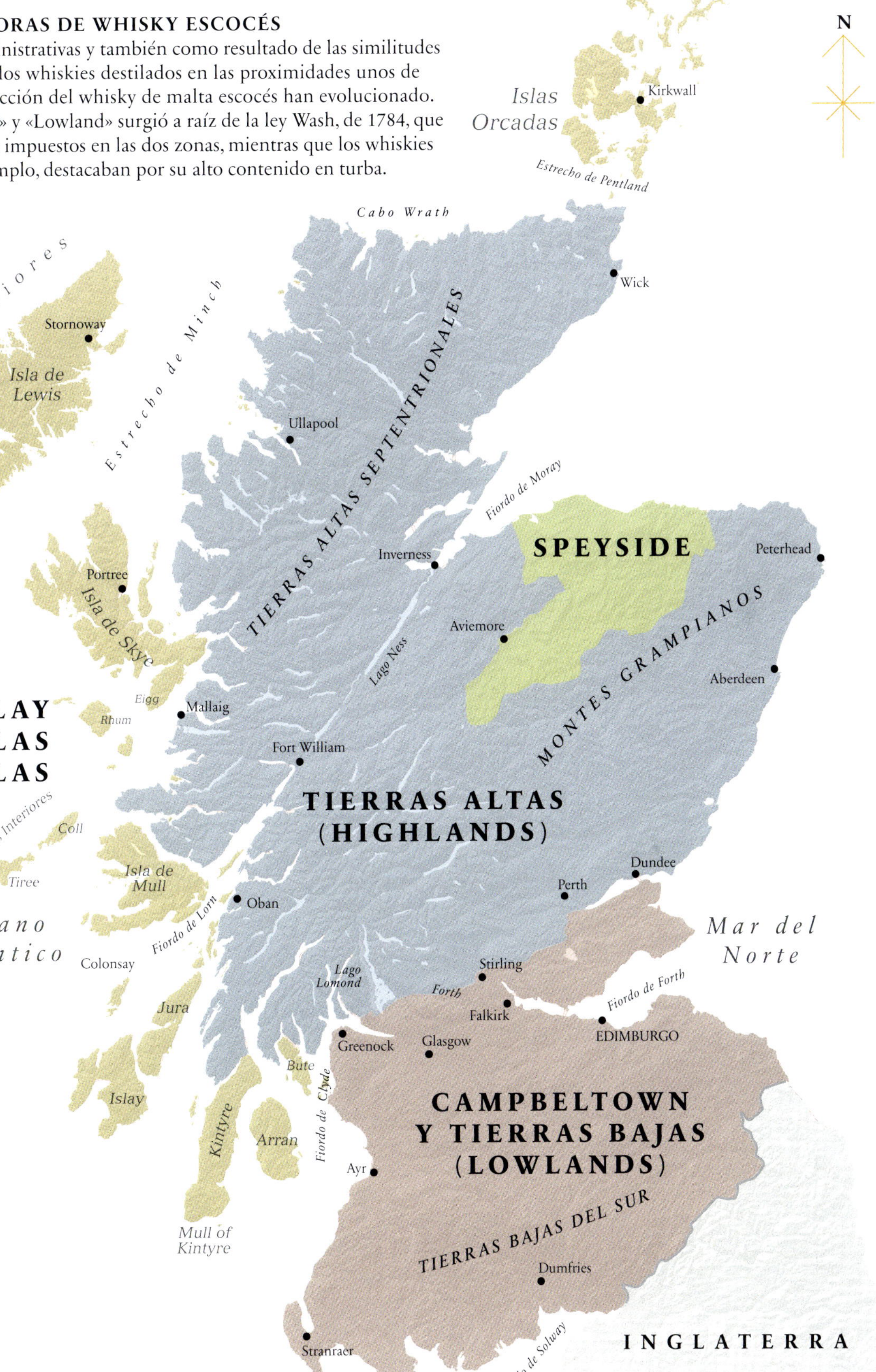

SPEYSIDE

ESTILOS REGIONALES

Los speysides han sido conocidos como whiskies elegantes y complejos, pero existen diferencias notables entre el perfil ligero, herbáceo y floral de un *single malt* como Glen Grant y el carácter pleno, rico y con sabor a jerez del cercano The Macallan.

NUESTRA ELECCIÓN

BALVENIE Clásica destilería de propiedad familiar y una de las pocas que siguen realizando el malteado en el suelo. Su whisky de malta se distribuye en todo el mundo, pero nunca es corriente, y sus propietarios no temen innovar.
TORMORE No es un «gran éxito», pero sigue siendo una visita obligada por su visionaria arquitectura.

EVENTOS REGIONALES

Ocho destilerías, incluida la silenciosa Dallas Dhu de Historic Scotland, además de la fascinante Speyside Cooperage, forman parte de la ruta oficial del whisky de malta (www.maltwhiskytrail.com), pero también muchas otras destilerías muestran sus instalaciones a los visitantes. Para más información, visite www.scotlandwhisky.com. Cada año se celebran dos festivales del whisky: el Spirit of Speyside Whisky Festival (www.spiritofspeyside.com), que tiene lugar durante cinco días en mayo, y el Spirit of Speyside: Distilled, que ocupa dos días en septiembre.

Conocido como el «triángulo de oro», Speyside es el corazón de la producción de whisky de malta. El adjetivo «dorado» es apropiado por partida doble: no solo implica algo precioso, sino que Speyside es también un centro de cultivo de cebada cervecera, y en los meses de verano se ven meciéndose con la brisa vastas extensiones doradas de la materia prima del whisky escocés.

La región de Speyside, en el noreste de Escocia, es también un lugar de remotos valles de las tierras altas, donde el invierno se prolonga y en tiempos pasados los destiladores clandestinos podían ejercer su oficio con relativa seguridad, lejos de miradas indiscretas.

En el centro de la región se encuentra el gran río Spey, el más caudaloso y el segundo más largo de Escocia, que goza de una excelente reputación entre los pescadores de caña por su pesca del salmón de categoría mundial. El río nace en las tierras altas de Badenoch y fluye por Grantown, Aberlour y Rothes hasta desembocar en el mar entre Elgin y Buckie. Sin embargo, desde el punto de vista de la elaboración del whisky, Speyside abarca una zona que se extiende desde el río Findhorn, al oeste, hasta el Deveron, al este, y tan al sur como la ciudad de Aberdeen.

El éxito histórico de Speyside como emplazamiento de destilerías se debe a que la zona proporciona los ingredientes clave necesarios para elaborar whisky: abundante agua pura, cebada de alta calidad y turba, todo ello a una distancia relativamente corta. En la actualidad alberga aproximadamente a la mitad de las destilerías de whisky de malta de Escocia.

La llegada del ferrocarril en la segunda mitad del siglo XIX permitió a las destilerías de Speyside transportar su aguardiente a los grandes centros de mezcla situados más al sur, y cuando la creciente aceptación del whisky de mezcla provocó una bonanza de destilación, fue en Speyside donde el desarrollo fue más espectacular. Hoy, la industria del whisky escocés está experimentando otra edad dorada, y Speyside es su epicentro, con destiladores como Diageo y Chivas Brothers invirtiendo en su futuro. Para los amantes del whisky, visitar Speyside ofrece magníficas oportunidades.

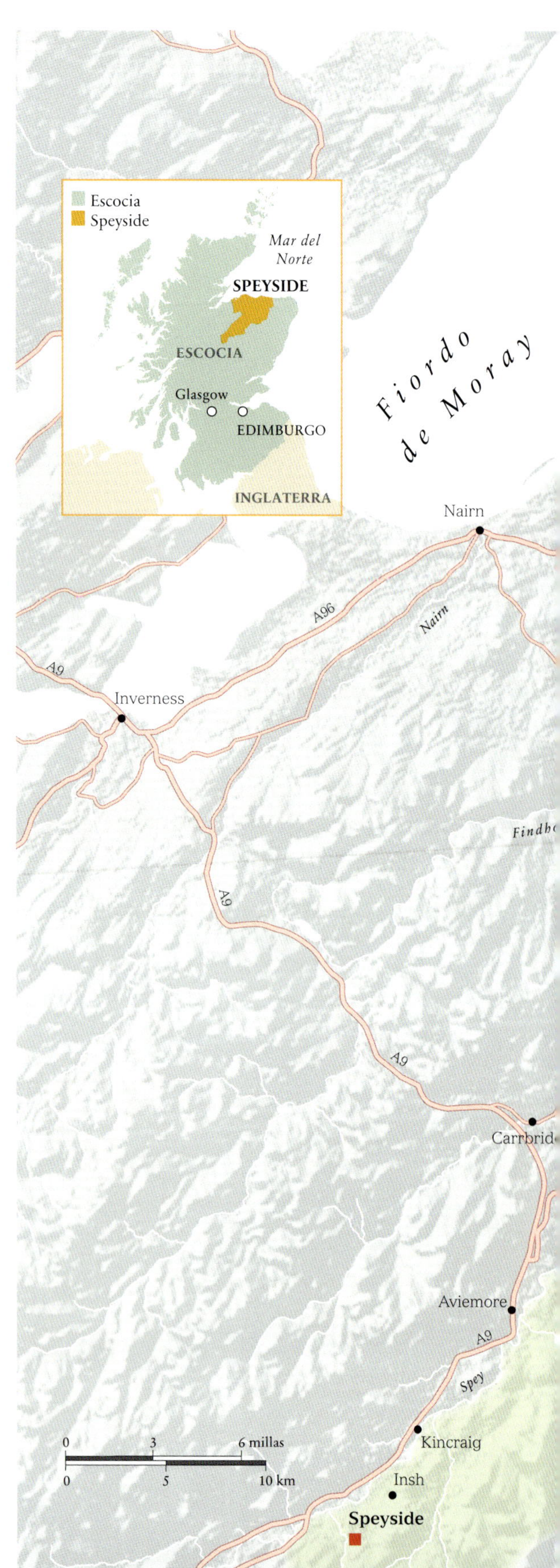

CÓMO DESPLAZARSE

Speyside se concentra en las localidades productoras de whisky de Elgin, Keith, Rothes y Dufftown. Las principales carreteras de acceso a la región son la A96 desde Aberdeen por Huntly y Keith hasta Elgin, la A96 desde Inverness y la A9/A95 desde Perth por Aviemore y Aberlour hasta Keith. El transporte público se limita principalmente a los autobuses locales, aunque entre Inverness y Aberdeen existe un servicio ferroviario con estaciones en Elgin, Keith y Huntly.

Mar del Norte

Lossiemouth
Burghead
Bahía de Burghead
Roseisle
Bahía de Spey
Buckie
A98
Cullen
Glenglassaugh
Portsoy
Banff
Tugnet
Inchgower
Elgin
Linkwood
Glen Moray
A96
Benromach
Miltonduff
Macduff
Forres
Glenburgie
Mannochmore
Longmorn
Fochabers
Glenlossie
Glen Elgin
A95
Knockdhu
Spey
A96
A941
Aultmore
Auchroisk
Strathisla
A940
Lossie
Glen Keith
Keith
Aberchirder
Speyburn
Glen Grant
Logie
The Glenrothes
Rothes
The Macallan
Craigellachie
Deveron
GlenDronach
Cardhu
Aberlour
The Balvenie
Kininvie
Tamdhu
Knockando
Glenfiddich
Dalmunach
A920
Huntly
Glendullan
Dufftown
Glenfarclas
Glenallachie
Mortlach
Dava
Cragganmore
Benrinnes
Dufftown
A96
Lochindorb
Tormore
Ballindalloch
Ben Rinnes 841 m
Allt-a-Bhainne
A941
A97
Ardmore
A95
Cromdale Hills
The Glenlivet
Grantown-on-Spey
Cromdale
Balmenach
Tamnavulin
Tomintoul
Livet
Glenlivet
Avon
Braeval
Tomintoul
Montes Cairngorms

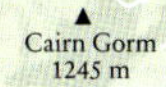

Gairn

ABERLOUR

COMPAÑÍA Chivas Brothers Ltd (Pernod Ricard)

AÑO DE FUNDACIÓN 1826

SITIO WEB www.aberlour.com

Aberlour 18 años

En las afueras al suroeste de Aberlour, cerca de la transitada carretera A95, la destilería está en el extremo opuesto del pueblo de una fábrica que produce otro gran producto emblemático de Escocia, el *shortbread*. La empresa familiar independiente Walkers Shortbread Ltd fabrica una de las marcas más conocidas. Aunque el whisky puro de malta Aberlour no es un nombre tan habitual en RU, si en Francia se menciona whisky puro de malta escocés es probable que Aberlour sea el nombre en boca de casi todos. Hoy es el octavo whisky de malta más vendido del mundo.

En 1974, cuando la francesa Pernod comenzó su campaña de adquisiciones, Aberlour fue una de las primeras destilerías de whisky puro de malta comprada por una empresa no británica. Una consecuencia fue que Pernod se centró en forjar la reputación de Aberlour en Francia, y desempeñó allí un papel clave en la promoción del whisky puro de malta. Hoy, Aberlour es líder en este mercado clave, el mayor del mundo para el whisky escocés. Más de la mitad de las ventas de Aberlour corresponden a Francia.

Para atender la demanda de Aberlour, como whisky puro de malta y componente de los *blended* de Chivas Brothers, un gran programa de expansión que prevé construir una nueva destilería y salas de fermentación y maceración, con capacidad para 16 cubas de fermentación y cuatro alambiques, duplicará la capacidad hasta los 8 millones de litros anuales.

Hoy en día, la destilería cuenta con un *mash tun semi-lauter* de 12 toneladas, seis cubas de fermentación de acero inoxidable y dos pares de grandes alambiques que operan muy lento para lograr el deseado estilo afrutado del *new make*, con un corte medio de dos horas.

Herencia ajerezada

Peter Weir y James Gordon fundaron Aberlour en 1826, si bien la planta actual data de 1879, cuando la construyó el banquero James Fleming cerca del emplazamiento original, gravemente dañado en un incendio. Aberlour permaneció en diversas manos independientes hasta 1974–1975, cuando Pernod

Aberlour 10 años

compró la que entonces era su propietaria, Campbell Distilleries. En 2001, ya como Pernod Ricard, adquirió Chivas Brothers, y Aberlour pasó a formar parte del grupo de destilerías Chivas.

Aberlour es uno de varios whiskies puros de malta que se aferran a la tradición de usar en la maduración gran cantidad de madera de jerez, lo cual subraya la expresión lanzada en 2000 *Aberlour a'bunadh* (en gaélico, «del origen»), *cask strength* envejecido en barricas de oloroso. Aberlour está considerado como uno de los mejores whiskies del mundo madurados con jerez, y para los entendidos Aberlour A'bunadh tiene categoría de culto.

En el resto de la gama predomina la clara influencia del jerez, normalmente como parte del estilo de maduración en doble barrica que da profundidad y versatilidad a la gama, mezcla de whisky madurado en barricas de jerez con whisky madurado en barricas de bourbon. Los alambiques de tamaño medio de Aberlour producen un destilado equilibrado que responde bien a la maduración en barricas de jerez, pero que también tiene elegancia para brillar tras madurar en las de bourbon.

Además de los madurados en bourbon y oloroso Casg Annamh y A'bunadh, los embotellados principales de Aberlour son los de 12, 14, 16 y 18 años.

Aberlour A'bunadh

Tras la destrucción en 1898 del edificio original en un incendio, Charles Doig diseñó la destilería tardovictoriana.

HISTORIAS DEL WHISKY

La experiencia Aberlour

Aberlour empezó tarde a permitir el acceso del público a la destilería, pero desde que en 2002 se apuntó a la tendencia del centro de visitantes se ha convertido en sinónimo de visitas en profundidad para entendidos, optando por la calidad en lugar de la cantidad. Hoy ofrece diversas opciones de cata, entre ellas Single Casks Explored y The A'bunadh Collection, y como parte del proyecto de ampliación de la destilería está previsto mejorar y aumentar las instalaciones y la oferta.

NOTAS DE CATA

Aberlour A'bunadh

Puro de malta, cask strength, *madurado en barricas de jerez oloroso, no filtrado en frío, 61% APV*

Rico en nariz, con jerez, cera para madera, malta con sabor a frutos secos, manzanas y humo. En boca es intensamente ajerezado y afrutado, con más manzanas, frutos secos y humo, además de jengibre. Final largo, con miel, especias y chocolate negro.

Aberlour 10 años

Whisky puro de malta, madurado en una mezcla de barricas de bourbon y jerez, 40% APV

En nariz, jerez dulce y miel, compensado por especias y un toque de naranja de Jaffa. Caramelo y jerez bastante seco en el paladar, con azúcar de cebada en el dulce final entre medio y largo.

Aberlour 18 años

Whisky puro de malta, 43% APV

Jerez dulce, miel y crema de naranja en nariz. Surgen especias e higos. Es rico en boca, con jerez especiado, albaricoques y melocotones. El final es largo, con crema, más especias e higos, y roble suave.

THE BALVENIE

The Balvenie Old Doublewood 12 años

COMPAÑÍA William Grant & Sons Ltd

AÑO DE FUNDACIÓN 1892

SITIO WEB www.thebalvenie.com

Uno de los grandes placeres del whisky escocés son las casi infinitas variables que conforman el estilo esencial de cada whisky puro de malta y lo diferencian de todos los demás. The Balvenie se destila en un lugar contiguo a su hermana mayor Glenfiddich, pero produce un whisky de perfil totalmente distinto.

Como explica David Stewart, MBE, maestro maltero de The Balvenie, «tiene una dulzura melosa que ya viene del destilado de antes de madurar. Es dulce, con sabor a galleta y a malta. Es más afrutado, floral y aromático que Glenfiddich, con notas más profundas de malta».

William Grant & Sons Ltd es conocida como una empresa cuyo personal sigue empleado durante largos periodos, y a menudo emplea a varias generaciones de la misma familia. David Stewart comenzó su carrera en Grant's en 1962. Maestro mezclador unos doce años más tarde, es la quinta persona que ocupa ese puesto en la historia de la empresa. En 2009 cedió las riendas de la mezcla a su antiguo aprendiz Brian Kinsman, mientras Stewart seguía en su función paralela como maestro maltero de The Balvenie.

The Balvenie es también un componente importante de Family Reserve, la principal marca *blended* de William Grant, y David Stewart explica: «En cuestión de mezclas, Glenfiddich aporta un carácter afrutado, floral, de éster y aromático; The Balvenie aporta malta, profundidad de frutos secos y dulzor a una mezcla».

Una hermana de Glenfiddich

The Balvenie data de 1892–1893, y fue construida como destilería hermana de Glenfiddich. Glenfiddich se había construido con muy poco dinero, pero cuando se fundó The Balvenie, la suerte económica de la familia Grant había mejorado hasta el punto de poder gastar unas 2000 libras en la nueva destilería, más de dos veces y media el desembolso realizado en Glenfiddich.

No obstante, se adquirieron alambiques de segunda mano de Lagavulin, en Islay, y de Glen Albyn, en Inverness. La razón no era tanto el deseo de ahorrar dinero como el de disponer de alambiques «curtidos»

The Balvenie Caribbean Cask 14 años

que ya habían demostrado ser capaces de producir buen whisky.

El primer embotellado oficial del whisky puro de malta de la destilería salió en 1973. Hoy cuenta con cinco alambiques de colada y seis de aguardiente, está entre los diez whiskies puros de malta más vendidos en EE.UU., y vende muy bien en RU, Taiwán, Francia, Canadá y comercios libres de impuestos para viajeros.

Aproximadamente el 80% del destilado *new make* va a barricas de bourbon y otro 20% a barricas de jerez. La maduración tiene lugar en algunas de las más de 40 bodegas, que también albergan la producción de las destilerías Glenfiddich y Kininvie.

Además de sus propias malterías, The Balvenie cuenta con instalaciones de tonelería y calderería de cobre. La tonelería y las malterías son una parte llamativa de la visita a la destilería dirigida a los aficionados más informados, que dura unas tres horas y está limitada a un máximo de ocho personas.

Un whisky esotérico

Según David Stewart: «Con The Balvenie hemos creado una imagen esotérica: dada la escala de las operaciones, aquí es más fácil hacer embotellados menores que en Glenfiddich. Con la marca Balvenie solemos experimentar un poco y ofrecer ediciones limitadas. Antes embotellábamos The Balvenie Classic, acabado en barrica de jerez y, aunque no lo mencionara la etiqueta, probablemente el primer acabado en barrica de la historia, y llevó directamente a DoubleWood y PortWood».

Mientras que las variantes de 25, 30 y 40 años están disponibles en la serie Rare Marriage, las expresiones Balvenie DoubleWood de 12 años y PortWood de 21 son parte de la gama básica actual junto con Caribbean Cask 14 y French Oak 16.

Inicialmente, DoubleWood pasa por barricas usadas de bourbon, y para los dos años finales de maduración por barricas de jerez. El PortWood madura primero en barricas de bourbon y luego un periodo de 20 años en pipas de oporto.

Expresiones raras

Además de ser de menor escala que Glenfiddich, The Balvenie saca partido de su imagen tradicional y artesana, que da margen para el tipo de embotellados ya mencionados y otras expresiones menos conocidas, como The Balvenie Roasted Malt de 14 años y Peated Cask de 17 años. El primero fue el primer whisky puro de malta escocés elaborado con un lote de cebada malteada tostada oscura, usada habitualmente para hacer cerveza negra; el segundo incluye una mezcla de whisky de 17 años madurado en madera nueva y whisky de 17 años acabado en barricas que habían contenido un lote con aroma muy intenso a turba destilado en 2001.

Otras rarezas de Balvenie son The Balvenie Sixty, lanzado para celebrar las seis décadas de David Stewart en el negocio del whisky escocés. Únicamente salieron 71 botellas de un barril de roble europeo de 1962, y es la expresión más antigua de Balvenie que haya salido a la venta. Otros recientes lanzamientos fascinantes son A Rare Discovery from Distant Shores, whisky de 27 años con un acabado de ron, y Revelation of Cask and Character, uno de 19 años madurado en barricas de jerez oloroso, que destaca el papel vital de los artesanos de la tonelería de Balvenie.

Voltear la cebada *mientras germina es tarea de expertos. En la destilería The Balvenie se voltea hasta cuatro veces al día.*

HISTORIAS DEL WHISKY

Uso nuevo para la casa nueva

Sea cual sea su edad, la mayoría de las destilerías fueron construidas con el fin expreso de destilar whisky. La de Balvenie es poco habitual, pues aunque la mayoría de sus estructuras fueron de nueva construcción, la mansión en ruinas de Balvenie New House fue incorporada al diseño como maltería y almacén nada convencionales. Así continuó hasta 1929, cuando fue demolida la planta superior y la piedra fue utilizada para construir graneros de malta más convencionales. En la actualidad, The Balvenie es una de las pocas destilerías de whisky escocés que sigue malteando parte de la cebada en sus propias malterías de suelo.

NOTAS DE CATA

The Balvenie Old Doublewood 12 años
Puro de malta, madurado en barrica de bourbon y acabado en barrica de jerez, 40% APV
Nueces y malta especiada en nariz, con plátano, vainilla y jerez. Con cuerpo, fruta suave, vainilla, jerez, canela y un toque de turba en el paladar. Seco y especiado en un final suntuoso.

The Balvenie Caribbean Cask 14 años
Puro de malta, terminado en barricas de ron caribeño, 43% APV
En nariz, miel, vainilla y frutas tropicales; en boca, ron blanco, caramelo, más frutas tropicales y roble especiado.

The Balvenie Portwood 21 años
Puro de malta, terminado en pipas de oporto de primer llenado, 40% APV
En nariz, notablemente afrutado, con mazapán y almendras, y paladar de vino tinto, *toffee* con frutos secos y un toque de anís que tira lentamente a seco.

BENROMACH

Benromach 10 años

COMPAÑÍA Gordon & MacPhail

AÑO DE FUNDACIÓN 1898

SITIO WEB www.benromach.com

Fundada en 1898 por la Benromach Distillery Company, la destilería abrió dos años más tarde, pero cerró casi de inmediato por una crisis de sobreproducción que diezmó el panorama de la destilación. La planta fue reactivada entre 1907 y 1910, y de nuevo tras la Primera Guerra Mundial, pero permaneció cerrada gran parte de la difícil década de 1930.

Durante su primer medio siglo de existencia, Benromach cambió de manos varias veces, hasta pasar a formar parte de la cartera de Distillers Company Ltd en 1953. Treinta años más tarde, en la década de 1980, cesaría la producción una vez más, cuando el mismo problema de sobreproducción que acabó con el boom del whisky victoriano trajo una reducción de personal. Distillers Company cerró 23 de sus destilerías.

Por suerte, Benromach fue una de esas destilerías silenciosas que luego revivieron, en su caso gracias a la previsión de los renombrados embotelladores y minoristas Gordon & MacPhail, con sede en Elgin, que compraron Benromach en 1993, una década después de su cierre. A los cinco años, coincidiendo con el centenario de la destilería, se reanudó la producción.

Un estilo nuevo y ahumado

Ewen Mackintosh, director general y de suministro de whisky de Gordon & MacPhail, explica: «Cuando compramos la destilería de Benromach invertimos mucho trabajo y estudio para identificar el tipo de whisky que queríamos crear. Al probar whiskies de Speyside de la década de 1960 y anteriores, comprobamos que conservaban un rasgo ahumado. Lo atribuimos al malteado tradicional de entonces en el suelo. En Benromach queríamos crear un whisky que recuperara el estilo ahumado predominante en los whiskies anteriores a la década de 1960».

En consecuencia, la malta para la producción general está tratada con turba hasta las 10–12 partes por millón (ppm), y dado que en muchas maltas de Speyside la presencia de la turba es muy leve, este es un rasgo importante en el carácter final del whisky. Keith Cruickshank, director de la destilería, afirma: «Por usar malta tratada con turba en tal grado, Benromach es un

Benromach
Contrasts: Organic

La resucitada destilería ***Benromach****, entonces la menor de Speyside, la inauguró oficialmente en 1999 el príncipe de Gales.*

whisky de ahumado entre medio y alto». El nuevo estilo de Benromach fue presentado en mayo de 2004 con el lanzamiento de Traditional, expresión sin edad declarada y primer espirituoso en el mercado destilado con Gordon & MacPhail como propietarios.

Una gama innovadora

Desde entonces, la innovación ha continuado con variantes como Peat Smoke, con intenso aroma a turba, y Organic, primer whisky puro de malta certificado por la Soil Association de RU, que garantiza que todo el proceso, desde las materias primas hasta el embotellado, cumple con criterios orgánicos. El whisky madura en barricas de roble virgen hechas con madera de bosques sostenibles de Misuri.

A medida que Gordon & MacPhail ha ido acumulando existencias de Benromach, ha podido ofrecer una gama básica basada en lanzamientos con edad declarada. Hoy, además de un Cask Strength Vintage, incluyen expresiones de 10, 15 y 21 años. La gama Contrasts presenta un programa continuo de lanzamientos especiales, con Organic 2014, Peat Smoke 2014, Air-Dried Oak y Kiln Dried Oak, estos dos últimos destinados a mostrar las diferencias entre los dos métodos empleados para eliminar la humedad del roble para hacer barricas.

Como observa Keith Cruickshank: «En Benromach creemos que hacer whisky puro de malta es un poco como crear un rompecabezas. Cada pieza, cada elemento del proceso de elaboración del whisky tiene un papel minúsculo pero importante en el conjunto».

Coherencia en la destilación

Aunque una cantidad creciente del whisky embotellado como Benromach fue destilado con Gordon & MacPhail como propietaria de la destilería, expresiones más antiguas, como el 40-Year-Old, que sale cada año, son de la época en que era de Distillers Company. Es comprensible que los consumidores esperen poco parecido entre los Benromach antiguos y los nuevos, pero según Ewen Mackintosh: «Creemos que hay un hilo conductor que une los viejos whiskies destilados por los anteriores propietarios y el espirituoso destilado por Gordon & MacPhail. Cuando Gordon & MacPhail compró Benromach, tuvimos la suerte de obtener una muestra del *new make*, la nueva destilación de los anteriores dueños. Al analizar y compararla con nuestras destilaciones, notamos este hilo conductor. Y esto pese a haber renovado todo el equipo. ¡La única constante que no ha cambiado es el agua!»

NOTAS DE CATA

Benromach 10 años
Whisky puro de malta, 43 % APV
Ligeramente ahumado en nariz, con cuero nuevo, naranja de Jaffa, regaliz y mazapán, mientras que en boca ofrece ricas frutas de huerto, más cuero y un toque de cardamomo para cerrar con chocolate a la taza y jerez.

Benromach 21 años
Whisky puro de malta, 43 % APV
En nariz, humo sutil y cuero, con manzanas y peras asadas. Hay malta y el chocolate en el paladar intenso, con albaricoque cocido, pimienta verde y humo de leña.

Benromach Contrasts: Organic
Whisky puro de malta, en barricas de roble americano virgen, sin filtrar en frío, 46 % APV
Dulce en nariz, con aromas a plátano, pan de malta tostado y frescos de roble. Dulce en boca, con vainilla, *toffee* con frutos secos y un toque de resina. El final tiene roble afrutado y lozano.

HISTORIAS DEL WHISKY

Un destilado de maduración temprana
En Benromach, la destilería más pequeña de Speyside, solo hay dos empleados, ¡y uno de ellos es el director! Tras la remodelación en la década de 1990 a una escala mucho más modesta, las actuales instalaciones de producción difieren bastante de las originales. Los nuevos alambiques son bastante más pequeños que los que sustituyeron, y fueron diseñados con cuello relativamente ancho para captar los sabores más intensos generados en la primera destilación. El objetivo es un destilado que madure pronto, pero con bastante cuerpo para durar dos o tres décadas en barrica antes del embotellado.

Benromach 21 años

CARDHU

COMPAÑÍA Diageo plc

AÑO DE FUNDACIÓN 1824

SITIO WEB www.malts.com

Cardhu 12 años

El primer licenciatario de lo que en un principio se conoció como Cardow Distillery fue John Cumming, condenado tres veces por destilación ilegal. En 1813 arrendó la granja de Upper Cardow, y se estableció allí con su esposa, Helen.

El régimen de Elizabeth

La innovadora ley de tasas de 1823 convenció a Cumming para actuar conforme a la ley, y al año siguiente obtuvo la licencia para fabricar whisky. Tras su muerte en 1846, se hicieron cargo de la destilería su hijo Lewis y su nuera Elizabeth. Tras morir Lewis en 1872, Elizabeth asumió el papel de destiladora principal. Fue una de las primeras mujeres de Escocia en desempeñar tal tarea. Bajo la jefatura de Elizabeth Cumming, en 1887 la destilería se amplió, y el viejo equipo, que incluía un par de desgastados alambiques, fue vendido a un antiguo zapatero llamado William Grant, que estaba estableciendo al otro lado del valle su propia destilería Glenfiddich.

Seis años más tarde, John Walker & Sons, de Kilmarnock, adquirió Cardow por 20 500 libras, y durante un tiempo la familia Cumming continuó gestionando la empresa con el nuevo nombre Cardhu. Era la época en que el whisky escocés de mezcla conquistaba el mundo, y como uno de los líderes de las mezclas, la empresa Walker necesitaba una destilería de gran tamaño para abastecerse de malta.

Malta en el corazón de Walker

En la actualidad, ampliada y mejorada, Cardhu es parte de la cartera de Diageo. Cardhu fue una de las cuatro destilerías –junto con Clynelish, Caol Ila y Glenkinchie– elegidas por Diageo para representar los «Cuatro rincones de Escocia», y cada una fue designada como proveedora de un componente clave de Johnnie Walker. Como «hogar de la marca» del *blend*, el centro de visitantes se modernizó, fue puesto al día y reabrió en 2021.

Hoy, el whisky de mezcla Johnny Walker vende más de 270 millones de botellas al año, y a las conocidas variantes Red Label y Black Label se

Cardhu 15 años

Antiguas malterías de Cardhu, con sus característicos tejados tradicionales en forma de pagoda.

Cardhu 18 años

han añadido otras como Gold Label Reserve, Double Black Label y Blue Label. Por ventas, Cardhu es el primer whisky puro de malta de Diageo y España es su principal mercado. Durante un tiempo, el crecimiento de la marca superó el suministro del propio líquido y la escasez de expresiones disponibles.

Ahora, en cambio, hay una amplia gama de whiskies puros de malta Cardhu, con expresiones de 12, 15 y 18 años, junto con los NAS Amber Rock y Gold Reserve. En 2021 salió a la venta el muy alabado whisky de 16 años Four Corners of Scotland, exclusivo de la destilería y www.malts.com, y la colección Special Releases de Diageo de 2022 incluía un Cardhu de 16 años acabado en barricas de ron jamaicano.

NOTAS DE CATA

Cardhu 12 años
Whisky puro de malta, 40% APV
Es relativamente ligero y floral en nariz, bastante dulce, con peras, nueces y un soplo de humo lejano. En boca es de cuerpo medio, maltoso y dulce. Final de largo medio, con humo dulce, malta y un toque de turba.

Cardhu 15 años
Puro de malta, 40% APV
Manzanas maduras, caramelo y almendras en nariz, con sabores de piel de naranja confitada, plátanos sobremadurados y cereales, que se vuelven maltosos, con canela y roble leve.

Cardhu 18 años
Puro de malta, 40% APV
Aromas de *toffee* con frutos secos, miel y naranja pasan a un paladar equilibrado de higos, dátiles y suaves especias de roble.

GLENFARCLAS

Glenfarclas 40 años

COMPAÑÍA J. & G. Grant
AÑO DE FUNDACIÓN 1836
SITIO WEB www.glenfarclas.com

Cuando se trata del equivalente en whisky escocés de la designación francesa *grand cru* para los vinos de mayor calidad, en Speyside hay una cantidad relativamente alta de los principales contendientes, entre ellos dos whiskies puros de malta cuyas expresiones se definen sobre todo por el estilo muy ajerezado: The Macallan y Glenfarclas.

Mientras que es probable que The Macallan sea el whisky más coleccionable del mundo, con las expresiones más raras con precios récords de más de 148 000 euros, los conocedores de Glenfarclas tienden a comprarlo simplemente para consumirlo más que para mirar la botella o esperar que se revalorice. En parte es por la filosofía del mandamás de Glenfarclas, John Grant, que representa la quinta generación de la familia propietaria de la destilería.

Whisky para beber

John Grant cree que el whisky es para beberlo, y fija los precios de Glenfarclas en consecuencia. Rechaza la tendencia actual de empaquetados recargados, y sobre la expresión Glenfarclas 40 años lanzada en 2010 afirma: «Es asequible porque no está empaquetado de más –viene en una caja sencilla– y tenemos mucho. Ganamos un margen razonable, y prefiero que la gente lo beba a que lo coleccione».

«Creo que por la huella de carbono debería prohibirse todo el envoltorio secundario, cajas, tubos, etc. Si compras una botella de Château Latour o algo similar, por muy caro y prestigioso que sea el vino, lo que suelen darte es una botella con una etiqueta y ya está. ¿Por qué entonces la industria del whisky escocés ha optado por tanto empaquetado extravagante?»

En 1836, a la sombra de la montaña Ben Rinnes en la parroquia de Ballindalloch, Robert Hay fundó la destilería Glenfarclas, y la familia Grant no la adquirió hasta 1865. Pasarían otros cinco años antes de que J. & G. Grant Ltd la explotara directamente, pues al principio el padre John y su hijo George la arrendaron a John Smith, hasta que este se marchó para establecer la cercana destilería Cragganmore. Desde entonces, en los buenos y los malos tiempos varios miembros

Glenfarclas 10 años

de la familia Grant la han presidido y sacado adelante hasta hoy.

Un espíritu independiente

John Grant, de la generación actual, dice: «La gran ventaja de ser independientes es que podemos tener visión y planificar estrategias a largo plazo. No tenemos que rendir cuentas a esos hombres espantosos de la City a los que solo les interesan precios mayores de las acciones y dividendos por el medio que sea. Nosotros no tenemos esa carga».

La visión del negocio a largo plazo es una de las razones por las que el inventario de la destilería presume de una cantidad de whisky añejo por la que la mayoría de los destiladores mataría, y también explica el uso asentado de barricas de jerez oloroso en lugar de las de bourbon. Si la consideración primordial fuera reducir costes para mantener o aumentar los dividendos de los accionistas, se emplearían barricas de bourbon para todo, pues una buena bota de roble europeo que haya contenido jerez puede costar hasta diez veces más que su pariente de roble americano.

A la sombra rotunda y amplia de la montaña Ben Rinnes y visible desde la autopista A95, que une Aberlour con Grantown on Spey, gran parte de la destilería que vemos hoy fue construida en la posguerra. En 1960 se añadieron dos alambiques al par original, y a mediados de la década de 1970 un programa de reconstrucción de envergadura agregó un par más.

Dada la merecida reputación de la destilería como productora de un whisky de Speyside ajerezado de alta calidad, no es de extrañar que rivales mayores hayan mirado con ojos codiciosos a la ferozmente independiente Glenfarclas. Como comenta John Grant: «Recibo regularmente ofertas por la destilería, pero digo no, gracias. Tenemos nuestro destino en nuestras manos, porque lo hacemos todo, hasta el embotellado, en Broxburn, cerca de Edimburgo. La destilería solo se venderá por encima de mi cadáver, y espero que siga después de mí».

La gama de Glenfarclas

Hoy, gracias al esfuerzo concertado por comercializar Glenfarclas como *single malt* iniciado a mediados de la década de 1970, cuando John Grant llegó a la empresa, que dirigía entonces su padre George, Glenfarclas ofrece una amplia gama de expresiones de malta envejecida entre los 10 y los 50 años.

Como explica Grant: «En 1979–1980 ya teníamos existencias suficientes para ofrecer un whisky de 15 años, y a mediados de los ochenta, uno de 21. A finales de la década añadimos los de 25 y 30 años. Hoy podemos ofrecer uno de 40 como parte de la gama permanente actual».

En 2007 salió a la venta la innovadora y muy coleccionable gama Family Casks, con embotellados *single-cask* de Glenfarclas de todos los años entre 1952 y 1994. Como señala John Grant: «Lo hacemos porque tenemos las existencias, mientras que muchos de nuestros competidores no las tienen, así de sencillo». En 2021 salió un embotellado de edición limitada por el 185º aniversario, y otras ofertas de antigüedad notable son Pagoda Ruby Reserve de 62 y 63 años. En 2022 salió una expresión de 50 años para celebrar los 50 años de John Grant en la industria del whisky escocés.

La destilería Glenfarclas, *al pie de la montaña Ben Rinnes y con campos de cebada en primer plano.*

HISTORIAS DEL WHISKY

Alambiques calentados por llama

Glenfarclas tiene seis de los mayores alambiques de Speyside y, algo no muy habitual, funcionan con llama directa de gas, y no vapor. Según John Grant, presidente de la empresa, «una vez tuvimos unas semanas en uno de nuestros alambiques un serpentín de vapor prestado por Miltonduff, y lo que salió era soso en nariz. Faltaba todo el carácter, cuerpo y agallas. Sin duda se obtiene un destilado diferente. Los alambiques de fuego directo tienen un carácter muy particular. Muchos whiskies han perdido el carácter, y fue enorme el cambio del fuego directo al indirecto. Es mucho más eficiente, pero distintos alcoholes se desprenden a tasas diferentes».

NOTAS DE CATA

Glenfarclas 10 años
Puro de malta, barricas de jerez, 40 % APV
Aromas de jerez, pasas, frutos secos y especias en nariz, y un toque leve pero persistente de humo. En boca jerez seco, con un cuerpo que gradualmente se va desarrollando y endulzando. Final largo, con frutos secos y comparativamente seco.

Glenfarclas 25 años
Whisky puro de malta, 43 % APV
Jerez oloroso en nariz, con pasas y chocolate negro. Malta, jengibre, avellanas y cacao en el paladar afrutado, y roble en el final largo.

Glenfarclas 40 años
Puro de malta, barricas de jerez, 43 % APV
Lleno y exuberante en nariz, con aromas de jerez dulce, mermelada de naranja, cuero nuevo y fruta especiada. De gran cuerpo y rico en el paladar afrutado, con sabores en desarrollo de café negro y notas de regaliz. El final especiado es muy largo.

GLENFIDDICH

COMPAÑÍA William Grant & Sons Ltd

AÑO DE FUNDACIÓN 1886

SITIO WEB www.glenfiddich.com

Glenfiddich Gran Reserva 21 años

Entre quienes se consideran entendidos, hay una tendencia a desdeñar a Glenfiddich por su popularidad, como podrían desdeñar a los automóviles Ford porque mucha gente los conduce. Pero, de hecho, al igual que los Ford son vehículos bien construidos y fiables, Glenfiddich es un muy buen whisky. Con casi un millón de botellas vendidas al año, es desde hace tanto tiempo el whisky puro de malta más vendido del mundo que ya ni se recuerda. Como dice Brian Kinsman, maestro mezclador de Glenfiddich: «Hay gente que llega al mundo del whisky y dice que Glenfiddich está pasado de moda, pero cuanto más aprenden, más aprecian lo que hemos hecho. Hemos allanado el camino a muchos otros whiskies de malta. ¡Cuanto más aprenden, más educados se vuelven!». Sin embargo, Kinsman reconoce que el whisky en sí ha evolucionado. «Hemos protegido mucho el carácter de la destilería, pero ahora tiene doce años, cuando antes no había edad declarada en la etiqueta, y es más profundo, rico y complejo de lo que era en los años setenta».

Un gigante entre las destilerías

Hoy, Glenfiddich cuenta con 43 alambiques, lo que la convierte en la destilería de malta escocesa con mayor capacidad junto con Glenlivet. Desde que William Grant la fundó, y era solo la segunda destilería de Dufftown después de Mortlach, la escala de la producción creció enormemente. No obstante, lo que no ha cambiado es la familia propietaria. El actual presidente de la empresa es Glenn Gordon, descendiente directo de William Grant y miembro de la quinta generación de la familia que dirige la organización.

William Grant & Sons Ltd, la mayor empresa familiar de destilado de Escocia, posee Glenfiddich y la vecina destilería de Balvenie, junto con Kininvie, fundada en 1990 y contigua a Balvenie. Kininvie fue construida para suministrar whisky de malta adicional a la mezcla Grant's Family Reserve de la empresa, el cuarto whisky escocés de mezcla más vendido del mundo. Desde 1963, Grant's también explota la destilería de grano de Girvan y sus instalaciones de mezcla y bodega en la costa de Ayrshire. En 2007–

Glenfiddich Special Reserve 12 años

2008 se construyó en el complejo de Girvan una nueva y muy flexible destilería de malta llamada Ailsa Bay, que tiene una capacidad anual de 6,25 millones de litros.

Glenfiddich fue la primera destilería escocesa en abrir sus puertas al público de forma regular, ya en 1969, y desde entonces más de tres millones de visitantes han catado sus delicias.

Lo que abarca la gama

La gama principal de Glenfiddich abarca los whiskies de 12, 15 y 18 años, y los embotellados de 30, 40 y 50 años están disponibles en la serie Time. La serie Grand ofrece una serie de whiskies con acabados de lujo, como el Gran Reserva de 21 años, el Gran Cortes de 22, el Grand Cru de 23, el Grand Couronne de 26 y el Grand Yozakura de 29 años, acabado en barricas japonesas Awamori antes usadas para contener aguardiente de arroz. También hay un Glenfiddich Ultimate de 38 años, y varias añadas de la Rare Collection.

Una de las tres casas de alambiques *de Glenfiddich. Juntas albergan no menos de 46 alambiques.*

Glenfiddich 30 años

La Experimental Series

Desde 2016 ha habido varios lanzamientos poco habituales en la Experimental Series. Los dos primeros fueron Project XX (con barricas escogidas por 20 expertos) e IPA Cask Finish (acabado en barricas de cerveza IPA) seguidos de Winter Storm, de 21 años (acabado en barricas de vino de hielo canadiense). Fire & Cane (con malta tratada con turba acabada en barricas de ron) y Orchard Experiment (acabada en barricas usadas de aguardiente de manzana Somerset Pomona).

NOTAS DE CATA

Glenfiddich Special Reserve 12 años
Whisky puro de malta, 40% APV
En nariz delicado, floral y levemente afrutado; buenos modales en boca, maltoso, elegante y suave. Sabores frutales intensos dominan el paladar, con un toque de frutos secos en desarrollo y un soplo lejano de humo de turba en el fragante final.

Glenfiddich 30 años
Whisky puro de malta, mezcla de barricas de jerez oloroso y bourbon, 43% APV
Coco, ensalada de frutas, roble y jerez en nariz. Paladar complejo, con canela, jengibre, roble y chocolate negro. Largo y meloso, con roble dulce en el final.

Glenfiddich Gran Reserva 21 años
Puro de malta, 40% APV
Aromas de malta, miel, manzanas rojas ligero a ron, y luego un paladar de caramelo, nata, roble y tarta de pecanas, con turrón y roble en el final.

THE GLEN GRANT

Glen Grant 10 años

COMPAÑÍA Gruppo Campari

AÑO DE FUNDACIÓN 1840

SITIO WEB www.glengrant.com

Glen Grant se distingue por ser la única destilería escocesa llamada por el nombre de una persona o personas, en este caso los hermanos John y James Grant, los fundadores en 1840 de la primera destilería en el pueblo de Rothes. En 1872 heredó la destilería el hijo de James Grant, también llamado James, a menudo conocido simplemente como «the Major» por su rango militar, un empresario astuto que continuó la buena labor de su padre y su tío para convertir Glen Grant en una de las mayores destilerías de su época.

Aunque en muchos aspectos The Major fue una figura tradicional, en el jardín arbolado que creó en Glen Grant había especies nuevas y exóticas que no solían encontrarse en el norte de Escocia. Algo que siempre recordaban los visitantes era la *dram safe* o «caja fuerte de los tragos» en la orilla rocosa del arroyo que recorre la pintoresca cañada de la destilería. Instalada por The Major, era el plato fuerte de un paseo por los jardines en su compañía; los visitantes se quedaban atónitos cuando abría la caja fuerte, sacaba una botella de Glen Grant y les servía unos tragos, acompañados, si era necesario, de agua cristalina del propio arroyo.

Glen Grant se expande

En 1897, en pleno auge victoriano del whisky, para aumentar la capacidad, The Major construyó una destilería Glen Grant No. 2 del todo nueva en el lado opuesto de la carretera principal que atraviesa Rothes. Más tarde rebautizada Caperdonich, fue demolida en 2010.

En 1953, J. & J. Grant, Glen Grant Ltd se fusionó con George & J. G. Smith de Glenlivet para formar Glenlivet & Glen Grant Distillers Ltd, y en 1972 la empresa pasó a formar parte de The Glenlivet Distillers Ltd, adquirida cinco años más tarde por The Seagram Company Ltd. En 1973, el número de alambiques aumentó de cuatro a seis, y en 1977 de seis a diez. En 2001, Glen Grant fue una de las destilerías de Seagram adquiridas por Chivas Brothers, y en 2006, la destilería y la marca se vendieron a la empresa italiana Campari.

Glen Grant 18 años

Estilo italiano

Una de las primeras y más astutas decisiones de Campari fue contratar a Dennis Malcolm para dirigir su nueva empresa. Nadie conoce Glen Grant mejor que Malcolm, nacido en una casa de la destilería, donde su padre atendía los alambiques, como su abuelo, que también había trabajado en la molienda y el remojo. Malcolm empezó a trabajar en Glen Grant en 1961 como aprendiz de tonelero, y ha estado vinculado a la destilería de una forma u otra durante la mayor parte de su vida laboral.

«Campari compró Glen Grant porque quería una marca de bebidas espirituosas realmente buena. Glen Grant tiene muchos seguidores en Italia. En términos de volumen, es el whisky puro de malta escocés líder en el país», explica Malcolm, y en cuanto al destilado, «el alambique de colada tenía una especie de casco alemán para evitar que se acumulen sólidos de la colada fermentada. Los alambiques llevan purificadores que funcionan todo el tiempo, y crean una cantidad enorme de reflujo, lo cual en comparación da al aguardiente un carácter ligero y delicado. Las cubas de fermentación de madera también contribuyen al carácter del whisky».

Glen Grant The Major's Reserve

Los tragos

La gama principal de Glen Grant incluye los NAS The Major's Reserve y Arboralis –envejecido en una combinación de barricas de bourbon y jerez– y los whiskies de 10, 12, 15, 18 y 21 años. El de 15 años se ofrece con la graduación de la barrica. En 2023 salió a la venta la botella más antigua de Glen Grant hasta la fecha, de 70 años, lanzada para celebrar los 70 años del reinado de la difunta reina Isabel II. Solo se hicieron siete decantadores, de 55 % APV.

Aunque Glen Grant tiene la imagen de un whisky pálido y juvenil, Dennis Malcolm afirma: «Que nuestro whisky suela ser ligero y joven no significa que no envejezca con elegancia. Madura de maravilla. Cuando madura en barrica de jerez es muy denso y complejo».

HISTORIAS DEL WHISKY

Bye-way de Rothes

En muchos aspectos, The Major fue arquetípico como *laird* (lord escocés) victoriano de las Highlands, y más tarde un apasionado del tiro, la pesca y la caza mayor. En 1898, durante un safari en Matabelelandia, él y su grupo encontraron un niño abandonado, y lo llevaron a Escocia. Lo bautizaron Biawa Makalaga (corrupción que usaban los colonos del nombre de su pueblo, los kalanga), y en Rothes le llamaban *Bye-way* («junto al camino»). Se educó en Rothes y más tarde fue mayordomo de Grant. Tras la muerte de este, Biawa vivió en Glen Grant House hasta su muerte en 1972.

NOTAS DE CATA

Glen Grant The Major's Reserve
Whisky puro de malta, 40 % APV
Delicado en nariz, con vainilla suave, malta, limón y aroma a hojas húmedas. La malta y la vainilla son protagonistas en boca, junto con los cítricos y las avellanas. Final agradablemente ácido y dulce.

Glen Grant 10 años
Puro de malta, 43 % APV
Aromas de pera madura, miel, malta y vainilla, con sabores de manzana roja, pera y nuez de Brasil, acabando en canela y roble.

Glen Grant 18 años
Puro de malta, 43 % APV
Floral en nariz, con frutas de huerto leves, y en boca especias sutiles, malta, chocolate con leche y turrón, pasando a un final de manzanas verdes y algo de pimienta blanca.

THE GLENLIVET

The Glenlivet Double Oak de 12 años

COMPAÑÍA Chivas Bros Ltd (Pernod Ricard)

AÑO DE FUNDACIÓN 1824

SITIO WEB www.theglenlivet.com

En los últimos años, The Glenlivet y Glenfiddich se las han visto a escala global para determinar cuál es el whisky puro de malta más vendido del mundo. La suerte ha sido alterna, pero en 2022 se impuso The Glenlivet con más de 20 millones de botellas vendidas. Su propietaria, Chivas Brothers, cuenta también con whiskies de mezcla de gran volumen como Ballantine's y Chivas Regal, así que no extraña el increíble aumento de la producción de Glenlivet. La primera fase de expansión llegó en 2008–2009 con la construcción junto a la destilería existente de un nuevo edificio de producción por cerca de 12 000 millones de euros.

The Glenlivet es otra de esas destilerías históricas en las que el ímpetu por expandirse rápido en varias épocas de su historia ha llevado a construir algunas estructuras no muy atractivas a la vista, pero su último estirón ha hecho mucho por enmendar los desmanes estéticos del pasado.

El edificio añadido se revistió con piedra local, y los alambiques quedaron visibles para los visitantes al llegar. En una fase de expansión posterior se ha creado detrás de una serie de almacenes un espacio de destilación completamente nuevo. Así, por obra y gracia de nada menos que catorce pares de alambiques, la capacidad total asciende a 321 millones de litros anuales.

El Glenlivet de Smith

The Glenlivet fue la primera destilería a la que se concedió una licencia a raíz de la influyente ley de tasas de 1823, y su propietario y titular fue George Smith, cuya familia llevaba destilando whisky en su granja de Upper Drumin, a unos 1,6 km de la actual destilería de Glenlivet, desde 1774.

En 1840, George Smith arrendó la destilería de Cairngorm en Delnabo, cerca de Tomintoul, y su hijo William se hizo cargo de la destilería de Upper Drumin. Sin embargo, la demanda de whisky de Smith superó a la oferta, y en 1858 se creó una nueva destilería mucho mayor, llamada Glenlivet, en el actual emplazamiento de Minmore, y Upper Drumin y Cairngorm cerraron al año siguiente.

The Glenlivet Founder's Reserve

El magnífico paisaje que rodea la destilería The Glenlivet es un atractivo añadido para los visitantes.

La empresa siguió siendo familiar casi un siglo, hasta la fusión en 1953 de George & J. G. Smith Ltd con J. & J. Grant Glen Grant Ltd para formar Glenlivet & Glen Grant Distillers Ltd. En 1972, la empresa se unió a Hill Thompson & Company Ltd y Longmorn-Glenlivet Distilleries Ltd para crear The Glenlivet Distillers Ltd; la canadiense Seagram compró esta empresa en 1977. En 2001, The Glenlivet fue uno de los activos de Seagram adquiridos por Chivas Brothers, filial de Pernod Ricard, para la cual es ahora la joya de su cartera de whisky escocés.

El artículo definido

Los responsables de Chivas Brothers insisten en que la destilería debería llamarse siempre The Glenlivet. El uso del artículo definido tiene su origen en una acción legal emprendida en 1880 por John Gordon Smith, que consideraba que el uso generalizado por destilerías en muchos casos a muchos kilómetros del *glen*, o valle, estaba devaluando el nombre.

Tantas destilerías intentaron sacar partido de la fama y reputación de The Glenlivet que en la segunda mitad del siglo XIX llamaban jocosamente al lugar «el valle más largo de Escocia». El fallo del tribunal fue que solo la destilería Glenlivet de Smith podía emplear el artículo definido antes del nombre, mientras que todos los demás destiladores tendrían que usar «Glenlivet» como prefijo o sufijo con guion.

Visitar Glenlivet

The Glenlivet ofrece experiencias ganadoras de premios para los visitantes, como la visita al almacén The Archives, donde examinan las reservas de whisky en maduración y prueban un *dram* directo de la barrica. También hay sesiones de cata de barrica única, y en el bar Drawing Room pueden disfrutar de whiskies y cócteles.

The Glenlivet hoy

La gama principal de Glenlivet incluye los NAS Founder's Reserve, Captain's Reserve (acabado en barricas de coñac) y Caribbean Reserve (acabado en barricas de ron), Double Oak de 12 años y French Oak Reserve de 15 y 18 años. La Sample Room Collection incluye un 21 años acabado en barricas de oloroso, oporto añejo y coñac, y uno de 25 años, en barricas de jerez PX y de coñac. Entre las Cask Finished Editions hay un Rum Barrel Finish de 20 años y un Beer Cask Finished Edition de 9.

NOTAS DE CATA

The Glenlivet Double Oak de 12 años
Puro de malta, 40% APV
Nariz melosa, floral y fragante. De cuerpo medio, suave y maltoso en el paladar, con dulzor de vainilla, pero, no tan dulce como parece por la nariz. El final es agradablemente largo y sofisticado.

The Glenlivet Founder's Reserve
Puro de malta, 40% APV
Toffee ligero, vainilla y manzanas maduras en nariz floral. Pera madura, dulce de leche y especias leves en el paladar, acabando con pasas, chocolate a la taza y roble ligero.

The Glenlivet French Oak Reserve de 15 años
Puro de malta, 40% APV
Frutas de huerto, almendras y miel en nariz, con un paladar de canela, piña y dulce de vainilla, que desemboca en un final de especias y frutos secos con roble seco.

HISTORIAS DEL WHISKY

Pistolas de gatillo fácil
Famosa en su día por la cantidad y calidad del whisky ilegal allí destilado, Glenlivet es una zona remota de Speyside. Cuando decidió operar conforme a la ley, George Smith de la destilería The Glenlivet comprobó que entre sus colegas destiladores de whisky contaba con más enemigos que amigos; en consecuencia, el señor de Aberlour le regaló un par de pistolas de gatillo sensible con las que protegerse a sí mismo y a la destilería. Como Smith recordaría más tarde: «Junté a dos o tres tipos fuertes como sirvientes, los armé con pistolas, e hice saber en todas partes que lucharía por mi puesto hasta el último tiro». ¡La destilería sobrevivió!

The Glenlivet French Oak Reserve de 15 años

GLEN MORAY

Elgin Classic Peated

COMPAÑÍA La Martiniquaise

AÑO DE FUNDACIÓN 1897

SITIO WEB www.glenmoray.com

Glen Moray representa un buen ejemplo de whisky puro de malta que no tiene demasiadas marcas competidoras de alto perfil y que prospera como propiedad de una gran empresa dispuesta a centrarse en sus méritos.

Vuelta a la capacidad

Mientras fue parte de la cartera de Glenmorangie plc, este whisky de Elgin, la capital de Speyside, siempre desempeñó un papel secundario con respecto al propio Glenmorangie, y a veces se encontraba en los supermercados a un precio por litro comparable al de algunas mezclas de mayor calidad.

En los últimos años las ventas de Glen Moray han crecido mucho, y en 2021 superaron los 2,2 millones de botellas. Para hacer frente al aumento de las ventas de whisky puro de malta y las de Glen Turner, Label 5 y la histórica mezcla Cutty Sark, adquirida por La Martiniquaise en 2019, la destilería de Elgin se fue ampliando a lo largo de tres etapas, la más radical de ellas en 2023–2024. Hoy tiene una capacidad de 8,5 millones de litros anuales, frente a los 2,2 de hace 15 años, y ahora cuenta con una cuba de macerado *lauter* de 10,1 toneladas, otra *semi-lauter* de 6 toneladas y 21 recipientes externos de fermentación de acero inoxidable. Completan el amplio aparato de producción cuatro alambiques de colada y seis de aguardiente.

Posibilidades turbosas

Como otras destilerías escocesas cuya producción estuvo mucho tiempo en el extremo opuesto del espectro estilístico de las maltas con turba, desde 2009 Glen Moray destila malta con mucha turba durante un breve periodo cada año, y hoy produce hasta 250 000 litros al año con un contenido de 48 ppm. Se usa en las mezclas de La Martiniquaise y en las expresiones puras de malta Glen Moray con acabado de turba.

Antecedentes cerveceros

Hay una estrecha relación entre elaborar cerveza y destilar whisky: tanto las cervecerías como las destilerías necesitan un suministro garantizado de

Elgin Classic

grano para el malteado y agua pura, y, en esencia, el whisky es cerveza destilada. A lo largo de los años, varias cervecerías se han convertido en destilerías, entre ellas Glenmorangie, la difunta y lamentada Lochside de Montrose, y la propia Glen Moray.

Fundada en 1897, cuando la región de Speyside era el centro de una vasta expansión de la producción de whisky, la destilería se desarrolló como parte de la antigua West Brewery de Henry Arnot & Company, operando como Glen Moray Glenlivet Distillery Company Ltd.

Tras el estallido de la burbuja del whisky y sufrir la crisis de sobreproducción a principios del siglo xx, a la expansión siguió rápidamente la contracción, y en 1910 Glen Moray cerró. Salvo un breve periodo de actividad a los dos años, la destilería de Elgin siguió silenciosa hasta 1923, cuando reabrió con propietarios nuevos, Macdonald & Muir Ltd., con sede en Leith, empresa ya propietaria de Glenmorangie, y para añadir a la cartera, el director de esa destilería podía elegir entre Aberlour y Glen Moray. Eligió esta última.

En 1958 en Glen Moray realizaron algunos trabajos de reconstrucción y sustituyeron las malterías de suelo por cajas Saladin. Sin embargo, en 1978 abandonaron el malteado *in situ*, y un año después duplicaron a cuatro los alambiques.

Vínculos con Francia

En 1996, Macdonald & Muir cambió de nombre para llamarse Glenmorangie plc, y en 2004 adquirió la empresa el grupo francés de bienes de lujo Louis Vuitton Möet Hennessy (LVMH). No sería justo decir que LVMH tenía poco interés en Glen Moray, pues invirtió en un nuevo centro de visitantes en la destilería, y lanzó diversas ediciones limitadas y expresiones añejas.

En 2005 salió al mercado The Fifth Chapter, embotellado con graduación de barrica de 1992, y en 2003 y 2007 dos ediciones limitadas con graduación de barrica bien consideradas de Glen Moray Mountain Oak. El whisky para estas había madurado desde el llenado en 1991 en lo que Glen Moray describió como «una selección única de barricas de roble de montaña tostadas y carbonizadas de Norteamérica».

A pesar de estas innovaciones en Glen Moray, en 2008, LVMH se deshizo de sus operaciones de mezcla, de sus marcas de whisky escocés *blended* y de Glen Moray, y se centró en sus whiskies puros de malta Ardbeg y Glenmorangie. Sin embargo, al aparecer como compradora la empresa francesa de bebidas. La Martiniquaise, la propiedad de la destilería y marca de whisky de malta Glen Moray siguió en manos francesas.

La Martiniquaise opta por un perfil mucho más bajo que el propietario de la casa de moda Louis Vuitton y las marcas de champán Moët & Chandon y coñac Hennessy. De hecho, en la mayoría de los libros sobre whisky no se menciona que actualmente la empresa explota una gran destilería de grano cerca de Bathgate, en West Lothian. La destilería Starlaw tiene una capacidad de 25 millones de litros anuales y suministra el destilado para Cutty Sark, los whiskies de malta Glen Turner de La Martiniquaise (la marca de malta más vendida en Francia) y el *blend* Label 7, que también venden bien en otros mercados.

Glen Moray hoy

Glen Moray ofrece una extensa gama de whiskies puros de malta en varios apartados clave. La gama básica NAS Classic incluye Classic, Port Cask Finish, Sherry Cask Finish, Chardonnay Cask Finish, Cabernet Sauvignon Cask Finish y Classic Peated. La gama Heritage incluye expresiones de 12, 15 y 18 años, además del Fired Oak de 10 años y Port Wood Finish de 21 años. Curiosity ofrece varios embotellados originales e interesantes, como Madeira Cask, Rhum Agricole Cask Finish, Curiosity Chenin Blanc Matured y Rye Cask Finish. La colección Warehouse 1 continúa la tendencia con *single malts* acabados en barricas de Barolo, Tokaji y manzanilla.

NOTAS DE CATA

Elgin Classic
Puro de malta, 40% APV
Notablemente fresco en nariz, con aromas de cebada, hierba mojada y suaves notas frutales. Paladar equilibrado y suave, con sabor a frutos secos, cítricos y roble. Las notas cítricas continúan en el final, ligeramente más especiado.

Elgin Classic Peated
Single cask, 40% APV
Aromas a turba terrosa, piña, miel y vainilla, con sabor a humo de leña, cuero y peras maduras, que desembocan en un final de turba apimentada.

Glen Moray 18 años
Puro de malta, 47,2% APV
Frutas de huerto, chocolate con leche, vainilla, pimienta y humo sutil en nariz; en boca, compota, malta, dulce de azúcar moreno y mantequilla y canela, y final con naranja, manzanas *toffee* y un toque de chile.

Glen Moray 18 años

THE MACALLAN

The Macallan Double Cask 12 años

COMPAÑÍA Grupo Edrington

AÑO DE FUNDACIÓN 1824

SITIO WEB www.themacallan.com

En ventas mundiales de *single malt,* The Macallan es el tercero por detrás de Glenfiddich y The Glenlivet, pero en cuanto a caché es sin duda el primero. La marca goza de una reputación incomparable tanto por la calidad del espirituoso como el precio elevado al que se subastan sus embotellados raros y coleccionables: en diciembre de 2023, una botella de Macallan de 60 años, con una etiqueta diseñada por el artista italiano Valerio Adami, se vendió en Sotheby's de Londres por un precio récord mundial de 2,6 millones de euros. Era una de solo 40 embotelladas por Macallan en 1986, y una de las doce con la etiqueta de Adami.

The Macallan
Sherry Oak 30 años

Colaboraciones

Para los coleccionistas, parte del atractivo de The Macallan es que tienen garantizado un suministro regular de ediciones limitadas que con los años muy probablemente se revalorizarán. Estas han incluido proyectos como Masters of Photography, en el que colaboran artistas de la talla de Rankin y Albert Watson, y The Red Collection, de expresiones antiguas y muy raras. Otras son Fine & Rare, que ofrece embotellados de barrica única de 1926 a 1993, Harmony Collection, que incluye un embotellado *Double Cask* de 30 años, y The Reach, de 81 años, el whisky puro de malta escocés más antiguo embotellado hasta la fecha. En 2023 se lanzó Colour Collection, una serie que celebra dos de los pilares sobre los que se asienta el legado de The Macallan: el color natural y el acabado en barrica de jerez.

El legado de The Macallan

El emblemático *single malt* Macallan actual vio la luz en 1824, cuando Alexander Reid obtuvo la licencia de la destilería. Durante gran parte de su existencia posterior perteneció a la familia Kemp, y en 1986 el gigante japonés de la destilación Suntory compró el 25 % de las acciones de lo que era entonces Macallan-Glenlivet plc. Una década más tarde, Highland Distilleries Ltd compró el resto, y en 1999 una sociedad formada por The Edrington Group y William Grant & Sons Ltd adquirió Highland

The Macallan
Double Cask 18 años

Distilleries y formaron la 1887 Company. La destilería Macallan se fue ampliando con los años, hasta inaugurar en 2018 una destilería nueva con un diseño notablemente radical. Costó 166 millones de euros, y dispuestos en tres «vainas» circulares contiene nada menos que 36 de los pequeños alambiques característicos de Macallan, junto con 21 cubas de fermentación de acero inoxidable y un recipiente de maceración de 17 toneladas, el mayor de Escocia. Afuera, la destilería y centro de visitantes se inspira en el tradicional *broch* escocés, con un impresionante tejado ondulado cubierto de hierba y flores silvestres. Las instalaciones para visitantes del nuevo Macallan están entre las mejores del mundo.

***El diseño de la destilería Macallan** es bastante original, y alberga nada menos que 36 alambiques pequeños.*

HISTORIAS DEL WHISKY

De la cebada a las barricas

Varios factores influyen en el carácter del *single malt* The Macallan, empezando por la cebada. El uso de una proporción de la variedad Minstrel contribuye a un *new make* denso y rico. Los alambiques son llamativamente pequeños, y se operan despacio, pasando a barricas con un corte estrecho de en torno al 16 %, lo cual también contribuye a obtener un *new make* denso y rico, perfecto para una maduración larga en barricas de jerez. The Macallan cuenta con barricas propias de roble español de encargo tratadas con jerez en España, e importa también a España duelas de barricas de roble americano para sazonarlas con jerez.

The Macallan Sherry Oak 18 años

Los whiskies

Hay muchas ediciones limitadas y colecciones para considerar, pero la gama principal de The Macallan incluye expresiones de 8, 12, 26 y 30 años en su línea «tradicional» Sherry Oak, junto con expresiones de 12, 15, 18 y 30 años de Double Oak, maduradas en una combinación de barricas de roble europeo y americano tratadas con jerez.

NOTAS DE CATA

The Macallan Sherry Oak 12 años
Puro de malta, madurado en barrica de jerez, 40 % APV
Jerez y pastel de Navidad, mantecoso en nariz, intenso y pleno en el paladar, con naranjas maduras y roble dulce. Final largo y maltoso, con roble levemente ahumado y especiado.

The Macallan Sherry Oak 30 años
Puro de malta, madurado en barricas de jerez oloroso, 43 % APV
Grandes notas de jerez, pleno y maduro en nariz, con especias y mandarinas. Paladar exuberante y equilibrado con jerez, miel, pasas y pimienta de Jamaica. Final largo y afrutado con café y chocolate negro.

The Macallan Double Cask 12 años
Puro de malta, 40 % APV
Cuero cálido, *toffee*, jerez relativamente seco y flor de cerezo en nariz; el paladar ofrece jerez más intenso, miel, naranja, vainilla, chocolate a la taza y roble especiado.

The Macallan Double Cask 18 años
Puro de malta, 43 % APV
En nariz es floral, con cera para madera, vainilla, *toffee* y clavo. Naranja de Jaffa, chocolate negro, especias navideñas, caramelo y jengibre en el paladar, y final de cítricos, café negro y pimienta negra.

The Macallan Sherry Oak 18 años
Puro de malta, 43 % APV
Aromas de canela, frutos secos, clavo, cuero y jengibre acaban en sabores de naranja, jengibre, jerez ahumado y roble suave.

GRAGGANMORE

COMPAÑÍA Diageo plc

AÑO DE FUNDACIÓN 1869

SITIO WEB www.malts.com

Cragganmore 12 años

En 1869, cuando John Smith se propuso fundar Cragganmore cerca del río Spey, ya podía presumir de una sólida trayectoria como destilador. En 1988, el propietario actual, United Distillers, escogió Cragganmore 12 años como representante regional de su cartera Classic Malts. Además de un whisky excelente por sí mismo, Cragganmore se beneficiaba de su larga reputación como malta para mezclas de primera clase.

Elaboración de la malta

En parte, la esencia de Cragganmore se debe a fermentaciones comparativamente largas, de unas 60 horas, tiempos de fermentación lo bastante largos para obtener algunas de las notas florales y ligeramente afrutadas que caracterizan a la marca.

Sin embargo, lo que más influye en el estilo es el régimen de destilación. Los brazos de lyne de los alambiques de colada bajan en curva hacia los condensadores para limitar la interacción del vapor con el cobre, y la parte superior en forma de T de los alambiques de aguardiente favorece un cierto grado de reflujo. Los alambiques de colada imparten un carácter relativamente sulfuroso, y los de aguardiente, un destilado más ligero. «Sulfuroso» y «carnoso» son rasgos deseables de Cragganmore, por eso para evitar el estilo más ligero que producen los alambiques de aguardiente no se les da tiempo para «descansar», lo cual permitiría al cobre recuperarse; para que el cobre esté menos activo de lo que estaría de otro modo, en cuanto se vacían se recargan.

Cragganmore
Distiller's Edition
(Embotellado en 2022)

NOTAS DE CATA

Cragganmore 12 años
Puro de malta, 40 % APV
Nariz compleja de jerez, *toffee* quebradizo, frutos secos, brezo, leve humo de madera y cáscara mixta. En boca es maltoso, con notas de almendras, hierbas y frutas. De largo medio, con un final ligeramente apimentado y ahumado.

Cragganmore Distiller's Edition (Embotellado en 2022)
Puro de malta, single cask, cask strength, *madurado en barricas de roble americano rellenadas, 40 % APV*
Crema de naranja fondant en nariz, con mazapán y malta que se intensifican hasta la melaza. Paladar de cítricos frescos; vivo y especiado, tiende a más seco y a roble, con jengibre y regaliz en el final largo.

GLENALLACHIE

COMPAÑÍA The GlenAllachie Distillery Company

AÑO DE FUNDACIÓN 1967

SITIO WEB www.theglenallachie.com

GlenAllachie Cask Strength 10 años, Lote 11

El whisky elaborado en GlenAllachie, en las estribaciones del Ben Rinnes, cerca de Aberlour, ha pasado de ser casi invisible para el consumidor a una visibilidad considerable y una política de lanzamientos proactiva. GlenAllachie se fundó en 1967–1968 sobre todo para suministrar whisky de malta al popular *blend* Mackinlay. Los actuales dueños, The GlenAllachie Distillery Company, con el veterano del sector Billy Walker al frente, cambiaron a mayúscula la A central del nombre, como hicieran con el de sus destilerías y marcas anteriores BenRiach y GlenDronach, y se centraron en crear una marca de malta única. Cada año producen unos 800 000 litros de espirituoso. La destilería tiene una capacidad de 4 millones de litros, muy por encima de las necesidades actuales, y la producción se ha ralentizado para permitir fermentaciones de 160 horas.

Junto con la destilería, los propietarios adquirieron un gran inventario de existencias de Chivas Brothers, algunas de la década de 1970. Más de 500 000 barricas están madurando en 16 almacenes *in situ*, y se ofrece una gama de whiskies de malta con edad declarada. La principal incluye expresiones de 8, 10 *(cask strength)*, 12, 15, 18, 21 *(cask strength)*, 25 y 30 años *(cask strength)*, y también está la Virgin Oak Series, de embotellados madurados en roble francés, húngaro, escocés, español y *Chinquapin (Quercus muehlenbergii)*. Están también la Wood Finish Range y Wine Cask Series, junto con media docena de variantes *single cask*. Se organizan visitas y catas.

NOTAS DE CATA

GlenAllachie Cask Strength 10 años, Lote 11
Puro de malta, 58,6 % APV
En nariz, especiado con vino tinto, miel y cera para muebles, para dar paso a un paladar centrado en chocolate con leche, frutas cocidas, bayas rojas y más especias vivas y persistentes.

GlenAllachie 18 años
Puro de malta, 46 % APV
Nuez y especias en nariz, con azúcar de cebada y malta. Paladar de almendras, albaricoques, nuez moscada y maderas aromáticas.

GlenAllachie 18 años

GLEN ELGIN

COMPAÑÍA Diageo plc

AÑO DE FUNDACIÓN 1898

SITIO WEB www.malts.com

Diageo explota 28 destilerías de malta en Escocia, pero no da a todas el protagonismo del whisky puro de malta, se centra en una gama básica que representa diversas regiones y estilos. Con todo, aparte de los Taliskers y Cardhus, Lagavulins y Dalwhinnies, hay excelentes whiskies puros de malta esperando ser descubiertos. Uno de ellos es Glen Elgin, apreciado por los mezcladores, y componente importante del *blend* histórico White Horse, pero desde 2005 también incorporado a la cartera Classic Malts de Diageo.

Un clásico de perfil bajo

A tono con su perfil, Glen Elgin es una de las destilerías menos conocidas de Speyside. Con tres pares de alambiques relativamente pequeños y condensadores *(worm tubs)* tradicionales de madera, es un buen ejemplo de cómo una destilería puede funcionar para producir un espirituoso en esencia distinto de lo que se esperaría del equipo. En teoría debería ser relativamente intenso y con mucho cuerpo, pero la fermentación larga y la destilación lenta dan como resultado un carácter comparativamente afrutado y ligero.

Fundada en 1898, la producción comenzó en mayo de 1900, coincidiendo con un espectacular declive de la industria de la que no se recuperaría hasta más de 50 años después. Glen Elgin produjo whisky durante solo cinco meses, y cerró. En 1930, Scottish Malt Distillers (SMD), la filial de Distillers Company Ltd, compró la destilería al mezclador de Glasgow J. J. Blanche & Company y fue incorporada a Diageo.

NOTAS DE CATA

Glen Elgin 12 años
Puro de malta, 43% APV
Jerez intenso y afrutado, higos y especias fragantes, con miel y flores cortadas en nariz. En boca tiene cuerpo, es suave, maltoso y meloso, con jengibre y naranja. Largo y levemente perfumado, con roble especiado al final.

Glen Elgin 18 años (Diageo Special Releases 2017)
Puro de malta, 54,8% APV
Aromas de cuero fresco, frutas de huerto, *toffee* quebradizo y vainilla llevan a un paladar voluptuoso de dulce de leche, albaricoques, canela, jengibre y roble persistente.

Glen Elgin 12 años

GLENGLASSAUGH

COMPAÑÍA Glenglassaugh Distillery Company Ltd (Brown-Forman)

AÑO DE FUNDACIÓN 1873

SITIO WEB www.glenglassaugh.com

La destilería original, cerca de la orilla sur de Moray Firth, fue construida entre 1873 y 1875, pero en 1986 quedó inactiva. Para un amante del whisky hay pocas imágenes más tristes que una destilería silenciosa, con los alambiques de cobre fríos y sin lustre, sin olor a mosto en el aire ni bullicio de actividad humana. Por suerte vino a salvarla el Grupo Scaent, que opera en el sector energético global y al que interesaba expandirse al whisky escocés. Scaent compró la destilería a principios de 2008 para formar la Glenglassaugh Distillery Company Ltd, y gastó más de 1 millón de euros en remodelarla. En 2013, The BenRiach Distillery Co Ltd compró Glenglassaugh, y desde 2018 pertenece a la empresa estadounidense Brown-Forman. En el verano de 2023 se introdujo una nueva gama básica que incluye un 12 años y dos expresiones NAS, Sandend y Portsoy.

NOTAS DE CATA

Glenglassaugh 12 años
Puro de malta, 45% APV
Frutos rojos, nueces y caramelo en nariz, con coco en desarrollo. Caramelo, vainilla y vino tinto en el paladar, con chocolate con leche y cacahuetes salados en el final.

Glenglassaugh Portsoy
Puro de malta, envejecido en barricas de jerez, bourbon y oporto, 49,1% APV
Nariz de turba suave, fruta seca, chocolate y una pizca de sal. En boca ofrece charcutería, moras y pan de jengibre.

Glenglassaugh 12 años

THE GLENROTHES

COMPAÑÍA Grupo Edrington

AÑO DE FUNDACIÓN 1878

SITIO WEB www.theglenrothes.com

***La destilería Glenrothes**, en una hermosa zona boscosa a las afueras de la localidad de Rothes.*

Desde hace mucho, The Glenrothes es muy estimado por los mezcladores como whisky de malta y uno de los pocos whiskies de Speyside a los que calificaron como *Top Class.* Su perfil comenzó a crecer desde 1993, cuando en lugar de embotellados por edades específicas, los propietarios optaron por lanzar una serie de añadas de su *single malt*. Esto duró hasta 2017–2018, cuando Edrington introdujo una cartera selecta de expresiones añejas y situó a la marca sólidamente en el mercado «ultrapremium». La gama culmina con un whisky de 42 años, descrito por la maestra whiskera Laura Rampling como «parte ciencia, parte alquimia y un poco de magia». Era larga la relación con los legendarios comerciantes londinenses de vinos y licores Berry Bros & Rudd, propietarios de la marca –pero no de la destilería– de 2010 a 2017, cuando Edrington la recuperó.

Un acuerdo inusual

La propiedad de la destilería en la pequeña localidad de Rothes ha sido históricamente complicada. En 1887, el entonces propietario William Grant and Company se fusionó con la Islay Distillery Company para formar Highland Distilleries, luego Highland Distillers, y hoy es parte de Edrington Group.

NOTAS DE CATA

The Glenrothes 18 años
Puro de malta, 43% APV
Frutas tropicales, mazapán y pimienta de Jamaica en nariz; el paladar ofrece caramelo, vainilla, pasas, canela y, finalmente, chocolate negro, pimienta negra y roble.

The Glenrothes 25 años
Puro de malta, 43% APV
Aromas de jerez, tarta de manzana, canela y tabaco llevan a un paladar de dátiles, ciruelas, cuero gastado y humo tenue.

The Glenrothes 42 años
Puro de malta, 43% APV
Frutas tropicales, avellanas y jerez en nariz, con un paladar de melaza, azúcar moreno, almendras, anís y roble especiado.

The Glenrothes 42 años

KNOCKANDO

Knockando 12 años

COMPAÑÍA Diageo plc

AÑO DE FUNDACIÓN 1898

SITIO WEB www.malts.com

Hace tiempo que Knockando es el principal whisky de malta de la marca de whisky escocés de mezcla J&B, tercera más vendida del mundo después de Johnnie Walker y Ballantine's, y muy exitosa sobre todo en Francia, España, Portugal, Sudáfrica y EE.UU.

Los comerciantes londinenses de vinos y licores Justerini & Brooks crearon la mezcla J&B Rare especialmente para el mercado estadounidense durante la Ley Seca (1920–1933). Su color pálido y estilo ligero iban con los gustos de la época, y fue una buena competidora de Cutty Sark.

Nacida en el boom del whisky

La historia de Knockando, sin embargo, comienza en 1898–1899, al establecerse justo antes del final del gran boom victoriano del whisky. La destilería estuvo activa solo unos diez meses antes de tener que cerrar, y en 1904 Gilbey's la compró por el módico precio de 3500 libras.

El vínculo entre Knockando y J&B se remonta a la fusión en 1962 entre W&A Gilbey Ltd y United Wine Traders (entonces propietarios de J&B), que llevó a crear International Distillers & Vintners y en 1969 a duplicar la capacidad de Knockando mediante un segundo par de alambiques. Fusiones y adquisiciones posteriores reunieron finalmente a Knockando y J&B como parte de la cartera de whisky de Diageo.

A partir de la década de 1970, para la mayoría de los mercados el whisky Knockando se embotelló según la añada, sin edad declarada específica, práctica que terminó con la salida de los embotellados de 12, 15, 18 y 21 años. Hoy solo queda el de 12 años.

La destilería Knockando *posee dos pares de alambiques de cobre característicos.*

NOTAS DE CATA

Knockando 12 años
Puro de malta, 43 % APV
Delicado y fragante en nariz, con notas de malta, cuero viejo y heno. Con bastante cuerpo en boca, suave y meloso, con notas de malta y jengibre. Final de largo medio, con cereales y más jengibre.

LONGMORN

Longmorn 18 años

COMPAÑÍA Chivas Brothers Ltd (Pernod Ricard)

AÑO DE FUNDACIÓN 1894

SITIO WEB www.secret-speyside.com

Mientras que The Glenlivet es el whisky de malta estrella de Chivas Brothers y Strathisla destaca por ser exitoso entre los visitantes y como hogar de la marca Chivas Regal, Longmorn suministra sobre todo whisky de malta para mezclas. Entre los mezcladores tiene una reputación envidiable como uno de los mejores Speyside. También cumple con aplomo su papel de proveedor de malta para las mezclas Chivas Regal, Queen Anne y Something Special.

John Duff y sus socios construyeron la destilería, pero en 1897 Duff se hizo con el control exclusivo. Está claro que no fue una decisión acertada: al año siguiente se declaró en quiebra, y Longmorn pasó a manos de un tal James Grant. Fue una empresa independiente hasta 1970, cuando se creó The Glenlivet Distillers Ltd, y en 1978 la adquirió la canadiense Seagram. Longmorn fue uno de los activos de Seagram adquiridos en 2001 por Chivas Brothers Ltd, filial de Pernod Ricard.

Longmorn tiene ocho grandes alambiques en forma de bulbo que producen un *new make* intenso, con cuerpo y afrutado. Hasta 1994, los alambiques de colada se calentaban con llama de carbón, y en un edificio separado, los de aguardiente usaban vapor. Aunque la capacidad anual de la destilería es de 4,5 millones de litros, hoy unas 18 remesas semanales de mosto producen unos 3 millones de litros al año.

NOTAS DE CATA

Longmorn 18 años
Puro de malta, 57,6% APV
Albaricoques, mazapán, almendra molida, malta y chocolate con leche en nariz, con un paladar suave de peras maduras, brownies de dulce de leche, vainilla y especias leves. Final largo, con notas de roble y cítricos.

Longmorn 22 años
Puro de malta, 54,5% APV
En nariz, manzana asada, peras al vino, coco y jengibre. En boca, albaricoque seco, naranja de Jaffa, vainilla y chocolate con leche, con jengibre, nuez moscada y cacao en el final.

Longmorn 22 años

MORTLACH

COMPAÑÍA Diageo plc

AÑO DE FUNDACIÓN 1823

SITIO WEB www.malts.com

Mortlach Wee Witchie 12 años

Entre las destilerías escocesas, Mortlach merece un premio al método más complejo de elaboración de whisky. Se destila 2,8 veces, y la clave del proceso es el alambique nº 1, apodado Wee Witchie («brujita»). En total hay seis alambiques, todos de formas y tamaños distintos, y durante cada destilación Wee Witchi se carga tres veces. La condensación del aguardiente tiene lugar en seis *worm tubs*, cinco de madera y uno de acero inoxidable. El espirituoso resultante de este proceso de destilación único es notablemente intenso y robusto, adecuado para una maduración larga en barrica de jerez.

El desarrollo de Mortlach

Mortlach fue la primera destilería construida en Dufftown, y William Grant trabajó en ella durante veinte años, al final como director, antes de dejarla y fundar en 1886 su propia empresa, Glenfiddich.

Mortlach es un componente importante de Johnnie Walker Black Label, y al crecer la demanda en los últimos años pasaba desapercibido como embotellado «de la casa», pero un aumento de la producción en la destilería ha permitido a este fascinante whisky puro de malta una visibilidad mucho mayor, y desde 2018 hay un trío de embotellados principales más fácilmente disponibles: Wee Witchie de 12 años, Distiller's Dram de 16 años y Cowie's Blue Seal de 20 años.

Mortlach
Distiller's Dram 16 años

NOTAS DE CATA

Mortlach Wee Witchie 12 años
Puro de malta, 43 % APV
Chocolate con leche, albaricoque asado, jengibre y pimienta negra en nariz, con un paladar ligeramente salado de vainilla, frutas de huerto y canela, para cerrar con chocolate, jengibre, ciruelas y roble sutil.

Mortlach Distiller's Dram 16 años
Puro de malta, 43 % APV
Bastante terroso en nariz, con tabaco, jengibre y jerez sutil; el paladar ofrece melocotones en almíbar, higos y canela, para acabar en naranja, cuero y roble.

Mortlach Cowie's Blue Seal 20 años
Puro de malta, 43 % APV
Carnoso en nariz, con café instantáneo, frutos secos y chocolate con leche. En boca es ceroso, con albaricoques, almendras y naranja picante.

SPEYBURN

COMPAÑÍA International Beverage Holdings

AÑO DE FUNDACIÓN 1897

SITIO WEB www.speyburn.com

En las afueras de la población destiladora de Rothes, Speyburn es una de las cinco destilerías escocesas de Inver House Distillers Ltd, parte desde 2001 de la potente International Beverage Holdings. Es en EE.UU. donde es más conocido como *single malt*, pero la mayor parte del espirituoso de la destilería va a parar a mezclas de Inver House como Catto's, Hankey Bannister y Pinwhinnie.

Fundada en 1897, cuando Speyside estaba en el centro del boom de las destilerías, el arquitecto de Elgin Charles Doig, decano de los arquitectos de destilerías, diseñó Speyburn, y sus estructuras apenas han cambiado. El remate en forma de pagoda china del horno, su creación más duradera, se ve como símbolo de la elaboración del whisky escocés.

Diamantes y oro

John Hopkin & Company, ya dueños de la destilería de Tobermory, encargaron Speyburn, que funcionó bajo los auspicios de la Speyburn-Glenlivet Distillery Company Ltd. Los fundadores querían destilar espirituoso durante el año del jubileo de diamante de la reina Victoria (1897), pero para ello tuvieron que usar los alambiques durante una tormenta de nieve en diciembre, cuando en la estructura recién construida para ellos no se habían instalado aún las puertas ni las ventanas.

The Distillers Company Ltd compró Speyburn en 1916, que sirvió como planta de producción para suministrar malta para mezclas hasta 1991, cuando se hizo con el control Inver House Distillers Ltd. Al año siguiente lanzaron una expresión de whisky puro de malta de 10 años, al que ahora acompañan otras de 15 y 18 años y el NAS Bourbon Cask.

NOTAS DE CATA

Speyburn 10 años
Puro de malta, 40% APV
En nariz es especiado y con frutos secos, con virutas de lápiz y malta dulce. En boca, dulce y fácil de beber, con notas herbáceas y un toque ahumado. Final de largo medio, con cebada y roble.

Speyburn Bourbon Cask
Puro de malta, 40% APV
En nariz afrutado y floral, con naranjas, miel y malta; paladar bien equilibrado, con fruta fresca, vainilla, especias y roble sutil. El roble especiado aparece en un final relativamente largo.

Speyburn 18 años
Puro de malta, 46% APV
Dulce de leche, higos, canela y piña cocida en nariz. El paladar intenso ofrece miel, naranja, especias vivas y un toque final de humo de madera.

Speyburn Bourbon Cask

Speyburn 10 años

SPEYSIDE

Spey Chairman's Choice

COMPAÑÍA Speyside Distillers Company Ltd

AÑO DE FUNDACIÓN 1990

SITIO WEB www.speysidedistillery.co.uk

Aunque el primer espirituoso de los alambiques de Speyside salió en 1990, podría decirse que su año de fundación fue 1956 o 1962. La primera fecha fue cuando George Christie, comerciante de whisky de Glasgow, compró el solar a orillas del río Tromie, no lejos de Kingussie; y la segunda, cuando el constructor de piedra seca Alex Fairlie empezó a erigir la destilería. La construcción se realizó con calma y tardó casi tres décadas. Una vez terminada, se llamó Speyside, que puede sonar algo genérico, pero de hecho es el antiguo nombre recuperado de una destilería del lugar.

La construcción de la «nueva» Speyside llevó mucho tiempo, pero el espirituoso no tardó en llegar a las botellas: el whisky puro de malta Drumguish salió a la venta en 1993, cuando solo habría sido legal como whisky escocés. Desde 2012, Speyside pertenece a Harvey's de Edimburgo, empresa cuyos orígenes se remontan a 1770. Harvey's ha aumentado mucho el número de expresiones disponibles, y estableció una gama básica que incluye Tenne (con un acabado en barrica de oporto), Trutina (madurado en barrica de bourbon), Fumare (elaborado con malta tratada con turba) y el dúo Chairman's Choice y Royal Choice, ambos *vattings* de múltiples añadas en barricas de roble europeo y americano.

Speyside también produce Beinn Dubh, whisky puro de malta casi negro, réplica de la difunta y no muy lamentada marca Loch Dhu, creada por United Distillers en la década de 1990, con malta Mannochmore madurada en barricas de carbonizado doble.

NOTAS DE CATA

Spey Tenne
Puro de malta, 46% APV
Bayas, chocolate, piel de naranja y jengibre en nariz, con un paladar de vainilla, melocotón, vino tinto, moras y roble.

Spey Chairman's Choice
Puro de malta, 40% APV
Peras escalfadas, mazapán y especias en nariz; en boca se revelan manzana asada, vainilla, malta, madera fresca y clavo, para acabar en pimienta negra y roble.

Spey Tenne

STRATHISLA

COMPAÑÍA Chivas Brothers Ltd (Pernod Ricard)

AÑO DE FUNDACIÓN 1786

SITIO WEB www.chivas.com

En las afueras del pueblo de Keith, Strathisla es probablemente la destilería en activo más antigua de las Highlands escocesas. Es maravillosamente fotogénica, con un exagerado par de hornos rematados por pagodas, e incluso una noria.

Inicios miltonianos

La historia de Strathisla comienza en 1786, cuando fue fundada con el nombre Milltown. El nombre Strathisla se usó por primera vez en la década de 1870, aunque en 1890 volvió a emplearse el viejo nombre, enmendado a Milton. Isla es el río que atraviesa el pueblo, y *strath* significa valle fluvial.

Strathisla 12 años

Seagram en escena

A finales de la década de 1940, la Seagram Company de Canadá compró Milton en una subasta por solo 71 000 libras para su recién adquirida filial de Chivas Brothers. Tras un programa de remodelación y mejora, en 1951 volvió a llamarse Strathisla. Con el aumento de las ventas en la Norteamérica de posguerra de Chivas Regal, una de las mezclas de lujo más vendidas del mundo, Chivas Brothers construyó la destilería completamente nueva Glen Keith (hoy silenciosa), contigua a Strathisla, para aumentar la producción de whisky de malta, y en 1965 los alambiques de Strathisla se duplicaron a cuatro. La empresa desarrolló estructuras importantes en Keith, con vastos almacenes a las afueras de la población en los que actualmente maduran unos 100 millones de barricas de whisky de malta, y depósitos francos donde se mezcla el Chivas Regal antes de embotellarlo cerca de Glasgow.

Seagram se expande

En 1978, Seagram adquirió The Glenlivet Distillers Ltd, que añadió a su cartera entre otras destilerías de prestigio, además de un par de destilerías de Speyside creadas exclusivamente para suministrar whisky puro de malta para mezclas. Braes of Glenlivet (luego rebautizada Braeval) se construyó en 1973, y dos años más tarde Allt-a-Bhainne. Hoy día, ambas destilerías proporcionan una cantidad importante de espirituoso para la familia de mezclas Chivas Regal.

Junto con los demás activos en espirituosos de Seagram, Pernod Ricard compró en 2001 la destilería de Strathisla, que luego fue el «Hogar de Chivas Regal», lo cual refleja la atención dedicada al conocido centro de visitantes. Strathisla se vende como whisky puro de malta desde hace más de dos siglos, y hoy la principal expresión disponible es un 12 años muy apreciado.

Strathisla Single Cask Edition 17 años

NOTAS DE CATA

Strathisla 12 años
Puro de malta, 43 % APV
Jerez, compota de frutas, especias y malta en nariz. Casi almibarado en boca, con *toffee*, miel, frutos secos y un toque de turba y roble. Final levemente ahumado, con más roble y un destello final de jengibre.

Strathisla Single Cask Edition 17 años
Puro de malta, 52,4 % APV
Piña, palomitas de maíz, madera nueva y cebada en nariz, con un paladar pleno de vainilla, malta, cítricos y roble ligero.

TAMDHU

COMPAÑÍA Ian Macleod Distillers

AÑO DE FUNDACIÓN 1897

SITIO WEB www.tamdhu.com

Tamdhu se encuentra cerca de la destilería de Knockando, a orillas del río Spey, y data de finales de la proliferación destiladora de la era victoriana en Escocia. En 2011, la propiedad pasó a Ian Macleod Distillers, empresa que ya contaba en su cartera con Glengoyne, y más tarde compró y resucitó Rosebank.

Tamdhu tiene tres pares de alambiques y una capacidad anual de 4 millones de litros. En sus instalaciones hay nada menos que 28 bodegas, que además de barricas de Tamdhu, contienen Glengoyne y Rosebank. Tamdhu se presenta como *single malt* madurado en barricas de jerez, y entre las principales expresiones hay de 10, 12, 15 y 18 años, junto con lanzamientos anuales de la variante NAS Batch Strength. También se ofrece un Cigar Malt en edición limitada.

NOTAS DE CATA

Tamdhu 12 años
Puro de malta, 43 % APV
En nariz predomina el jerez seco, las avellanas y los cítricos, y en boca ofrece jerez más intenso, canela, plátanos asados y naranja, para acabar en chocolate negro, clavo y roble seco.

Tamdhu 12 años

TOMINTOUL

COMPAÑÍA Angus Dundee Distillers plc

AÑO DE FUNDACIÓN 1964

SITIO WEB www.tomintouldistillery.co.uk

El aspecto sin pretensiones de Tomintoul destaca aún más por contraste con lo grandioso del paisaje de las Highlands que la rodea. La destilería, en la parroquia de Glenlivet, está equipada con seis alambiques y toma su nombre del cercano Tomintoul, el pueblo más alto de las Highlands. Se tardó más de un año en hallar la fuente de agua pura del manantial de Ballantruan, en las colinas de Cromdale. Una vez descubierta, la destilería se construyó cerca del manantial. Tomintoul se creó para Tomintoul-Glenlivet Distillery Ltd, empresa creada por un grupo de mezcladores y comerciantes de whisky, y ahora pertenece a Angus Dundee Distillers plc, que compró la destilería a Whyte & Mackay en 2000.

La gama Tomintoul

Tomintoul se comercializó por primera vez como whisky puro de malta en la década de 1970, y los coleccionistas buscan ejemplares de esa época presentados en los característicos «frascos de perfume». Sin embargo, la marca fue más conocida después de comprar los actuales propietarios la destilería y añadir un centro de mezclas. Hoy tiene capacidad para madurar 116 000 barricas y existencias de whisky de hasta 40 años.

La gama de whiskies puros de malta incluye los embotellados sin edad declarada Tlath y Seiridh, además de expresiones de 10, 14, 16, 18, 21 y 25 años y Cigar Malt, junto con varias ediciones limitadas acabadas en barrica. Desde hace más de dos décadas, además de su destilado estándar, Tomintoul produce lotes anuales de espirituoso con intenso aroma a turba. Su destino principal son mezclas de Angus Dundee, pero hay también un Tomintoul Peated NAS y un Peaty Tang de 15 años. Una selección con aroma aún más intenso a turba se comercializa bajo el nombre Old Ballantruan.

NOTAS DE CATA

Tomintoul 10 años
Puro de malta, 40 % APV
Nariz ligera, floral y agradablemente maltosa. De cuerpo ligero y delicado, con vainilla, manzanas y limón en el paladar. El final es de largo medio, con miel y malta persistente.

Tomintoul 21 años
Puro de malta, 40 % APV
Melones, peras, especias cálidas y azúcar de cebada en nariz. Presencia intensa y especiada en el paladar, además de *toffee* y notas de malta. Bastante largo en el final; ligeramente seco en boca, con cacao en polvo y picante hasta el final.

Tomintoul 21 años

ALLT-A-BHAINNE

COMPAÑÍA Chivas Brothers Ltd (Pernod Ricard)

AÑO DE FUNDACIÓN 1975

SITIO WEB www.alltabhainne.com

La destilería Allt-a-Bhainne, que data de 1975, se alza en el hermoso paisaje entre Dufftown y Tomintoul. Construida con 3,2 millones de euros por Chivas Brothers, filial del gigante canadiense de la destilación Seagram, con el fin expreso de suministrar whisky de malta a granel para mezclas, sobre todo para la marca 100 Pipers, que era una de las más vendidas en la época. Hay disponibles varios embotellados independientes y uno de 15 años en la colección Distillery Reserve de Chivas Brothers.

NOTAS DE CATA

Allt-a-bhainne Distillery Reserve Collection 15 años
Puro de malta, 58,8 % APV
Vainilla, *toffee* y miel en una nariz dulce, con gotas de pera y melón que se abren a bayas rojas en un paladar suave y equilibrado.

Allt-a-Bhainne Distillery Reserve Collection 15 años

ARDMORE

The Ardmore Legacy

COMPAÑÍA Beam Suntory

AÑO DE FUNDACIÓN 1898

SITIO WEB www.ardmorewhisky.com

Teacher & Sons, con sede en Glasgow, construyó en 1898–1899 en la periferia oriental de Speyside la destilería Ardmore para suministrar whisky de malta a su mezcla cada vez más exitosa Highland Cream, creada por William Teacher en 1863. Hoy sigue cumpliendo esa función. La destilería y la marca Teacher's son ahora propiedad de Beam Suntory, y Ardmore produce tanto un whisky sin aroma a turba como uno destilado de malta con turba en una proporción de 12–14 ppm. El estilo ahumado de Ardmore confiere a la mezcla de Teacher's su distintivo carácter pleno e intenso. La capacidad de la destilería fue creciendo hasta los cuatro pares de alambiques actuales.

NOTAS DE CATA

The Ardmore Legacy
Puro de malta, 40 % APV
Turba cenicienta, frutas de huerto y vainilla en nariz; en boca, miel, vainilla, carbón vegetal, cítricos y roble especiado.

AUCHROISK

COMPAÑÍA Diageo plc

AÑO DE FUNDACIÓN 1974

SITIO WEB www.malts.com

Cerca del núcleo destilador y de depósitos francos de Keith, Auchroisk embotelló de 1986 a 2001 whisky puro de malta bajo el nombre Singleton. En manos de Diageo, suministra whisky de malta para varias mezclas, y allí también madura el destilado de malta de otras destilerías de Diageo en la zona. Además, se encuban juntos whiskies de malta y se transportan a las plantas de embotellado, donde se añade el elemento del destilado de grano de las mezclas escocesas. Auchroisk cuenta con ocho alambiques y tiene una capacidad anual de 5,9 millones de litros. Cuando en 2009 Diageo construyó Roseisle, cerca de Elgin, el edificio de alambiques de Auchroisk sirvió de modelo.

NOTAS DE CATA

Auchroisk 10 años
Puro de malta, 43 % APV
Especias y cítricos, frutos secos y malta en nariz. Fruta fresca y malta en el paladar, con más malta y chocolate con leche al final.

Auchroisk 10 años

AULTMORE

COMPAÑÍA John Dewar & Sons (Bacardí)

AÑO DE FUNDACIÓN 1896

SITIO WEB www.aultmore.com

El terrateniente y empresario destilador local Alexander Edward fundó Aultmore en 1896. En 1998 pasó a formar parte de Bacardí, que lanzó una gama de expresiones. La destilería que hoy se encuentra cerca del pueblo de Keith data en gran parte de un proyecto de reconstrucción llevado a cabo a principios de la década de 1970. La producción se mantiene en marcha siete días a la semana, y cada año se elaboran hasta 3,2 millones de litros de destilado. Hay versiones de 12, 18 y 21 años, además de una de 25 exclusiva para Asia.

NOTAS DE CATA

Aultmore 12 años
Puro de malta, 40% APV
Notas florales y dulce de leche en nariz, con elementos especiados. Cítricos frescos en el paladar, con vainilla, más especias y ralladura de limón. Final con frutos secos, bastante seco.

Aultmore 12 años

BALLINDALLOCH

COMPAÑÍA Familia Macpherson-Grant

AÑO DE FUNDACIÓN 2014

SITIO WEB www.ballindallochdistillery.com

La familia Macpherson-Grant, que habita desde 1546 el cercano castillo de Ballindalloch, creó Balllindalloch, una de las destilerías más recientes de Speyside. Muy tradicional en su diseño y funcionamiento, presume de condensadores *(worm tubs)* en su único par de alambiques. La cebada se cultiva en la propia finca, y a los propietarios no les importó esperar casi una década antes de poner a la venta su primer whisky. Ballindalloch ocupará sin duda un lugar entre los grandes nombres del whisky de la región. La destilería tiene tienda y varias opciones de visitas.

NOTAS DE CATA

Ballindalloch Edition No. 1 Seven Springs Collection
Puro de malta, 60,2% APV
Nata, *toffee*, nuez moscada, azúcar demerara, melocotón y hojaldre en la nariz especiada; en el paladar hay higos, fresas, canela y café, con un toque de chile.

Ballindalloch Edition No. 1 Seven Springs Collection

BALMENACH

COMPAÑÍA International Beverage Holdings

AÑO DE FUNDACIÓN 1824

SITIO WEB www.inverhouse.com

En un lugar remoto cerca de la carretera principal de Grantown-on-Spey a Aberlour, Balmenach data de 1824, y fue una de las primeras destilerías en obtener una licencia tras la histórica ley de tasas de 1823, que convirtió en una actividad económicamente atractiva la destilación legal en las Tierras Altas. Al destinarse la mayor parte de la producción a cubas de mezcla, el whisky puro de malta es extremadamente raro. La marca Deerstalker ha embotellado Balmenach durante algunos años, y hay otros embotellados independientes. La destilería de ginebra Caorunn está abierta al público, pero no la de whisky.

NOTAS DE CATA

Deerstalker 12 años
Puro de malta, 43% APV
Gran nariz de jerez y miel, y paladar suave y con cuerpo en el que destacan el jerez seco, la miel y el jengibre. Final equilibrado y relativamente largo.

Deerstalker 12 años

BENRINNES

COMPAÑÍA Diageo plc

AÑO DE FUNDACIÓN 1826

SITIO WEB www.malts.com

La destilería está a los pies de la montaña Ben Rinnes, hito distintivo de Speyside. La planta actual es el resultado de un programa de reconstrucción de mediados de la década de 1950. El destilado con cierto sabor a carne que produce va a diversas mezclas de Diageo, y en parte sus rasgos esenciales se deben a un corte notablemente amplio y al uso de *worm tubs* como condensadores. Benrinnes tiene dos alambiques de colada y cuatro de aguardiente y produce 3,5 millones de litros de espirituoso al año.

NOTAS DE CATA

Benrinnes 15 años
Puro de malta, 43% APV
Caramelo, cuero viejo, pimienta negra y jerez en nariz. Con cuerpo, y jerez, higos y notas saladas en boca. Especias y humo delicado en un final complejo.

Benrinnes 15 años

BRAEVAL

COMPAÑÍA Chivas Brothers Ltd (Pernod Ricard)

AÑO DE FUNDACIÓN 1973

SITIO WEB www.secret-speyside.com

La filial de Seagram Chivas Brothers construyó Braeval, llamada en origen Braes of Glenlivet, para producir whisky puro de malta para mezclas. Como la cercana Allt-a-Bhainne, se construyó en un estilo muy moderno, y es la destilería en activo más alta de Escocia, en un lugar remoto no lejos de Glenlivet. La década de 1970 fue de auge para el whisky escocés de mezcla, y Braeval pasó de sus tres alambiques originales a tener seis. Hoy tiene una capacidad anual de 4,2 millones de litros. Los embotellados propios son raros, pero en 2019 la Secret Speyside Collection de Chivas Brothers incluyó expresiones de 25, 27 y 30 años.

NOTAS DE CATA

Braes of Glenlivet 25 años
Puro de malta, 48% APV
Vainilla, miel, melocotones y chocolate para beber en nariz, con sabores a dulce de leche, chocolate con leche, miel y albaricoques, cerrando con suaves especias…

Braes of Glenlivet 25 años

CRAIGELLACHIE

COMPAÑÍA John Dewar & Sons Ltd (Bacardí)

AÑO DE FUNDACIÓN 1891

SITIO WEB www.craigellachie.com

Desde 1891, la destilería ha tenido varios propietarios a lo largo de su historia, los últimos John Dewar & Sons Ltd desde 1998. Hoy en día, gran parte de su producción se destina a Dewar's White Label y a su compañero de casa, el *blend* William Lawson. El puro de malta Craigellachie tiene un estilo distintivo y denso, debido en parte a las fermentaciones cortas, alambiques grandes y la condensación en *worm tubs*. La gama principal de *single malts* trae embotellados de 13, 17, 23 y 33 años. En 2022 salió una gama Cask Collection, que empezó con una expresión de 13 años acabada en barrica de armañac.

NOTAS DE CATA

Craigallachie 13 años
Puro de malta, 46% APV
Una nariz intrigante de flor de manzano, melaza y charcutería da paso a un paladar untuoso de malta, humo de leña, beicon, piña en conserva y pino.

Craigallachie 13 años

KNOCKDHU

COMPAÑÍA International Beverage Holdings

AÑO DE FUNDACIÓN 1893

SITIO WEB www.ancnoc.com

Knockdhu, cerca de Huntly, comercializa su *single malt* bajo la marca AnCnoc para evitar la posible confusión con Knockando. Según su director, Gordon Bruce, «cada turno lo dirige un solo hombre, sin automatización alguna, y están ocupados todo el turno, no solo sentados delante de un ordenador». La destilería produce hasta 1,8 millones de litros anuales, de los cuales 200 000 llevan turba en algún grado.

NOTAS DE CATA

AnCnoc 12 años
Puro de malta, 40 % APV
Delicado y floral en nariz, con naranjas y pimienta blanca. Paladar de turba leve, caramelos y especias. Más naranja en el final especiado que tira a seco.

MACDUFF

COMPAÑÍA John Dewar & Sons (Bacardí)

AÑO DE FUNDACIÓN 1960

SITIO WEB www.thedeveron.com

En 1972, Martini Rossi compró Macduff, cerca del puerto de Banff, y dos décadas más tarde, Bacardí adquirió Martini Rossi. Hay dos alambiques de colada con condensadores verticales y tres de aguardiente con condensadores horizontales. Gran parte del destilado acaba en la mezcla William Lawson's de Bacardí. Lo embotellado como whisky puro de malta lleva el nombre Deveron, que ofrece expresiones de 10 y 12 años.

NOTAS DE CATA

The Deveron 10 años
Puro de malta, 40 % APV
Nariz de madera cepillada, resina y malta. Cacahuetes, malta especiada y mandarinas en el paladar. Final de corto a medio, con *grist* y madera.

The Deveron 10 años

LINKWOOD

COMPAÑÍA Diageo plc

AÑO DE FUNDACIÓN 1821

SITIO WEB www.malts.com

Esta destilería de los suburbios de Elgin data de 1821, aunque de la época victoriana solo quedan una bodega y un horno con remate de pagoda, y el emplazamiento se ha ampliado varias veces. Cuenta con seis alambiques en forma de pera, y su *new make* goza de una larga y excelente reputación para mezclas, además de un whisky puro de malta de perfil bajo.

NOTAS DE CATA

Linkwood 12 años
Puro de malta, 43 % APV
La nariz es dulce, con fruta suave y almendras. Vainilla, especias y mazapán en un paladar equilibrado. Seco y cítrico en el final, con un toque de anís.

MANNOCHMORE

COMPAÑÍA Diageo plc

AÑO DE FUNDACIÓN 1971

SITIO WEB www.malts.com

Mannochmore comparte emplazamiento con Glenlossie, cerca de Elgin. Sus cuatro pares de alambiques producen hasta 6 millones de litros anuales de *single malt* para las mezclas de Diageo, incluida Haig, pero probablemente es más conocida por el *single malt* casi negro Loch Dhu, madurado en barricas de carbonizado doble, que suscitó amor y odio a partes iguales.

NOTAS DE CATA

Mannochmore 12 años
Puro de malta, 43 % APV
Nariz floral y perfumada, con malvavisco y un toque de limón. Paladar dulce y maltoso, con jengibre y vainilla. Almendras en el final entre corto y medio.

Mannochmore 12 años

MILTONDUFF

COMPAÑÍA Chivas Brothers Ltd (Pernod Ricard)

AÑO DE FUNDACIÓN 1824

SITIO WEB No disponible

Junto con Glenburgie, Miltonduff aporta una de las maltas clave de Ballantine's, segundo *blended* escocés en ventas globales después de Johnnie Walker. La mayor parte de la planta actual, cerca de Elgin, es de mediados de la década de 1970. Hoy tiene seis alambiques, pero no deja de crecer, y hay planes para una destilería del todo nueva en el lugar, con 18 o 20 alambiques capaz de producir 16 millones de litros anuales.

NOTAS DE CATA

Miltonduff 15 años
Puro de malta, 40% APV
Jerez sutil, melocotón, coco y jengibre en nariz, mientras que el cremoso paladar ofrece miel, canela, vainilla y bayas rojas, para acabar en caramelo, clavo y roble.

TAMNAVULIN

COMPAÑÍA Whyte & Mackay (Emperador)

AÑO DE FUNDACIÓN 1966

SITIO WEB www.tamnavulinwhisky.com

No lejos de Glenlivet, Tamnavulin volvió a operar en 2007 tras un largo cierre. Gran parte del destilado ha ido siempre a mezclas, pero en 2016 salió a la venta Double Cask, acabado en barrica de jerez, y desde entonces se han elaborado otros puros de malta acabados en barricas de garnacha, cabernet sauvignon, sauvignon blanc y pinot noir. Tamnavulin es un whisky que en los últimos años está creciendo con rapidez.

NOTAS DE CATA

Tamnavulin Double Cask
Puro de malta, 40% APV
A la avellana, jerez, jengibre y chocolate con leche en nariz sigue un paladar de jerez dulce con sabor a frutos secos, ciruelas, *toffee* quebradizo y roble afrutado al final.

Tamnavulin Double Cask

ROSEISLE

COMPAÑÍA Diageo plc

AÑO DE FUNDACIÓN 2009

SITIO WEB No disponible

Construida por Diageo no lejos de Elgin, la tecnología sostenible anima Roseisle. Junto a las malterías Roseisle de la empresa, tiene una capacidad de 12,5 millones de litros anuales y 14 alambiques. Produce para mezclas los estilos ligero o denso de Speyside, con condensadores de acero inoxidable en tres alambiques de colada y tres de aguardiente para, en caso necesario, producir el más denso.

NOTAS DE CATA

Roseisle 12 años (Diageo 2023 Special Releases)
Puro de malta, 56,5% APV
En nariz, peras, melocotones, caramelo ligero y vainilla, con peras al vino, miel, almendras y *toffee* en el paladar, y pimienta con limón en el final.

TORMORE

COMPAÑÍA Elixir Distillers

AÑO DE FUNDACIÓN 1958

SITIO WEB No disponible

En el aspecto arquitectónico, Tormore es una destilería imponente, pero su principal cometido hasta hoy fue producir malta para whiskies de mezcla. La destilería perteneció a Chivas Brothers de 2005 a 2022, cuando la compró Elixir Distillers, dirigida por los hermanos Sukhinder y Rajbir Singh, antiguos propietarios del negocio minorista The Whisky Exchange.

NOTAS DE CATA

Tormore 14 años
Puro de malta, 43% APV
Hierba recién cortada, vainilla y dulce de leche en nariz; paladar de frutas de huerto, chocolate con leche, mazapán y canela. En el final se añaden *mixed spice* y roble.

Tormore 14 años

TIERRAS ALTAS

ESTILOS REGIONALES
Hasta donde cabe generalizar sobre *single malts* de las Tierras Altas, tienden a ser de cuerpo medio a pleno, con cierta sustancia; la turba no suele predominar, pero sí son profundos y complejos, e incluso los más ligeros nada tienen de insustancial.

NUESTRA ELECCIÓN
DALMORE Tradicional por fuera, en un gran emplazamiento costero, con una casa de alambiques peculiar e instalaciones de primera para visitantes. Whisky para amantes de las maltas ajerezadas.

THE GLENTURRET Se reivindica como destilería en activo más antigua de Escocia, y ofrece visitas y catas. Hoy alberga la única boutique Lalique del Reino Unido fuera de Londres, y es la única destilería con restaurante galardonado con una estrella Michelin.

RUTAS REGIONALES Y EVENTOS
No existe una ruta formal del whisky de las Tierras Altas, y dada su extensión, es buena idea no pretender ver demasiadas destilerías. Lo ideal son varios días para disfrutar del paisaje, las destilerías y los *drams*. En cuanto a eventos, en el Highland Whisky Festival (www.highlandwhiskyfestival.co.uk) en septiembre participan nueve destilerías; el Whisky Mash Festival de Aberdeen (www.cascnation.com) y el Dornoch Whisky Festival de Sutherland (www.dornochwhiskyfestival.co.uk) se celebran en octubre, y el Stirling Whisky Festival, en noviembre (www.stirlingdistillery.com/pages/spiritfest).

Siendo las Tierras Altas por geografía la mayor región productora de single malt, *el paisaje que rodea las destilerías puede variar drásticamente, desde tierras de cultivo, páramos, montañas y lagos hasta largos tramos de costa. Gran parte de la región está escasamente poblada, y las destilerías suelen estar en lugares remotos, elegidos en función de las fuentes de agua pura y fiable disponibles, y en algunos casos en el lugar de antiguas destilerías ilegales de whisky. Las distancias entre las destilerías pueden ser considerables, pero una de las ventajas de viajar de una a otra es la ocasión que ofrece de experimentar la belleza natural de las Highlands en todas las estaciones, apreciar su fauna y flora, y conocer a los habitantes de esta peculiar y hermosa parte del mundo.*

La región de las Highlands o Tierras Altas abarca toda la Escocia de tierra firme, salvo Speyside, al norte de una teórica *Highland Line* que sigue los antiguos límites entre los condados de Greenock, en el estuario del Clyde, al oeste, y Dundee, en del Tay, al este. La primera definición geográfica oficial de *Highland* como región productora de whisky es de 1784, al especificar la Ley Wash la división entre las Tierras Altas y Bajas *(Lowlands)* por diferencias fiscales: los impuestos especiales fueron menores al norte de la línea, para animar a los destiladores ilegales de la región a obtener licencias.

Dado el tamaño de la región y la diversidad de rasgos del terreno, es más difícil especificar un estilo genérico de whisky puro de malta de las Tierras Altas que para otras regiones. Lo que vertemos al vaso debe más al método de producción y régimen de maduración que a cualquier proximidad geográfica entre destilerías de las Highlands. Glenmorangie y Dalmore, por ejemplo, están a unos 20 km de distancia en la misma costa, pero la diferencia en el carácter de uno y otro whisky es enorme.

En las Tierras Altas hay unas 30 destilerías de whisky de malta operativas. En los últimos tiempos no ha tenido el nivel de inversión a gran escala en grandes ampliaciones o destilerías de nueva construcción de, por ejemplo, Roseisle en Speyside, pero la mayoría de sus destilerías producen maltas de gran importancia para mezclas, y muchas tienen un gran prestigio por derecho propio.

La destilería de Aberfeldy, en Perthshire*, ofrece una gama diversa de experiencias a los visitantes.*

COMUNICACIONES

Perth e Inverness son los principales núcleos de población de las Tierras Altas, comunicados por la autopista A9, que pasa luego por Sutherland y Caithness hasta Wick y Thurso. Al oeste son Fort William y Oban las principales ciudades, a las que se llega mejor desde Glasgow por la A82. Al este, la A90 une Dundee y Aberdeen. Los servicios ferroviarios conectan Glasgow con Oban y enlazan Perth, Dundee, Aberdeen, Inverness y Wick con Edimburgo e Inglaterra.

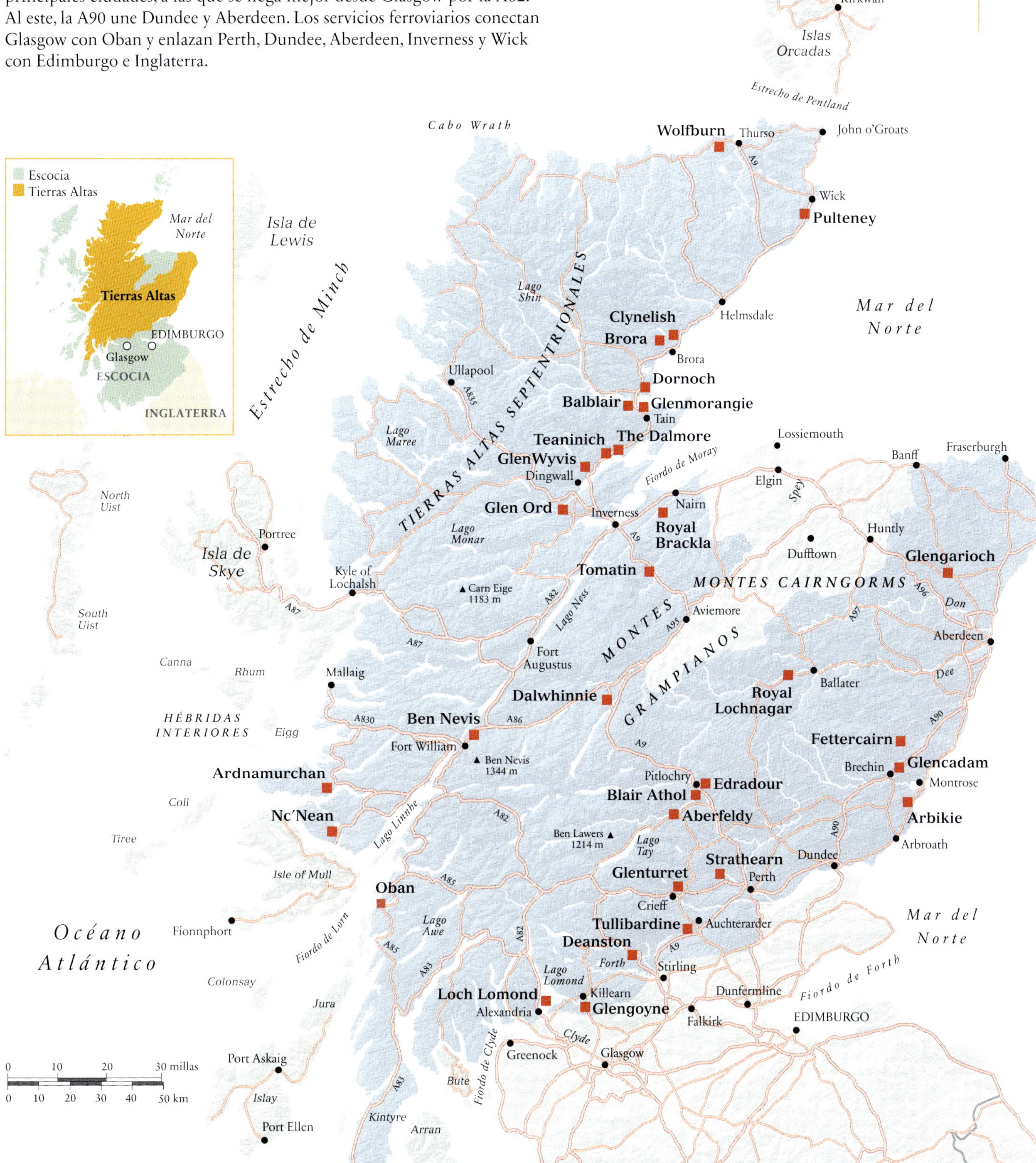

ABERFELDY

COMPAÑÍA John Dewar & Sons Ltd (Bacardí Ltd)

AÑO DE FUNDACIÓN 1896

SITIO WEB www.aberfeldy.com

Aberfeldy 16 años

Aberfeldy es una de esas destilerías curiosas, con un perfil más alto que los whiskies puros de malta que produce. En gran parte se debe a que alberga Dewar's World of Whisky, experiencia interactiva para visitantes que desde su inauguración en 2000 puso el listón muy alto. Aunque a lo largo de los años, Aberfeldy haya tenido menos caché internacional, Dewar's es uno de los nombres más emblemáticos del whisky escocés. Sin embargo, esto viene cambiando, pues en la última década las ventas de la marca de whisky puro de malta han crecido mucho.

El pequeño pueblo de mercado Aberfeldy está a unos 16 km al oeste de la transitada A9, que une el Cinturón Central de Escocia con las Tierras Altas, en el seno de una zona muy popular entre quienes visitan Perthshire. Esto garantiza un flujo regular de unos 30 000 turistas anuales de todo el mundo que desean experimentar las diversas pantallas táctiles, audioguías portátiles y la Brand Family Room, donde pueden poner a prueba sus habilidades contra una gran rueda de los aromas de un mezclador.

Con tantos aspectos interactivos y seductores para el público, la propia destilería podría quedar eclipsada, pero el encanto intemporal de una hilera de alambiques calientes siseando es tal que Aberfeldy nunca se ve reducida a una destilería pegada a un centro de visitantes.

La floreciente empresa familiar John Dewar & Sons, con sede en Perth, construyó la destilería entre 1896 y 1898. El whisky de mezcla escocés arrasaba entonces en todo el mundo, y como tantas otras de la época, la nueva destilería tenía como fin exclusivo suministrar whisky de malta para las cada vez más exitosas mezclas de la empresa.

Una ubicación ventajosa

Una serie de factores han influido en la ubicación de las destilerías escocesas, y Aberfeldy no fue una excepción a los criterios habituales. Todas tienen acceso a un suministro garantizado de agua pura, vital para la elaboración del whisky, y en el pasado solían estar más o menos cerca de las áreas con campos de cebada –que aportan la materia prima principal del whisky de malta– y de los depósitos de turba, necesaria para encender el horno y secar la cebada malteada.

Sin embargo, muchas se construyeron muy cerca de la intrincada red de ferrocarriles que cubría Escocia durante la segunda mitad del siglo xix y primera del xx. Aberfeldy fue una de ellas, erigida junto a la línea de ferrocarril de Aberfeldy a Perth, que ofrecía una conexión directa con los apartaderos de las vastas instalaciones de bodega y mezcla de John Dewar & Sons en Perth, desde donde luego el whisky de mezcla escocés se transportaba a los sedientos mercados de Inglaterra y el extranjero.

Nuevos desarrollos en un nuevo siglo

Aberfeldy pasó a manos de la poderosa Distillers Company Ltd en 1925, cuando esta se fusionó con Dewar's, y en 1998 fue una de las cuatro destilerías escocesas que compró Bacardí, que posteriormente amplió la gama de productos y aportó a la marca un espíritu mucho más familiar. En estos tiempos cada vez más corporativos, es fácil olvidar que Bacardí sigue siendo una empresa familiar.

Aberfeldy 12 años

Destilería de Aberfeldy, con el edificio para los alambiques de 1970 a la derecha del original.

Las ventas del *single malt* Aberfeldy comenzaron a crecer después de relanzarse la gama en 2014, y en la actualidad incluye expresiones de 12, 16 y 21 años, además de varias ediciones limitadas, entre ellas una de 15 años acabada en barricas de vino blanco Cadillac, y otra de 18 años acabada en barricas de vino tinto del valle de Napa.

Como Dewar's ocupa el primer puesto de los whiskies escoceses de mezcla en EE. UU., uno de los mayores mercados internacionales del producto, es inevitable que la mayor parte de la producción de Aberfeldy vaya a las cubas de mezcla. Juntas, las cinco destilerías escocesas de John Dewar & Sons –Aberfeldy, Aultmore, Craigellachie, Macduff y Royal Brackla– pueden destilar 18,4 millones de litros de espirituoso al año, y aunque su oferta de *single malts* haya logrado un perfil más alto y se venda más, gran parte de la producción no puede tener otro fin que la mezcla. La mayor parte de los edificios de producción actuales de Aberfeldy son de un programa de reconstrucción en 1972 de The Distillers Company Ltd para aumentar la capacidad, y sus cuatro alambiques pueden producir hasta 3,4 millones de litros al año.

HISTORIAS DEL WHISKY

Una figura extravagante

Aberfeldy fue fundada por los hermanos John y Tommy Dewar, este último una de las figuras más extravagantes del whisky escocés. Empresario del boom de las mezclas escocesas de finales del periodo victoriano, «Whisky Tom» navegaba en yates, criaba caballos de carreras y era incansable como embajador carismático de la empresa familiar. En una ocasión declaró: «El abstemio es quien sufre la sed en vez de disfrutarla».

NOTAS DE CATA

Aberfeldy 12 años
Puro de malta, 40 % APV
Dulce, con panal de abeja, cereales de desayuno y compota de fruta en nariz. Paladar elegante, con bastante cuerpo, dulce y con notas de malta. Final largo y complejo, tirando a más picante y seco.

Aberfeldy 16 años
Puro de malta, 40 % APV
Aromas florales, con malta, jengibre y miel, y luego sabores de miel de brezo, malta, albaricoques estofados y especias con sabor a frutos secos.

Aberfeldy 21 años
Puro de malta, 43 % APV
Nariz de miel, fruta blanda, vainilla y notas de madera ligeramente carbonizada; en boca es de sabor pleno y dulce, con una sospecha de naranjas con chocolate. Final largo, especiado y sabroso.

BLAIR ATHOL

Blair Athol 23 años (Diageo 2017 Special Releases)

COMPAÑÍA Diageo plc

AÑO DE FUNDACIÓN 1798

SITIO WEB www.malts.com

Como sus vecinas Perthshire Aberfeldy y Glenturret, Blair Athol es más conocida como destilería que como whisky puro de malta. El tercer centro de visitantes más concurrido de Diageo, después de Talisker y Oban, está en las afueras del animado centro turístico de Pitlochry, ahora circunvalado por la A9 entre Perth e Inverness. El nombre da pie a alguna confusión, pues el pueblo de Blair Atholl, con una «l» más, está a unos 11 km al noroeste de Pitlochry.

Una de las destilerías más antiguas de Diageo, Blair Athol data de finales del siglo XVIII, cuando John Stewart y Robert Robertson la fundaron con el nombre Aldour. Desde las laderas del Ben Vrackie fluye por terreno de la destilería el arroyo Allt Dour. El nombre en gaélico significa «arroyo de la nutria», lo cual explica la presencia de la nutria en la etiqueta de la expresión Flora & Fauna de 12 años del whisky puro de malta Blair Athol. El nombre Blair Athol se adoptó en 1825, cuando Robert Robertson amplió la destilería.

Blair Athol es el hogar de marca del whisky escocés de mezcla Bell's, al igual que Aberfeldy es el hogar espiritual del *blend* Dewar's, propiedad de Bacardí, papel que cumple Glenturret con relación a The Famous Grouse para el Edrington Group.

Mezclas Bell's

Arthur Bell & Sons Ltd, con sede en Perth, adquirió la destilería Blair Athol en 1933, pero dada la situación económica imperante estuvo silenciosa hasta 1949, cuando se acometieron trabajos de reconstrucción sustanciales y se reequipó para volver a producir. El auge de la mezcla Bell's seguía la estela del de Dewar's y The Famous Grouse en las últimas décadas del siglo XIX, y fueron comerciantes de vinos y licores de Perth quienes crearon las tres marcas líderes en ventas.

Actualmente Diageo usa la destilería Blair Athol para contar la historia de la mezcla, aunque en comparación con Dewar's World of Whisky, la experiencia del visitante de Blair Athol tiene un enfoque más tradicional.

Blair Athol Distillery Exclusive Bottling

El patio central *de la destilería Blair Athol.*

Si bien en los últimos años las ventas mundiales de Bell's han caído, y tiende a tener un papel secundario con respecto a las marcas Johnnie Walker y J&B de Diageo, es el sexto whisky escocés de mezcla más vendido de la empresa, y el segundo en RU, después de la marca The Famous Grouse, de Matthew Gloag, fundada en 1896.

En 1993, al poner una edad declarada de 8 años en la etiqueta, en una época en la que los destiladores tenían un exceso de existencias de whisky viejo, la mezcla Bell's ganó adeptos. No obstante, esos tiempos quedaron atrás, y más tarde Diageo eliminó la mención a la edad, y anunció en 2008 que la nueva receta de Bell's Original era más semejante a la que formulara Arthur Bell.

Como empresa, Bell's conservó su independencia hasta 1985, cuando la compró la cervecera Guinness, y después fue absorbida por lo que más tarde sería Diageo plc. En 1998, al trasladarse las funciones de ventas, marketing y distribución de Cherrybank a cientos de kilómetros de distancia, a Harlow (Essex), en el sur de Inglaterra, la marca Bell's perdió el último vínculo con Perth, su ciudad natal.

En 2010, seis cubas de fermentación nuevas de acero inoxidable sustituyeron a las cuatro de madera y cuatro de acero inoxidable que había en Blair Athol. Se conservan dos pares de alambiques, el segundo añadido en 1973, y operando siete días a la semana, la destilería produce hasta 2,8 millones de litros al año.

Puro de malta

Como la mayor parte del destilado de Blair Athol se destina a la mezcla, el *single malt* es un producto relativamente raro, con un embotellado Flora & Fauna de 12 años complementado ahora por otro exclusivo de la destilería. En 2017 salió en la serie Special Releases de Diageo una expresión de 23 años madurada en botas de roble europeo.

El carácter del destilado de Blair Athol se presta especialmente bien a madurar en barrica de jerez, y en Blair Athol 12 años el porcentaje así tratado es apreciablemente más alto que en muchos otros *single malts* de Diageo.

HISTORIAS DEL WHISKY

Los Bell de Blair Athol

Arthur Bell se incorporó en 1840 al negocio de vinos y licores de T. H. Sandeman en Perth, y once años después se estableció por su cuenta en el mismo local de Kirkside. Aplicó la experiencia adquirida mezclando té a mezclar whiskies de grano y malta, utilizando malta de Blair Athol y espirituoso de otras destilerías. Cuando murió en 1900 y su hijo Arthur Kinmont «A. K.» Bell asumió el mando, la mezcla ya se vendía en todo el Imperio británico y tenía mercados fuertes en Europa. La historia del lema de la mezcla *Afore ye go* («antes de marcharte») es algo misteriosa. Hay quien afirma que durante la Primera Guerra Mundial, los empleados de la destilería recibían al partir para el frente una botella gratis de Bell's. Sin embargo, el lema no fue adoptado hasta el centenario, en 1925, y según la propia casa viene de un grito de guerra gaélico.

NOTAS DE CATA

Blair Athol 12 años
Puro de malta, 43 % APV
Húmedo, meloso y ajerezado en nariz, con *toffee* quebradizo, dulce y fragante. En boca es relativamente intenso, con malta, pasas, pasas sultanas y jerez. El final es largo, elegante, equilibrado y tira lentamente a seco.

Blair Athol Distillery Exclusive Bottling
Puro de malta, 48 % APV
Naranja, caramelo, miel y una sospecha de humo en nariz, mientras que en boca ofrece dulce de leche, chocolate con leche, naranja, vainilla y un toque final de chile.

Blair Athol 23 años (Diageo 2017 Special Releases)
Puro de malta, 58,4 % APV
En nariz ofrece frutas secas, jerez medio, café y mermelada de naranja; en el paladar, sabores a dulce de azúcar y mantequilla, ciruelas, chocolate negro y jerez terroso.

CLYNELISH

Clynelish 16 años (The Four Corners of Scotland Collection)

COMPAÑÍA Diageo plc

AÑO DE FUNDACIÓN 1819

SITIO WEB www.malts.com

Clynelish, la destilería más septentrional de la cartera de Diageo, está cerca de Brora, pueblo de East Sutherland a unos 1350 km al nordeste de Inverness. Más al norte de Escocia en tierra firme solo están Pulteney, Wolfburn y 8 Doors, en John O'Groats. En realidad, las destilerías en Clynelish son dos, con las estructuras de piedra originales construidas para el marqués de Stafford, más tarde duque de Sutherland, junto a las que las sustituyeron en la década de 1960. La destilería del duque empleaba la cebada cultivada en el lugar, también la abundante turba para alimentar los hornos de malta, y el combustible procedía de la cercana mina de carbón de Brora, explotada desde el siglo XVI.

La fortuna cambiante de Clynelish

Antes de ser comprada en 1916 por John Walker & Sons Ltd, que a su vez pasó a formar parte de Distillers Company Ltd en 1925, Clynelish tuvo varios propietarios. Antes de cinco años, DCL poseía todo el capital social de Clynelish, que luego pasó a depender de su filial Scottish Malt Distillers. La destilería estuvo silenciosa la mayor parte de la década económicamente difícil de 1930, y no volvió a producir hasta justo antes de estallar la Segunda Guerra Mundial.

Durante la década de 1960, DCL amplió y reconstruyó muchas de sus destilerías para dar abasto con la demanda creciente de whisky escocés de mezcla y, en el caso de Clynelish, en 1967–1968 se construyó una planta moderna del todo nueva junto a los edificios de producción antiguos. La destilería original cerró en mayo de 1968, pero reabrió al año siguiente con el nombre Brora.

Entre 1969 y 1973, y también periódicamente en los años siguientes, Brora destilaba un espirituoso relativamente generoso en turba, pues DCL necesitaba existencias adicionales del estilo de Islay para mezclas. Entre los entendidos, hoy los embotellados de Brora ricos en turba tienen una categoría de culto solo superada por los de la desaparecida destilería de Islay Port Ellen. En el programa anual Special Releases de Diageo han salido botellas de Brora de entre 25 y 32

Clynelish 14 años

El castillo de Dunrobin es un bello ejemplo del estilo baronial escocés y lo siguen habitando los duques de Sutherland.

años y fueron muy aclamadas. Brora cerró en 1983, pero su curioso par de alambiques siguió en su lugar, y la destilería volvió a la actividad en 2021.

Dar cera

Clynelish es la única destilería de Diageo que ofrece un espirituoso con un perfil «ceroso», y es un componente importante en muchas de las mezclas más añejas de Diageo, sobre todo en la gama Johnnie Walker, en particular Johnnie Walker Gold Label. En Clynelish hay matices herbáceos y afrutados, pero predominan los cerosos, que en boca contribuyen mucho a la sensación de una mezcla.

En la mayoría de las destilerías hay un recipiente combinado para los *low wines* y las cabezas y colas; estas tienen un depósito propio en Clynelish, y un recipiente separado para los *low wines*. Estos se bombean del alambique de colada al de aguardiente a través del cargador. La cabeza y la cola del alambique de aguardiente se recogen en un recipiente y añaden brevemente a los *low wines* en el cargador del alambique de aguardiente. Debido al tiempo relativamente largo que pasa el líquido en los recipientes de *low wines* y cabezas y colas antes de mezclarse como carga del alambique de aguardiente, hay una acumulación de cerosidad. El mosto se destila con una técnica similar a la usada para obtener un carácter afrutado, pero los depósitos intermedios aseguran que los *low wines* se vuelvan cerosos como resultado de la destilación en el alambique de aguardiente.

Los whiskies

Aunque el embotellado más insigne de Clynelish es el de 14 años, que salió al mercado en 2002, en los programas Special Releases de Diageo representaron a la destilería una expresión de 12 años en 2022, y una de 10 años en 2023. Apareció una variante sin edad declarada con el nombre Clynelish House Tyrell en la cartera de Juego de Tronos de Diageo, y en 2020, un majestuoso whisky de 26 años como parte de su serie Prima & Ultima. En 2021 se lanzó un embotellado exclusivo de 16 años de la destilería y www.malts.com para conmemorar que Clynelish se convirtiera en una de las destilerías de los Cuatro rincones de Escocia, celebrada por su valiosa aportación a la gama de mezclas de Johnnie Walker.

NOTAS DE CATA

Clynelish Reserve Game of Thrones House of Tyrell
Puro de malta, 51,2% APV
Floral en nariz, con cera de vela, miel, jengibre, malta y manzanas maduras; el paladar algo viscoso ofrece miel, notas punzantes de naranja, pimienta negra y cacao.

Clynelish 14 años
Puro de malta, 46% APV
Fragante y especiado en nariz, con cera de vela, malta y humo discreto. En boca es ligeramente ceroso, con miel, naranja ácida, especias y turba. Salmuera y fruta tropical especiada en el final.

Clynelish 16 años (The Four Corners of Scotland Collection)
Puro de malta, 49,3% APV
Nariz casi tímida al principio, con tojo, pimienta blanca y notas dulces de frutos secos en desarrollo. Untuoso en boca, con frutas tropicales, miel, pimienta y roble especiado.

HISTORIAS DEL WHISKY

Sutherland y las expulsiones

El segundo marqués de Stafford fundó en 1819 la destilería Clynelish original para dar salida a la cosecha de cebada de los arrendatarios de sus tierras. El marqués se casó con Elizabeth, decimonovena condesa de Sutherland, y en 1833 fue nombrado duque de Sutherland. En la época en que se construyó Clynelish, los duques de Sutherland eran los mayores propietarios de tierras de Europa, y la familia tiene una vinculación estrecha con las Highland Clearances, en las que miles de arrendatarios fueron expulsados de sus hogares. Una imponente estatua de piedra del primer duque de Sutherland domina el paisaje desde la cima del Ben Bhraggie, cerca de Golspie.

THE DALMORE

COMPAÑÍA Whyte & Mackay Ltd (Emperador Inc)

AÑO DE FUNDACIÓN 1839

SITIO WEB www.thedalmore.com

La transformación de The Dalmore ha sido notoria: de un estimado whisky puro de malta a uno de los dos más coleccionables y apreciados de Escocia. The Macallan y The Dalmore pueden sacar al mercado ediciones extremadamente limitadas de whisky muy añejo y venderlas por la clase de sumas con las que muchos destiladores rivales solo pueden soñar.

Lujo que bate récords

El espectacular ascenso de The Dalmore al mercado de lujo, y de whisky puro de malta respetado de las Highlands a batir múltiples récords, comenzó en 2007 cuando Whyte & Mackay Ltd adquirió la empresa india United Spirits Ltd, y ha continuado en manos de la empresa propietaria actual, Emperador Inc. Detrás de muchos de los lanzamientos más emblemáticos está el renombrado maestro mezclador Richard Paterson, que en la actualidad colabora con el maestro whiskero y mezclador Gregg Glass en embotellados exclusivos de Dalmore.

En los primeros años del régimen de United Spirits se renovó el empaquetado de Dalmore, se amplió la gama y comenzó un programa continuado de lanzamientos ultralimitados. Entre ellos, whiskies de 40, 45, 58 y 59 años. Del de 58 salió solo una docena de decantadores de dos barricas de jerez, que salieron al mercado en 2010 con el nombre de Selene, seguidos de veinte decantadores de la misma barrica en 2011, llamados Eos. También en 2011 llegó Astrum, destilado en 1966 y acabado durante 18 meses en barricas de González Byass. El más raro de todos fue Trinitas, una expresión de 64 años de The Dalmore, algunos de cuyos whiskies componentes llevaban madurando más de 140 años. Solo se llenaron tres botellas, cada una a la venta por cerca de 120 000 euros.

The Dalmore empezó a batir récords por el precio de su whisky en 2002, cuando una botella de Dalmore de 62 años cambió de manos por 30 789 euros, entonces el whisky más caro del mundo jamás subastado. Solo salieron doce botellas de la expresión, y The Dalmore volvió a los titulares en abril de 2005, cuando un anónimo hombre de negocios compró una

The Dalmore 12 años

The Dalmore King Alexander III

en el Pennyhill Park Hotel de Surrey, y la compartió con cinco amigos a lo largo de la velada. En septiembre de 2011 cayó otro récord, al venderse por cerca de 149 000 euros la última botella de The Dalmore 62 en el aeropuerto de Changi, en Singapur.

En 2013 salió la Colección Paterson en los grandes almacenes Harrods de Londres, doce botellas únicas vendidas finalmente por 1 175 000 euros. En 2021, la colección Dalmore Decades –conjunto singular de seis *single malts* añejos de entre 1951 y 2000– se vendió en Sotheby's de Hong Kong por 8 750 000 dólares hongkoneses (unos 9 990 000 €).

Más recientemente salió un embotellado Luminary de 48 años, producido en asociación con V&A Dundee, envejecido en una combinación de barricas de bourbon, jerez y oporto y acabada en roble virgen japonés y escocés. En 2023 vio la luz el primer whisky de la Cask Curation Series.

***La destilería Dalmore** se alza junto a las tranquilas aguas del Cromarty Firth, un lago marino al norte de Inverness.*

Los inicios

Tanto lujo tiene poco que ver con los orígenes de The Dalmore, fundada en 1839 junto al estuario de Cromarty, cerca de Alness, por Alexander Matheson, que había hecho fortuna con el comercio del opio. Matheson cedió la gestión de la destilería a varios arrendatarios, y en 1867 tomaron las riendas Andrew Mackenzie y su familia, que en 1891 acabó comprando The Dalmore a la familia Matheson por 14 500 libras, para entonces el número de alambiques se duplicó a cuatro. La destilería permaneció en manos de la familia Mackenzie hasta 1960, cuando Mackenzie Brothers (Dalmore) Ltd se fusionó con la empresa de mezclas de Glasgow Whyte & Mackay Ltd, que era desde hacía mucho tiempo cliente del whisky puro de malta The Dalmore. En 1966, con el auge de la industria del whisky escocés, se instalaron otros cuatro alambiques para duplicar la capacidad.

Esta es la situación actual, pero el edificio de los alambiques es uno de los más peculiares de Escocia, con cuatro alambiques de colada de cabeza plana de diversas formas y tamaños, y cuatro de aguardiente abultados en la base del cuello y llamativos refrigeradores de cobre. Una sección del alambique de aguardiente número dos es de 1874.

Espirituoso ajerezado

The Dalmore se caracteriza por el estilo generosamente ajerezado de la casa y su capacidad para prosperar con un envejecimiento largo. Las principales barricas para la maduración son de primer llenado de bourbon y botas de jerez. The Dalmore es la única destilería de whisky escocés con acceso a botas de jerez oloroso Matusalem de la histórica casa González Byass. Los principales embotellados de The Dalmore incluyen expresiones de 12, 15, 18, 21 y 25 años, junto con Port Wood Reserve, Cigar Malt Reserve –envejecido en botas de jerez oloroso de 30 años, roble blanco americano y barricas de vino *premier cru* cabernet sauvignon– y King Alexander III. El nombre alude a que en 1263 un antepasado del clan Mackenzie salvó a Alejandro III, rey de los escoceses, de ser corneado por un ciervo. La cabeza del ciervo pasó a ser el emblema del clan Mackenzie, y adorna todas las expresiones de The Dalmore.

The Dalmore 25 años

NOTAS DE CATA

The Dalmore 12 años
Puro de malta, madurado 50 % en madera de jerez oloroso y 50 % en barrica de bourbon de roble blanco americano, 40 % APV
Malta, mermelada de naranja, jerez y un toque de cuero en nariz. En boca, con cuerpo y ajerezado, con especias y notas cítricas que lo equilibran. Final largo, con especias, jengibre y naranjas persistentes.

The Dalmore King Alexander III
Puro de malta, madurado en botas añejas de oloroso y madeira, barricas añejas de bourbon y barricas de cabernet sauvignon, 40 % APV
En nariz presenta almendras, bayas de seto, ciruelas, *toffee* quebradizo y melaza. El jerez y las bayas frescas se funden con notas de ciruela en el paladar, además de vainilla y *toffee*. Roble, vino tinto y pimienta negra en el final.

The Dalmore 25 años
Puro de malta, 42 % APV
La nariz ofrece naranjas de Jaffa, jerez medio, higos y dulce de vainilla; el paladar, más jerez y naranja, melocotones y chocolate con leche, cerrando con regaliz y roble especiado con sabor a frutos secos.

DALWHINNIE

COMPAÑÍA Diageo plc

AÑO DE FUNDACIÓN 1897

SITIO WEB www.malts.com

Dalwhinnie 2022 Distiller's Edition

Dalwhinnie fue creada en 1897–1898, justo antes de estallar la gran burbuja expansionista victoriana del whisky. La pusieron en marcha por 10 000 libras los empresarios locales John Grant, Alexander Mackenzie y George Sellar bajo los auspicios de la Strathspey Distillery Company Ltd, y su nombre original fue Strathspey.

A los pocos meses de iniciar la producción en febrero de 1898, los fundadores se vieron obligados a vender su nueva planta a AP Blyth & Son y John Somerville & Company, quienes cambiaron el nombre de la destilería a Dalwhinnie.

Adquisiciones de la casa

Al ser comprada en 1905 por Cook & Bernheimer de Nueva York y Baltimore en una subasta por solo 1250 libras, Dalwhinnie tuvo la distinción de ser la primera destilería escocesa en caer en manos estadounidenses. La pérdida de valor de Dalwhinnie reflejaba la confianza y la actividad hundidas en la industria del whisky escocés. Cook & Bernheimer explotó Dalwhinnie como parte de su filial James Munro & Son Ltd, y mantuvo el nombre al cambiar otra vez de dueño cuando en 1920 sir James Calder compró la destilería.

A los seis años, The Distillers Company Ltd (DCL), ahora parte de Diageo, compró Dalwhinnie, y en febrero de 1934 un gran incendio cerró la destilería durante los cuatro años que demandó la reconstrucción. En manos de DCL, Dalwhinnie pasó a ser propiedad de James Buchanan & Company Ltd, y en la actualidad el whisky de malta Dalwhinnie es una parte importante de la familia de mezclas de Buchanan, con ventas notables en América del Sur.

Whisky Black & White

La mezcla Black & White fue creada en 1884 por James Buchanan, canadiense de origen escocés educado en Irlanda del Norte. En 1879 dio sus primeros pasos en la industria del whisky escocés, cuando se trasladó a Londres para trabajar como agente de los mezcladores de Leith Charles Mackinlay & Company. Cinco años más tarde empezó a trabajar por su cuenta,

Dalwhinnie 15 años

Situada al pie de las montañas Monadhliath y Cairngorm, Dalwhinnie es una de las destilerías situadas a mayor altitud.

desarrollando su propio whisky de mezcla diseñado para satisfacer el exigente paladar de los bebedores ingleses. Llamada primero House of Commons y luego Buchanan's Special, la marca fue finalmente bautizada como Black & White por la llamativa etiqueta blanca sobre una botella oscura.

Vuelven los *worm tubs*

En 1987 se escogió el Dalwhinnie de 15 años para figurar en la gama Classic Malts de United Distillers, predecesora de Diageo, y a los cuatro años abrió un centro de visitantes. Entre 1992 y 1995 se ejecutó un programa de renovación de 3,8 millones de euros, pero al final de las obras había solo un par de alambiques. Dalwhinnie es una de las comparativamente pocas destilerías escocesas aún equipadas con *worm tubs* como condensadores, y en 1986 se retiraron los dos existentes para instalar condensadores de carcasa y tubos, pero alteraban el carácter del destilado de un modo que se halló indeseable, y se instaló un par de *worm tubs* nuevo.

Enfriado rápido

Usar *worm tubs* en lugar de condensadores de carcasa y tubos tiende a dar al destilado un carácter complejo, lo cual acentúa el agua helada (a menudo nieve derretida) que emplean en Dalwhinnie, que permite enfriar muy rápido el vapor del destilado y reducir al mínimo el contacto con el cobre. Esto contribuye a imprimir un carácter particular del *new make* que luego se desarrolla en un puro de malta complejo.

En Dalwhinnie maduran *in situ* unas 1500 barricas, y el whisky resultante se embotella como puro de malta. Las condiciones meteorológicas pueden ser duras y dificultar vivir y trabajar en Dalwhinnie. Sin embargo, al carácter del whisky mientras madura no le afecta en exceso el clima local, aunque la parte de los ángeles de alcohol evaporado es menor que en otras destilerías.

La gama de Dalwhinnie la componen un whisky de 15 años y una variante Distillers Edition, introducida en 1998, junto con Winter's Gold, destilado entre octubre y marzo y añadido a la gama en 2015. Posteriormente apareció un 30 años como parte de la colección 2019 Special Releases.

NOTAS DE CATA

Dalwhinnie 15 años
Puro de malta, 43 % APV
Nariz aromática, con agujas de pino, brezo, vainilla y notas delicadas de turba. Dulce en el paladar suave y afrutado, con miel, malta y una nota sutil de turba. El final de largo medio tira elegantemente a seco.

Dalwhinnie 2022 Distiller's Edition
Puro de malta, con maduración secundaria en barricas de jerez oloroso, 43 % APV
En nariz ofrece jerez de dulzor medio, pasas sultanas y humo dulce. En boca es grande pero elegante, con notas de malta, clavo, jerez y fruta, además de miel y turba. El largo final tiende delicadamente a seco.

Dalwhinnie Winter's Gold
Puro de malta, 43 % APV
Nariz agradablemente floral, con *toffee*, malta, piña y jengibre, pasando a un paladar de miel de brezo, chocolate con leche y albaricoques, que cierra con cacao, especias y un toque de humo de hoguera.

HISTORIAS DEL WHISKY

Whisky de altura

A 327 metros sobre el nivel del mar, Dalwhinnie es la segunda destilería operativa más alta de Escocia después de Braeval, de Pernod Ricard, al sur de Glenlivet. La altura la hace uno de los lugares más fríos de Gran Bretaña, y la Met Office, el servicio meteorológico nacional de RU, la utiliza como estación meteorológica oficial, y uno de los deberes del director de la destilería es tomar lecturas. Antes de construirse la circunvalación en la década de 1970, el pueblo de Dalwhinnie estaba junto a la carretera misma, todavía a la vista desde la autopista A9 de Perth a Inverness que atraviesa las Tierras Altas. También llegaba al apartadero propio de Dalwhinnie la línea adyacente de ferrocarril de Perth a Inverness, pero hoy todo el transporte es por carretera.

Dalwhinnie Winter's Gold

GLENDRONACH

The GlenDronach Original 12 años

COMPAÑÍA Benriach Distillery Company (Brown-Forman)

AÑO DE FUNDACIÓN 1826

SITIO WEB www.glendronachdistillery.com

La historia de GlenDronach es un ejemplo de cómo un operador especializado puede comprar a una empresa global con una cartera de marcas desmedida un whisky antes estimado y devolverle la eminencia que merece. También es la historia de cómo otra organización internacional puede adoptar y desarrollar todo el buen trabajo del propietario especializado.

Fundada en 1826 por James Allardice, que encabezaba un consorcio de agricultores y empresarios locales, GlenDronach pasó en 1852 a manos de Walter Scott, antes director de la destilería Teaninich, quien amplió las operaciones de la empresa. A su muerte en 1887, la destilería fue adquirida por una sociedad de Leith.

Grandes nombres adquieren GlenDronach

Una parte importante de la herencia posterior de GlenDronach está entretejida con la historia de dos familias famosas del whisky escocés, los Grant y los Teacher. El capitán Charles Grant, quinto hijo de William, fundador de Glenfiddich, compró en 1920 GlenDronach, y siguió en manos de la familia hasta 1960, cuando la compró William Teacher & Sons Ltd. Tras adquirirla en 1976 Allied Breweries Ltd, GlenDronach estuvo en silencio de 1996 a 2002. Hasta el cierre de 1996 se seguía malteando en el suelo, mucho más tarde que en la mayoría de las destilerías de whisky escocés. También destaca por ser la última destilería de Escocia en calentar los alambiques con carbón. Por salud y seguridad en 2005 cambiaron a vapor, cuando Chivas Brothers adquirió Allied (ahora Allied Domecq).

GlenDronach no hallaba un buen encaje en la cartera de Chivas Brothers, sobrada de riquezas tras la adquisición de Allied, y no fue una sorpresa cuando en agosto de 2008 se anunció que la había comprado The BenRiach Distillery Company. Esta empresa destiladora ya había hecho un buen trabajo dotando al *single malt* BenRiach, de perfil bajo, de una identidad e impulso enteramente nuevos. La compra de GlenDronach aportaba al consorcio encabezado por Billy Walker un whisky puro de malta bien ajerezado para complementar al BenRiach.

The GlenDronach
Allardice 18 años

Reinventar GlenDronach

Walker copió el empleo caprichoso de la mayúscula de BenRiach, y cambió a mayúscula la «d» central de lo que hasta entonces se conocía como Glendronach. Comenzando por una sola expresión de GlenDronach, Walker y sus asociados fueron creando toda una gama de ellas, y muchas ediciones limitadas. Aunque parte del *new make* va a barricas de jerez, una proporción importante se guarda primero en barricas de bourbon antes de transferirlo a madera de jerez para la maduración final. Billy Walker y sus socios adquirieron con la destilería unas 9000 barricas de whisky, y se ha emprendido un programa de trasiego de hasta el 50 % del espirituoso a barricas nuevas de oloroso. Como resultado, GlenDronach compite ahora con fuerza con marcas de la talla de Glenfarclas, The Macallan y The Dalmore.

El atractivo centro de visitantes y el bar de catas de la destilería GlenDronach.

En 2016, la empresa estadounidense Brown-Forman, propietaria de Jack Daniel's, la marca de whisky más vendida del mundo, compró GlenDronach junto con Benriach (que cambió la grafía de BenRiach a Benriach) y Glenglassaugh. Felizmente, el cuidado dispensado a la destilería y a sus whiskies continúa en manos de la experimentada maestra mezcladora Rachel Barrie, criada cerca de la destilería.

La gama GlenDronach

La gama principal incluye Original de 12 años, Revival de 15 años, Allardice de 18 años y Parliament de 21 años. El de 21 años se llama Parliament por el parlamento de grajos que durante siglos fue un rasgo peculiar de GlenDronach. Se dice que en la época en que la zona de GlenDronach era un hervidero de destilación ilegal, los grajos con su cacareo avisaban de la llegada de los funcionarios de aduanas. En 2022 apareció una edición limitada de un embotellado de 50 años, y también han salido al mercado doce lotes de NAS Cask Strength GlenDronach, junto con muchas expresiones de barrica única.

HISTORIAS DEL WHISKY

Marketing callejero

Poco después de fundar la destilería GlenDronach, James Allardice fue a Edimburgo en busca de mercados para su whisky, y llevó consigo grandes cantidades de su espirituoso, pero no logró despertar el interés de los muchos dueños de tabernas con los que habló por su nuevo *single malt*. Según la leyenda, cuando volvía cansado al hotel, fue abordado en Canongate por dos prostitutas a las que invitó a tomar una copa en su habitación. Cuando se marcharon, les dio el resto de su whisky, y más tarde en la calle la noticia del GlenDronach fue de boca en boca, y lo pedían por su nombre en las posadas. Los pedidos no tardaron en llegar…

The GlenDronach Parliament 21 años

NOTAS DE CATA

The GlenDronach Original 12 años
Puro de malta, barricas de Pedro Ximénez y oloroso, sin filtrar en frío, 43 % APV
Nariz dulce de pastel de Navidad. Suave en boca, con jerez, roble suave, fruta, almendras y especias. Final seco, con frutos secos y chocolate amargo.

The GlenDronach Allardice 18 años
Puro de malta, 46 % APV
Aceite de naranja, *Christmas spice* y nueces destacan en la nariz intensa; el paladar viscoso trae sabores de naranja amarga, cuero viejo, ciruelas, roble especiado y jerez levemente ahumado.

The GlenDronach Parliament 21 años
Puro de malta, 48 % APV
En nariz ofrece jerez dulce, cuero fresco y salsa de soja, con sabores de naranja picante, jerez, cuero, clavo, chocolate negro y taninos de roble en un paladar pleno.

GLENGARIOCH

COMPAÑÍA Morrison Bowmore Ltd (Beam Suntory)

AÑO DE FUNDACIÓN 1797

SITIO WEB www.glengarioch.com

Glen Garioch Virgin Oak

Glengarioch (pronunciado «glen-guiri») es una de esas destilerías poco conocidas, situada a cierta distancia de un grupo de otras destilerías de whisky próximas entre sí, y hasta de una región destiladora importante. En cuanto a la clasificación, produce un whisky puro de malta de las Tierras Altas orientales, como Fettercairn, y como esta, tampoco Glengarioch está en una ruta turística importante. Sin embargo, está a unos 27 km de Aberdeen, en las afueras de la histórica ciudad de Oldmeldrum, frecuentada por los trabajadores pendulares de la capital petrolera de Escocia, y en el valle del Garioch, llamado a veces «el granero de Aberdeenshire», y renombrado como la zona de mejor cultivo de cebada de Escocia.

Curiosamente, aunque la destilería se hace llamar «Glengarioch», al whisky puro de malta que produce se le llama siempre «Glen Garioch».

Los inicios

Glengarioch es una de las destilerías más antiguas de Escocia, y en el lugar había también fábrica de cerveza y curtiduría. Como en tantos otros casos, se duda acerca de la fecha real en que se comenzó a destilar en el emplazamiento actual, pero armados de valor, los propietarios de Glengarioch declararon que la fecha de fundación es 1797, y crearon una expresión 1797 Founder's Reserve. Es un hecho por lo general aceptado que en 1798 la destilería estaba en manos de Thomas Simpson.

Lo que sí puede afirmarse con certeza es que en 1884 Glengarioch compró la empresa de mezclas J. G. Thomson & Company, de Leith, y que el destilador de Leith William Sanderson se interesó por la destilería y su whisky. Sanderson había lanzado su mezcla Vat 69 en 1882, y Glen Garioch pasó a ser la malta principal de esta marca.

En 1908, Sanderson adquirió la propiedad de Glengarioch a través de la Glengarioch Distillery Company Ltd, comprada en 1933 por Booth's Distilleries Ltd. Cuando en 1937 DCL adquirió Booth's Distilleries Ltd, Glengarioch pasó a formar parte de Distillers Company Ltd.

Glen Garioch 1797 Founder's Reserve

Primavera silenciosa

DCL cerró Glengarioch en 1968, afirmando que no había suficiente agua disponible para destilar, pero dos años más tarde el propietario de Bowmore Distillery, Stanley P. Morrison Ltd, compró la destilería de Oldmeldrum y reanudó la producción. El problema del agua se resolvió en 1972 cuando se descubrió un manantial en una granja vecina, al que se apodó «el manantial silencioso de la granja de Coutens», pues ni se veía ni se oía. Permitió multiplicar la producción por diez. Bajo el régimen de Morrison se instaló en 1972 un tercer alambique, seguido de un cuarto en 1973, el mismo año del primer embotellado oficial de Glen Garioch. Las malterías de suelo se utilizaron hasta la relativamente tardía fecha de 1993. Al año, lo que ya era Morrison Bowmore Distillers Ltd pasó a estar enteramente bajo el control de la empresa japonesa Suntory Ltd, que desde el año 1989 poseía una participación del 35 % en Glen Garioch.

Glen Garioch renace

La destilería estuvo en silencio desde octubre de 1995 hasta agosto de 1997, pero en 2004 apareció una expresión de Glen Garioch de 1958, el embotellado más antiguo del whisky que se hiciera nunca. Al año siguiente abrió un centro de visitantes en la antigua tonelería, y por esta época las ventas de Glen Garioch alcanzaron un máximo de 250 000 botellas anuales. En 2009 hubo una renovación radical de la gama Glen Garioch, en la que se abandonó la imagen del tartán y el ciervo de las Tierras Altas y adoptó un aspecto más moderno y sobrio. La gama de añadas de 8, 12, 15 y 21 años fue sustituida por 1797 Founder's Reserve, sin edad declarada, un whisky de 12 años y un programa continuado de añadas anuales. Debido al efecto de la malta con mayor concentración de turba preparada al maltear en el suelo de la destilería hasta 1993, las más antiguas presentan un carácter bastante distinto del de las botellas más jóvenes. Las malterías continúan intactas, y los propietarios de la destilería descartan la posibilidad de volver a emplearlas en el futuro.

Regreso al futuro

En 2021, la destilería fue renovada y realizó un «viaje en el tiempo», pues el alambique de colada pasó de calentarse con vapor a la llama directa de gas, y se restauraron y volvieron a usar los antiguos malteados de suelo. El resultado de la llama directa es un espirituoso más robusto y con más cuerpo, y las malterías de suelo producen ahora alrededor del 25 % de la malta que usa la destilería.

Glengarioch* ha sido *la destilería más oriental de Escocia desde el cierre de Glenugie en Peterhead en 1983.

Según Kwanele Mdluli, directora de la destilería, «el motivo de estos cambios tiene que ver con la calidad del destilado. Aspiramos a conseguir espirituoso de tan alta calidad como podamos. Con el malteado de suelo, la calidad de la malta que se obtiene es distinta de la de las malterías comerciales: aporta una dimensión adicional. Hay más control en las malterías comerciales, tanto en los recipientes de germinación como en el secado.

»En las hechas en el suelo no hay ese nivel de control, y hay más potencial para la variación. Puede haber un grado inferior de modificación; es decir, entran más proteínas en el proceso, y cuando se descomponen las proteínas se obtienen aminoácidos. Por tanto, hay más aminoácidos en el alambique de colada, que reaccionan y crean más elementos gustativos.»

HISTORIAS DEL WHISKY

Líder en los campos

El espectacular aumento en la década de 1970 del coste del combustible dio pie en varias destilerías a proyectos de ahorro energético que prefiguraron innovaciones más recientes. En Glengarioch el calor residual recuperado calentaba el horno de malta y precalentaba el mosto para destilarlo, y se cultivaron en invernaderos y túneles de polietileno tomates, pepinos, pimientos, berenjenas y flores. En 1982, Glengarioch fue también la primera destilería escocesa en usar gas del mar del Norte.

NOTAS DE CATA

Glen Garioch 1797 Founder's Reserve
Puro de malta, sin filtrar en frío, 48 % APV
En nariz fruta blanda (pera, melocotón y albaricoque), dulce de azúcar y mantequilla y vainilla. Bastante cuerpo en boca, con vainilla, malta, melón y un ahumado ligero. El final es limpio y de largo medio.

Glen Garioch 12 años
Puro de malta, sin filtrar en frío, 48 % APV
Dulce en nariz, con notas de fruta fresca (melocotón y piña), vainilla, malta y un toque de jerez. Con cuerpo, y más fruta fresca en el paladar, junto con especias, *toffee* quebradizo y, finalmente, notas de roble bastante secas.

Glen Garioch Virgin Oak
Single cask, *48 % APV*
Notablemente afrutado en nariz, con melocotón, mango, miel y vainilla. Los mismos aromas frutales en el paladar, con *toffee*, roble nuevo y especias suaves.

GLENGOYNE

Glengoyne 12 años

COMPAÑÍA Ian Macleod Distillers Ltd

AÑO DE FUNDACIÓN 1833

SITIO WEB www.glengoyne.com

Glengoyne podría tener motivos para dudar de su identidad. Clasificada en la región de elaboración de whisky puro de malta de las Tierras Altas, sus instalaciones caen justo en ese lado de la teórica *Highland Line*. Sin embargo, una vez destilado, el espirituoso viaja por la A81 para madurar en bodegas al otro lado de la línea, en las Tierras Bajas. Hasta la década de 1970, Glengoyne se clasificaba como *Lowland single malt*, y la presencia de tres alambiques (uno de colada y dos de aguardiente) en la casa de alambiques apunta a la posible triple destilación del estilo de las Tierras Bajas. Además, la destilería presume de usar desde hace mucho malta sin turba, y a veces su estilo se compara con el de Auchentoshan.

Destilación prolongada

Por supuesto, lo que realmente importa es la calidad del whisky destilado. Con las ventas de whisky de malta creciendo mucho en los últimos años, el equipo de Glengoyne se precia tanto del uso de malta sin turba como de la destilación lenta, y afirman: «Glengoyne siempre ha destilado despacio».

Según Stuart Hendry, director comercial y gestor del patrimonio de la marca: «Glengoyne siempre ha destilado despacio. Hay distintas maneras de impartir sabor al espirituoso *new make*. Se puede añadir la mayor parte al principio, agregando turba en la fase de secado del malteado, o secar la cebada con aire caliente y luego usar los alambiques para crear matices de sabor en la versión sin ahumar. La mayoría de los destiladores que usan turba van como locos a sacar el aguardiente de los alambiques lo antes posible.

»Nuestro método consiste en prolongar el contacto con el cobre el mayor tiempo posible, lo cual elimina gran parte del azufre. El cobre también actúa como catalizador que reúne los azúcares y aminoácidos creados durante la fermentación para generar una nueva gama de sabores moleculares ligeros, intensos, dulces y a éster, y estos salen en cuanto empezamos a extraer. Es el deseo de captar estos sabores lo que nos lleva a sacar el corte medio tan pronto.»

Glengoyne 15 años

¿Orígenes ilícitos?

Glengoyne está a solo 19 km de Glasgow, pero pese a su relativa proximidad a la ciudad, la ubicación en una cañada boscosa a los pies de Dumgoyne Hill difícilmente podría ser mejor. Obtuvo su primera licencia en 1833, pero se cree que la destilación precedió a la autorización oficial. La zona fue desde luego un hervidero de contrabando. George Connell, quien arrendó el terreno, construyó la destilería, y la licencia permaneció en la familia MacLellan durante muchos años. Llamada originalmente Glenguin, la destilería se llamaba Burnfoot cuando en 1876 la adquirió Lang Brothers Ltd. Le devolvieron el antiguo nombre, Glenguin, o Glen Guin, y en torno a 1905 se adoptó la grafía actual.

Glengoyne 21 años

Los embotelladores asumen el mando

Después de la compra en 1965 de Lang por el grupo Robertson & Baxter hubo un programa de modernización, y durante las obras de reconstrucción de 1966–1967 se añadió un tercer alambique. Hoy Robertson & Baxter es parte del Edrington Group, y como propiedad de este gran cantidad de Glengoyne fue a parar a Lang's Supreme y otras mezclas. En abril de 2003, la destilería, las marcas Glengoyne y Lang's y una cantidad importante de existencias en maduración fueron adquiridas por Ian Macleod Distillers Ltd, empresa de mezclas y embotellado de larga tradición, pero nunca dueña de una destilería. Duplicaron la producción y pusieron empeño en comercializar Glengoyne como whisky puro de malta.

Entre los principales embotellados están los de 10, 12, 15, 18, 21, 25 y 30 años, y una expresión sin edad declarada y graduación de barrica. En 2022 salió en China el de 53 años, el más añejo de la destilería hasta la fecha. La serie Spirit of Time está disponible en comercios libres de impuestos para viajeros, y Teapot Dram, así llamado por la tetera de cobre en la que se dispensaban tragos a los trabajadores de la destilería, es exclusivo para quienes visitan la destilería.

HISTORIAS DEL WHISKY

Visitas excelentes

A menos de 20 km al norte de Glasgow y relativamente cerca de Edimburgo, Glengoyne atrae a muchos visitantes al año, y ofrece cinco opciones de experiencia, entre ellas visitas a la destilería, catas guiadas y The Malt Master's Experience. Descrita como «una visita guiada a la destilería de Glengoyne, seguida de una experiencia práctica muy especial en nuestra sala de catas, donde el visitante asume el papel de maestro maltero y crea su propia botella de Highland Single Malt a partir de whiskies de barrica única escogidos especialmente de nuestra bodega».

NOTAS DE CATA

Glengoyne 12 años
Puro de malta, 43 % APV
Malta y miel ligera en nariz, con frutos secos y cítricos; paladar de especias, *toffee* y chocolate con naranja. Consistente, final medio con roble suave y un toque de jengibre.

Glengoyne 15 años
Puro de malta, 43 % APV
Floral en nariz, con manzanas en caramelo y canela; paladar de dulce de vainilla, tarta de manzana y pimienta de Jamaica, cerrando con pimienta negra y clavo.

Glengoyne 21 años
Puro de malta, madurado en barricas de jerez de roble europeo de primer llenado, 43 % APV
En nariz jerez inmediato y accesible, especias y melaza negra. En boca es envolvente, muy presente y ajerezado, con especias aromáticas y notas de frutos secos. El regaliz y las barritas Caramac dominan el final.

GLENMORANGIE

Glenmorangie The Original 10 años

COMPAÑÍA The Glenmorangie Company Ltd (LVMH)

AÑO DE FUNDACIÓN 1843

SITIO WEB www.glenmorangie.com

En un entorno comercial competitivo la innovación es esencial, aunque hasta cierto punto los destiladores de whisky escocés están limitados por los términos muy específicos de la definición legal de whisky escocés. No por eso dejan de surgir en el sector mentes ingeniosas con ideas innovadoras para poner en práctica. Un buen ejemplo es Bill Lumsden, director de destilación y creación de whisky de Glenmorangie. Doctor en bioquímica, Lumsden aporta una sólida formación científica a la creación de whiskies que se distingan de los demás, pero cuya integridad sea total al mismo tiempo.

Por y para qué de la madera

Una de las áreas de especial interés para Lumsden es la gestión de la madera, y afirma: «Mi filosofía sobre la madera es que no importa lo bueno que sea el destilado nuevo si no lo contiene madera de buena calidad que se avenga también al estilo del whisky. Ninguna otra empresa ha sido tan minuciosa respecto a las maderas como Glenmorangie». De hecho, la destilería ha llegado a comprar un área de bosque en los montes Ozark, en Misuri (EE.UU.), de donde procede la madera para las barricas de diseño en las que madura parte del espirituoso que acaba en diversos embotellados de Glenmorangie. En parte gracias al trabajo pionero de Lumsden con la madera, Glenmorangie fue el primer *single malt* en ofrecer embotellados propios de whisky acabado, usando al principio barricas de oporto, y se ha mantenido a la vanguardia del proceso con una gama amplia de acabados.

Los primeros años

Sin embargo, como todas las demás destilerías de Escocia, en sus primeros 150 años de existencia Glenmorangie ofreció un solo estilo de whisky, aunque a diferencia de la mayoría de las destilerías usaba –y sigue usando– agua dura para hacerlo. Glenmorangie se construyó entre 1843 y 1849, cuando fluyó el primer espirituoso. La fundó William Mathieson, quien usó elementos de la desaparecida fábrica de cerveza Morangie Brewery, y en 1887 se constituyó la Glenmorangie Distillery

Glenmorangie
The Nectar 16 años

Company Ltd. La planta se reconstruyó por completo entonces, y fue la primera destilería de Escocia en calentar sus alambiques con vapor en lugar de carbón. Macdonald & Muir Ltd, dueños de la marca de mezclas Highland Queen, compraron en 1918 una participación mayoritaria, y la destilería sobrevivió a un periodo de silencio a mediados de la década de 1930.

Glenmorangie Signet

Capacidad en aumento

La historia más reciente de Glenmorangie ha sido notablemente positiva, durante un programa de reconstrucción en 1979 duplicó el número de alambiques de dos a cuatro, y volvió a hacerlo tan solo una década más tarde. En 2004, Louis Vuitton Moët Hennessy (LVMH) compró Glenmorangie plc por 355 millones de euros, con lo cual las destilerías de Ardbeg, Glen Moray y Glenmorangie pasaron a manos del conglomerado francés. Hoy, Glenmorangie es el tercer whisky puro de malta más vendido en el Reino Unido y ocupa el cuarto puesto mundial.

La innovación continúa

A principios de 2022 se inauguró en Glenmorangie un nuevo edificio de producción, The Lighthouse, equipado con un par de alambiques, que dará ocasión a Lumsden y sus colegas de experimentar sin perturbar las operaciones cotidianas de la destilería.

Además de tres acabados, Lasanta (jerez), The Nectar (sauternes) y Quinta Ruban (oporto), en la actual gama básica destaca Signet, una de las innovaciones de las que Lumsden está más orgulloso. El 20 % de sus whiskies componentes se elaboran con malta «chocolate», madurada 10 años en barricas de roble nuevo y de bourbon, y luego mezclada con otros whiskies Glenmorangie, algunos de hasta 35 años, de diversas barricas, vino y jerez incluidos. Lumsden también está detrás de Glenmorangie X –para mezclar con soda o ginger ale–, en la gama principal desde 2021. Entre las ediciones limitadas más recientes hay cuatro expresiones acabadas en barrica de jerez de la gama Barrel Select y A Tale of The Forest, en infusión con ingredientes botánicos durante el secado.

HISTORIAS DEL WHISKY

Los alambiques más altos

Hay alambiques de whisky de todas las formas y tamaños, y sus variaciones tienen un papel importante en el carácter del espirituoso producido. Puede que Glenmorangie sea la destilería que haya dado mayor importancia a la individualidad de sus alambiques. Una campaña publicitaria impresa trae una ilustración de sus alambiques, y declara: «Hay muchos *single malts* que están perfectamente bien hechos en alambiques más cortos. Nosotros tenemos los más altos de Escocia». Su diseño se basa en el de los antiguos de ginebra llegados de Londres, instalados al fundarse la destilería, y contribuyen mucho al carácter ligero, frutal y floral de Glenmorangie.

NOTAS DE CATA

Glenmorangie The Original 10 años
Puro de malta, 40 % APV
Fruta fresca, dulce de azúcar y mantequilla y *toffee* en nariz. Paladar suave de frutos secos, especias, miel de vainilla, naranjas de Jaffa y *toffee* duro. Final afrutado, con un toque de jengibre.

Glenmorangie Signet
Puro de malta, 46 % APV
Nariz de fruta intensa, miel, mermelada, arce, jerez, roble dulce y especias. Mucha fruta y especias en el paladar, con chocolate negro, vainilla y cuero. El final es especiado y de largo medio.

Glenmorangie The Nectar 16 años
Puro de malta, acabado en barricas de vino blanco dulce, 46 % APV
En nariz intenso y dulce, con notas de horno de pan, albaricoques, miel y almendras, que dan paso a un paladar lleno de pan de jengibre, natillas, naranja dulce y limón en contraste. Final largo, con especias suaves, cuajada de limón y roble sutil.

THE GLENTURRET

COMPAÑÍA Grupo Lalique y Dr. Hansjorg Wyss

AÑO DE FUNDACIÓN 1775

SITIO WEB www.theglenturret.com

The Glenturret Triple Wood

Cuando se trata de hostelería para los visitantes, la mayoría de las destilerías escocesas se contentan con una mera cafetería, con suerte algunos platos hechos en la casa, y delicias locales. En cambio, en la sede de The Glenturret, en Perthshire, hay un restaurante con estrella Michelin. Presidido por el chef Mark Donald, el hermoso restaurante es solo un indicio más de que The Glenturret se ha propuesto hacer las cosas de forma distinta a la mayoría de las destilerías rivales.

Aquí el nombre Lalique es importante, pues The Glenturret es copropiedad de Silvio Denz, del icónico grupo francés de joyería, perfumería y cristal de lujo Lalique, y del suizo-estadounidense Hansjorg Wyss, quienes lo adquirieron en 2019 a The Edrington Group. Además del restaurante Lalique, The Glenturret también alberga la única boutique Lalique británica fuera de Londres.

Destilería en activo más antigua

Desde 2002 hasta 2019, The Glenturret fue el hogar de marca de alto perfil de Famous Grouse, pero cuando el Edrington Group decidió centrarse en sus whiskies puros de malta Macallan, Highland Park y Glenrothes, no faltaron compradores potenciales para la destilería de Perthshire.

Al fin y al cabo, The Glenturret, fundada en 1763, tiene a gala ser la destilería operativa más antigua de Escocia, y quien la comprara obtendría un importante inventario de existencias, además de la colaboración del antes *whisky maker* de Macallan, Bob Dalgarno, para gestionarlas. Se pagaron unos 37 millones de euros por la destilería y sus existencias, más de un millón de litros de puro de malta Glenturret, el más antiguo en barrica desde 1987, y 2400 cajas de whisky embotellado.

Patrimonio famoso

El nombre The Glenturret se adoptó en 1875, y la destilería estuvo en activo hasta 1921. Ocho años más tarde se desmanteló el equipo, y los edificios sirvieron como almacenes agrícolas. La destilería permaneció cerrada hasta que en 1957 el empresario James Fairlie adquirió las instalaciones y las reequipó para la destilación, reinició la producción dos años más tarde. En 1981, la propiedad pasó a Rémy-Cointreau, y nueve años más tarde, a Highland Distillers. En 1999, The Edrington Group y William Grant & Sons Ltd compraron Highland Distillers por 713 millones de euros, y operaron como The 1887 Company, con Edrington dueña del 70 % de las acciones.

En cuanto a la producción, en Glenturret las cosas no han cambiado mucho bajo Edrington, aunque el muy admirado *mash tun* abierto para hacer el mosto, que se removía a mano, se ha cambiado por un recipiente *semi-lauter* nuevo y reluciente, «a prueba de futuro» en lo medioambiental y que aumenta la producción. La fermentación en cubas de madera es relativamente larga, y la destilación, lenta. El alambique de colada es de la década de 1970, y el de aguardiente tiene más de treinta años. Se toma un corte medio muy estrecho, y el proceso se controla a mano, juzgándose por la graduación, la temperatura y la claridad. El resultado es un aguardiente ligero, floral, dulce, afrutado y elegante.

Actualmente, Glenturret produce unos 215 000–220 000 litros al año, cifra que aumentará con el tiempo; y de esa producción anual, unos 35 000 l se elaboran con cebada tratada con turba. Dos veces por semana se llenan de espirituoso unas 15 o 16 barricas, y la destilería tiene una plantilla de siete personas.

The Glenturret single malt

La gama principal de Glenturret se presenta en llamativas botellas diseñadas por Lalique, y la conforman Triple Wood (madurado en barricas de roble americano, europeo aderezadas con jerez

***The Glenturret está al este de los Trossachs** en un apacible paisaje de colinas boscosas y lagos tranquilos.*

y de bourbon), ahumado con turba de 7 y 10 años, de 12 y 15 años, y embotellados de 25, 30 y 35 años en la gama Limited Releases. En un caso quizá único, la gama principal de Glenturret cambia cada año.

Lo más destacado de la gama Glenturret es una barrica única de 50 años, destilada en 1972 y presentada en 150 decantadores de cristal negro azabache, y probablemente también atraerá al consumidor adinerado el Glenturret actual por la serie Lalique Trinity de expresiones de 33 años.

En 2021 hubo una colaboración exclusiva con el Jaguar E-type para conmemorar el 60 aniversario del lanzamiento del icónico deportivo, y se produjeron 265 botellas por los caballos de potencia originales del automóvil.

HISTORIAS DEL WHISKY

Gatos de la destilería
Un busto de bronce conmemora los logros de Towser, el gato de la destilería Glenturret, que se ganó un lugar en el Libro Guinness de los Récords al contabilizar 28 899 ratones durante sus 24 años de servicio. Hoy la tradición felina continúa con Glen y Turret, a los que les gusta dormir al calor de los alambiques, pero en materia de control de roedores son bastante más relajados que su ilustre predecesor.

NOTAS DE CATA

The Glenturret Triple Wood (lanzado en 2021)
Puro de malta, 44 % APV
Roble tostado y una leve nota salada en nariz, con aromas de turrón y naranja en desarrollo. En boca es delicadamente picante, con vainilla, chocolate a la taza, ciruelas pasas, pimienta blanca y carbón de roble.

The Glenturret 10 años Peat Smoked (lanzado en 2021)
Puro de malta, 50 % APV
Nariz de humo de cigarrillo, avena, limón, vainilla y un toque de clavo. Turba terrosa en el paladar, con *toffee* quebradizo, posos de café, canela y roble ahumado.

The Glenturret 12 años (lanzado en 2021)
Puro de malta, 46 % APV
Cuero viejo, higos y naranja en nariz; en boca ofrece malta, *toffee*, anís, mermelada de naranja y taninos de roble.

The Glenturret 12 años

OBAN

COMPAÑÍA Diageo plc

AÑO DE FUNDACIÓN 1794

SITIO WEB www.malts.com

Oban 2022 Distillers Edition

John y Hugh Stevenson, empresarios de la zona de Oban, crearon un negocio de construcción de barcos, una curtiduría y una fábrica de cerveza. Esta se convirtió en destilería en 1794, lo cual sitúa a Oban entre el grupo histórico de élite de destilerías escocesas en activo cuyos orígenes se remontan al siglo XVIII.

Los negocios de los Stevenson, que incluían canteras de pizarra, contribuyeron mucho a allanar el camino al desarrollo de Oban que tendría lugar durante el siglo siguiente, cuando los barcos de vapor victorianos utilizaron Oban como puerto de escala regular, y el ferrocarril llegó a la ciudad en 1880.

El hijo de Hugh Stevenson, Thomas, abandonó Oban para dedicarse a la agricultura en Buenos Aires, pero al morir su padre regresó para adquirir la destilería y la empresa de extracción de pizarra. Luego construyó el grandioso Hotel Caledonian de Oban, pero las dificultades económicas originadas por su apoyo a la imprenta de su hermano le llevaron a pagar a sus acreedores… ¡con whisky y pizarra!

Cambio de manos

La destilería Oban estuvo en manos de la familia Stevenson hasta 1866, cuando la compró Peter Cumstie, quien en 1882 la vendió a James Walter Higgen. Higgen reconstruyó la destilería entre 1890 y 1894, y dada la gran demanda, mientras tanto logró producir whisky. Muchos de los *single malts* hoy más prestigiosos pasaron gran parte de su historia destinados a las mezclas, pero Oban se vendió muy bien como whisky puro de malta desde la década de 1880.

La propiedad de Oban pasó en 1898 a Oban & Aultmore Glenlivet Distilleries Ltd, y en 1923 adquirió la destilería la Oban Distillery Company Ltd, propiedad de Buchanan-Dewar. Dos años más tarde, Buchanan-Dewar pasó a formar parte de Distillers' Company Ltd.

De DCL en adelante

Oban fue una de las muchas destilerías escocesas que durante los años de la depresión económica de entreguerras pasaron un tiempo silenciosas, y cerró desde 1931 hasta 1937. Entre 1968 y 1972 se sometió

Oban Little Bay

Cubas de fermentación tradicionales *de pino de Oregón en la destilería de Oban.*

a un programa de renovación a fondo, y en esos años dejaron de usarse las malterías de suelo. Aunque la destilería se había renovado, físicamente había muy poco margen para la expansión, dado lo angosto del emplazamiento, y aun en el caso de que DCL hubiera querido añadir más alambiques para aumentar la producción, no era una opción viable.

Por tanto, la destilería actual solo tiene un par de alambiques en forma de linterna, de los menores de Escocia, y la producción de Oban es la segunda menor de la cartera de Diageo, después de la de Royal Lochnagar. En realidad, los alambiques tienen tamaño suficiente para destilar más espirituoso al año que ahora, pero no pueden, y la razón es que el carácter del whisky puro de malta Oban requiere tiempos de fermentación largos, de hasta 110 horas, y eso impone un límite de seis cargas de mosto a la semana. La fermentación larga asegura el carácter ligero que se busca.

Hoy todo el espirituoso de Oban se destina al embotellado como *single malt*, y una expresión de 14 años fue uno de los «padres fundadores» de la gama Classic Malts de United Distillers en 1988. Al año siguiente se inauguró el centro de visitantes.

En 1998 llegó Oban Distillers Edition, que para un periodo de maduración secundario usa madera de montilla fino. Este tipo de jerez tiene un color claro y un carácter seco y salado que lo hace el complemento ideal para Oban, con sus características saladas y un nivel discreto de turba.

Además de Oban 14 años y Distillers Edition, la gama principal incluye el exitoso Oban Little Bay, sin edad declarada, y entre los Diageo Special Releases de 2023 salió un Oban 11 años acabado en barrica de ron caribeño, después de un Oban Special Release de 10 años en 2022 acabado en barrica de jerez amontillado. También hay disponible una expresión exclusiva de la destilería.

Si se busca una botella del whisky exclusivo de la destilería, es imposible pasar por alto la destilería misma. Frente a la bahía de Oban, está enclavada al pie de un escarpado acantilado, sobre el que se alza la «locura» inacabada de la torre McCaig, empeño filantrópico de un banquero local, construida en 1897 para crear empleo en la zona y que emula al Coliseo romano.

HISTORIAS DEL WHISKY

Puerta a las Islas

La destilería Oban se erige orgullosa en el centro mismo de la ciudad que le da nombre, y no es casualidad, pues fue la ciudad la que creció en torno a la destilería. *An t-Òban* («la bahía pequeña») en gaélico, Oban era en origen un pequeño pueblo de pescadores antes de que la destilería y el ferrocarril lo volvieran un puerto muy activo para cargamentos de lana y pizarra, además de whisky. Hoy Oban es el mayor núcleo de población de las Tierras Altas occidentales, un imán para visitantes y también un concurrido puerto de ferris, como «Puerta a las Islas». Oban es la principal terminal de ferris a Mull, Coll, Tiree, Colonsay, Barra y South Uist. Así, no sorprende que la destilería sea un destino turístico tan en boga: recibe más de 30 000 visitantes al año.

NOTAS DE CATA

Oban 14 años
Puro de malta, 43 % APV
Humo suave, miel de brezo, *toffee* y un soplo de orilla del mar en nariz. Paladar especiado, a frutas cocidas, con malta, roble y algo de humo. El final es equilibrado y aromático, con especias y roble.

Oban 2022 Distillers Edition (1995)
Puro de malta, acabado en barricas de jerez fino, 43% APV
Intenso, especiado, decidido, con caramelo, chocolate con leche, naranja y humo en nariz. Chocolate picante, malta, fruta y salmuera en el paladar. La fruta y la sal perduran en el final largo.

Oban Little Bay
Puro de malta, 43 % APV
Untuoso y con sabor a frutos secos, con manzana y melocotón maduros, y pimienta blanca en nariz. Pan de malta, cerezas, clavo, jengibre y roble persistente en el paladar, con una pizca de sal gema.

PULTENEY

Old Pulteney 12 años

COMPAÑÍA Inver House Distillers Ltd (International Beverage Holdings)

AÑO DE FUNDACIÓN 1826

SITIO WEB www.oldpulteney.com

En manos de sus actuales dueños, Inver House Distillers Ltd, el whisky puro de malta Old Pulteney ha cosechado un éxito notable, pues en poco más de una década pasó de la relativa oscuridad a competir a escala global, con un aumento importante de las ventas tanto en RU como en mercados extranjeros clave. De hecho, Old Pulteney es el *single malt* más vendido de Inver House.

Malta marítima

Comercializado como *The Genuine Maritime Malt*, la marca Old Pulteney hace buen uso de la herencia pesquera de su ciudad natal, a la que añade relevancia la sutil característica salobre en la mayoría de sus expresiones. El envoltorio de Old Pulteney quiere reflejar la historia pesquera de Wick, con la imagen bien visible de un pescador de arenque en la botella y la caja. La destilería más al norte de Escocia se ha llamado siempre Pulteney, pero su whisky de malta trae desde hace mucho el adjetivo *Old*.

La destilería está en el distrito de Pulteneytown de Wick, barrio que debe su nombre a sir William Pulteney, gobernador de la Sociedad Británica de Pesca, quien a principios del siglo XIX creó el asentamiento de Pulteneytown y un amplio puerto junto al burgo de Wick.

Arenques y borrachos

La industria del arenque pudo traer riqueza a Wick, pero contribuyó también a una frecuencia notoria de la embriaguez entre la población. Se estima que en la década de 1840, en plena temporada de la pesca del arenque, se consumían en el puerto unos imponentes 2230 litros de whisky al día. Parte de ese whisky procedía sin duda de la destilería de Pulteney, fundada en 1826 por James Henderson, que antes había destilado en Stemster, cerca de Halkirk. Después de casi un siglo funcionando, Pulteney fue adquirida en 1920 por la empresa de mezclas de Dundee James Watson & Company Ltd. Cinco años más tarde, Watson's fue absorbida por la poderosa Distillers Company Ltd,

Old Pulteney Huddart

Antiguos almacenes de piedra de la destilería Pulteney.

y en 1930 cesó la producción en Pulteney. Además del hecho de que el mundo estuviera sumido en la Gran Depresión, Pulteney tenía el problema añadido de ser una destilería de whisky en medio de una ciudad legalmente «seca».

Pulteney revive

Pulteney estuvo silenciosa hasta 1951, cuando la compró, junto con Balblair, el abogado afincado en Banff Robert «Bertie» Cumming, pero no pudo resistirse al atractivo del oro canadiense, y vendió la empresa a Hiram Walker, interesada en ampliar su negocio de whisky escocés en la posguerra. En 1958–1959, un amplio programa de reconstrucción dejó como resultado el exterior de la destilería tal como se ve hoy. Allied Breweries Ltd compró Pulteney en 1961, y la explotó hasta que la para entonces Allied Domecq vendió en 1995 la destilería y la marca de whisky puro de malta a Inver House Distillers Ltd.

A los dos años salió un embotellado oficial de 12 años, que sigue siendo el principal, junto con los de 15, 18 y 25 años y el NAS ahumado Huddart. La expresión Huddart madura primero en barricas de roble americano de bourbon de segundo llenado, y luego se acaba en barricas de bourbon antes llenas de whisky con intenso sabor a turba, mientras que los añejos de 15 y 18 años envejecen en barricas de roble americano de bourbon de segundo llenado, seguido de un periodo de maduración adicional en botas de roble español de oloroso de primer llenado. Hoy, la expresión más añeja disponible es una edición limitada de 38 años, que salió al mercado chino en 2022.

Ese mismo año apareció el primer embotellado de la actual Coastal Series, inspirada en lugares costeros de todo el mundo. Este se llamó Pineau de Charentes, y según los destiladores, «ofrece un sabor más ligero y dulce sobre la base de Old Pulteney clásica».

Los visitantes a la destilería pueden llenar, sellar y comprar en persona una botella de whisky de una de varias *single casks* únicas que suele haber disponibles, una que contuvo bourbon y otra una barrica de jerez.

Muchas destilerías nuevas cuentan hoy con calderas de biomasa, pero con una planta construida en 2011–2012, Pulteney se apuntó este tanto mucho antes que todas las demás. El sistema suministra vapor a la destilería y a través de la red urbana agua caliente a casi 200 viviendas de la zona, un hospital local y una sala de reuniones-conciertos.

Alambique recortado

La destilería tiene un único par de alambiques singulares, la condensación tiene lugar en un par de *worm tubs* de acero inoxidable. Ambos alambiques presumen de grandes esferas en el cuello que favorecen el reflujo, y se cuenta que el espectacular aspecto truncado con remate plano del alambique de colada se debe a que hace muchos años, cuando se fabricó un nuevo alambique para la destilería, resultó ser demasiado alto. La solución fue encargar a un calderero retirar la parte superior y sellarlo. No hay pruebas de ello, ni tampoco una explicación alternativa para el aspecto del alambique, y posteriormente se elevó la altura del tejado de la destilería.

El efecto global del régimen actual es que se produce un *new make* relativamente untuoso, del cual casi un 95 % va a parar a barricas de bourbon si van a conservarlo los destiladores, mientras que aproximadamente el 40 % se vende para mezclas y lo retiran del lugar camiones cisterna. En cinco bodegas propias se pueden conservar unas 24 000 barricas.

HISTORIAS DEL WHISKY

Burgo seco

La Ley Seca remite siempre a EE.UU., el contrabando, los gánsteres, bares clandestinos y *the real McCoy* de la década de 1920, pero Escocia tuvo su propia era de la prohibición o, para ser exactos, la tuvo el burgo de Wick, declarado «seco» entre 1925 y 1947. La prohibición surgió de la reacción ante la reputación alcohólica de la ciudad en el siglo XIX y principios del XX, cuando Wick era el centro de la industria pesquera del arenque, y se trabajaba duro, y también se le daba duro a la bebida. Oficialmente, Wick era seca, pero al menos un alambique ilegal suministraba whisky a la ciudad, y un café de Bridge Street lo servía en una ornamentada tetera de plata.

NOTAS DE CATA

Old Pulteney 12 años
Puro de malta, 40 % APV
En nariz, notas frescas florales y de malta, con un toque de pino. En boca ofrece un whisky dulce, con más malta, especias, fruta fresca y una sospecha de sal. Final ligeramente seco y con frutos secos.

Old Pulteney Huddart
Puro de malta, 40 % APV
En nariz, humo de leña, *toffee* esponjoso, manzanas y *crème brûlée*. En boca trae turba leve, con plátano, canela, salmuera y roble especiado.

Old Pulteney 18 años
Puro de malta, 46 % APV
La nariz ofrece aromas cálidos de canela, chocolate y miel, entre los que se abren paso sabores de chocolate negro, natillas, cítricos, una sospecha de sal y roble suave.

BALBLAIR

COMPAÑÍA Inver House Distillers Ltd (International Beverage Holdings)

AÑO DE FUNDACIÓN 1790

SITIO WEB www.balblair.com

En un emplazamiento atractivo con vistas al estuario de Dornoch Firth, Balblair es una de las destilerías más septentrionales de Escocia. También puede presumir de ser una de las destilerías operativas más antiguas de Escocia, pues el año de su fundación fue 1790. Sin embargo, la destilería actual data en realidad de la década de 1890, y la original del siglo XVIII se encuentra a unos 800 metros.

Los orígenes

La destilería original fue obra de John Ross, de Balblair Farm, y siguió en manos de la familia Ross hasta 1894, con una importante reconstrucción en 1872. Cuando el comerciante de vinos de Inverness Alexander Cowan arrendó la destilería Balblair a sus propietarios, el Balnagown Estate, la planta se trasladó en 1894–1895 a su emplazamiento actual para beneficiarse de la línea de ferrocarril adyacente, que facilitaba la importación de materias primas y la exportación de barriles de whisky. Pese al traslado, desde su fundación en el siglo XVIII, Balblair ha seguido usando la misma fuente de agua blanda, el Allt Dearg («arroyo rojo», pronunciado «jerak» con jota inglesa), que fluye por las colinas que se alzan detrás de la destilería.

Balblair 12 años

Un whisky de vuelta

Balblair estuvo silenciosa desde 1915 hasta 1947, cuando la compró el abogado de Banff Robert «Bertie» Cumming. Tras importantes inversiones para mejorar la destilería y aumentar la producción, reanudó la destilación dos años después. Al jubilarse en 1970, Cumming la vendió al destilador canadiense Hiram Walker & Sons Ltd, que luego se fusionó con Allianz Worldwide para formar en 1988 Allied Distillers. Ocho años más tarde, Allied vendió Balblair a Inver House.

Durante algunos años, Balblair se vendió con el año de destilado en la etiqueta, pero en 2019 se rediseñó la cartera y se introdujo la edad declarada. La gama actual incluye variedades de 12, 15, 18, 21 y 25 años. Hay tres opciones de visita, y culminan en The Definitive Tour, que antes de degustar las cuatro expresiones emblemáticas de Balblair, ofrece la ocasión de probar el mosto y el mosto fermentado en el área de producción, así como la oportunidad de embotellar su propia malta en la bodega.

Balblair 15 años

NOTAS DE CATA

Balblair 12 años
Puro de malta, 46 % APV
En nariz especias suaves, higos, peras, malta y notas delicadas de naranja; en boca destacan la miel, la vainilla y el caramelo, para terminar con una nota de pimienta negra y chocolate negro.

Balblair 15 años
Puro de malta, 46 % APV
En nariz frutos negros aromáticos, jerez, vainilla y mazapán, que dan paso a un paladar de jerez, tarta de manzana especiada, caramelo, naranja y nueces.

Balblair 18 años
Puro de malta, 46 % APV
Aromas especiados, con *toffee*, jerez y pera cocida, seguidos de sabores a frutas secas, caramelo, vainilla y naranjas jugosas, con chile y roble seco en el final.

BEN NEVIS

COMPAÑÍA Ben Nevis Distillery Ltd (Nikka)

AÑO DE FUNDACIÓN 1825

SITIO WEB www.bennevisdistillery.com

Fundada en 1825 a poca distancia al nordeste de la ciudad de Fort William, en las Tierras Altas occidentales, la destilería Ben Nevis se encuentra a la sombra de su homónima, la montaña más alta de Escocia. La destilería la fundó un granjero, «Long John» McDonald, famoso por su gran altura, y de ahí el apodo. El whisky de McDonald se comercializó como Long John's Dew of Ben Nevis, y el nombre «Long John» fue más tarde el de un whisky escocés de mezcla, hoy propiedad de Chivas Brothers. La destilería siguió en manos de los McDonald hasta 1941, y entre 1878 y 1908 la familia explotó una segunda destilería, llamada Nevis, que luego sería absorbida por la principal de Ben Nevis.

Hobbs el dudoso

El propietario más pintoresco de la destilería Ben Nevis fue Joseph Hobbs, quien compró la destilería a la familia McDonald. Nacido en Hampshire (Inglaterra) en 1891, en 1900 emigró con sus padres a Canadá. Allí amasó una fortuna, que luego perdió durante la Gran Depresión. Hobbs regresó al Reino Unido, en Escocia desarrolló negocios importantes relacionados con el whisky, y entre otras destilerías fue propietario de Ben Nevis desde 1941 hasta su muerte 20 años más tarde. Una de sus innovaciones más discutibles fue instalar cubas de fermentación de hormigón, y también instaló un alambique Coffey, con el fin de producir tanto alcohol de grano como de malta, y mezclarlos *in situ*.

Un vínculo japonés

A lo largo de su dilatada existencia, Ben Nevis ha tenido varios propietarios, y ha pasado por varios periodos de cierre, pero su futuro quedó asegurado cuando en 1989 la japonesa Nikka Whisky Distilling Company Ltd compró la planta al gigante cervecero Whitbread & Company Ltd. En la actualidad, parte del espirituoso de Ben Nevis se envía a Japón, donde es un ingrediente en varias mezclas de whisky Nikka; el resto se usa para mezclas en Escocia, o se embotella como whisky puro de malta.

***La destilería Ben Nevis** se alza a la sombra de su homónima, la montaña más alta de Escocia.*

De tanto en tanto aparecen embotellados notablemente añejos de Ben Nevis, pero la gama principal comprende solo tres expresiones: 10 años, NAS Coire Leis –nombre de una muy usada ruta de ascenso al Ben Nevis– y McDonald's Traditional Ben Nevis. Este se elabora empleando turba y madura un tiempo indeterminado en barricas nuevas tratadas con jerez.

NOTAS DE CATA

Ben Nevis 10 años
Puro de malta, madurado en diversas barricas de relleno, o nuevas sazonadas con bourbon o jerez, 46% APV
La nariz, bastante verde al principio, desarrolla notas de frutos secos y naranja. Con cuerpo, café, *toffee* quebradizo y turba, junto con roble consistente, que persiste hasta el final, con más café y un toque de chocolate negro.

Mcdonald's Traditional Ben Nevis
Puro de malta, 46% APV
Almidón en nariz de inicio, luego eglefino ahumado mantecoso, un toque de chile, jerez y humo de leña. Con cuerpo, picante en el paladar, con avellanas y turba. Compota y ceniza de cigarrillo persistente en el final.

Ben Nevis Coire Leis
Puro de malta, 46% APV
En nariz miel, limón, malta, azúcar de cebada y maderas aromáticas; en el paladar untuoso aparecen sabores de *toffee*, miel, peras maduras, pimienta negra y un toque de chile.

Ben Nevis 10 años

BRORA

COMPAÑÍA Diageo plc

AÑO DE FUNDACIÓN 1819

SITIO WEB www.malts.com

En 1819, el terrateniente local conde de Stafford, luego duque de Sutherland, fundó Brora con el nombre Clynelish para dar salida a la cebada que cultivaban sus arrendatarios. El whisky elaborado allí fue tan apreciado que tras una visita en 1896, el gran cronista de las destilerías Alfred Barnard escribió: «[…] el destilado ha obtenido siempre el precio más alto de cualquier whisky puro escocés».

Clynelish acabó perteneciendo a la Distillers Company Ltd, que durante la década de 1960 amplió y reconstruyó muchas de sus destilerías existentes para atender la creciente demanda de whisky escocés de mezcla. En el caso de Clynelish, en 1967 se construyó junto a los antiguos edificios de producción una planta moderna del todo nueva, y la destilería original pasó a llamarse Brora. Cerró en 1983, aparentemente de forma definitiva.

Brora Triptych Elusive Legacy (1972)

Brora renacida

Felizmente, tras un gran programa de inversiones, Brora despertó de su largo sueño en 2021. La destilería produce a veces whiskies de estilo ceroso, ahumado y terroso, y se pueden llegar a elaborar hasta 800 000 litros de espirituoso al año. Después de haber estado silenciosa desde 1983, la destilería requería un trabajo de reparación estructural a fondo, incluido reconstruir por completo la casa de alambiques. Por suerte, el único par de alambiques seguía en su lugar, y tras algunas reformas, hoy funcionan de nuevo con un par de *worm tubs* de repuesto de la vieja escuela. Se encargó una réplica exacta de la cuba de maceración original de rastrillo y engranajes, junto con cubas de fermentación de madera.

El whisky

Debido al mucho tiempo que Brora estuvo cerrada y a que su whisky adquirió cierta categoría de culto, los embotellados son raros y caros. Existe un embotellado Special Releases de 34 años de 2017 y una expresión de 1980 de la serie Prima & Ultima de Diageo.

Sin embargo, el Brora definitivo es el Triptych. Salió al mercado en 2021, y consiste en tres botellas de 500 ml: Elusive Legacy (1972), Age of Peat (1977) y Timeless Original (1982), presentadas en un hermoso estuche a medida. Se hicieron solo 300 unidades. Como señala Ewan Gunn, embajador global sénior de marca de Diageo: «Triptych muestra los tres estilos de espirituoso por los que se conoce a Brora, y no es probable que haya un Brora "nuevo" en mucho tiempo, pues la opinión general fue que mejora con la edad».

***La destilería Brora** reinició la producción en 2021.*

NOTAS DE CATA

Brora Triptych Elusive Legacy (1972)
Puro de malta, 46,3 % APV
Melocotones y maderas aromáticas en nariz, con malta, jamón ahumado y tabaco en el paladar vigoroso, y humo de carbón al final.

Brora Triptych Age of Peat (1977)
Puro de malta, 46,3 % APV
Vainilla, manzanas verdes y cera de abejas en nariz; en el paladar viscoso, maderas aromáticas, jengibre, turba dulce en desarrollo y un toque de chile.

Brora Triptych Timeless Original (1982)
Puro de malta, 46,3 % APV
Limón y hierba recién cortada en nariz. Sabores de miel, cítricos y humo de pólvora en el paladar ceroso.

DEANSTON

Deanston Virgin Oak

COMPAÑÍA CVH Spirits

AÑO DE FUNDACIÓN 1965

SITIO WEB www.deanstonmalt.com

Deanston es una de esas raras destilerías de whisky escocés creadas en una estructura ya existente, la antigua fábrica de algodón Adelphi, edificio protegido del siglo XVIII junto al río Teith. Lo reconvirtió la Deanston Distillery Company Ltd, formada por James Finlay & Company y Brodie Hepburn Ltd, propietaria de Tullibardine, durante el boom del whisky de mediados de la década de 1960. Invergordon Distillers Ltd compró Deanston en 1972, y a los dos años se embotelló su *single malt*. Cerrada en 1982 cuando la industria del whisky escocés reducía la producción, la destilería volvió a abrir en 1991 tras comprarla Burn Stewart Distillers.

Después de varios años como propiedad del grupo sudafricano Distell, en la actualidad Deanston –junto con Bunnahabhain y Tobermory– pertenece a CVH Spirits.

Tradición verde

Pese a sus orígenes relativamente modernos, Deanston es una destilería notablemente tradicional, dotada de una rara cuba de maceración abierta de hierro fundido, y no informatizada. Tiene la bodega más peculiar de Escocia, una antigua tejeduría abovedada construida en 1836, y gracias a un par de turbinas hidráulicas, ya funcionaba de forma respetuosa con el medio ambiente mucho antes de que lo «verde» fuese un tema tan en boga.

Deanston destila cebada escocesa al 100 %, y fue una de las primeras destilerías en elaborar whisky orgánico, con lotes regulares desde 2000. En 2012 salió al mercado un Deanston orgánico de 10 años, y ahora hay disponible una variante de 15 años.

Bajo el régimen Burn Stewart, la calidad del espirituoso mejoró, y también la reputación del whisky puro de malta Deanston al optar por periodos de fermentación más largos y destilaciones más lentas, y aumentar luego la graduación y abandonar la filtración en frío.

NOTAS DE CATA

Deanston Virgin Oak
Puro de malta, acabado en barricas de roble virgen, sin filtrar en frío, 46,3% APV
Dulce y herbáceo, con notas de vainilla y roble fresco en nariz. De cuerpo ligero, especias alegres y acidez cítrica en el paladar afrutado. Final picante que tira a seco.

Deanston 12 años
Puro de malta, sin filtrar en frío, 46,3 % APV
Nariz fresca y afrutada, con malta y miel. En boca, clavo, jengibre, miel y malta, y un final largo, bastante seco y con un toque agradable a hierbas.

Deanston Organic 15 años
Puro de malta, 46,3 % APV
En nariz, jengibre, pimienta blanca, vainilla, lima y clavo. Fruta de huerto dulce, miel y jengibre en el paladar, con pimienta negra y roble especiado con frutos secos en el final.

***Ubicada en una antigua fábrica del siglo XVIII**, Deanston se fundó en realidad en la década de 1960.*

Deanston Organic 15 años

EDRADOUR

COMPAÑÍA Signatory Vintage Scotch Whisky Compan Ltd

AÑO DE FUNDACIÓN 1837

SITIO WEB www.edradour.com

A tres kilómetros del centro turístico de Pitlochry, en Perthshire, Edradour es una de las destilerías más atractivas de Escocia, y si algún romántico incurable pintara un cuadro de una destilería de las Tierras Altas, seguramente pintaría algo muy similar: un conjunto de edificios con aspecto de granja, encalados y pintados de rojo, que rodean un arroyo en las colinas.

Patrimonio

Edradour presume de un patrimonio fascinante. Recibió su primera mención oficial en 1837, y fue una cooperativa de agricultores hasta formalizarse en 1841 como John MacGlashan & Company. En 1922, William Whiteley & Company Ltd, filial del destilador estadounidense J. G. Turney & Sons, compró Edradour para suministrar malta a sus mezclas, entre ellas King's Ransom y House of Lords.

Campbell Distilleries, filial de Pernod Ricard, compró Edradour en 1982, y cuatro años más tarde lo presentó como whisky puro de malta de 10 años. Sin embargo, tras haber adquirido el importante negocio de Seagram en el sector del whisky escocés, en 2002 Pernod Ricard declaró que dadas sus necesidades, Edradour le sobraba. Andrew Symington, de la embotelladora independiente Signatory Vintage Scotch Whisky Co Ltd, compró Edradour y ofreció una amplia gama de ediciones limitadas, tanto de barrica única como con acabados en barrica, de la que entonces era la menor destilería de Escocia.

Edradour Ballechin 10 años

Destilería doblada

Una innovación importante del régimen Signatory ha sido introducir un whisky con gran presencia de turba (más de 50 ppm), llamado Ballechin, nombre de una destilería en una granja cercana desaparecida hace mucho. En 2018 se inauguró una segunda destilería cerca de la planta existente, equipada con un *mash tun* abierto de hierro fundido, cubas de fermentación de pino de Oregón y un par peculiar de alambiques que emplean *worm tubs*. En la actualidad, la destilería tiene una capacidad anual de 260 000 litros, y en el lugar se han construido más bodegas. Hace unos años, Edradour recibía hasta 80 000 visitantes al año, pero ahora la destilería está cerrada al público.

NOTAS DE CATA

Edradour 10 años
Puro de malta, barricas de jerez, 40 % APV
Manzanas de sidra, malta, almendras, vainilla y miel en nariz, con un toque de humo y jerez. En boca es intenso, cremoso y maltoso, con jerez con un toque de cuero y un sabor persistente a frutos secos. Especias y jerez dominan el final.

Edradour Caledonia 12 años
Puro de malta, acabado durante 4 años en barricas de jerez oloroso, 46 % APV
Nariz generosa y afrutada, con higos, pasas sultanas y un toque de clavo. Intenso y con cuerpo en boca, frutos secos y naranja, abundante en especias atractivas. El final bien equilibrado tira lentamente a seco.

Edradour Ballechin 10 años
Puro de malta, 46 % APV
Especiado en nariz, con turba terrosa, cuero y *toffee* sutil; en boca presenta turba afrutada, más cuero, un toque de anís y chocolate negro, para acabar con jengibre y turba cenicienta.

FETTERCAIRN

COMPAÑÍA Whyte & Mackay Ltd (Emperador)

AÑO DE FUNDACIÓN 1824

SITIO WEB www.fettercairnwhisky.com

En las estribaciones de los montes Cairngorm, en una zona conocida en su día por la destilación ilegal, la destilería data de 1824, cuando el terrateniente local sir Alexander Ramsay convirtió en destilería un antiguo molino de maíz. Al año obtuvo la primera licencia James Stewart & Company. En 1830, Ramsay vendió la propiedad Fasque Estate, destilería incluida, a sir John Gladstone, padre del futuro cuatro veces primer ministro británico William Ewart Gladstone.

La destilería siguió siendo propiedad de la familia Gladstone hasta su cierre en 1926. En 1939 la adquirió el propietario de Ben Nevis, Joseph Hobbs, de Associated Scottish Distillers Ltd. Durante el boom del whisky en la década de 1960, el número de alambiques de Fettercairn se duplicó a cuatro en 1966, y cinco años más tarde compró la destilería la Tomintoul-Glenlivet Distillery Company Ltd, adquirida a su vez por Whyte & Mackay siete años más tarde.

Fettercairn 12 años

Alambiques únicos

Fettercairn es única por estar equipada con dos alambiques de aguardiente que se enfrían mediante un flujo de agua externo sobre el cuello de los alambiques, y discurre por el cuerpo de los alambiques para luego recoger y reciclarse. El método aumenta el reflujo, y produce un destilado más limpio y ligero.

Whiskies puros de malta

Fettercairn, que durante mucho tiempo fue una especie de patito feo en la cartera de Whyte & Mackay, se ha convertido en los últimos años en todo un cisne, con una amplia gama de expresiones disponibles, desde los 12 hasta los 50 años.

Fettercairn está en el centro del innovador Scottish Oak Programme de Whyte & Mackay, dirigido por el maestro whiskero y mezclador Gregg Glass. En otoño de 2022 salió al mercado un Fettercairn de 18 años, acabado en roble escocés, hasta entonces empleado solo muy raras veces para madurar whisky. Whyte & Mackay está comprometida con extender el uso del roble autóctono, no solo en sus propios whiskies de malta, sino animando también a otros productores de whisky a usarlo, y cerca de la destilería se han plantado 13 000 retoños de roble.

La bonita destilería, pintada de color crema *es una de las más atractivas de las Tierras Altas.*

NOTAS DE CATA

Fettercairn 12 años
Puro de malta, 40 % APV
Un toque de charcutería y tierra húmeda en nariz al principio, luego mango y malta. Frutas de huerto, clavo, vainilla y cacao en el paladar, cerrando con avellanas, naranja y carbón de roble.

Fettercairn 18 años
Puro de malta, 46 % APV
En nariz frutos secos, piña asada, caramelo salado y chocolate negro. El paladar ofrece fruta tropical, especias y malta, para acabar con característico –y agradable– roble tánico.

Fettercairn 22 años
Puro de malta, 47 % APV
Presencia de almendras, notas de cereales, manzana y plátano verdes en nariz, y un paladar dúctil con piña, chocolate con leche, jengibre y avellanas, que desembocan en un final de manzana asada, chocolate a la taza, clavo y pimienta blanca.

GLENCADAM

COMPAÑÍA Angus Dundee Distillers plc

AÑO DE FUNDACIÓN 1825

SITIO WEB www.glencadamdistillery.co.uk

La ciudad histórica de Brechin, en Angus, está entre las ciudades de Dundee y Aberdeen, en la región de producción de whisky de malta de las Tierras Altas orientales. Hasta 1983 hubo en el antiguo burgo real dos destilerías, Glencadam y North Port, pero en aquella década difícil para los destiladores de whisky escocés, North Port cayó víctima de la drástica ronda de cierres de plantas de la Distillers Company Ltd. En 2000, cuando la entonces propietaria de Glencadam, Allied Domecq Ltd, la cerró, parecía que Brechin iba a perder la destilería que le quedaba. Felizmente, en 2003 el especialista en mezclas de exportación Angus Dundee Distillers plc vino al rescate y añadió la planta Eastern Highland a la que ya tenía en Tomintoul, en Speyside. Además de la destilería, en Glencadam Angus Dundee explota instalaciones de mezcla y embotellado con capacidad para casi 4 millones de litros de whisky escocés al año. Sus seis bodegas, dos de ellas de 1825, tienen capacidad para unas 20 000 barricas, y parte de las existencias en Glencadam tienen hasta 30 años.

Espirituoso suave

La destilería está equipada con un único par de alambiques, como cuando se construyó, y, cosa rara, en lugar de descender como en la mayoría de las destilerías de whisky escocés, sus brazos de lyne ascienden en un ángulo de 15 grados. Esto contribuye a un destilado *new make* comparativamente delicado y suave. El agua viene de manantiales en The Morans, a 14 km de Glencadam, con lo cual tiene una de las líneas de suministro de agua más largas de cualquier destilería en Escocia.

Glencadam es una de esas relativamente raras destilerías escocesas con un emplazamiento urbano, y tiene un vecino potencialmente ruidoso y otro muy silencioso: el campo del Brechin City FC está cerca de la destilería, que limita también con el cementerio municipal.

Regímenes cambiantes

George Cooper fundó Glencadam en 1825, y tras cambiar de manos varias veces, adquirió en 1891 la destilería Gilmour Thomson & Company Ltd. Esta empresa de mezclas de Glasgow fue la propietaria hasta 1954, cuando la empresa destiladora canadiense Hiram Walker & Sons (Scotland) Ltd compró Glencadam, y cinco años más tarde emprendió un importante programa de reconstrucción. Tras varias adquisiciones más, en 1987 Glencadam pasó a manos de Allied Lyons, que más tarde se convirtió en Allied Domecq.

Bajo Allied Domecq y anteriores regímenes de propiedad, Glencadam se había limitado a producir whisky de malta para mezclas, pero en 2005 Angus Dundee ofreció el primer embotellado, de 15 años, ampliamente distribuido de Glencadam. Hoy se le han sumado Origin 1825, Reserva Andalucía, American Oak y las expresiones de 10, 13, 15, 18, 21 y 25 años.

Los edificios antiguos de la destilería *Glencadam se construyeron en 1825, y poco han cambiado desde entonces.*

Glencadam 15 años

NOTAS DE CATA

Glencadam 10 años
Puro de malta, 40% APV
En nariz, delicado y floral con fruta blanda, vainilla y una nota ligera de frutos secos. Cítricos, malta y roble especiado en un paladar suave. Final relativamente largo y afrutado.

Glencadam 15 años
Puro de malta, 46% APV
Especiado, con bayas y malta en nariz, mientras que en boca hay más bayas, un toque de sal, vainilla y una nota final de roble especiado.

Glencadam The Exceptional, 21 años
Puro de malta, 46% APV
En nariz es floral, con notas de cítricos, principalmente naranjas de Jaffa. En boca es elegante, con más naranja y pimienta negra y roble en contraste. El final es largo y tira a seco.

GLEN ORD

COMPAÑÍA Diageo plc

AÑO DE FUNDACIÓN 1838

SITIO WEB www.malts.com

Hoy poco conocido en RU y Europa continental, Glen Ord adquirió cierta categoría de culto como *single malt* en Extremo Oriente, sobre todo en Taiwán, tras reformularse y presentarse como The Singleton of Glen Ord en 2006. Referente por primera vez a la destilería Auchroisk en la década de 1980, el nombre Singleton se aplica ahora a Glen Ord, de Diageo, para los mercados de Extremo Oriente, y a Glendullan para EE.UU.

En tierra de cultivo fértil al oeste de Inverness, la destilería Glen Ord se remonta a 1838, cuando la fundó Thomas Mackenzie. Tras varios dueños, en 1923 pasó a manos de John Dewar & Sons Ltd, y cuando dos años más tarde Dewar's se unió a Distillers Company Ltd (DCL), la destilería fue uno de los activos transferidos a la filial Scottish Malt Distillers de DCL.

Espíritu de los sesenta

Como muchas otras destilerías de malta de DCL, en la década de 1960 Glen Ord se reconstruyó casi por completo, y los alambiques pasaron de dos a seis. Hoy hay catorce, repartidos en dos edificios, con una capacidad anual de casi 12 millones de litros. Glen Ord es un componente importante en la familia de mezclas de Johnnie Walker, y la marca original de la gama de whiskies The Singleton. Para las mezclas, la destilería produce un espirituoso de carácter verde, herbáceo, frutal, ceroso y untuoso. Para obtener un destilado puro, intenso y herbáceo, los alambiques se operan despacio, pero a temperatura muy alta.

NOTAS DE CATA

The Singleton of Glen Ord 12 años
Puro de malta, 40% APV
Jerez, mazapán, ciruela y melocotón en nariz, mientras que en boca ofrece más jerez, malta, avellanas y fruta blanda, para cerrar con roble tánico suave.

The Singleton of Glen Ord 15 años
Puro de malta, 40% APV
En nariz es maltoso, con fruta ácida, nuez moscada y cuero fresco. Higos, malta y canela en el paladar, con cítricos y humo especiado sutil en el final.

The Singleton of Glen Ord 18 años
Puro de malta, 40% APV
Frutas cocidas, malta y jengibre en nariz, mientras que en boca ofrece piña, melocotón, higos y canela, con un toque de mentol en el largo final.

The Singleton of Glen Ord 15 años

The Singleton of Glen Ord 18 años

LOCH LOMOND

COMPAÑÍA Loch Lomond Group

AÑO DE FUNDACIÓN 1965

SITIO WEB www.lochlomonddistillery.com

El nombre Loch Lomond puede tener resonancias románticas, pero la destilería homónima es una fábrica de whisky nada sentimental, situada en un área industrial de Alexandria, a unos ocho kilómetros de la orilla occidental del famoso lago.

Antigua fábrica de tintes reconvertida a mediados de la década de 1960, la destilería pertenece hoy al Loch Lomond Group, al igual que la destilería Glen Scotia en Campbeltown. Entre las destilerías escocesas, Loch Lomond se distingue por producir tanto malta como aguardiente de grano, y los alambiques para este destilado se encargaron en 1994.

El régimen de destilación es muy diverso y complejo, pues además de un par de alambiques de cobre de diseño tradicional, Loch Lomond tiene otros cuatro con cabeza rectificadora, que al replicar distintas longitudes de cuello sirven para producir diferentes estilos de destilado. También hay un alambique Coffey que se ha usado para producir el whisky de malta Rhosdhu, algo que entre los miembros de la Scotch Whisky Association causó confusión de categorías.

La destilería Loch Lomond produce ocho estilos distintos de whisky puro de malta, desde con fuerte presencia de turba y de los estilos Speyside y Tierras Altas hasta un espirituoso más semejante al de las Tierras Bajas. La gama permanente incluye Loch Lomond Classic y Loch Lomond Original, sin edad declarada, 12 y 18 años, e Inchmurrin de 12 años e Inchmoan de 18.

La destilería también ofrece cuatro whiskies de grano: Single Grain, Single Grain Peated, Distiller's Choice y Cooper's Choice. En 2023 salió a la venta el embotellado más añejo de Loch Lomond hasta la fecha, un whisky de 50 años.

NOTAS DE CATA

Loch Lomond Classic
Puro de malta, 40% APV
Nariz ligeramente ahumada, que se endulza hasta un aroma a gachas. De cuerpo medio, herbáceo, con frutos secos y plátano verde. El final es dulce, con pasas, budín de pan y mantequilla y roble.

Inchmurrin 12 años
Puro de malta, 46% APV
Cereales, hierbas y notas florales en una nariz bastante plena. Paladar de piñones, miel, especias y madera recién cepillada, y un final bastante corto y especiado.

Loch Lomond 18 años
Puro de malta, 46% APV
Especias suaves en nariz, con un toque de humo dulce, vainilla y melocotón maduro. Cítricos, almendras y cacao en el paladar, con café, pimienta de Jamaica y suave humo de turba en el final.

La destilería Loch Lomond *se encuentra al sur del conocido lago, de justificado renombre por su belleza.*

Inchmurrin 12 años

ROYAL BRACKLA

COMPAÑÍA John Dewar & Sons Ltd (Bacardí Ltd)

AÑO DE FUNDACIÓN 1812

SITIO WEB www.royalbrackla.com

Se podría suponer que ser una de las dos únicas destilerías con derecho a llevar el adjetivo *royal* ofrece enormes oportunidades de promoción, pero por desgracia para Brackla, ha pasado mucho tiempo desapercibida en el mundo del whisky escocés. Ahora forma parte de la cartera John Dewar de Bacardí, y su atractivo whisky empieza a recibir mayor atención, pero es inevitable que la mayor parte de la producción se destine a las cubas de mezcla para satisfacer la demanda de Dewar's White Label, superventas en EE.UU.

Royal Brackla 12 años

Digno de un rey

Solo a tres destilerías se les concedió alguna vez permiso para proclamar en el nombre su vínculo con la realeza: la ahora demolida Glenury Royal de Stonehaven, Royal Lochnagar de Diageo y Brackla, la primera de las tres en obtener el privilegio, de manos de Guillermo IV en 1834, y ser nombrada *The King's Own Whisky* («el whisky del rey»). Fundada más de dos décadas antes, Brackla fue la criatura del capitán William Fraser, al parecer, a veces empeñado en una batalla perdida contra los muchos destiladores ilegales de la zona al sur de la ciudad costera de Nairn.

La destilería actual data en gran parte de la reconstrucción cabal emprendida en 1966 por Distillers Company Ltd, y cuatro años más tarde se duplicaron de dos a cuatro los alambiques. Brackla –una de las muchas destilerías de DCL víctimas de la poda de la década de 1980– cerró en 1985, pero a diferencia de sus homólogas cerradas ese año, reabrió en 1991. La empresa sucesora de DCL, United Distillers & Vintners, invirtió en 1997 más de 2 millones de euros en renovarla, pero al año la vendió a Bacardí.

La gama básica actual se introdujo en 2021, y la componen un 12 años, un 18 años con acabado de Palo cortado y un 20 años acabado en barricas de Palo cortado, oloroso y PX. En 2023 salió a la venta el embotellado más añejo de la destilería, un 45 años acabado en una barrica única de jerez oloroso y primer llenado, de la que se hicieron solo 172 botellas.

NOTAS DE CATA

Royal Brackla 12 años
Puro de malta, 46% APV
Manzanas caramelizadas, jengibre, higos y un atisbo de clavo en nariz dan paso a un paladar de caramelo, jerez, chocolate con leche, miel y vainilla, con un final persistente de jerez dulce.

Royal Brackla 18 años
Puro de malta, 46% APV
En nariz hay malta, almendras tostadas y pino; en el paladar, piña, pasas, chocolate negro y frutas de huerto especiadas, para cerrar con suaves taninos de roble.

Royal Brackla 20 años
Puro de malta, 46% APV
En nariz, naranja, miel, bayas rojas, vainilla y maderas aromáticas; en el paladar se desarrollan sabores de frutas tropicales, malta, canela y una nota de hierbas, acabando con jerez y pimienta negra.

Royal Brackla 18 años

ROYAL LOCHNAGAR

COMPAÑÍA Diageo plc

AÑO DE FUNDACIÓN 1823

SITIO WEB www.malts.com

John Begg fundó la destilería Lochnagar en 1845 al sur del río Dee, en la orilla opuesta a la que ocupaba otra destilería creada por James Robertson de Crathie en 1826, y destruida en un incendio en 1841, pero reconstruida al año siguiente y que siguió produciendo whisky hasta 1860. Después de una visita de la reina Victoria, el príncipe Alberto y su familia durante una estancia en su propiedad vecina de Balmoral, John Begg recibió una *Royal Warrant of Appointment* («orden real de nombramiento») como proveedor de la reina, y con ello permiso para llamar a su destilería Royal Lochnagar.

Royal Lochnagar 12 años

Tiempos de cambio

La planta fue reconstruida a fondo en 1906, y una década más tarde dejó de pertenecer a la familia Begg cuando la compró John Dewar & Sons Ltd (Dewar's). En 1925, como parte de Dewar's y con esta pasó a formar parte de Distillers Company Ltd. En 1963 hubo otro importante programa de renovación y reconstrucción en el que se amplió la sala de macerado, se reformó la de alambiques y se instaló un sistema mecánico para alimentar el par de alambiques.

Hasta entonces, algo poco habitual, la destilería funcionaba con una máquina de vapor y ruedas hidráulicas, luego reemplazadas por equipos eléctricos. En 1987, la antigua granja se convirtió en centro de visitantes, y once años más tarde abrió allí una tienda que sirve como escaparate para la cartera de Diageo Malts.

Royal Lochnagar es la menor de las 28 destilerías de malta de Diageo y cuenta con un *mash tun* de hierro fundido con rastrillos, un par de cubas de fermentación de madera y *worm tubs* de hierro fundido para condensar el destilado. En 2023 se lanzó un embotellado especial de Royal Lochnagar para celebrar la coronación de Carlos III.

Gran parte del espirituoso de Lochnagar tiene como destino los embotellados más exclusivos de Johnnie Walker, y su principal puro de malta es el de 12 años, junto con el Selected Reserve, que contiene un *vatting* de whiskies de unos 20 años. Una variante de 16 años, madurada en una combinación de barricas de roble europeo y americano, salió en la gama de 2021 del programa Special Releases de Diageo.

NOTAS DE CATA

Royal Lochnagar 12 años
Puro de malta, 43 % APV
Jerez, malta, vainilla, café y roble en la nariz aromática, junto con un soplo de humo. Mucha malta especiada, uvas, melaza y luego roble en el paladar. Roble seco y turba en el final.

Royal Lochnagar Selected Reserve
Puro de malta, 43 % APV
Una nariz intensa de malta, jerez, manzanas verdes y turba continúa en el paladar, que trae sabores de pastel de fruta, jengibre, malta y caramelo de azúcar y mantequilla. En el final elegante destacan el *toffee* y el humo.

Royal Lochnagar 16 años (Diageo 2021 Special Releases)
Puro de malta, 57,5 % APV
Nariz floral, con hierbas leves, manzana madura, naranja y vainilla; el paladar trae almendras, pomelo y melocotón, para cerrar con caramelo quemado y roble.

TEANINICH

COMPAÑÍA Diageo plc

AÑO DE FUNDACIÓN 1817

SITIO WEB www.malts.com

Teaninich 10 años

Esta destilería puede parecer el pariente menos glamuroso de la cercana Dalmore, que en lo visual es una destilería escocesa muy tradicional, a orillas de un estuario y destila un whisky reconocido como uno de los grandes puros de malta del mundo, sobre todo por sus embotellados ultraexclusivos con precios a juego.

Por contraste, solo los aficionados más devotos al whisky han probado Teaninich *single malt*, y la destilería en sí es una estructura más bien desprovista de carácter en un polígono industrial de principios de la década de 1970. Lo cierto es que Teaninich es la más antigua de las dos, pues la fundó el capitán Hugh Munro en 1817, precediendo a Dalmore en más de dos décadas. Desde 1933, Teaninich es propiedad de Distillers Company Ltd y sus sucesores. Tras instalarse otro par de alambiques en 1962, en 1970 se construyó un área de producción nueva con otros seis, *Side A*. Ambos «lados» se cerraron en la década de 1980, pero *Side A* reabrió en 1991.

Espirituoso verde y untuoso

El objetivo en Teaninich es producir un espirituoso de perfil verde y untuoso para mezclar que contribuye a la textura de la sensación en boca de muchas expresiones de Johnnie Walker, y esto lo procura la presencia de un filtro de mosto en lugar del acostumbrado *mash tun*. De uso habitual en la industria cervecera, Teaninich es una de muy pocas destilerías de whisky escocés que lo emplean. Permite procesar grano distinto de la cebada malteada, algo más bien problemático para los *mash tuns*, y recientemente, además de hasta 10,2 millones de litros de destilado de malta al año, Teaninich ha producido aguardiente de centeno para las mezclas de Diageo.

NOTAS DE CATA

Teaninich 10 años
Puro de malta, 43 % APV
Fresco y herbáceo de inicio en nariz, con piña y vainilla especiada en desarrollo. Notas de cereales en el paladar, con frutos secos y especias, ligero sabor a hierbas y una sospecha de café. Final seco, con cacao en polvo y pimienta negra.

Teaninich 17 años
Puro de malta, 55,9 % APV
Cítricos, miel, nuez moscada y manzana acaramelada en nariz. En el paladar, limón, vainilla, canela y peras al vino, cerrando con un toque de pimienta blanca, fruta persistente y roble.

Teaninich 17 años

TOMATIN

COMPAÑÍA Tomatin Distillery Company Ltd

AÑO DE FUNDACIÓN 1897

SITIO WEB www.tomatin.com

Así como no debe juzgarse un libro por la cubierta, tampoco se debe juzgar un whisky puro de malta por el aspecto de su destilería: algunos whiskies más bien mediocres se elaboran en destilerías de postal, mientras que algunos whiskies de malta más que excelentes salen de instalaciones más parecidas a una fábrica de tractores de la era soviética.

Sin ánimo de comparar a Tomatin con lo dicho, situada en un páramo desoladoramente bello de las montañas Monadhliath, los admiradores más fervientes de esta destilería reconocen sin duda que en cuanto a lo arquitectónico es algo menos que atractiva.

Gigante japonés

Se puede culpar a las tres décadas que siguieron a la Segunda Guerra Mundial del aspecto más bien industrial de Tomatin. La expansión comenzó en 1956, y en 1974 había no menos de 23 alambiques, en teoría capaces de producir unos 12 millones de litros de espirituoso al año, con diferencia la mayor capacidad de todas las destilerías de Escocia. Sin embargo, en 1985, Tomatin entró en suspensión de pagos, y al año fue la primera destilería escocesa en pasar a manos japonesas.

Hoy, Tomatin se centra sobre todo en whiskies puros de malta, con una gama básica de expresiones Legacy, de 12, 18, 30 y 36 años, un embotellado NAS *cask strength*, un whisky de 15 años acabado en barrica de oporto y, desde 2013, un *single malt* con aroma a turba comercializado como Cù Bòcan.

Tomatin 12 años

NOTAS DE CATA

Tomatin 12 años
Puro de malta, madurado en barricas de bourbon de primer llenado, barricas de roble americano de relleno y botas de jerez, y mezclado en botas de jerez antes del embotellado, 40% APV
Cebada, especias, roble y notas florales en nariz, con un toque de turba. Manzana acaramelada, cereales, malta, especias y hierbas en un paladar bastante pleno y con frutos secos. Sabor frutal dulce en un final untuoso de largo medio.

Tomatin 30 años
Puro de malta, madurado en barricas de bourbon, acabado en barricas de jerez oloroso, no filtrado en frío, 49,3% APV
Nariz sofisticada con albaricoque, pasas y notas especiadas de cuero. Grande y muy afrutado en boca, con naranjas y especias delicadas. El final tiende a seco entre notas frutales y de chicle hasta un grado de roble aceptable.

Tomatin Cù Bòcan
Puro de malta, 40% APV
Humo dulce y terroso en nariz, con limón y almendras. El paladar ofrece malta ahumada, canela y clavo, cerrando con turba y roble.

Tomatin Cù Bòcan

TULLIBARDINE

COMPAÑÍA Destiladores Terroir
AÑO DE FUNDACIÓN 1949
SITIO WEB www.tullibardine.com

Construida en el solar de una antigua fábrica de cerveza, la destilería actual es de 1949, pero en esta zona de Perthshire ya a finales del siglo XVIII y comienzos del XIX se elaboraba whisky con el nombre de Tullibardine.

La destilería Tullibardine actual fue diseñada por William Delmé-Evans –creador más tarde de las destilerías Isle of Jura y Glenallachie–, y desde 1953 hasta 1971 fue explotada por Brodie Hepburn Ltd, cuando esta empresa de Glasgow fue adquirida por Invergordon Distillers Ltd.

Más tarde, con la instalación de un segundo par de alambiques en 1973, la capacidad de Tullibardine aumentó, y en 1993, cuando Whyte & Mackay Distillers Ltd adquirió Invergordon, la planta de Perthshire se consideró innecesaria para producir lo requerido, y cerró al año siguiente.

Sin embargo, por suerte para Tullibardine, en 2003 un consorcio empresarial compró las instalaciones a Whyte & Mackay Ltd por 1,3 millones de euros. Tullibardine se hizo un nombre gracias a una gama cada vez más extensa de whiskies acabados en barrica, y en 2009 apareció la expresión NAS Aged Oak.

Tullibardine 225 Sauternes Cask Finish

Un whisky escocés francés

Tras operar en manos de un consorcio de empresarios desde 2003, en 2011 la tercera generación de la empresa familiar francesa Maison Michel Picard, con sede en el Château de Chassagne-Montrachet, en la Côte de Beaune (Borgoña), compró la destilería Tullibardine.

Maison Michel Picard ya era cliente de la destilería por su *new make*, utilizado para mezclas, como sigue siendo el caso, aunque se ha dedicado mucho esfuerzo a hacer de Tullibardine una marca única de alta calidad de whisky puro de malta. En la destilería, junto a la transitada autopista A9 que une el Cinturón Central de Escocia con las Tierras Altas, se han creado una sala de embotellado, bodegas adicionales e incluso una tonelería.

En la gama principal Tullibardine están NAS Sovereign, 225 Sauternes Finish, 228 Burgundy Finish, 500 Sherry Finish y expresiones de 15 y 18 años. La Marquess Collection trae una docena de embotellados de edición limitada, con el añadido desde 2023 de The Murray Triple Port, acabado en barricas de oporto blanco, tawny y ruby.

La planta de alambiques *de Tullibardine contiene cuatro alambiques de cobre.*

NOTAS DE CATA

Tullibardine 225 Sauternes Cask Finish
Puro de malta, 43 % APV
Cacao, vainilla, *toffee* y canela en nariz; en el paladar, mermelada de naranja, café y chocolate con leche, y en el final pimienta de Jamaica y pimienta negra.

Tullibardine 228 Burgundy Cask Finish
Puro de malta, 43 % APV
En nariz malta, cebada y frutos rojos. Vainilla, avellanas y malta en el paladar, con un final de mermelada especiada.

Tullibardine 500 Sherry Cask Finish
Single cask, 43 % APV
Aromas de pimienta de Jamaica, manzana acaramelada, frutas de otoño y azúcar demerara, que dan paso a sabores de canela, miel, dátiles y piel de naranja. Final largo, pleno y afrutado.

ARBIKIE

COMPAÑÍA Familia Stirling

AÑO DE FUNDACIÓN 2015

SITIO WEB www.arbikie.com

Como destilería «de propiedad única», todos los ingredientes se cultivan allí, cerca de Arbroath, en Angus. De la destilación se encarga un par de alambiques con columna de rectificación. Aunque se está destilando whisky de malta, falta algún tiempo para su salida al mercado. Arbikie se ha dado a conocer por resucitar el whisky de centeno escocés. El primero, 1794 Highland Rye Scotch, llegó en 2018, y entre los embotellados posteriores ha habido uno acabado en barrica de ron jamaicano.

NOTAS DE CATA

Arbikie 1794 Highland Rye (lanzado en 2022)
Whisky de grano, madurado en barricas nuevas de roble americano carbonizadas, 48 % APV
En nariz, hierba recién cortada, nuez moscada y pimienta blanca; en el paladar untuoso llegan sabores de nueces, canela, té negro y pimienta negra.

ARDNAMURCHAN

COMPAÑÍA Adelphi Distillery Ltd

AÑO DE FUNDACIÓN 2014

SITIO WEB www.adelphidistillery.com

Propiedad de los embotelladores independientes de whisky Adelphi Distillery Ltd, la destilería Ardnamurchan se encuentra en Glenbeg, en la península de Ardnamurchan, en Argyllshire. Funciona con energía hidroeléctrica y una caldera de biomasa que usa astillas de madera local. Su único par de alambiques produce whisky con y sin turba (30–35 ppm). La destilería arrancó en 2014, y a los dos años salió el primer whisky de nombre AD. A finales de 2020 salió una expresión de seis años de whisky puro de malta, a la que siguieron otros embotellados, como AD Limited Edition Cask Strength y una expresión sin turba de seis años acabada en barricas de champán.

NOTAS DE CATA

Ardnamurchan AD/10.21:06
Puro de malta, 46,8 % APV
En nariz, humo fragante de turba, *toffee* y melocotón maduro; en el paladar se desarrollan sabores de jengibre, miel, cáscara de naranja y turba más intensa; final con brasas de hoguera, salmuera, frutas secas y chocolate negro.

Ardnamurchan AD/10.21:06

DORNOCH

Dornoch Cask 54

COMPAÑÍA Thompson Bros Distillers

AÑO DE FUNDACIÓN 2016

SITIO WEB www.thompsonbrosdistillers.com

Los hermanos Philip y Simon Thompson levantaron Dornoch en la diminuta estación privada de bomberos del hotel Dornoch Castle, en Sutherland. El objetivo era producir whisky con carácter, usando variedades tradicionales de cebada y levadura. La fermentación en seis cubas de madera puede durar hasta diez días. Los primeros barriles de whisky se llenaron en 2017, y el primer embotellado, en 2020, salió de una bota de oloroso de primer llenado. A este siguieron otros whiskies de barrica única.

NOTAS DE CATA

Dornoch Cask 54
Puro de malta, 55,5 % APV
Nariz plena y floral, con jengibre, melocotón en conserva, *toffee* y malvavisco. En boca es voluptuoso, con azúcar moreno, caramelo, cítricos dulces y chocolate con leche, con persistente *toffee* con frutos secos.

GLEN WYVIS

COMPAÑÍA GlenWyvis Distillery Ltd
AÑO DE FUNDACIÓN 2017
PÁGINA WEB www.glenwyvis.com

El nombre de la destilería conmemora dos destilerías locales «perdidas», Glenskiach y Ben Wyvis, es la primera destilería de propiedad comunitaria de Escocia, y opera totalmente sin conexión a la red eléctrica. Ocupa una ladera cercana al pueblo de Dornoch, y su primer whisky salió al mercado en 2021. Cuenta con un alambique de ginebra y un par de alambiques Forsyth.

NOTAS DE CATA

Glenwyvis 2019 Lote 01/19
Puro de malta, envejecido en barricas de tinto, moscatel y marsala, 46,5 % APV
Uvas rojas, azahar y miel en nariz, con malta, tarta de manzana y maderas aromáticas en el paladar, con chocolate y roble en el final.

STRATHEARN

COMPAÑÍA Douglas Laing & Co
AÑO DE FUNDACIÓN 2013
SITIO WEB www.strathearndistillery.com

Fundada por Tony Reeman-Clark, desde 2019 esta pequeña destilería es propiedad de Douglas Laing & Co de Glasgow, que ha instalado equipo adicional y duplicado la capacidad. En 2024 salió Inaugural Release, madurado en una combinación de barricas de bourbon, jerez y roble virgen, y destilado con la malta Maris Otter característica de la destilería.

NOTAS DE CATA

Strathearn Inaugural Release
Puro de malta, color natural y sin filtrar en frío, 50 % APV
En nariz, caramelo suave, cuero nuevo, avena y frutas de huerto especiadas; en boca es voluptuoso, con malta, miel, mermelada de naranja, pasas sultanas y chile, que dan paso a chocolate negro, pimienta negra y frutas secas persistentes.

Strathearn
Inaugural Release

NC'NEAN

COMPAÑÍA Nc'Nean Distillery Ltd
AÑO DE FUNDACIÓN 2017
SITIO WEB www.ncnean.com

En la propiedad Drimnin Estate, en la remota península de Morven en las Tierras Altas occidentales, Nc'nean es una idea original de Annabel Thomas y fue creada pensando en la sostenibilidad óptima. Con cebada orgánica escocesa se elaboran dos espirituosos distintos, uno para tomar relativamente joven y el segundo de añejamiento más prolongado.

NOTAS DE CATA

Nc'Nean Organic
Puro de malta, 46 % APV
Roble especiado, cítricos, miel y vainilla en nariz. En boca ofrece fruta tropical, cereales, vainilla y chocolate con leche, y cierra con roble y pimienta negra.

WOLFBURN

COMPAÑÍA Aurora Brewing Ltd
AÑO DE FUNDACIÓN 2013
SITIO WEB www.wolfburn.com

Wolfburn se encuentra en Thurso Business Park. Aunque la mayor parte del destilado de Wolfburn no lleva turba, desde 2014 se produce también whisky tratado con esta. El primer lanzamiento de Wolfburn, Northland, fue en 2016, y en 2017 se le unió un whisky con aroma a turba, Morvern, seguido en 2018 de Langskip, madurado en barricas de bourbon.

NOTAS DE CATA

Wolfburn Northland
Puro de malta, 46 % APV
En nariz, cereales, frutas de huerto, malta y humo de madera discreto; en el paladar aparecen miel, regaliz y un toque de salmuera, para cerrar con miel, pimienta negra y roble.

Wolfburn Northland

ISLAY Y LAS ISLAS

ESTILOS REGIONALES
Los *single malts* de Islay se suelen considerar turbosos y medicinales, pero Bruichladdich y Bunnahabhain llevan mucho tiempo elaborando whiskies con poca turba. Cada destilería isleña tiene un estilo propio, desde el ahumado, ajerezado y con aroma a brezo Highland Park hasta el afrutado y floral Arran.

NUESTRA ELECCIÓN
BOWMORE En el seno de Islay y con una historia que se remonta al siglo XVIII, Bowmore sigue teniendo malterías de suelo y produce una gama de *single malts* moderadamente turbosos muy respetados en todo el mundo.
HIGHLAND PARK Otra destilería histórica que también maltea *in situ*, madura su whisky en barricas de jerez y tiene una cartera de expresiones venerada en todo el mundo.

EVENTOS REGIONALES
En Islay se celebra un festival anual muy concurrido a finales de la primavera, el Feis Islay, o Festival de Malta y Música de Islay (www.feisile.co.uk). Participan todas las destilerías en activo de Islay, además de la vecina Jura, y cada una dispone de un día para dar a conocer su actividad. En septiembre tiene lugar el Festival del Whisky de las Hébridas (www.hebrideanwhisky.com). Durante la semana del festival se organizan muchos otros actos y atracciones, como visitas a las Port Ellen Maltings de Diageo, no habitualmente abiertas al público, y a la destilería de ron de Islay Spirits (www.islayrum.com).

Las Tierras Altas son, en lo geográfico, la mayor región productora de whisky de malta, pero Islay y las islas es la más dispar en cuanto al emplazamiento de las destilerías. Se destila whisky en no menos de siete islas de Escocia, desde Arran en el sudoeste, pasando por Islay, Jura, Mull, Skye y Lewis, hasta las Orcadas, al norte del continente. Las Hébridas comparten con el oeste de Escocia el patrimonio cultural gaélico, presente en los topónimos, y a veces aun en el habla de sus habitantes. Son lugares hermosos, muchos de ellos abruptos. La cultura de las Orcadas, en cambio, es en gran medida de origen escandinavo, y los topónimos reflejan la fuerte influencia nórdica que ha dado forma a la historia de este austero pero atrayente grupo de islas.

La economía de comunidades insulares relativamente pequeñas es siempre vulnerable, y la presencia de destilerías en tantas islas escocesas proporciona necesario empleo regular y relativamente bien remunerado, además de atraer a turistas del whisky deseosos de visitar los lugares donde se elaboran sus tragos favoritos. Destilerías isleñas como Tobermory en Mull, Talisker en Skye y Highland Park en las Orcadas son empresas de larga tradición, arraigadas en sus comunidades locales, mientras que otras como Ardnahoe, Harris, Isle of Raasay, Lagg y Torabhaig son relativamente nuevas. Se han propuesto nuevas destilerías para Barra y Shetland, pero no se han hecho realidad. En cuanto a las de nueva construcción, la ubicación insular aumenta considerablemente los costes de producción y transporte, dificultando aún más la supervivencia durante los primeros años. De todas las destilerías insulares, las de Islay son las de mayor caché colectivo. La «isla del whisky» cuenta con diez destilerías productivas, incluida la resucitada Port Ellen, pero está previsto que ese número aumente a 13 en breve. En las últimas décadas, el estilo medicinal y a base de turba asociado a los whiskies de malta de Islay ha desarrollado un culto internacional. Las destilerías de Islay luchan por satisfacer la demanda y, a menos que el mundo se desenamore repentinamente del carácter del whisky de Islay, lo que parece improbable, el futuro económico de las destilerías de Islay parece muy prometedor.

***Isle of Jura, en la pequeña capital** de la isla de Jura, hace whisky con mucha menos turba que sus vecinos de Islay.*

COMUNICACIONES

Aquí la visita requiere trayectos largos en automóvil y ferry, o volar cuando sea opción. Los aeropuertos de Edimburgo y Glasgow tienen vuelos a muchas islas escocesas, siendo Glasgow la terminal en tierra firme de los vuelos a Islay. Los ferrys a las Hébridas Exteriores los opera Caledonian Macbrayne (*www.calmac.co.uk*), y a las Orcadas, NorthLink Ferries (*www.northlinkferries.co.uk*). La isla de Skye está hoy unida a tierra firme por un puente. Se puede optar hoy por la Ruta del Whisky de las Hébridas (www.hebrideanwhisky.com) que incluye Jura, Harris, la isla de Raasay, Talisker y Torabhaig, y el sitio web ofrece útiles opciones de itinerarios.

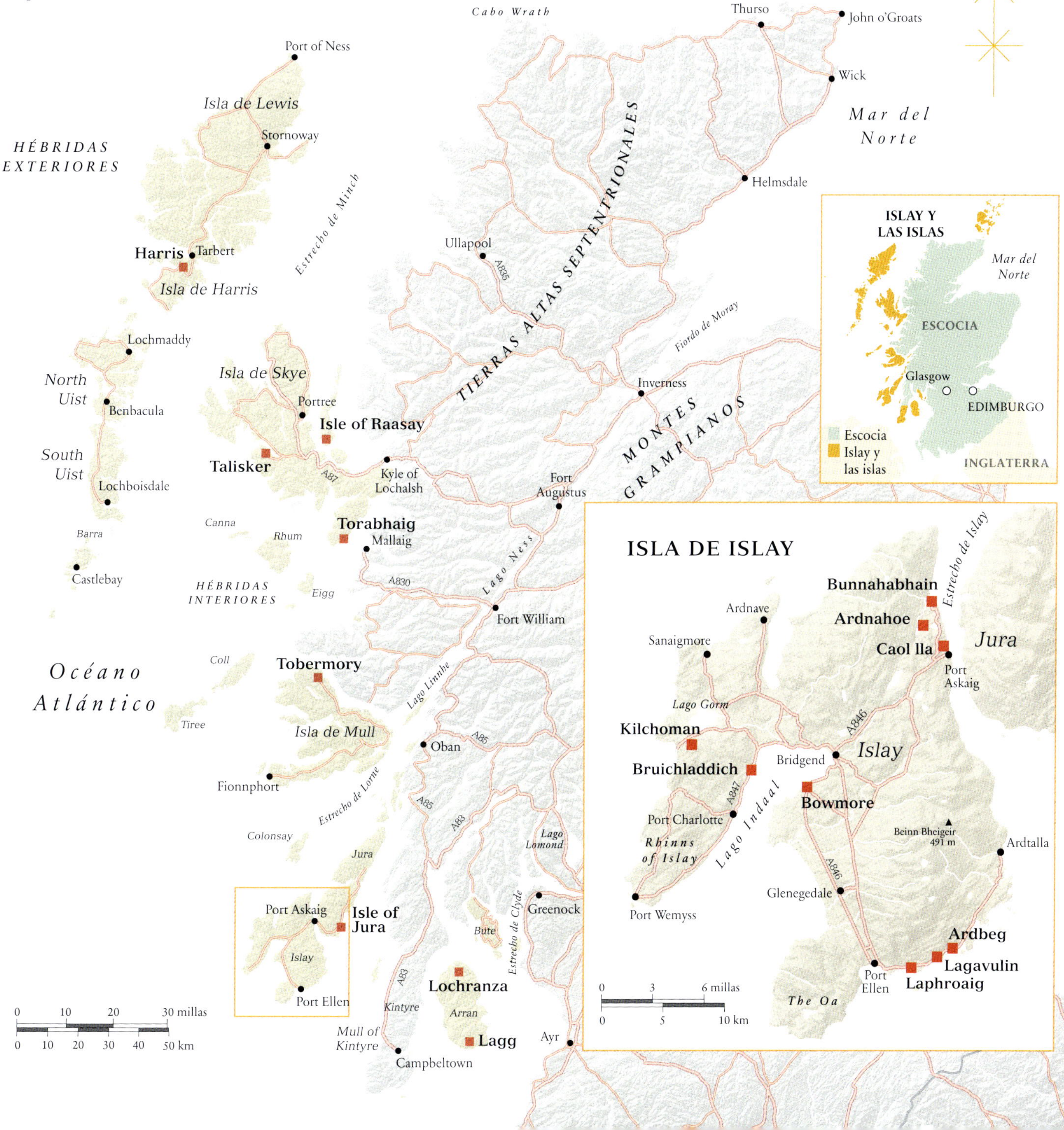

ARDBEG

COMPAÑÍA The Glenmorangie Company Ltd

AÑO DE FUNDACIÓN 1794

SITIO WEB www.ardbeg.com

Las destilerías resucitan, y cuando vuelven a la vida a veces la experiencia las hace más fuertes: Ardbeg es la prueba viviente. Tenido durante mucho tiempo por una especie de whisky de culto, antes ya de que los *single malts* de Islay se pusieran de moda, el Ardbeg de alto contenido en turba es hoy uno de los whiskies más apreciados del mundo, pero a mediados de la década de 1990 su futuro como destilería y como whisky de malta era dudoso.

Ardbeg 10 años

Una historia accidentada

La historia comienza en 1794, cuando consta por vez primera una destilería en Ardbeg, aunque en realidad la planta actual fue obra de John MacDougall en 1815. Fue de propiedad familiar hasta 1959, cuando se creó Ardbeg Distillery Ltd. En 1973, Hiram Walker & Sons Ltd y Distillers Company Ltd adquirieron Ardbeg conjuntamente, y en 1977 la primera asumió el control total de la destilería.

Cuando el whisky de mezcla era el producto rey, un poco de la potente y rotunda malta de Ardbeg cundía mucho, y como la industria del whisky escocés se enfrentaba a un exceso de espirituoso en maduración, Ardbeg estuvo silenciosa entre 1982 y 1989, y en 1987 pasó a formar parte de Allied Distillers Ltd cuando esta adquirió Hiram Walker. Ardbeg reabrió dos años más tarde, pero la producción era limitada, y en 1996, Allied cerró una vez más la destilería. El futuro no parecía muy halagüeño para la destartalada planta, pero en 1997 la adquirió la Glenmorangie Company Ltd (hoy parte de LVMH), que invirtió unos 12 millones de euros en su compra y remodelación.

Ardbeg en acción

En 2000 se introdujo la expresión Ardbeg 10 años, actualmente el whisky principal de la gama. Junto con el Ardbeg 10 años, Ardbeg se embarcó en un imaginativo programa de lanzamientos, con muchos de sus productos catados en primicia por el Ardbeg Committee, organización fundada en 2000 de aficionados a la marca.

En 2004, la destilería dio el paso relativamente audaz de lanzar un Ardbeg de 6 años, llamado Very Young Ardbeg. El fin de este embotellado, y de los posteriores Still Young y Almost There, era ilustrar los cambios que se producen a medida que madura el espirituoso destilado en un año concreto (1997), y estaba pensado para implicar a los consumidores en el proceso continuo que precedió al lanzamiento de la variante de 10 años.

La cartera *freak* de la turba

Además del 10 años, la gama permanente incluye el *cask strength* Uigeadail, presentado en 2003, que lleva el nombre de uno de los lagos que abastecen de agua a la destilería. También hay disponibles de manera permanente Corryvreckan, An Oa, Wee Beastie de 5 años y un 25 años. Corryvreckan toma su nombre

Ardbeg Corryvreckan

El centro de visitantes de Ardbeg y el Old Kiln Café, en la antigua maltería de la destilería.

de un remolino tristemente célebre cerca de Islay. No lleva edad declarada, pero contiene principalmente espirituoso destilado en 1998–2000, junto con algunos Ardbeg más jóvenes. Una parte del total madurado en barricas nuevas de roble francés.

An Oa toma forma en la *Gathering Vat* de Ardbeg, donde, como explica un miembro del equipo de la destilería, «para que se familiaricen entre sí reunimos whiskies de varios tipos de barrica: de Pedro Ximénez dulce, roble virgen carbonizado especiado e intensas barricas de bourbon, entre otras».

Ardbeg es conocida por sus numerosas expresiones de edición limitada, las más recientes Bizzarebq y Heavy Vapours. El primero madura en barricas de carbonizado doble, barricas de jerez PX tostadas y muy carbonizadas de Brasero; el segundo se produce con el purificador del alambique de aguardiente desconectado para obtener un espirituoso más pesado.

Ardbeg se expande

La creciente aceptación de Ardbeg en muchos mercados internacionales llevó a una importante expansión de la destilería entre 2019 y 2022. Se construyó un nueva casa de alambiques equipada con dos pares de ellos, y la fermentación ahora tiene lugar en doce cubas de pino de Oregón. Con ello la capacidad ha aumentado de 1,15 a 2,4 millones de litros anuales.

Ardbeg es muy frecuentada por los visitantes a Islay, y en uno de los antiguos hornos de malta se ha creado un excelente espacio comercial y de cafetería.

HISTORIAS DEL WHISKY

Ardbeg en el espacio

En octubre de 2011, como parte de un estudio sobre cómo afectaría la microgravedad al comportamiento de los terpenos, componentes básicos del sabor de muchos alimentos, vinos y destilados, se envió en una nave espacial de carga un vial de *new make* Ardbeg a la Estación Espacial Internacional. Otro vial del mismo whisky se guardó en la destilería para comparar. El vial de la Estación Espacial regresó a la Tierra en 2015, y el doctor Bill Lumsden, director de destilación y creación de whisky de Ardbeg, informó de que «las muestras espaciales eran notablemente diferentes. Al olfatearlas y probarlas, estaba claramente mucho más presente el carácter ahumado y fenólico de Ardbeg, y revelaba un conjunto distinto de sabores ahumados con los que no había dado antes aquí en la Tierra».

NOTAS DE CATA

Ardbeg 10 años

Puro de malta, sin filtrar en frío, 46 % APV

Dulce en nariz, con turba suave, jabón carbólico y pescado ahumado. Paladar intenso pero delicado, con turbas ardiendo, frutas secas, malta y regaliz. Final largo y ahumado.

Ardbeg Uigeadail

Puro de malta, cask strength, *madurado en barricas de bourbon y botas de oloroso, no filtrado en frío, 54,2 % APV*

En la compleja nariz, turba, café, cebada, pasas, jerez y asfalto; cítricos, malta, turba, melaza y miel en un paladar sustancioso. Caramelo y turba en el final.

Ardbeg Corryvreckan

Puro de malta, 57,1 % APV

Terroso en nariz, con eglefino ahumado, cítricos, jengibre y yodo. En boca es viscoso y ofrece sabores especiados y a frutos secos, charcutería, regaliz y compota, para cerrar con pimienta negra y turba.

BOWMORE

Black Bowmore 42 años

COMPAÑÍA Morrison Bowmore Ltd (Suntory Global Spirits)

AÑO DE FUNDACIÓN 1779

SITIO WEB www.bowmore.com

Bowmore no es solo la destilería con licencia más antigua de la isla de Islay, sino también una de las más antiguas que quedan en Escocia. Construida por el granjero y destilador David Simson, pasó por varias manos antes de llegar a las de los comerciantes de whisky Stanley P. Morrison Ltd en 1963. En 1989, Suntory Ltd, el mayor destilador de Japón, adquirió una participación del 35 % en lo que era entonces Morrison Bowmore Ltd, y en 1994 Suntory asumió la plena propiedad de la destilería Bowmore, junto con Auchentoshan y Glengarioch.

Bowmore destaca por ser una de las pocas destilerías que siguen elaborando su propia malta, y en sus tres suelos de malteado produce un 40 % aproximado de las necesidades de la planta. El resto se obtiene de tierra firme, y se trata con turba al mismo nivel de 25 ppm. En cuanto a turba, Bowmore está en el término medio de los *single malts* de Islay, aunque a veces se diga que es el más ahumado de todos los de Islay.

Bowmore combina tradición e innovación, y se ha dedicado mucho tiempo, energía y dinero a hacer de ella una destilería más respetuosa con el medio ambiente. Se desarrolló un proceso para macerar y hornear la turba y así obtener *caff*, que al arder durante el malteado de suelo genera mayor sabor a turba en la cebada que se maltea, y al mismo tiempo requiere hasta un 75 % menos que antes de turba. En 1990 se donó un almacén a la comunidad local para crear una piscina cubierta climatizada con el agua caliente de los condensadores de la casa de alambiques.

Maduración *in situ*

La maduración es clave para crear whiskies de calidad, y cuando su contenido se va a embotellar como *single malt*, son de vital importancia sobre todo el tipo y calidad de las barricas empleadas y el lugar donde se guardan. Hoy, alrededor del 20 % de la producción de Bowmore va a barricas de jerez, el resto a barricas de bourbon, y todo el destilado se destina al embotellado como whisky puro de malta, y no a mezclas. Una parte de lo recién destilado se envía a tierra firme, pero la mayor parte

Bowmore 12 años

***Bowmore, a orillas** de Loch Indaal, donde la brisa salada del mar sopla hasta sus mismas bodegas.*

madura *in situ*. Es una cuestión debatida que el lugar de maduración afecte o no y cuánto al carácter del whisky cuando llega el momento de embotellarlo.

Así, se aduce que la humedad del aire marino y la falta de contaminación son factores por los que el whisky presenta características distintas si envejece en la isla en vez de en el Cinturón Central en tierra firme escocesa. Los trabajadores de la destilería señalan que en Islay los aros de las barricas son de acero galvanizado, pues el aire salado oxida los aros de acero dulce.

Cuando se estableció la destilería Bowmore, la bodega número 1 fue la primera que se construyó. En parte está por debajo del nivel del mar, y la temperatura varía poco. Contiene botas de jerez, sobre todo, y es del tipo generalmente considerado óptimo para whisky, pues en un ambiente húmedo y salino el espirituoso madura menos, pero se evapora y pierde menos que en los grandes almacenes modernos con estanterías o palés.

Ventas crecientes

Desde que en 2007 renovó toda la gama, las ventas de Bowmore aumentaron considerablemente, y en términos porcentuales ha alcanzado a sus competidores de Islay ricos en turba, como Ardbeg, al que en 2022 superó en ventas, y es el segundo whisky de malta de Islay más vendido después de Laphroaig.

A lo largo de los años, Bowmore ha hecho muchos lanzamientos especiales, y la gama básica actual incluye expresiones de 12, 15, 18 y 25 años, junto con cantidades limitadas de 30 y 40 años. Para los amantes de las añadas excepcionalmente antiguas, la destilería ofrece un embotellado de 52 años de 1965.

Entre las ediciones limitadas más recientes está la Timeless Collection, con una presentación muy cuidada que incluye un reloj de arena. En 2021 salieron variantes de 27 y 31 años, a las que en 2023 siguió una botella de 29 años.

Interesada en que se la asocie con otras marcas de lujo, Bowmore tiene un acuerdo con el prestigioso fabricante de automóviles Aston Martin para ofrecer varios embotellados extremadamente raros. Uno es Bowmore DB5 1964: un Black Bowmore, descrito como «un concepto impactante que reúne a partes iguales en una botella un whisky icónico y un coche legendario: un *single malt* excepcional y un pistón auténtico de Aston Martin DB5».

HISTORIAS DEL WHISKY

Black Bowmore

Hay ciertas expresiones de whisky puro de malta cuya mera mención enciende el interés de los coleccionistas y entendidos. Una de ellas es Black Bowmore. Madurado en barricas de jerez oloroso, este whisky de 1964 salió por primera vez al mercado en 1993, y le dio nombre el color notablemente oscuro que le confiere la maduración. Alcanzó pronto la categoría de clásico, y se sabe de botellas que han cambiado de manos por sumas de cinco cifras, cuando el precio original de venta había sido de unos 120 euros. En 2007 volvió a aparecer un Black Bowmore, con cinco barricas del mismo lote de las que salieron 804 botellas de lo que ya era un *single malt* de 42 años. En 2016 salió al mercado un «lote final», y cuatro años más tarde, Bowmore DB5 1964 (izda.).

NOTAS DE CATA

Bowmore 12 años
Puro de malta, 40 % APV
Una nariz seductora de limón y leve salmuera conduce a un paladar ahumado y cítrico, con notas de cacao y caramelos que aparecen en un final largo y complejo.

Bowmore 18 años
Puro de malta, 43 % APV
Jerez suave, jengibre, caramelos, malta y turba sutil en nariz. Compota, jerez y nueces en el paladar intenso, y final con turba persistente.

Black Bowmore 42 años
Puro de malta, cask strength, *de cinco barricas de oloroso, 804 botellas, sin filtrar en frío, 40,5 % APV*
Jengibre, canela, *toffee*, higos y chocolate negro en nariz. En boca es notablemente pleno, con más notas de *toffee* y chocolate, además de cuero gastado, café y humo de leña. El final es muy largo y satisfactorio.

BRUICHLADDICH

COMPAÑÍA Rémy Cointreau

AÑO DE FUNDACIÓN 1881

SITIO WEB www.bruichladdich.com

Bruichladdich The Classic Laddie

En la orilla occidental de Loch Indaal, construida para la empresa destiladora Harvey de Glasgow, la destilería Bruichladdich fue diseñada por el ingeniero Robert Harvey a los 23 años. A diferencia de muchas otras destilerías de Islay, en lugar de una extensión de una propiedad agrícola ya existente, Bruichladdich era una destilería moderna, «de patio», de un producto nuevo llamado hormigón, y se hizo con alambiques altos y de cuello estrecho para producir un destilado relativamente puro y elegante.

Decadencia y renacimiento

Los Harvey explotaron Bruichladdich hasta que debido a la crisis económica quedó silenciosa en 1929, junto con la cercana destilería Port Charlotte. Sin embargo, Bruichladdich volvió a la actividad en 1936, y en 1938 los Harvey la vendieron a Joseph Hobbs y sus socios, propietarios de la destilería Ben Nevis. En 1968 la compró Invergordon Distillers Ltd, y duplicó de dos a cuatro los alambiques.

Después de ganar una batalla feroz por hacerse con Invergordon, Whyte & Mackay Ltd cerró Bruichladdich por exceder sus necesidades. Estuvo de 1993 a diciembre de 2000 casi del todo silenciosa, hasta que la compró por 7,5 millones de euros una empresa privada dirigida por Mark Reynier, de la embotelladora independiente Murray McDavid. Reynier y su equipo, que incluía al veterano destilador de Islay Jim McEwan y el director de la destilería Duncan McGillivray, eran dueños de una destilería victoriana sin reformar, con un *mash tun* abierto de hierro fundido y cubas de fermentación de madera. Uno de los alambiques de colada, hoy renovado, data de la fundación de la destilería, y es el más antiguo de Escocia.

Un enfoque distinto

Mientras elaboraba su propio espirituoso, la empresa comercializó una diversidad a veces desconcertante de whiskies a partir de sus existencias, muchas ediciones limitadas. En mayo de 2001 reanudó la destilación, y el primer lote producido era rico en turba, unos 40 ppm. Se llamó Port Charlotte, salió como edición limitada

Bruichladdich Port Charlotte 10 años

anual, y hoy en día forma parte de la gama principal. Bruichladdich también produce Octomore, descrito como «el whisky de mayor contenido en turba del mundo», con niveles fenólicos de al menos 80 ppm.

En 2003 se instaló en la destilería la única línea de embotellado de Islay, y esto supone que parte del destilado de Bruichladdich se hace con cebada cultivada en la isla y se embotella también allí. Junto con los dos pares de alambiques convencionales, la destilería presume ahora del último alambique Lomond plenamente operativo de Escocia, rescatado en 2004 de la destilería Inverleven de Dumbarton. Apodado «Betty la fea», produce ginebra The Botanist.

Bruichladdich Octomore 10 años

Nuevos dueños

En 2012, la empresa francesa Rémy Cointreau compró Bruichladdich, y con un respaldo económico vital ha permitido a la destilería un alto grado de independencia. Para la empresa sigue siendo clave utilizar cebada cultivada en Islay, algo en lo que el régimen de Reynier fue pionero, y se ha puesto en marcha el Regeneration Project.

Según Amy Brownlee, directora de comunicación global de la marca, «de trabajar en 2004 con un solo agricultor, Bruichladdich lo hace hoy con 20 socios agricultores locales de Islay que cultivan más del 50% de la cebada del total de la producción. Además de un modo de devolver valor a la comunidad y apoyar a nuestros agricultores en la búsqueda de prácticas agrícolas alternativas y más sostenibles, esto aporta a los whiskies una trazabilidad total, acredita la procedencia y es la expresión más pura del *terroir*». Se usan cebada ecológica y la variedad antigua *bere*, de seis carreras y bajo rendimiento, y en 2023 salió el primer whisky de centeno Bruichladdich.

La gama principal comprende The Classic Laddie, Port Charlotte 10 años y Octomore Ten Aged Years, y entre los últimos lanzamientos anuales, Bruichladdich Islay Barley 2014, Organic Barley 2012 y Bere Barley 2013.

HISTORIAS DEL WHISKY

Bajo vigilancia

Bruichladdich es una de esas destilerías de visita obligada, en parte gracias a su emplazamiento magnífico a orillas de Loch Indaal. Si visitarla en persona no fuera una opción, el sitio web de la destilería ofrece una serie de cámaras web para visitarla de modo virtual y ver cómo se elabora el whisky. Las cámaras web estuvieron a punto de acabar con la destilería, ya que a través de ellas la CIA estaba espiando el lugar convencida por la antigüedad del equipo de la destilería de que debía servir para fabricar algún tipo de arma química.

NOTAS DE CATA

Bruichladdich The Classic Laddie
Puro de malta, 50% APV
Floral, con azúcar de cebada, limón, naranja y miel en nariz, y en el paladar sutiles sabores marítimos y de manzana roja y canela, para terminar con malta y *toffee* de vainilla.

Bruichladdich Port Charlotte 10 años
Puro de malta, 50% APV
Sal marina y ozono, humo de leña y naranja especiada en nariz. En boca, yodo, más humo, carne a la parrilla y sal marina, y cierra con frutas tropicales fugaces y turba cenicienta.

Bruichladdich Octomore Ten Aged Years
Puro de malta, 56,3% APV
El humo de tabaco dulce, vainilla y naranja en la nariz algo medicinal conducen a un paladar de humo de leña, cuero nuevo, Brie y bayas oscuras. En el final largo hay charcutería, chile y turba.

BUNNAHABHAIN

COMPAÑÍA CVH Spirits

AÑO DE FUNDACIÓN 1881

SITIO WEB www.bunnahabhain.com

Bunnahabhain 12 años

Bunnahabhain se estableció el mismo año que Bruichladdich, otra destilería de Islay, y la producción comenzó a los dos años, en 1883. Aunque a excepción de Bowmore, todas las destilerías de Islay se encuentran en lugares aislados, Bunnahabhain lleva lo remoto a un nuevo nivel: está situada al final de una larga carretera sin clasificar, junto a la terminal norte del ferry de Port Askaig. Las vistas desde el seno de Islay hasta la vecina Jura, con las distintivas montañas Paps, son exquisitas.

Además de por su ubicación costera protegida, importante en la época en que las destilerías de Islay se abastecían por mar, los fundadores William y James Greenlees y William Robertson escogieron el espectacular emplazamiento de la destilería por la disponibilidad de agua pura y turba de calidad.

En 1887, Bunnahabhain pasó a formar parte de Highland Distilleries Company Ltd, y lo fue hasta 1999, cuando tomó el relevo el Edrington Group. Edrington decidió centrar sus esfuerzos en un pequeño número de marcas de whisky puro de malta de alto perfil, como The Macallan, y en 2003 vendió Glengoyne y Bunnahabhain. Burn Stewart Distillers plc compró Bunnahabhain, junto con la conocida marca de whisky escocés de mezcla Black Bottle.

En 2013 hubo otro cambio de propiedad cuando el grupo sudafricano Distell compró Burn Stewart Distillers por 190 millones de euros. A su vez, el gigante cervecero mundial Heineken adquirió Distell, y en 2023 las destilerías escocesas de Bunnahabhain, Deanston y Tobermory pasaron a manos de CVH Spirits.

El poder de la isla

La destilería de Bunnahabhain destaca por el gran tamaño de sus cuatro alambiques, cuyo efecto es que hay mucho contacto con el cobre. Además, los alambiques se operan muy despacio, lo que permite un importante grado de reflujo: en lugar de pasar a los condensadores, los compuestos pesados y aceitosos vuelven a caer en el alambique. Junto con el abundante contacto con el cobre, el proceso produce un espirituoso de estilo suave, dulce y con sabor.

Bunnahabhain 25 años

Turba en aumento

Durante el último medio siglo, el whisky puro de malta Bunnahabhain, llamado «el espirituoso delicado de Islay», se ha elaborado con poca turba, pero desde que se hizo cargo Burn Stewart produce anualmente lotes de whisky con mucha. Este es muy demandado por clientes dedicados a las mezclas, y ahora alrededor de un tercio de la producción anual se elabora con turba.

El nivel de turba de Bunnahabain es muy similar al de Laphroaig y Lagavulin, pero debido a sus grandes alambiques en forma de bulbo y el grado de reflujo resultante es menos medicinal que otros Islay. Durante la destilación del espirituoso con turba, los puntos de corte también difieren de los del Bunnahabhain estándar, pues los sabores intensos y fenólicos aparecen más adelante en el destilado, y el corte del corazón se realiza más tarde de lo habitual. Esto también da como resultado un espirituoso más untuoso.

Los whiskies

Las expresiones tienen un lugar destacado en la gama principal, por cortesía del NAS Toiteach a Dha, madurado en una combinación de barricas de bourbon y jerez, y Stiuireadair, envejecido en barricas de jerez de primer llenado y de relleno. La gama incluye también expresiones de Bunnahabhain estándar de 12, 18, 25, 30 y 40 años, y lotes anuales de una versión *cask strength* de 12 años.

HISTORIAS DEL WHISKY

Visitar Bunnahabhain

Para mejorar el atractivo de Bunnahbhain entre el público se ha creado un centro de visitantes nuevo que sustituye a dos bodegas en la orilla en mal estado. Según Chiara Giovanacci, directora global de marketing de marca de CVH Spirits: «Recibir a la gente en la destilería es de la máxima importancia. Conseguir que exploren Islay y saboreen los tragos es algo único. Puedes sentarte en el centro de visitantes, disfrutar de tu *dram* y tomarte tu tiempo. Puedes simplemente disfrutar del centro y las vistas, y que sea tan ligero o profundo como quieras. Todo se hace a pequeña escala y tratando directamente con el equipo de la destilería».

NOTAS DE CATA

Bunnahabhain 12 años
Puro de malta, sin filtrar en frío, 46,3% APV
Fresco en nariz, con turba leve y humo discreto. Turba más evidente en el paladar, con sabor a frutos secos y fruta, pero aun así moderado para un Islay. Final con mucho cuerpo y persistente, con un toque de vainilla y algo de humo.

Bunnahabhain 25 años
Puro de malta, sin filtrar en frío, 46,3% APV
Dulce y floral en nariz, con especias en desarrollo. En boca es elegante y ajerezado, con manzana asada. El jerez persiste y se va secando en un final largo y agradable.

Bunnahabhain Toiteach a Dha
Puro de malta, 46,3% APV
La nariz ofrece humo aromático, bayas rojas, salmuera y clavo. En boca naranja de Jaffa, tabaco, jerez y pescado ahumado, y en el final pimienta negra, sal marina, chocolate negro y jerez que tiende a seco.

La destilería Bunnahabhain *se asoma al seno de Islay, mirando hacia Jura.*

HIGHLAND PARK

COMPAÑÍA Edrington Group

AÑO DE FUNDACIÓN 1798

SITIO WEB www.highlandpark.co.uk

Highland Park Viking Pride 18 años

Las islas Orcadas, al norte de la tierra firme escocesa, tienen un carácter propio. Su herencia cultural es más nórdica que escocesa, y están más cerca del círculo polar ártico que de Londres. Pertenecieron hasta 1472 a Noruega. Dados el carácter particular del lugar y la mentalidad independiente de sus habitantes, resulta apropiado que el whisky de la destilería más conocida de las Orcadas, Highland Park, sea igual de individual.

En Highland Park, en Kirkwall, vibrante capital de las Orcadas, destacan cinco razones por las que su whisky sabe como sabe: el malteado de suelo tradicional, usar turba de las Orcadas, barricas de roble de Jerez, maduración en frío y armonización de barricas.

Carácter singular

La turba que arde en los hornos de Highland Park es notablemente aromática, y de carácter muy distinto a la de Islay. La de las Orcadas procede de brezo, hierba seca y plantas, y no de árboles, pues hace 3000 años no los había en las islas, y hoy son muy pocos por la frecuencia del viento fuerte. La destilería posee unas 2000 hectáreas de turberas en Hobbister Moor, de las que corta anualmente unas 200 toneladas para alimentar el horno de la destilería e impartir su sabor único al whisky.

En torno al 20% de las necesidades de la destilería lo cubren sus propias malterías, que producen malta con un nivel de turba muy similar al de Bowmore, mientras que el resto de la malta necesaria no tiene turba y se importa de tierra firme.

Cada año se invierten unos 12 millones de euros en barricas, y todo el espirituoso destinado al embotellado como whisky puro de malta madura en madera de jerez. Diecinueve de las veintitrés bodegas de las instalaciones son del antiguo tipo *dunnage*, que permite una maduración relativamente uniforme y fresca. Cada lote de *single malt* Highland Park es el resultado del *vatting* en una combinación de barricas. El whisky vuelve después a barricas donde pasa unos seis meses de «maridaje», o más si es alguna de las expresiones más añejas.

Highland Park Viking Honour 12 años

El patrimonio de Highland Park

Highland Park, la destilería más septentrional de Escocia, se encuentra en las afueras al sur de Kirkwall, la mayor población de la isla Mainland y la capital de las Orcadas. David Robertson construyó la destilería durante la última década del siglo XVIII, pero como ocurre con muchas de las destilerías más antiguas de Escocia, no se ha podido determinar la fecha exacta de su fundación.

A partir de 1826 estuvieron al frente de la destilería varios miembros de la familia Borthwick, y en 1895 la compró James Grant. A los tres años duplicó su capacidad añadiendo dos alambiques al par existente. En 1937, Highland Distilleries adquirió Highland Park, y en 1979 llegó el primer embotellado oficial de la marca. La empresa invirtió mucho en promocionarla y dar a conocer internacionalmente su preciado whisky puro de malta. Highland Distilleries cambió luego de nombre a Highland Distillers, y en 1999 la absorbió el Edrington Group. Bajo la dirección de Edrington, entre 2007 y 2013 las ventas de Highland Park ascendieron a 1,2 millones de botellas anuales, y en los últimos años se han situado en torno a los 2 millones de botellas. Highland Park ocupa el vigésimo puesto entre los whiskies puros de malta más vendidos del mundo.

Una serie de bodegas tradicionales *en la destilería Highland Park*

Highland Park Viking Heart 15 años

Los whiskies

Entre los embotellados principales figuran Viking Honour de 12 años, Viking Heart de 15 y Viking Pride de 18, junto con expresiones de 21, 25, 30 y 40 años. Una variante NAS *cask strength* muy exitosa se ofrece por lotes, y en 2023 Dragon Legend se incorporó a la cartera principal. Según Highland Park, su carácter se debe «predominantemente a la maduración lenta en barricas de roble europeo sazonadas con jerez y a una mayor proporción de malta con turba de las Orcadas». Aquel mismo año salió al mercado un embotellado de 54 años, el más añejo salido de Highland Park.

HISTORIAS DEL WHISKY

Espirituosos celestiales

En 1798, la destilería Highland Park ya estaba establecida en un abrigo usado antes por Magnus Eunson, sacristán, contrabandista y destilador ilegal de whisky local. Según la leyenda, guardaba whisky ilegal bajo el púlpito de la iglesia, y en una ocasión lo llevó a su casa anticipándose a una redada de la policía de aduanas. Al llegar los agentes a la casa, hallaron a Eunson y a su familia reunidos solemnemente alrededor de lo que parecía un féretro, pero en realidad eran los barriles de whisky cubiertos con una tela. Eunson explicó a los agentes que había habido una muerte, y oír la palabra «viruela» bastó para que se marcharan rápido.

NOTAS DE CATA

Highland Park Viking Honour 12 años
Puro de malta, barricas de jerez, 40% APV
Fragante y floral en nariz, con toques de brezo y especias. Suave y meloso en boca, con cítricos, malta y humo de leña en un final cálido, largo y con ligera presencia de turba.

Highland Park Viking Pride 18 años
Puro de malta, barricas de jerez, 43% APV
Floral y aromático en nariz, con brezo, panal de miel, humo de leña, sal y roble. Paladar dulce, con turba, frutos secos, miel y jengibre confitado. Final largo, especiado y tirando a seco.

Highland Park Viking Heart 15 años
Puro de malta, 44% APV
Crème brûlée, manzana acaramelada, miel de brezo y turba suave en nariz. *toffee*, turba de brezo, manzana asada y canela en el paladar viscoso, cerrando con grosellas negras y pimienta negra.

LAGAVULIN

Lagavulin 2022 Distillers Edition

COMPAÑÍA Diageo plc

AÑO DE FUNDACIÓN 1816

SITIO WEB www.malts.com

La forma más evocadora de llegar a Islay es en ferry a la terminal sur de Port Ellen. De este modo se navega junto a las tres destilerías blancas y encaladas de Kildalton: Ardbeg, Lagavulin y Laphroaig, las tres mayores destilerías de la isla. La destilería Lagavulin tiene vistas a la bahía de Lagavulin, y más allá, de las ruinas del castillo de Dunyvaig.

Lagavulin tiene una edad similar a la de sus dos destilerías vecinas, la primera licencia fue concedida en 1816 a John Johnston, cuando la zona era refugio de destiladores ilegales. Un año más tarde se construyó otra destilería cerca, llamada Ardmore y en manos de Archibald Campbell. Ardmore duró solo cuatro años antes de cerrar, momento en que la adquirió John Johnston, que la dirigió junto con Lagavulin hasta 1835.

La larga asociación de Lagavulin con el whisky escocés de mezcla White Horse, que hoy continúa, comenzó en 1867, cuando James Logan Mackie & Company compró la destilería. El sobrino de Mackie, Peter, se incorporó a la empresa en 1878, y en 1889 heredó la destilería después de la muerte de su tío.

El inquieto Peter

A Peter Mackie se le ha descrito como «un tercio genio, un tercio megalómano, un tercio excéntrico», y por su enorme entusiasmo y apetito por la innovación y empeño en la excelencia le llamaban *Restless Peter* («Peter el Inquieto»).

Al año de hacerse cargo de la destilería, lanzó White Horse a los mercados de exportación; cosa inhabitual, la marca no apareció en el mercado británico hasta 1901. Lagavulin era un componente principal de la mezcla, y hasta hoy White Horse revela una influencia de Islay mucho mayor que la mayoría de sus competidores. El nombre se tomó del White Horse Cellar Inn, en la calle Canongate de Edimburgo, que lo debe a su vez al palafrén blanco que montaba la reina María I al ir y volver del palacio de Holyrood.

Peter Mackie murió en 1924, después de haber sido nombrado caballero por sus servicios al whisky, y aquel año la empresa pasó a llamarse White Horse

Lagavulin 8 años

__Lagavulin__ es una de las cuatro destilerías pintadas de blanco que se asoman a la costa sur de Islay.

Distillers Ltd como reconocimiento a su producto más conocido. En 1927 pasó a formar parte de Distillers Company Ltd. En 1988 se eligió un Lagavulin 16 años como representante de Islay en lo que para entonces era la cartera Classic Malts de United Distillers. Hasta 2000, Lagavulin fue el *single malt* más vendido de Islay, pero Laphroaig le arrebató el puesto, y Lagavulin cayó al cuarto lugar, tras Ardbeg y Bowmore. La destilería trabaja siete días a la semana y produce unos 3 millones de litros anuales. Inusualmente, los dos pares de alambiques de colada son menores que el par de alambiques de aguardiente. El destilado madura sobre todo en barricas de bourbon.

Hacer Lagavulin

Desde que en 1974 abrieron las malterías comerciales a gran escala Port Ellen Maltings de DCL, Lagavulin obtiene de allí su malta con turba, y una fermentación lenta de entre 55 y 75 horas permite al carácter turboso brillar en plenitud.

Lagavulin cuenta con cuatro alambiques, dos de los cuales son del mismo estilo en forma de pera que los traídos de Malt Mill a principios de la década de 1960. La misma parsimonia que caracteriza la fermentación continúa en los alambiques: el primer destilado dura unas cinco horas, y el segundo casi el doble. Algo poco habitual, los alambiques se llenan casi hasta la máxima capacidad, para procurar un contacto mínimo entre el espirituoso y el cobre, lo cual confiere al whisky su carácter llamativamente robusto.

Una vez destilado, Lagavulin es transportado a tierra firme para su maduración, aunque actualmente hay unas 16000 barricas madurando en Islay, en bodegas de Lagavulin, Caol Ila y la antigua destilería de Port Ellen. Las bodegas de piedra de Port Ellen datan de la fundación de la destilería en 1825, y junto con los hornos de malta protegidos son casi las únicas estructuras que se conservan.

Una década después de que se escogiera Lagavulin 16 años como uno de los whiskies fundadores de la gama Classic Malts, se le unió una expresión Distillers Edition, acabada en barricas de jerez PX. El Lagavulin 8 años también forma parte de la gama principal de Lagavulin, mientras que el 12 años se comercializa hoy como parte del programa Special Releases. La edición de 2023 destaca por su acabado en barricas de tequila.

NOTAS DE CATA

Lagavulin 8 años
Puro de malta, 48 % APV
En nariz, especias, turba, yodo y caramelo salado, mientras que en boca ofrece frutas tropicales, caramelo, salmuera y turba terrosa, cerrando con carne asada y humo de hoguera.

Lagavulin 16 años
Puro de malta, 43 % APV
La nariz intensa reúne turba, yodo, jerez y vainilla. La turba y el yodo continúan en el paladar grande, especiado y ajerezado, con salmuera y uvas pasas. Rescoldo de turba en el final largo, pleno y especiado.

Lagavulin 2022 Distillers Edition
Puro de malta, acabado en botas de Pedro Ximénez tras un periodo principal de maduración, 43 % APV
Ahumado y con un ligero toque a pescado en nariz, con grandes notas de jerez, compota y pasas. Con cuerpo y equilibrado, con humo de turba y jerez. Final largo, suavemente ahumado y especiado.

HISTORIAS DEL WHISKY

Malt Mill
Aunque al mirar los edificios de la destilería no se adivina, en el emplazamiento de Lagavulin hubo una segunda destilería más pequeña llamada Malt Mill, activa entre 1908 y 1960, una de las varias destilerías perdidas del pasado de Islay. Peter Mackie desarrolló esta planta asociada para producir un estilo de espirituoso de alambique pequeño olvidado hacía mucho, y en las nuevas instalaciones utilizaba generosamente turba en vez de carbón. Malt Mill usaba algunos edificios de la antigua destilería Ardmore, que había cerrado en 1835. En 1962, el par de alambiques de Malt Mill se trasladó a Lagavulin, y en la actualidad las malterías de Malt Mill sirven como centro de visitantes de Lagavulin, donde las visitas a la destilería terminan con un bienvenido *dram*.

Lagavulin 16 años

LAPHROAIG

Laphroaig Cask Strength 25 años

COMPAÑÍA Suntory Global Spirits

AÑO DE FUNDACIÓN 1815

SITIO WEB www.laphroaig.com

Podría decirse que Laphroaig es un whisky polarizador, pues pocos consumidores se muestran tibios en cuanto a sus encantos turbosos y medicinales sin concesiones. De hecho, hace varios años el equipo de marketing de la marca decidió hacer de ello virtud con una campaña con el lema «Laphroaig: o lo amas o lo odias». Hasta traía una apostilla bastante valiente que decía: «La primera vez que lo pruebes puede ser la última». Entre los grandes aficionados a este estilo singular está el príncipe de Gales, quien en 1994 concedió la sanción real a la destilería. El malteado en la casa tiene un papel importante en el estilo único de Laphroaig, y alrededor del 20 % de las necesidades totales de malta salen de las cuatro plantas de malteado. El nivel fenólico medio de toda la malta usada en Laphroaig está en torno a 60 ppm, y antes de ser usada, un tercio de la malta llegada de fuera suele mezclarse con la propia. Al haber aumentado Diageo la producción en Caol Ila, y en vista de la próxima reapertura de la destilería de Port Ellen, la empresa no suministra ya malta elaborada en Port Ellen a clientes externos, lo cual supone que Laphroaig y otros destiladores de Islay tienen que recurrir cada vez más a proveedores de tierra firme.

Parte del carácter salado y medicinal único de Laphroaig viene del malteado en el suelo, pues antes del secado a la malta se le añade turba, mientras que la mayoría de las destilerías la añaden al secar. Laphroaig trata la mezcla a baja temperatura y la seca después, lo que otorga al whisky una gama más amplia de sabores fenólicos.

A los dos alambiques originales de Laphroaig se añadió un segundo par en 1923, otro par en 1968–1969 y el séptimo alambique en 1974 para aumentar aún más la capacidad. La destilación del espirituoso es la más larga de todas las destilerías escocesas, una práctica diseñada para eliminar los ésteres dulces que salen al principio del alambique de aguardiente y no forman parte del perfil característico de Laphroaig.

Dueños de Laphroaig

Laphroaig es el whisky puro de malta de Islay más vendido del mundo, y a la destilería se le concedió la

Laphroaig Quarter Cask

Como una de las pocas destilerías *que conserva sus malterías de suelo, en Laphroaig es habitual el aroma intenso a humo de turba.*

licencia para producirlo en 1815, a nombre de los hermanos Alexander y Donald Johnston, aunque se cree que antes de obtenerla, los Johnston habían estado destilando varios años en Laphroaig.

La familia Johnston explotó la destilería hasta la muerte en 1954 de Ian Hunter, el último miembro involucrado de la familia. A Hunter le sucedió la formidable Elizabeth «Bessie» Williamson, que había trabajado como ayudante personal de Ian Hunter y fue una de las pocas mujeres de la época en desempeñar una función en una destilería que fuera más allá de preparar el té o mecanografiar la correspondencia.

Bessie Williamson dirigió Laphroaig hasta jubilarse en 1972, aunque en la década anterior la propiedad de la destilería había pasado a manos de Seager Evans & Company. La famosa cervecera Whitbread & Company Ltd compró Seager Evans en 1975, y en 1989 Allied Distillers Ltd se hizo con la división de bebidas espirituosas de Whitbread. Al dividirse en 2005 el imperio Allied, Fortune Brands compró Laphroaig, junto con Ardmore de Aberdeenshire y el whisky escocés de mezcla Teacher's. Hoy día, la destilería es propiedad del gigante mundial Suntory Global Spirits.

Lanzamientos de Laphroaig

Comparado con otras destilerías de Islay, como Ardbeg y Bruichladdich, durante muchos años Laphroaig tuvo una política de lanzamientos comedida, pero en la última década han salido más expresiones. En 2005, bajo el régimen de Allied Distillers, se lanzó una variante Quarter Cask para complementar el estándar de 10 años. Quarter Cask se inspira en los barriles pequeños que solían usarse para transportar el whisky a caballo desde las destilerías durante el siglo XIX, y como en los barriles de menor tamaño se da hasta un 30% más de contacto entre la madera y el contenido, la maduración del whisky se intensifica.

Los añadidos posteriores más importantes a la gama principal han sido NAS Oak Select, Cask Strength 10 años, Sherry Oak Finish 10 años, NAS Lore y un Cask Strength de 25 años. Laphroaig es activa en el sector de la venta minorista de viajes, donde se ha desarrollado la Ian Hunter Story en cinco partes, de 2019 a 2023, que acaba con un embotellado de 34 años.

HISTORIAS DEL WHISKY

Amigos de la pura malta

En 1994, Laphroaig implementó una innovación de marketing, Friends of Laphroaig, que ahora tiene cerca de medio millón de miembros en todo el mundo. A cada «amigo» se le arrienda de por vida una pequeña porción de terreno de la destilería, y la «renta» anual consiste en un *dram* de Laphroaig. El plan conmemora la lucha de los hermanos Johnston por asegurarse el suministro de agua tras fundar la destilería a principios del siglo XIX. Acabaron comprando los terrenos por los que esta discurre. Además, la destilería ofrece a los visitantes una serie de experiencias diversas, como el Hunter's Hike («paseo del cazador»), en el que los participantes disfrutan de un *dram* en la fuente de agua de la destilería, cortan turba y luego vuelven a la destilería para cuidar la cebada en los suelos de malteado.

NOTAS DE CATA

Laphroaig 10 años
Puro de malta, 40% APV
Aromas a tiritas de las antiguas, humo de turba y algas saltan a la nariz, seguidos de notas más dulces y afrutadas. Masivo en el paladar, con aceite de pescado, sal y plancton, aunque el final sorprende por corto y progresivamente seco.

Laphroaig Cask Strength 25 años
Puro de malta, madurado en una mezcla de barricas de bourbon y oloroso, no filtrado en frío, 50,9% APV
Jerez, turba dulce y especias suaves en nariz, con crema antiséptica Germolene, humo y cuero nuevo. Con cuerpo, jerez moderado, más turba, especias y manzana. El final es largo, con humo suave, notas frutales sostenidas, regaliz y yodo.

Laphroaig Quarter Cask
Puro de malta, madura inicialmente en barricas de bourbon, y se trasvasa a barricas de 125 litros para un último periodo, sin filtrar en frío, 48% APV
Cebada dulce y notas profundas ahumadas y medicinales, carbón y especias en nariz, *toffee*, avellanas, turba potente y ceniza de cigarrillo en el paladar. En el final largo, galleta digestiva y chimeneas.

LOCHRANZA/LAGG

Arran 10 años

COMPAÑÍA Isle of Arran Distillers Ltd

AÑO DE FUNDACIÓNS 1993 y 2019

SITIO WEB www.arranwhisky.com; www.laggwhisky.com

Lochranza y Lagg están en extremos opuestos de la isla de Arran; la primera se fundó en 1993, y la segunda en 2019. Ambas pertenecen a Isle of Arran Distillers, y Lagg se creó para aumentar la capacidad, con la producción allí dedicada a elaborar whisky con turba. Antes Lochranza era conocida como destilería Arran, pero recibió el nuevo nombre al entrar Lagg en funcionamiento.

Fundada en 1993 por Harold Currie, antiguo director general de Chivas Brothers y veterano de la industria del whisky, Arran fue una de las primeras destilerías nuevas creadas tras el boom del whisky escocés de las décadas de 1960 y 1970. Currie tenía viejos vínculos con la isla, y le atrajo la idea de reanudar la fabricación legal de whisky después de un parón de más de 150 años. Eligió un emplazamiento en Lochranza, al norte de la isla, tras descubrir allí una fuente ideal de agua. El proyecto se financió en parte con la venta de 2000 bonos, cada uno de los cuales daba derecho a una cantidad de whisky cuando funcionara la destilería.

Arran en acción

Diseñada para ser estéticamente agradable, con falsas pagodas y edificios encalados que encajan con la arquitectura más antigua de la isla, Lochranza es una destilería de cuatro alambiques. Como todos los procesos de producción tienen lugar en una misma sala, también es ideal para recibir visitantes. Aunque ya no es propiedad de la familia Currie, la destilería sigue en manos independientes.

El primer embotellado fue un Arran de tres años en 1998, seguido de uno de cuatro años y de varias expresiones de barril único sin edad declarada, y comercializadas como The Arran Malt. En 2006 para la empresa llegó el hito de lanzar el primer Arran de 10 años.

La gama abarca hoy los Arran de 10, 18 y 25 años, además de Quarter Cask The Bothy, Sherry Cask The Bodega, Barrel Reserve y Robert Burns. En 2023 apareció una edición limitada de un Arran de 17 años, y entre los embotellados recientes acabados en barrica

Arran 25 años

están Amarone, Oporto y Sauternes. Las expresiones con turba llevan el nombre Machrie Moor, e incluyen Machrie Moor Cask Strength y un 10 años.

Lagg renace

A la hora de buscar un lugar para ampliar operaciones, inicialmente para tener más espacio de bodega, apareció en el mercado una gran parcela de terreno en Lagg, al sur de la isla, y tras adquirirla, Isle of Arran Distillers decidió construir allí una pequeña destilería y dedicarla a la producción de whisky con turba. La nueva destilería se encuentra a solo 800 metros de la destilería Lagg original, la última fábrica de whisky autorizada de la isla, que funcionó entre 1825 y 1837.

La destilería Lochranza es una de las atracciones más visitadas de la isla de Arran.

Todo el equipo es de los renombrados caldereros Forsyth de Rothes, e incluye un *mash tun* semilauter de cuatro toneladas, cuatro cubas de fermentación de abeto Douglas de 25 000 litros y un par de alambiques. En comparación con los 25 000 litros de la Lagg original, la destilería tiene una capacidad anual de 800 000 litros y la producción comenzó en 2019.

Pese a su condición insular, Lagg está clasificada como destilería de whisky puro de malta (madurado en barrica de bourbon) de las Tierras Bajas por estar al sur de falla de las Highlands que divide las regiones de producción de las Tierras Altas y Bajas. Lagg tiene la distinción de ser el único whisky de las Tierras Bajas producido en una isla. El primer embotellado llegó en agosto de 2022, y al año siguiente se introdujeron dos embotellados destacados, Kilmory (madurado en barricas de bourbon) y Corriecravie (acabado en barrica de jerez).

HISTORIAS DEL WHISKY

Escocia en miniatura

La isla de Arran es una de las islas más meridionales de Escocia, situada entre Ayrshire y la península de Kintyre. Por abarcar muchos aspectos de la geografía y topografía escocesas, como bonitos pueblos costeros, montañas escarpadas en el norte y suaves colinas onduladas y bosques en el sur, a menudo se la llama «Escocia en miniatura». Aunque Arran tiene menos de 32 km de largo y 16 km de ancho, se cree que en el siglo XIX hubo en activo hasta 50 destilerías. Si bien la mayoría funcionaba sin la formalidad de tener una licencia, tres de ellas sí contaron con la sanción oficial, y la última de ellas, en Lagg, funcionó hasta 1837.

Lagg Kilmory Edition

NOTAS DE CATA

Arran 10 años

Puro de malta, 70% de barricas de jerez de segundo llenado, mezcla equilibrada de barricas de bourbon y algunas de jerez de primer llenado, 46% APV

Vainilla, manzana, pera, malta y especias suaves en nariz. De cuerpo medio, con cítricos, notas suaves de canela, galletas digestivas y roble suave en boca. El final afrutado y malteado se desvanece despacio.

Arran 25 años

Puro de malta, 46% APV

Nariz especiada, aromática y hasta salada, con aromas de jerez, mientras que el paladar trae mermelada de frambuesa, pasas, turrón y más jerez, cerrando en el final con una pizca de pimienta y taninos de roble.

Lagg Kilmory Edition

Puro de malta, 46% APV

Carbón vegetal en nariz, con limón, vainilla y especias marinas. Fenólico en el paladar, con roble quemado y cítricos; pimienta negra y turba en el final.

TALISKER

Talisker 2022 Distillers Edition

COMPAÑÍA Diageo plc

AÑO DE FUNDACIÓN 1830

SITIO WEB www.malts.com

La destilería Talisker la fundaron en 1830 los hermanos Hugh y Kenneth MacAskill, que habían llegado a Skye pocos años antes procedentes de Eigg, su isla natal. Compraron tierras agrícolas y la mansión Talisker House, en la que en 1773 se recibió a los autores Samuel Johnson y James Boswell durante su famoso viaje a las Hébridas.

Entre los posteriores propietarios de la destilería Talisker estuvo Anderson & Company, a cuyo director, John Anderson, encarcelaron en 1880 por vender un whisky inexistente a clientes que creyeron que estaba madurando en las bodegas de Talisker. El mismo año la propiedad pasó a Alexander Grigor Allan y Roderick Kemp, aunque más tarde Kemp vendería sus acciones e invertiría en una destilería de Speyside llamada Macallan.

King o'drinks

En una época en la que el whisky puro de malta era una rareza fuera de las Tierras Altas, Talisker tenía ya un gran prestigio, y el mismo año en que Anderson fue encarcelado, el novelista Robert Louis Stevenson escribió: «El rey de los tragos, como yo lo concibo, Talisker, Isla o Glenlivet».

En 1894 se fundó The Talisker Distillery Company Ltd, y cuatro años más tarde Talisker se fusionó con Dailuaine-Glenlivet Distillers e Imperial Distillers para crear Dailuaine-Talisker Distilleries Ltd. En 1916 adquirió la empresa un consorcio que incluía a WP Lowrie & Company, John Walker & Sons Ltd y John Dewar & Sons Ltd, y Talisker fue uno de los activos que en 1925 pasaron a manos de The Distillers Company Ltd. Tres años más tarde, en Talisker se abandonó la práctica de la triple destilación, aunque la configuración del alambique de dos alambiques de colada y tres de aguardiente que persiste hasta hoy se remonta a la época de la triple destilación.

Talisker en llamas

Estos cinco alambiques protagonizaron el episodio más dramático de la historia de Talisker cuando en noviembre de 1960, una válvula del alambique nº 1,

Talisker 10 años

El Campfire Bar en el hermoso centro de visitantes de Talisker.

alimentado con carbón, se dejó abierta por descuido durante la destilación. El alcohol que salió del alambique prendió, y ardió todo el edificio. El nuevo edificio se equipó con cinco alambiques, copias exactas de los originales. A veces se dice que el incendio salvó a la destilería, candidata obvia al cierre por su ubicación aislada durante el programa de recortes del propietario DCL en la década de 1980. En 1972, los alambiques de repuesto pasaron a usar vapor, al tiempo se abandonaban el malteado en el suelo, y la cebada malteada vino de las nuevas malterías Glen Ord Maltings en Inverness-shire. La malta de Talisker tiene un contenido de turba de 18–20 ppm.

En 1988 se incluyó un Talisker 10 años en la nueva gama Classic Malts y se creó un centro de visitantes. Pese a su situación remota, con unas 75 000 personas al año, Talisker es la destilería más visitada de Diageo. Desde la remodelación a fondo de su oferta para visitantes entre 2021 y 2022, la destilería está «a prueba de futuro» para recibir el doble de esa cifra.

Talisker hoy

El interés por la destilería refleja el nivel de apreciación del whisky tan particular que allí se hace. Las ventas superan los 4,3 millones de botellas anuales, y Talisker es el séptimo whisky puro de malta escocés más vendido. Ese carácter individual es cortesía de un complejo e inusual régimen de destilación.

Los brazos de lyne de los altos alambiques de colada, que parten del cuello principal, tienen forma de U para atrapar los vapores de la primera destilación antes de que lleguen a los *worm tubs* del exterior. Un pequeño tubo de cobre «purificador» secundario devuelve el vapor atrapado a los alambiques de colada para una segunda destilación. Se dice que el tubo purificador añade untuosidad al espirituoso, el relativamente escaso contacto con el cobre aporta una nota sulfurosa, y el alto grado de reflujo refina los rasgos afrutados. Ewan Gunn, embajador global de marca de Diageo, comenta el montaje destilador poco ortodoxo de Talisker: «La U del tubo y el tubo de reflujo al alambique producen un destilado más ligero, pero la presencia de *worm tubs* da un estilo más carnoso y denso. Es casi contradictorio». La gama principal de Talisker incluye whiskies de 10, 18, 25 y 30 años, junto con NAS Skye y Storm, un Distillers Edition acabado en barricas de jerez Amoroso, y NAS Port Ruige, acabado en barricas de oporto rubí.

Talisker 18 años

NOTAS DE CATA

Talisker 10 años
Puro de malta, 45,8 % APV
Turba intensa, azúcar moreno y muchas especias en nariz. Más turba y especias en un paladar pleno y decidido, con malta y pimienta negra. Final muy largo, con turba picante y chile.

Talisker 18 años
Puro de malta, 45,8 % APV
Una nariz potente, pero sin aristas, dulce y algo ahumada. El paladar se abre con notas dulces y afrutadas que se intensifican, y toques de brasas de turba. Final intenso, con el clásico toque apimentado de Talisker.

Talisker 2022 Distillers Edition
Puro de malta, acabado en barricas de jerez Amoroso, 45,8 % APV
Nariz de cuero cálido, tabaco de pipa, pimienta negra, *toffee* y ciruelas pasas. Envolvente y exquisito en boca, con melaza, jerez, malta y nuez moscada. Se seca despacio en un final afrutado y mantecoso y cierra con pimienta.

TOBERMORY

COMPAÑÍA CVH Spirits

AÑO DE FUNDACIÓN 1798

SITIO WEB www.tobermorymalt.com

Tobermory 12 años

La destilería Tobermory se encuentra cerca del puerto en la homónima localidad pesquera y turística y capital de la isla de Mull, en las Hébridas Interiores. El lugar se caracteriza por sus muchas casas pintadas de vivos colores, y fuera del Reino Unido se dio a conocer por la serie de televisión infantil *Balamory*, rodada entre los colores primarios de sus casas y tiendas.

La destilería es una de las instalaciones para fabricar whisky más antiguas que se conservan en Escocia: la fundó en 1798 el comerciante local John Sinclair. Llamó a la nueva empresa Ledaig, «refugio seguro» en gaélico, pero durante los dos siglos siguientes Ledaig estuvo lejos de ser un refugio seguro para la elaboración de whisky, pues de hecho la destilería estuvo silenciosa durante más de la mitad de sus años de existencia. Primero estuvo cerrada entre 1837 y 1878, y posteriormente desde 1930 hasta 1972, tras haberla adquirido en 1916 Distillers Company Ltd. Antes de volver a producir whisky, el lugar sirvió como cantina para marineros, y hasta como central eléctrica.

En 1972 comenzó a producir de nuevo, esta vez bajo los auspicios de Ledaig Distillery Ltd, formada por una empresa naviera de Liverpool y la española de jerez Domecq, pero esta quebró tres años más tarde. En 1979, Kirkleavington Property Company Ltd, con sede en Yorkshire, compró Tobermory, pero tampoco logró generar beneficios, y cometió el pecado capital de vender la única bodega de la destilería para construir apartamentos y cerrar la planta en 1989. Por suerte para Tobermory, Burn Stewart Distillers vio potencial en la única destilería de Mull con licencia, y en 1993 la compró por más de 700 000 euros, y dedicó otros 240 000 a las existencias en maduración.

Particularidades de la maduración

Burn Stewart –ahora parte de CVH Spirits– emplea Tobermory y Ledaig en sus mezclas Scottish Leader y Black Bottle, y se ha esforzado por elevar el perfil y mejorar la imagen y la calidad del *single malt* Tobermory, y en 2007 convirtió una sala de macerado en una pequeña bodega para que al menos una parte del

Ledaig 18 años

El puerto de postal de Tobermory es afamado por la sucesión de casas de vivos colores.

espirituoso elaborado pueda madurar en su lugar de origen. Esta iniciativa parte de la idea de que hay sutiles diferencias en cómo madura el whisky según el microclima, en particular entre lugares en tierra firme alejados de la costa y otros costeros como Tobermory.

Salir del frío

Como hicieran Bunnahabhain y Deanston, desde 2010 los principales whiskies puros de malta de Tobermory y Ledaig tienen una graduación de 46,3 % APV y ya no se filtran en frío, procedimiento para garantizar que los whiskies de menor graduación no se enturbien a menor temperatura. Esta fue iniciativa del entonces director de destilerías y maestro mezclador Ian Macmillan, hoy asesor en materia de whisky. Macmillan afirma: «Como mezclador, siempre trabajas con muestras no filtradas en frío, así que sabía que una cosa eran esas muestras y otra el whisky filtrado en frío que embotellábamos.

»Tobermory y Ledaig pedían a gritos no filtrarse en frío, y ahora tienen mayor profundidad, densidad de sabor y complejidad. Son mucho más estructurados y con más textura.» Viendo el antes y el después, eran como dos líquidos distintos.

«Cuando tras la filtración en frío sacaba las láminas de las placas de filtrado, estaban aceitosas y grasientas; me dejaban una gran intensidad de aroma y textura en las manos. Eso es parte del ADN de mis *single malts*. Hacer el whisky "bonito" filtrándolo en frío iba en detrimento del aroma y el sabor. En efecto, faltaba una parte del whisky. Lo que antes la gente de marketing veía como defecto, hoy se considera un signo de integridad y calidad.»

La gama actual incluye una botella de Tobermory 12 años y expresiones de Ledaig de 10 y 18 años, junto con Ledaig Sinclair Rioja Finish. En 2021 comenzó a salir una nueva gama de versiones anuales de Tobermory añejo denominada The Hebridean, y la de 2023 fue un whisky de 25 años, acabado en barricas de oloroso y Gonzalez Byass.

HISTORIAS DEL WHISKY

Presencia de turba

Mientras que de algunas destilerías que producen whisky de malta con poca o ninguna turba salen también cada tanto lotes con mayores cantidades, el 50 % de la producción anual de Tobermory, bajo el nombre Ledaig, contiene mucha turba. Ledaig salió en 1996, y se elabora con al menos 35–40 ppm. Los brazos de lyne en forma de S de los alambiques de Tobermory, diseñados para aumentar el reflujo, contribuyen a un whisky turboso muy ahumado y dulce.

NOTAS DE CATA

Ledaig 10 años
Puro de malta, sin filtrar en frío, 46,3 % APV
En nariz es turboso, dulce y pleno, con mantequilla y pescado ahumado. En boca es rotundo, pero dulce, con yodo, turba suave y brezo y especias en desarrollo. En el final, pimienta, regaliz, jengibre y turba.

Tobermory 12 años
Puro de malta, 46,3 % APV
Nariz floral, con miel, frutas tropicales, vainilla y canela lleva a un paladar de malta, cebada, clavo y roble fresco, cerrando con regaliz, bayas oscuras y una nota de hierbas.

Ledaig 18 años
Puro de malta, 46,3 % APV
Turba salada en nariz, con grosellas rojas y humo dulce de hoguera. Turba dulce, pescado ahumado, canela y cera de muebles en el paladar, con jerez y cuero gastado en el final.

ARDNAHOE

COMPAÑÍA Hunter Laing & Co

AÑO DE FUNDACIÓN 2017

SITIO WEB www.ardnahoedistillery.com

Cuando entró en funcionamiento en octubre de 2018, Ardnahoe elevó a nueve el número de destilerías en activo de Islay. Los embotelladores independientes Hunter Laing & Co Ltd de Glasgow la hicieron construir en la costa nordeste de la isla, en un enclave espectacular entre Bunnahabhain y Caol Ila.

La destilería es de operación manual, usa cubas de fermentación de madera y los brazos de lyne más largos de todas las destilerías de whisky del mundo. La razón es que Ardnahoe emplea *worm tubs* –los únicos usados en la isla– y los brazos largos ayudan a obtener un espirituoso dulce y afrutado del par único de alambiques. La mayor parte de la producción tiene mucha turba (40 ppm), pero un 10% se elabora sin ella.

En Ardnahoe («altura de la hondonada» en gaélico) el agua procede de Loch Ardnahoe, considerado el lago más profundo de Islay. Las obras de la destilería comenzaron a finales de 2016, y fue diseñada teniendo muy presente la experiencia del visitante. La destilería se divide en dos niveles, y la única tierra visible desde la casa de alambiques es la isla de Jura, al otro lado del estrecho de Islay.

Stewart Laing y sus hijos Scott y Andrew formaron en 2013 Hunter Laing & Co Ltd, la empresa fundadora de Ardnahoe, aunque sus orígenes se remontan a 1949, cuando el padre de Stewart, Fred, creó en Glasgow una empresa de corretaje, mezcla y embotellado.

La relación de la familia con Islay viene de antes, pues durante los siglos XVIII y XIX miembros de la familia materna de Stewart vivieron en Bowmore. Stewart se formó en la década de 1960 en la destilería de Bruichladdich, y su hijo Andrew siguió sus pasos a principios de la de 2000.

Periodo de espera

A la espera de que fluyera el primer espirituoso y para celebrar el inicio de las obras de Ardnahoe, Hunter Laing lanzó seis whiskies de malta *single cask* de Islay en el festival Fèis Ìle de 2017. Llamados The Kinship, ¡los seis juntos sumaban 181 años! The Kinship 2023 incluye un Bunnahabhain de 33 años y un Highland Park de 27, y la edad combinada del sexteto es de 163 años.

***Ardnahoe**, la destilería más reciente de Islay, se encuentra en la costa nordeste de la isla.*

HARRIS

COMPAÑÍA Isle of Harris Distillers Ltd

AÑO DE FUNDACIÓN 2015

SITIO WEB www.harrisdistillery.com

Entre los destiladores noveles hay una comprensible tendencia a lanzar su whisky tan pronto tenga la edad legal suficiente, pero esta destilería ha adoptado un enfoque distinto. Consideraciones económicas llevan a las estanterías embotellados de tres años, pero en Harris, en las Hébridas Exteriores, el mantra ha sido siempre «nuestro whisky está listo cuando está listo».

Se comenzó a destilar en 2015, y no fue hasta el 22 de septiembre de 2023 que salieron 1916 botellas ya compradas del *single malt* The Hearach, a las que siguieron siete lotes para la venta general.

The Hearach

En gaélico escocés, *Hearach* es «nativo de Harris», y el número de botellas del lanzamiento inicial fue deliberado, pues el censo de 2011 daba la cifra 1916 como la población de Harris. El censo de 1950 había contabilizado unos 5000 habitantes. Esta despoblación gradual es una de las razones por las que se creó la destilería Isle of Harris, promovida con entusiasmo por Anderson Bakewell, musicólogo estadounidense con viejos vínculos con la isla.

La destilería cuenta con dos alambiques Frilli de fabricación italiana. El de aguardiente se llama Eva en honor a Eva Tenback-Biesta, quien donó 1,2 millones de euros al proyecto, que una subvención de 2,2 millones de euros de la UE ayudó a hacer realidad. La destilería fue construida cerca de la terminal de ferris de Tarbert, capital de la isla, y tiene bodegas en la cercana aldea de Ardhasaig. La destilación de la ginebra Isle of Harris comenzó en septiembre de 2015, seguida poco después por el primer whisky en fluir del alambique. Hoy destila casi 200 000 litros de whisky al año.

La filosofía tras el whisky

Como explica Peter Kwasniewski, director de desarrollo de negocios internacionales: «Como tenemos relativamente pocas barricas, siempre habrá ligeras diferencias entre lotes. Celebramos esas diferencias. Vendemos en 28 países, y la mayoría de los mercados reciben parte de un lote individual, pero algunos pueden recibir dos distintos.

»Las botellas no llevan edad declarada, pero son mezcla de whiskies de 4, 5, 6 y 7 años. La malta tiene 15 ppm de turba y las fermentaciones largas [72–96 horas] aportan muchos sabores frutales. Utilizamos barricas de bourbon Heaven Hill y Buffalo Trace y de jerez oloroso y fino. The Hearach es una mezcla de los cuatro tipos de barrica. Marida un mínimo de doce semanas en botas de jerez y tras la mezcla el equilibrio y la complejidad son notables. Es un whisky de Harris único».

***Uno de los dos alambiques** de la destilería de Harris, obra de la empresa italiana Frilli.*

NOTAS DE CATA

The Hearach (Lote 00007)
Puro de malta, 46% APV
Limón, humo de hoguera sutil, manzana asada en desarrollo, frutos secos caramelizados y un toque de sal en nariz. En boca es terroso, con cereales, tarta de *banoffee* y una nota leve de hierbas; acaba con notas suaves de turba y roble ligeramente tánico.

ISLE OF RAASAY

COMPAÑÍA R&B Distillers

AÑO DE FUNDACIÓN 2017

SITIO WEB www.raasaydistillery.com

La destilería Isle of Raasay *ocupa un lugar hermoso en esta pequeña isla de las Hébridas.*

La isla de Raasay está frente a la costa occidental de Skye, en las Hébridas Interiores, y tiene unos 120 habitantes. En junio de 2016 comenzaron las obras para construir una destilería de whisky junto a Borodale House, antiguo hotel victoriano de Raasay, y en septiembre de 2017 abrió de forma oficial. La propia Borodale House se ha convertido en un centro de visitantes y ofrece alojamiento de lujo.

La idea de construir una destilería en Raasay surgió cuando el cofundador y empresario Bill Dobbie se enteró de que Borodale House estaba en venta. Según Alisdair Day, su socio fundador, «cuando la visité con Bill en mayo de 2014 me impresionaron las vistas (probablemente las mejores de cualquier destilería de Escocia), el hecho de que en el pasado en la isla hubiera destilación ilegal y la geología que influye en el suministro de agua. En la época de los celtas había un pozo, y hoy obtenemos el agua de la misma fuente. Raasay y Borodale House parecían un lugar ideal para hacer whisky escocés».

Day cuenta: «Llenamos nuestra primera barrica el 14 de septiembre de 2017 y entramos en plena producción de un *mash* (una tonelada diaria), cinco días a la semana, el 27 de septiembre. La capacidad anual es de 200 000 litros».

La casa italiana Frilli fabricó el par de alambiques de Raasay; el alambique de colada tiene camisa de refrigeración, y el de aguardiente, un brazo de lyne inclinado que ayuda a crear el carácter deseado. La producción se divide a partes iguales entre malta con turba (48–52 ppm) y sin ella, y el llenado de barriles, almacenamiento y embotellado se realizan en la isla para crear el mayor número de empleos locales.

Para crear el estilo propio de Raasay se sigue una ruta poco ortodoxa, trabajando con cantidades de seis estilos de whisky, tres con turba y tres sin. Todos van a barricas de primer llenado de roble americano, roble europeo y tinto de Toscana.

El primer lanzamiento de Raasay salió en el verano de 2021, había madurado en una combinación de barricas de tinto de Burdeos, whisky de centeno de primer llenado y roble chinkapin virgen. Siguieron otros en 2022 y 2023.

Isle of Raasay RO2.1

NOTAS DE CATA

Isle of Raasay RO2.1
Puro de malta, 46,4% APV
Beicon, turba dulce, vainilla y bayas rojas en nariz; el paladar untuoso ofrece manzana cocida, turba afrutada y roble consistente, terminando con regaliz y café negro.

KILCHOMAN

COMPAÑÍA Kilchoman Distillery Company Ltd

AÑO DE FUNDACIÓN 2005

SITIO WEB www.kilchomandistillery.com

Kilchoman se ha hecho con un lugar tan eminente entre las destilerías de Islay que es fácil olvidar que las primeras barricas no se llenaron hasta 2005. Esto se debe en parte a que Kilchoman acogió visitantes desde el principio, pero quizá más importante es que fue una de las primeras destilerías en poner a la venta botellas en miniatura de su *new make*, y con ello fijó el nombre Kilchoman en la mente de los aficionados al whisky de Islay. En 2009 se lanzó una expresión de 3 años, y además del establecimiento de una gama básica, en los años siguientes ha habido muchos lanzamientos limitados.

Entre ellos están Machir Bay, *vatting* NAS de Kilchoman madurado en barricas de bourbon y jerez, y Sanaig, que incluye una alta proporción de whisky madurado en barricas de jerez oloroso. También hay embotellados por lotes de Loch Gorm –madurado en barricas de oloroso– y 100 % Islay, destilado a partir de cebada cultivada en la isla y madurado y embotellado en Kilchoman. En noviembre de 2023 apareció una expresión de 16 años, la más antigua de Kilchoman hasta hoy.

Kilchoman 100% Islay

La destilería

Anthony Wills y su familia fundaron Kilchoman en Rockside Farm, a seis kilómetros de Bruichladdich, y cuando abrió fue la primera destilería nueva de Islay desde que en 1908 se montó en Lagavulin la tiempo ha desaparecida planta Malt Mill. Como explica Anthony Wills, «cultivamos en paisajes diversos que cubren más de 930 000 hectáreas en torno a la iglesia en ruinas de Kilchoman. La tierra más fértil, 160 000 hectáreas de suelo rico que rodean la destilería, es para nuestra cosecha anual de cebada. Se siembra en primavera, una vez que se han marchado los 50 000 gansos migratorios de Islay, la cebada madura durante el verano y se cosecha a principios del otoño».

La destilería maltea un porcentaje de su propia cebada, y ha ampliado sus malterías para aumentar la cantidad elaborada *in situ*. En 2019 duplicó su capacidad construyendo un segundo edificio de producción. En total, cuenta ahora con dos *mash tuns* semilauter, 16 cubas de fermentación de acero inoxidable, dos pares de alambiques y una producción anual de 650 000 litros. El éxito mundial de Kilchoman es tal que está previsto aumentar aún más la capacidad de malteado y destilación.

NOTAS DE CATA

Kilchoman 100% Islay
Puro de malta, con 10–20 ppm de turba y madurado en barricas de bourbon de primer llenado de Buffalo Trace Distillery, sin filtrar en frío, 50 % APV
Mucha salmuera, humo de turba y notas manifiestas de cítricos en nariz. Cáscara de limón y hogueras en la playa. En boca, primero notas dulces y frutales, luego Germolene y turba cenicienta. Final relativamente largo, con brasas de turba.

Kilchoman Machir Bay
Puro de malta, 46 % APV
En nariz, turba, humo de cigarrillo, zumo de limón, algas marinas, salmuera y yodo conducen a sabores de gabinete de botica, humo ceniciento, sal marina y pimienta negra, cerrando con Germolene y guindilla.

Kilchoman Sanaig
Puro de malta, 46 % APV
Nariz dulce, con frutas tropicales, *toffee*, jerez y turba ardiendo. En boca ofrece miel, bayas rojas y chocolate negro, terminando con sal marina, pimienta de Jamaica y humo de leña.

SCAPA

COMPAÑÍA Chivas Brothers Ltd (Pernod Ricard)

AÑO DE FUNDACIÓN 1885

SITIO WEB www.scapawhisky.com

Scapa, un whisky puro de malta de gran calidad por derecho propio, ha hecho de secundario de su vecino de las Orcadas Highland Park, mucho más antiguo y conocido, desde que se recuerda. Hoy la destilería tiene un excelente centro de visitantes, y ofrece visitas y catas en el impresionante abrigo Scapa Noust de la destilería, en lo alto de un acantilado. Ha habido embotellados de 14 y 16 años, pero las principales expresiones actuales son NAS Skiren, madurado en barricas de bourbon de primer llenado, y Glansa, acabado en barricas de whisky rico en turba.

Scapa Skiren

Una tradición que se mantiene

La destilería destaca por sus tiempos de fermentación extremadamente largos (hasta 160 horas), que tienden a dar un carácter claramente afrutado al espirituoso cuando se destila, y por conservar un alambique de colada Lomond. Se instaló en 1959 para proporcionar a los entonces propietarios, Hiram Walker, un destilado más denso y untuoso para mezclas. Modificado para la destilación estándar retirando las placas de rectificación, este alambique idiosincrático es el único de su clase que destila whisky en Escocia hoy en día.

Scapa se remonta a 1885, cuando Macfarlane & Townsend, de Glasgow, la fundó a orillas del famoso fondeadero de Scapa Flow. Hasta hace poco, el propietario más vinculado a Scapa fue Hiram Walker & Sons (Scotland) Ltd, que la adquirió en 1954 y reconstruyó en gran parte en 1959. En 1978 hubo más obras de renovación, y una década más tarde Hiram Walker se fusionó con Allied Vintners para formar Allied Distillers. En 1994, Scapa dejó de operar, y a los tres años inició una producción esporádica. Fue por tanto una sorpresa cuando Allied emprendió un programa de inversión muy necesario, con mejoras por valor de 2,5 millones de euros en 2004, pero el actual régimen de Chivas Brothers les agradece el dinero y esfuerzo dedicados a la «segunda» destilería de las Orcadas.

NOTAS DE CATA

Scapa Skiren
Puro de malta, 40% APV
Lima, melocotón, almendras, canela y un toque de sal en nariz dan paso a un paladar de pera en conserva, miel, vainilla, sal más sutil y un final especiado.

Scapa Glansa
Puro de malta, 40% APV
Vainilla, miel, pera, frutos secos tostados y caramelo en nariz. En boca es afrutado, con cacao, caramelo y suave humo de turba, que aumenta a lo largo de un final de bayas oscuras.

Scapa Glansa

TORABAIGH

COMPAÑÍA Mossburn Distillers

AÑO DE FUNDACIÓN 2016

SITIO WEB www.torabhaig.com

La destilería Torabhaig fue creada a principios del siglo XIX en una granja abandonada y sus alrededores en la península de Sleat, al sudeste de Skye. Equipada con un par de alambiques, tiene una capacidad anual de 500 000 litros de espirituoso.

Torabhaig emplea la frase «turba bien atemperada», y Bruce Perry, director global de marca de la empresa matriz de Torabhaig, Mossburn Distillers Ltd, afirma: «No pretendemos hacer un whisky medicinal, sino algo como un espirituoso isleño, no de Islay. Buscamos una turba con matices. Generoso con ella, pero delicado y suave».

Torabhaig comenzó a destilar en 2017 y su primera salida al mercado fue en febrero de 2021, con el primer embotellado de la serie Legacy, madurada en barricas de bourbon de primer llenado. Le siguió Allt Gleann (en gaélico, «valle del arroyo»), así llamado por una de las fuentes de agua de la destilería, madurado en una combinación de barricas de bourbon de primer llenado y de relleno.

Bruce Perry explica: «Estábamos muy contentos con lo que hacíamos al principio, pero pensamos que con 10 años en barrica podía no ser exactamente lo que queríamos. Así que pasamos nueve meses buscando el ajuste exacto, y para entonces teníamos cuatro "cimientos", por así decir. A finales de 2023 acabó Allt Gleann, con un whisky de la graduación del lote, y luego salió Cnoc na Moine ("monte de turba"), con algo de whisky madurado en barrica de jerez. El cuarto y último embotellado de la serie Legacy será Allt Breacach ("el arroyo moteado"), llamado así por nuestra segunda fuente de agua, y el plan es que lleve algo de espirituoso madurado en barrica de Madeira. Lo venderemos durante dos años y luego tendremos nuestra primera expresión permanente de 10 años.»

Este dispositivo, llamado **shuttlebox**, *tamiza el producto molido a su tamaño como componente.*

Journeyman's Drams

Una particularidad de Torabhaig es que durante dos semanas al año los miembros del personal pueden destilar espirituoso con sus propias especificaciones. Hasta hoy se han creado ocho de estos Journeyman's Drams, han salido al mercado dos, y les seguirá el resto. Sus variaciones sobre el tema de elaborar whisky han incluido hasta ahora alterar los puntos de corte, utilizar malta de chocolate, cebada tradicional, como la variedad Chevallier, malta con 138 ppm de turba o destilar sin turba alguna. Iona MacPhie y Niall Culbertson, los dos primeros, produjeron 10 000 litros de whisky cada uno –unas 80 barricas–, estaba previsto comercializar una parte a principios de 2025.

Torabhaig Allt Gleann (The Legacy Series 2nd Edition)

NOTAS DE CATA

Torabhaig Allt Gleann (**The Legacy Series 2nd Edition**)
Puro de malta, 46 % APV
Nariz terrosa, ligeramente salada, con manzana asada y albaricoque, más humo dulce de pipa. En el paladar se aprecian sabores afrutados, a humo, salmuera, limón y melaza, y cierra con humo de leña y una sugerencia de yodo y café negro.

CAMPBELTOWN Y LAS TIERRAS BAJAS

Campbeltown, puerto y antiguo burgo real en la península de Kintyre, en Argyllshire, es la capital histórica del whisky escocés. Su elaboración prosperó aquí durante el siglo XIX, *y conserva su identidad como clasificación de whisky puro de malta, aunque hoy pueblan sus calles los fantasmas de antiguas destilerías, más que nada. La región designada Lowlands es la tierra firme escocesa al sur de la teórica* Highland Line, *donde están muchos de los principales núcleos de población del país. Sus destilerías, sin embargo, suelen estar en parajes rurales vírgenes que rivalizan con todo lo que ofrezcan las Tierras Altas y las islas.*

ESTILOS REGIONALES
Tradicionalmente, los whiskies de Campbeltown eran con cuerpo, turba, untuosos y con influencia marítima, estilo aún parte del perfil de las expresiones destiladas hoy allí. Los whiskies de las Tierras Bajas suelen ser relativamente suaves, delicados, florales y sutiles.

NUESTRA ELECCIÓN
SPRINGBANK Una destilería magníficamente idiosincrásica que abarca todas las etapas de la producción. Rica en patrimonio.

AUCHENTOSHAN
La última destilería de las Tierras Bajas en usar la triple destilación, muy cerca de Glasgow, ofrece a los visitantes una cálida bienvenida.

EVENTOS REGIONALES
En Edimburgo, el importante minorista especializado Royal Mile Whiskies dirige The Whisky Fringe, popular evento anual que coincide con el Festival Internacional de Edimburgo en agosto (www.royalmilewhiskies.com). La Scotch Whisky Experience (www.scotchwhiskyexperience.co.uk) está cerca del castillo, y en la avenida más famosa de la ciudad, la atracción Johnnie Walker Princes Street (www.johnniewalker.com) es un espectacular hogar de marca para el whisky escocés más vendido del mundo. En el condado de Fife los festivales anuales son en marzo (www.fifewhiskyfestival.com), en Glasgow, en noviembre (www.glasgowswhiskyfestival.com), y en Campbeltown, en mayo (www.glenscotia.com).

A finales del siglo XIX había en Campbeltown más de veinte destilerías, hoy reducidas a solo tres, pues la región de Speyside ha arrebatado a Campbeltown la condición de principal centro de la industria escocesa del whisky. Las destilerías que quedan en Campbeltown están en manos responsables, sin embargo, y la herencia en materia de whisky del antiguo puerto pesquero parece asegurada.

En cuanto a la escala, las Tierras Bajas superan con creces a las Altas en capacidad y producción de whisky. El establecimiento de una importante industria comercial de destilación allí se remonta a las décadas de 1770 y 1780, durante las cuales se construyeron no menos de 23 destilerías. La zona disponía de cebada cervecera de alta calidad, carbón para alimentar los hornos y alambiques y una infraestructura de transporte comparativamente avanzada, y de ahí que prevaleciera la actividad destiladora en la región. Como Campbeltown, las Tierras Bajas sufrieron un declive importante, pero durante las dos últimas décadas la región ha visto surgir más destilerías nuevas (18) que cualquier otra parte de Escocia.

La región clasificada como productora de whisky de malta de las Tierras Bajas incluye también cuatro de las seis destilerías de grano del país, y la mayoría de sus instalaciones de mezcla, embotellado y oficinas, dada la situación de la región entre las destilerías de las Tierras Altas y sus mercados, al sur.

***Campbeltown es la capital histórica** del whisky escocés y, tras un grave declive en el siglo xx que redujo a tres el número de destilerías, hoy está experimentando un nuevo impulso.*

COMUNICACIONES

Lo ideal es sacar partido de la visita a la remota Campbeltown para ver algunos de los espectaculares paisajes costeros de la zona, e incluso hacer el corto trayecto en ferry de Claonaig a Lochranza, en Arran. A Campbeltown se llega por la A83 desde el área de Glasgow. En las Tierras Bajas, Glenkinchie está cerca de Edimburgo por la A68, y a Auchentoshan se llega desde Glasgow por la A82, mientras que en Galloway, la situación de Bladnoch es casi tan remota como Campbeltown. La autopista M8 une Glasgow y Edimburgo, y al condado de Fife, tan del gusto de las destilerías de nueva creación, se llega fácilmente desde Edimburgo y el sur por la M90 y el cruce de Queensferry del río Forth.

Escocia
Campbeltown y las Tierras Bajas
Mar del Norte
ESCOCIA
Glasgow
EDIMBURGO
Tierras Bajas
INGLATERRA

N
Dundee
Perth
Eden Mill
St.Andrews
Lindores Abbey
Daftmill
Kingsbarns
Glenrothes
InchDairnie
Alloa
Stirling
Kirkcaldy
Dunfermline
Fiordo de Forth
Mar del Norte
Lago Lomond
Rosebank
Falkirk
Forth
Auchentoshan
Greenock
EDIMBURGO
Holyrood
Pencaitland
Glenkinchie
Clydebank
Clydeside
Glasgow
Paisley
Glasgow Distillery
Motherwell
Hamilton
Clyde
Cheviot Hills
Kintyre
Arran
Kilmarnock
Peebles
Galashiels
Melrose
Selkirk
Lochlea
Glen Scotia
Campbeltown
Springbank & Glengyle
Ayr
Doon
Fiordo de Clyde
Annan
AYRSHIRE
Hawick
The Borders
Moffat
Tierras Bajas del Sur
Ailsa Bay
Girvan
Lockerbie
Dumfries
Annan
Annandale
Gretna
Newtown Stewart
Carlisle
Wigtown
Stranraer
Bladnoch
Kirkcudbright
Fiordo de Solway
INGLATERRA
Mull of Galloway
A92
M90
A80
M9
A1
A78
M77
A68
A7
A68
A77
A76
A68
A7
A77
A75
0 10 20 30 millas
0 20 40 60 km

AUCHENTOSHAN

Auchentoshan American Oak

COMPAÑÍA Morrison Bowmore Distillers Ltd (Suntory Global Spirits)

AÑO DE FUNDACIÓN 1823

SITIO WEB www.auchentoshan.com

Todo *single malt* necesita un punto de diferencia, algo único que lo distinga de la competencia como especial y digno de mención. En el caso del de la destilería Auchentoshan, el equipo de marketing de Morrison Bowmore Distillers Ltd, la empresa propietaria, cuenta con que su whisky es uno entre solo un puñado en Escocia que por sistema usan la triple destilación. Esta se asocia principalmente con Irlanda, pero también era una característica tradicional del estilo de producción de las Tierras Bajas de Escocia. ¿Cómo funciona el proceso en la práctica y qué diferencias de carácter se derivan de él?

Tres veces destilado

Auchentoshan emplea tres alambiques: uno de colada, uno intermedio y otro de aguardiente. La triple destilación produce un *new make* de 81,5% APV, mientras que empleando la destilación doble, la mayoría de las demás destilerías se conforman con un *new make* de 70% APV. Como resultado de la triple destilación se obtiene un espirituoso más ligero, limpio y delicado.

El comienzo

Este whisky se elaboró por primera vez en Auchentoshan en 1823, o, para ser más exactos, en 1823 obtuvo la primera licencia para destilar allí un tal señor Thorne, aunque se cree que se habría estado destilando en el lugar desde alrededor de 1800.

Durante el siglo XIX, Auchentoshan pasó por diversas manos, y en 1875 fue reconstruida a fondo. En 1903 adquirió la destilería John Maclachlan, más conocido como cervecero de Glasgow. Auchentoshan permaneció en manos de los Maclachlan hasta 1960, cuando Maclachlan Ltd fue adquirida por su rival cervecero de alto perfil J. & R. Tennent. Durante el bombardeo alemán de Clydebank, el 13 y 14 de marzo de 1941, la destilería sufrió graves daños y perdió el equivalente a un millón de botellas de whisky, los informes de la época describen un arroyo de whisky en llamas que llegaba hasta el río Clyde.

Auchentoshan 18 años

Durante el devastador ataque de la Luftwaffe a Clydebank, unas 1200 personas perdieron la vida, otras 1100 sufrieron heridas graves, y se dice que de las 12 000 casas del municipio solo quedaron indemnes ocho.

Si bien en la posguerra hubo cambios drásticos en la propiedad de las destilerías y de las marcas de whisky, en comparación con el ritmo de la concentración en la industria cervecera británica no fue nada, y en 1964 Tennent's perdió su independencia al ser comprada por Charrington & Company, que tres años más tarde pasó a ser Bass Charrington Ltd.

Auchentoshan Three Wood

La propiedad hoy

En 1969, Eadie Cairns Ltd compró Auchentoshan a la cervecera por unas 100 000 libras, y llevó a cabo un amplio programa de modernización. En 1984 la destilería pasó a Stanley P. Morrison por algo más del triple del precio de venta anterior, y una década más tarde el gigante japonés de la destilación Suntory Ltd compró Morrison Bowmore, y ahora forma parte de su filial Beam Suntory Inc. En 2004 se invirtió cerca de un millón y medio de euros en un centro de visitantes, cuyas elegantes instalaciones atraen a unas 20 000 personas al año.

Se creó una nueva gama básica de whiskies puros de malta, que hoy abarca NAS American Oak de 12, 18 y 21 años, NAS Three Wood, madurado en barricas de bourbon, barricas de jerez oloroso y, por último, barricas de jerez Pedro Ximénez. La marca es especialmente activa en el mercado libre de impuestos, para el cual produce en exclusiva Blood Oak, American Oak Reserve y Dark Oak. Entre las ediciones especiales más recientes hay una expresión con acabado Sauvignon Blanc y Bartenders' Malt, que incluye whisky de cinco décadas diferentes, madurado en una amplia gama de tipos de roble, entre ellos roble americano y europeo, así como diversas barricas de jerez, vino tinto y roble alemán. De unas ventas de unas 300 000 botellas hace dos décadas, Auchentoshan superó en 2021 la marca de los 2 millones.

HISTORIAS DEL WHISKY

Maltas de Glasgow

Así como al este del país Glenkinchie solía promocionarse como «la malta de Edimburgo», Auchentoshan ha sido conocida como «el whisky de malta de Glasgow», pues la destilería está a solo 16 km del centro de la mayor ciudad de Escocia. En su día, Auchentoshan tuvo una destilería vecina, Littlemill, en la orilla norte del río Clyde, en Bowling, hasta su cierre en 1992 y demolición en 2006. Con la creación de las destilerías Glasgow y Clydeside en 2015 y 2017, respectivamente, la elaboración de whisky ha vuelto a la ciudad misma.

NOTAS DE CATA

Auchentoshan Three Wood

Puro de malta, madurado principalmente en barricas de bourbon de roble americano, acabado en madera de oloroso y, por último, en barricas de Pedro Ximénez, 43 % APV

Dulce de azúcar y mantequilla, dátiles, avellanas y jerez en nariz. Dulce y ajerezado en el paladar intenso, con cítricos y almendras en desarrollo. Final bastante largo y afrutado, con un toque de roble.

Auchentoshan American Oak

Puro de malta, 40 % APV

La nariz es floral, con pino, cítricos y *toffee* de vainilla. El paladar trae chocolate con leche, coco y melocotón maduro, con un final de pomelo y leve pimienta.

Auchentoshan 18 años

Puro de malta, 43 % APV

Vainilla especiada, miel y almendras en nariz; en el paladar se desarrollan sabores de malta, jengibre y roble, y acaba con nuez moscada, pasas y roble seco.

GLENKINCHIE

Glenkinchie 27 años

COMPAÑÍA Diageo plc

AÑO DE FUNDACIÓN 1825

SITIO WEB www.malts.com

Pese a que Glenkinchie está entre el paisaje ondulado de las tierras de cultivo de East Lothian, a unos 27 km al sudeste de Edimburgo, por su proximidad a la capital de Escocia se la conoce como «la malta de Edimburgo», aunque la llegada de las destilerías Holyrood, Bonnington y Port of Leith a la capital ha desacreditado un poco el título.

Glenkinchie fue fundada en 1825 con el nombre Milton Distillery por los hermanos agricultores John y George Rate, que cultivaban su propia cebada, y es una de las más de 20 destilerías de malta en activo de las Tierras Bajas. El vínculo agrícola de Glenkinchie continuó hasta tiempos relativamente recientes: durante las décadas de 1940 y 1950, el propio director de la destilería se encargó de dirigir la granja de la destilería, y ganó muchos premios con su rebaño de vacas Aberdeen Angus.

El nombre Glenkinchie fue adoptado por primera vez en 1837, pero en 1853 los Rate vendieron la destilería a un granjero local que la utilizó como aserradero y establo y no como destilería. No obstante, al ponerse de moda el whisky de mezcla, un consorcio de empresarios de Edimburgo adquirió en 1880 las instalaciones y comenzó a destilar de nuevo bajo los auspicios de la Glen Kinchie Distillery Company, convertida en 1890 en sociedad anónima.

A lo largo de los años siguientes, la destilería fue reformada y modernizada, y en 1914 fue una de las cinco destilerías de las Tierras Bajas (con Clydesdale, Grange, Rosebank y St Magdalene) que se fusionaron para formar Scottish Malt Distillers (SMD). Casi con toda seguridad, pertenecer a SMD garantizó la supervivencia de Glenkinchie durante la dura situación económica de las dos décadas siguientes. En 1925, la Distillers Company Ltd (DCL) compró SMD. Mientras fue propiedad de DCL, John Haig & Company Ltd tuvo la licencia de Glenkinchie, y hasta hoy la destilería suministra malta para la mezcla Haig.

El vínculo con Haig

Entre la década de 1930 y hasta la de 1970, Haig fue la marca líder de whisky de Escocia, y en 1939 Gold

Glenkinchie 2022 Distillers Edition

Label era el whisky más vendido de DCL. Los orígenes de la mezcla se remontan al siglo XVII, y hay quien afirma que Haig's es la empresa destiladora de whisky más antigua del mundo. Durante los siglos XVIII y XIX, varios miembros de la familia Haig estuvieron en el centro de la destilación de whisky escocés a gran escala. En 1824, John Haig fundó la conocida Cameronbridge Distillery en Windygates (Fife), considerada la primera de Escocia en producir whisky de grano. Cameronbridge fue una de las seis destilerías fundadoras de DCL en 1877, y hoy tiene las instalaciones de producción de whisky de grano más importantes de Diageo, con una capacidad de más de 100 millones de litros de espirituoso al año.

Clásico de las Tierras Bajas

En 1986, Glenkinchie fue escogida como representante de las Tierras Bajas en la cartera Classic Malts, y esto pudo tener relación con el posterior cierre en 1993 de Rosebank en Falkirk. Según algunos entendidos, Rosebank era un *single malt* superior, pero si se trataba de crear un entorno agradable para los visitantes, la ubicación de la destilería en las afueras de una ciudad industrial no podía competir con los exuberantes pastos de la zona rural de East Lothian. Glenkinchie, que en la actualidad recibe más de 40 000 visitantes al año, se vio favorecida por la pérdida de Rosebank.

Glenkinchie tiene un par de alambiques bastante grandes, lo que proporciona un nivel relativamente bajo de contacto del destilado con el cobre. Glenkinchie es conocida por producir un mosto claro, algo que se consigue no devolviendo mosto al *mash tun*, pero este es solo un factor entre varios que determinan su carácter, junto con la duración de las fermentaciones y la condensación mediante *worm tubs*.

Un puñado de la cebada *usada para producir los 1,3 millones de litros de whisky de malta destilados al año en Glenkinchie.*

Los whiskies

En 2007 se escogió como expresión principal un 12 años acabado en barricas de amontillado, y la acompaña Distillers Edition. En 2020, cuando Glenkinchie fue la primera de las destilerías Four Corners of Scotland de Diageo, salió una edición limitada de 16 años, y en 2023 se incluyó en el programa Special Releases un whisky de 27 años madurado en barricas americanas de relleno y botas de roble europeo.

HISTORIAS DEL WHISKY

Cuatro rincones

En 1969 las antiguas malterías de Glenkinchie se convirtieron en museo de la producción de whisky, y la destilería recibe siempre numerosos visitantes. En 2020, reimaginada como primero de los cuatro rincones de Escocia de Diageo para celebrar el importante papel del *single malt* Glenkinchie en la familia de mezclas de Johnnie Walker, la oferta para los visitantes cambió. Hay cuatro opciones de visita y cata, entre ellas el Glenkinchie Flavour Journey: «Un *tour* sensorial completo y una cata de whisky». El Hidden Lowland Tour & Tasting está «diseñado para el aficionado a los whiskies extraordinarios, los grandes relatos y la aventura». Hay nuevas y lujosas zonas de bar y *lounge*, y una estatua de Johnnie Walker a tamaño natural recibe a los visitantes en la entrada.

Glenkinchie 12 años

NOTAS DE CATA

Glenkinchie 12 años
Puro de malta, 43 % APV
Nariz fresca y floral, con especias, cítricos y un toque de malvavisco. Cuerpo medio, suave, dulce y afrutado, con malta, mantequilla y tarta de queso. En el final, comparativamente largo y que tiende a seco, un toque inicial de hierbas.

Glenkinchie 2022 Distillers Edition
Puro de malta, acabado en botas de jerez amontillado tras el periodo de maduración principal, 43 % APV
Rico y complejo en nariz, con miel, vainilla, jerez y cuero nuevo. Paladar con cuerpo, con compota y melaza en contraste con notas más secas y levemente ahumadas. En el final, manzanas acarameladas y frutos secos.

Glenkinchie 27 años (**Diageo 2023 Special Releases**)
Puro de malta, 58,3 % APV
En nariz, aromas de manzana, vainilla, almendras y heno recién cortado. Cítricos, especias de roble y más vainilla están presentes en el paladar viscoso, que se va secando en el largo final.

GLEN SCOTIA

Glen Scotia Victoriana

COMPAÑÍA Grupo Loch Lomond (Hillhouse Capital Management)

AÑO DE FUNDACIÓN 1832

SITIO WEB www.glenscotia.com

Después de mucho tiempo en un papel secundario en relación con su hermana no mucho mayor de Campbeltown, Springbank, en los últimos años Glen Scotia ha surgido como más que un rival en cuanto a calidad del whisky y perfil de la destilería. Stewart, Galbraith & Company Ltd fundó la destilería Glen Scotia en 1832, y antes de permanecer silenciosa entre 1928 y 1933, hubo varios cambios de dueño. Bloch Brothers (Distillers) Ltd reanudó la producción, y en 1954 vendió Glen Scotia a Hiram Walker (Scotland) Ltd. Esta la vendió pronto a la empresa de mezclas de Glasgow A Gillies & Company, que en 1970 pasó a formar parte de Amalgamated Distillers Products (ADP). Entre 1979 y 1982 se invirtieron más de un millón de libras para renovar Glen Scotia, pero a los dos años comenzó otro periodo de silencio. En 1989, bajo la nueva empresa matriz de ADP, Gibson International, volvió a elaborar whisky, pero en 1994, después de pasar a manos de Glen Catrine Bonded Warehouse Ltd, la destilería volvió a quedar en silencio.

Renacimiento

Reanudó la destilación a los cinco años, y uno de los principales factores en el renacimiento de Glen Scotia ha sido Iain Macallister, su director, que supervisó un programa cabal de renovación y mejora, y al frente de un personal entregado que no tenía pensado permitir que Glen Scotia siguiera siendo la «segunda» destilería de Campbeltown. Hillhouse Capital Management, dueña de la destilería desde 2019, ha continuado el buen trabajo iniciado por Glen Catrine.

En la zona de producción de Glen Scotia no hay un ordenador a la vista, el único par de alambiques es controlado con dos válvulas que se giran a mano en cada uno. El de colada tiene una capacidad de 11 800 litros, y el de aguardiente de 8600. Iain Macallister señala: «La forma y altura de los alambiques produce un destilado denso, robusto y untuoso. El alambique de colada es ancho en la base, corto y rechoncho, con un brazo de lyne largo y ancho. Cortamos el corazón

Glen Scotia 18 años

del destilado a 72–73 % APV, y volvemos a cortarlo a 63 % APV. Trabaja relativamente despacio, a 280–300 litros por hora. Cuanto más lo fuerzas, más disipas y pierdes el carácter deseable». Macallister resume el estilo esencial de Glen Scotia como «costero, marino, untuoso. Robusto, con un ahumado potencial. A veces se desata: no del todo equilibrado, pero con un perfil de sabor increíblemente interesante».

Un portavoz de Glen Scotia añade: «Estamos encantados de ser testigos de un verdadero resurgimiento del interés en todo el mundo por nuestro estilo de whisky. Glen Scotia ha duplicado su tamaño y es uno de los *single malts* que más rápido crece del mundo. En Asia, EE. UU., Europa, Australasia y en todas partes tenemos un grupo cada vez mayor de apasionados que nos visitan».

En el* mash tun *de hierro fundido más que centenario *de Glen Scotia, la temperatura aumenta gradualmente para extraer los azúcares del mosto.*

Glen Scotia Double Cask

Los whiskies

La gama principal la forman Double Cask, madurado en barricas de bourbon de primer llenado y acabado en barricas de Pedro Ximénez, Double Cask Rum Finish, Glen Scotia 10, 15, 18 y 25 años, el *cask strength* Victoriana, con whisky de barricas muy carbonizadas en su perfil, y Glen Scotia Harbour, NAS y turba ligera. En 2023 salió el whisky más añejo de la destilería hasta la fecha, un 42 años, junto con The Mermaid, primera entrega de la serie Icons of Campbelltown, de 12 años, acabado en barricas de jerez Palo cortado y embotellado con la graduación de barrica.

NOTAS DE CATA

Glen Scotia Double Cask
Puro de malta, 46 % APV
Jerez levemente ahumado en nariz, con melocotón, albaricoque, vainilla y caramelo. En boca, jerez, caramelo salado, canela y maderas aromáticas, con una nota final de hierbas y sal marina.

Glen Scotia Victoriana
Puro de malta, 51,5 % APV
Nariz untuosa, con carbón de barrica, cera de muebles, piña y sal, mientras que el paladar ofrece *crème brulée*, caramelo salado, jerez e hinojo, terminando con especias y roble salado quemado.

Glen Scotia 18 años
Puro de malta, 46 % APV
Aromas de flor de manzano, naranja, vainilla, abrillantador de madera preceden a sabores de jerez dulce, naranja dulce, chocolate negro y *fondant*, cerrando con especias y sal.

SPRINGBANK Y GLENGYLE

COMPAÑÍA J. & A. Mitchell & Company Ltd

AÑO DE FUNDACIÓNS 1828 (Springbank); 2004 (Glengyle)

SITIO WEB www.springbankdistillers.com; www.kilkerran.com

Campbeltown se encuentra cerca del extremo sur de la remota península de Kintyre, y en su día se lo conocía tanto por su flota pesquera de arenques como por la producción de whisky. La industria pesquera escocesa es una sombra de lo que fue, y Campbeltown sufrió junto con la mayoría de los demás puertos. En cuanto a la gran industria del whisky que floreció en el siglo XIX, se vio drásticamente reducida en el XX. En 1925 operaban solo doce destilerías de Campbeltown, y en 1935 solo quedaban Glen Scotia y Springbank.

Patrimonio y supervivencia

En lo que respecta al whisky, la destilería Springbank es una de las grandes supervivientes debido en parte a ser propiedad privada de miembros de la familia Mitchell, y el difunto presidente Hedley G. Wright era un defensor apasionado de que Campbeltown siguiera siendo un centro de producción de whisky.

Su pasión era tal que en 2000 compró el terreno y edificios de la antigua destilería Glengyle de la ciudad, y a los cuatro años, tras casi ocho décadas de silencio, volvió a producir, y fue la primera destilería «nueva» en Campbeltown en más de 125 años. Debido a que «Glengyle» está registrado para un whisky de mezcla no relacionado, los whiskies Glengyle se embotellan con el nombre Kilkerran. En 2007 apareció una versión de 3 años, a la que siguieron varias expresiones de «trabajo en curso», hasta un embotellado de 12 años en 2016. Han salido al mercado variantes de hasta 17 años, junto con varios lotes de Kilkerran Heavily Peated. La capacidad de la destilería es de 750 000 litros anuales, pero el máximo que se suele destilar ronda los 100 000.

Gavin McLachlan, director de Springbank y Glengyle, comenta: «El whisky en sí está saliendo bien. Es dulce, floral, con turba ligera y madura bien. Lo embotellamos como trabajo en curso para que la gente lo pruebe, y el actual es nuestro tercer embotellado de este tipo. Tiene siete años, y los whiskies que lo componen salen de barricas de jerez, ron y oporto, además de bourbon».

Hazelburn 10 años

Longrow

Fundada en 1828 por la familia Reid, cuya familia política, los Mitchell, se la compraron en un periodo de dificultades económicas en 1837, Springbank, la hermana mayor de Glengyle, fue la decimocuarta destilería establecida en Campbeltown. Desde entonces ha sido de los Mitchell, y es la destilería de propiedad familiar más antigua de Escocia.

Springbank 10 años

Idiosincrático

Uno de los factores que hacen único el whisky Springbank es que se destila dos veces y media. Tiene un toque suave de turba y es dulce. El carácter dulce y afrutado viene en parte de las fermentaciones largas –de hasta 110 horas–, y Springbank también es único en que el 100 % del proceso, del malteado al embotellado, se hace en la propia destilería, que de hecho es casi un museo en funcionamiento. Comparado con la mayoría de las destilerías de hoy, el número de empleados es considerable, conforme al deseo del difunto Hedley Wright de crear el máximo empleo local posible.

Además de Springbank destilado dos veces y media en su alambique de colada y par de alambiques de aguardiente, desde mediados de la década de 1970 la destilería produce un whisky puro de malta de doble destilación y alto contenido en turba, Longrow, con una variante de 10 años que salió a la venta en 1985. También produce lotes de Hazelburn sin turba y de triple destilación, y el alambique de colada en el que se crean todos estos whiskies es singular, ya que lo calientan tanto serpentines de vapor internos como llama directa.

Springbank pasó en silencio de 1979 a 1987, y de nuevo en 2008–2009, cuando los costes del combustible y la cebada eran elevados. Desde entonces, la producción se ha reanudado a una escala relativamente modesta: Springbank representa una media del 60 % de la producción anual, y el resto se reparte entre Longrow y Hazelburn. Springbank está disponible en cantidades limitadas de 10, 15 y 18 años, junto con lotes ocasionales de 21, 25 y 30 años. La expresión estándar de Longrow se embotella sin edad declarada, pero las ediciones anuales de Longrow 11 años acabado en barrica de oporto tawny se llaman Longrow Red, junto con los de 18 y 21 años. El Hazelburn principal tiene 10 años, pero han salido variantes de 14 y 21 años.

HISTORIAS DEL WHISKY

Ciudad del whisky

Hoy día solo operan tres destilerías en Campbeltown, pero históricamente se ha destilado whisky en unos 35 lugares de Kintyre, y la primera referencia escrita al whisky en la zona es de 1591. Cuando en 1885 el escritor Alfred Barnard visitó Campbeltown para investigar para su épica obra *The Whisky Distilleries of the United Kingdom* (Las destilerías de whisky del Reino Unido) *visitó nada menos que 21 destilerías, y proclamó Campbeltown «Ciudad del whisky». Entre las destilerías a las que honró con su presencia se encontraba Springbank, construida durante el gran auge de la construcción de destilerías entre 1823 y 1835, cuando en Campbeltown aparecieron 24 nuevas destilerías.*

NOTAS DE CATA

Springbank 10 años

Puro de malta, madurado en una combinación de barricas de jerez y bourbon, 46 % APV

Fresco y salobre en nariz, con cítricos y cebada. Dulce en el paladar, con salmuera en desarrollo y *toffee* de vainilla. Final largo y especiado, con más sal, aceite de coco y turba.

Longrow

Puro de malta, 46 % APV

Salmuera, cuero gastado y humo de leña en nariz, mientras que en el paladar ofrece uvas, notas de hierbas y medicinales y ahumado en desarrollo, para acabar con turba salada.

Hazelburn 10 años

Puro de malta, 46 % APV

En nariz, frutas tropicales, con tarta de manzana, vainilla y miel. Manzana verde y un toque de charcutería en el paladar, con jengibre y caramelo salado. Cierra con notas terrosas y untuosas.

AILSA BAY

COMPAÑÍA William Grant & Sons Ltd

AÑO DE FUNDACIÓN 2007

SITIO WEB www.ailsabay.com

William Grant & Sons Ltd no es una empresa a la que le guste alardear de sus actividades, y así fue que en 2007, cuando la destilería de whisky de malta de Ailsa Bay empezó a producir espirituoso, muchos ni sabían que se habían construido las instalaciones. Se encuentra en el vasto complejo de destilación de grano y mezcla de Grant en Girvan, cerca de la costa de Ayrshire.

La gran destilería de grano de Girvan *suministra espirituoso de grano para las mezclas de William Grant & Sons.*

La nueva destilería fue creada sobre una estructura existente, y llevó solo nueve meses completarla. En esto fue un eco de la destilería de grano Girvan, construida y equipada en el mismo plazo en 1963. Ailsa Bay fue concebida sobre todo para suministrar malta a la familia de mezclas de William Grant & Sons, y por eso sus alambiques están inspirados en los de Balvenie. Tras duplicar su tamaño en 2013, hoy cuenta con dos *mash tuns*, 24 cubas de fermentación de acero inoxidable y 16 alambiques, lo cual permite una impresionante capacidad anual de 12 millones de litros.

Libertad para experimentar

Un alambique de colada y uno de aguardiente tienen condensadores de acero inoxidable para poder producir un destilado más sulfuroso. En total, se producen cinco tipos de espirituoso, entre ellos una variante dulce y relativamente ligera, otra de tipo sulfuroso y tres versiones diferentes con turba.

El maestro mezclador Brian Kinsman explica: «Aquí todo se creó para permitirnos experimentar de un modo que no permiten nuestras destilerías más tradicionales. En torno al 95 % de la producción de Ailsa Bay es estándar, con menos de 2 ppm de turba, y hasta un 5 % es espirituoso ligeramente turboso (5–8 ppm) o muy rico en turba (15 ppm o más)». La planta está orientada a elaborar whisky para la cartera de mezclas de Grant, y Kinsman describe la mezcla modelo, Family Reserve, como «una mezcla estilo Speyside con una base dulce de grano. Nuestras tres maltas propias, Glenfiddich, Balvenie y Kininvie, le dan su estilo esencial afrutado y floral».

El whisky

En 2016 salió un *single malt* con turba Ailsa Bay, madurado primero en barricas de Hudson Baby Bourbon de 25 a 100 litros, y luego en otras vírgenes de roble americano convencionales, de primer llenado y de relleno. A los dos años llegaron Aerstone Land Cask y Aerstone Sea Cask 10 años, madurados respectivamente tierra adentro y en la costa de Ayrshire, en Girvan.

Ailsa Bay Release 1.2

NOTAS DE CATA

Ailsa Bay Release 1.2

Puro de malta, 48,9 % APV

El humo de tabaco, vainilla y limón en la nariz fragante conducen a un paladar de delicado humo de turba floral, canela, pimienta blanca y tarta de manzana, para cerrar con humo de hoguera.

BLADNOCH

COMPAÑÍA David Prior

AÑO DE FUNDACIÓN 1817

SITIO WEB www.bladnoch.com

Situada en el pueblo del mismo nombre, cerca de Wigtown, en Dumfries y Galloway, Bladnoch es la destilería operativa más meridional de Escocia. Fundada entre 1814 y 1817 por Thomas McClelland, permaneció en manos de la familia hasta 1930, cuando fue adquirida por la empresa de destilación Dunville, de Belfast. Desde entonces, Bladnoch ha vivido una historia un tanto accidentada, caracterizada por numerosos cambios de propiedad y dos décadas de silencio entre 1936 y 1956.

Históricamente, la triple destilación fue un rasgo común de muchas destilerías de las Tierras Bajas, y Bladnoch la usó hasta la década de 1960. Entre los propietarios de Bladnoch estuvo Inver House Distillers, que la compró en 1973 y explotó durante una década.

Bladnoch 19 años

Otra década más tarde, cuando era parte de United Distillers, la lejanía de Bladnoch, en el extremo suroeste de Escocia, jugó en su contra, y en junio de 1993 fluyó el último espirituoso de sus alambiques.

La restauración de Bladnoch

Ese pudo haber sido el fin de Bladnoch, pero en 1994, Raymond Armstrong, socio de una empresa familiar de construcción en Banbridge, en el condado norirlandés de Down, la compró y convenció a United Distillers para que le permitiera poner de nuevo en marcha la destilería. A fines de 2000, Bladnoch estaba reequipada y restaurada, y el 18 de diciembre de 2000 se reanudó la producción.

Bajo el régimen de Armstrong hubo un buen número de lanzamientos, pero en 2014 la destilería fue liquidada, y al año siguiente la propiedad pasó al empresario australiano David Prior. Antes de reanudar la producción en 2017, Prior gastó 30 millones de euros en la compra, reforma completa y puesta al día de la destilería.

Bladnoch está equipada con dos pares de alambiques y funciona cerca de su capacidad anual de 1,5 millones de litros. Forman la gama principal un cuarteto de expresiones NAS: Vinaya (madurado en una combinación de barricas de bourbon y jerez, ambas de primer llenado); Samsara (en barricas de bourbon y de tinto de California); Alinta (con turba); y Liora (en barricas de bourbon y roble nuevo). Además, hay embotellados de 11, 14, 19 y 30 años, junto con Talia, envejecido en barricas de oloroso y de tinto de roble americano procedentes de las existencias más antiguas de las bodegas de Bladnoch.

Bladnoch Vinaya

NOTAS DE CATA

Bladnoch Samsara
Puro de malta, 46,7% APV
Ligeramente salado de inicio en nariz, con melocotón y nata y especias suaves; el paladar de mango, fruta de la pasión y vainilla cierra con pera y taninos especiados.

Bladnoch Vinaya
Puro de malta, 46,7% APV
Aceite de linaza, pera, vainilla y dulce de azúcar y mantequilla en nariz. En boca, *toffee*, chocolate con leche, miel y almendras azucaradas, con malta y jengibre en el final.

Bladnoch 19 años
Puro de malta, 46,7% APV
Melaza, plátanos sobremadurados, higos y bayas oscuras en nariz; paladar con sabores de cacao, pimienta de Jamaica y dátiles, y un final con nuez moscada y roble tánico.

ANNANDALE

COMPAÑÍA Annandale Distillery Company

AÑO DE FUNDACIÓN 2014

SITIO WEB www.annandaledistillery.com

Cuando en 2014 Annandale encendió sus alambiques, no fue tanto el nacimiento de una nueva destilería como el renacimiento de una antigua: la original se estableció en 1836, cerca de Annan, en Galloway, y cerró en 1918. David Thomson, empresario natural de Annan, la reactivó entre 2011 y 2014, e invirtió más de 16 millones de euros en reconstruir Annandale, la segunda destilería más meridional de Escocia, e instaló un *mash tun semi-lauter* con tapa de cobre, tres cubas de fermentación de madera, dos alambiques de aguardiente y uno de colada.

El *single malt* sin turba lleva el nombre Founder's Selection Man O'Words (en honor al poeta Robert Burns), y con turba (45 ppm), Man O'Sword (en honor al rey Robert the Bruce). Los principales embotellados de la gama Founder's Selection son de barrica única –tanto de bourbon como jerez– y se ofrecen en versión *cask strength*. Otros incluyen Vintage y Rare Vintage, ambos consistentes en *vattings* de varias barricas. The Maltings Coffee Shop ofrece cocina de mercado de calidad, cervezas artesanas y algunos embotellados raros de Annandale.

NOTAS DE CATA

Annandale Founder's Selection 2017 Man O'Words
Puro de malta, 60% APV
En nariz es terroso, con madera recién serrada, mermelada de fresa y especias; el paladar ofrece bayas rojas, caramelo salado, clavo y canela, y cierra con grosella roja y roble ligero.

Annandale Founder's Selection 2017 Man O'Sword
Puro de malta, 60% APV
Turba, heno, pimienta blanca y guindilla en nariz. Malta, coco, carne a la parrilla, bayas oscuras y café en el paladar, y termina con hoguera, pimienta negra y chocolate negro.

Annandale Founder's Selection 2017 Man O'Sword

THE BORDERS

COMPAÑÍA Borders Distillery Company Ltd

AÑO DE FUNDACIÓN 2017

SITIO WEB www.thebordersdistillery.com

Hasta la creación de The Borders Distillery, el último whisky elaborado legalmente en el concejo de Scottish Borders se había producido en Kelso en 1837. Como emplazamiento se eligió el edificio de la Hawick Electric Company en Commercial Road, de 1903, y se desarrolló una reconversión cabal de las instalaciones, que cuentan con dos pares de alambiques que además de whisky producen vodka y ginebra.

Whisky de taller

Los dos primeros whiskies de Borders en el mercado, muy innovadores, son de la llamada Workshop Series. WS:01 fue Malt & Rye, y el equipo de Borders explica: «En 2019, para crear este whisky notable y aromático, destilamos un pequeño lote de espirituoso de centeno y lo maduramos en las mismas barricas de bourbon de primer llenado que la malta. Es el primer whisky escocés de mezcla salido de Scottish Borders desde 1837». Luego vino WS:02: The Long & Short of it: «Nuestros destiladores experimentaron con fermentaciones muy cortas, de 55 horas, y muy largas, de 150. Luego, antes de la mezcla con whisky de grano, ambos lotes se destilaron dos veces y maduraron en barricas de bourbon de primer llenado». Además, la destilería comercializa un whisky escocés mezclado por terceros llamado Clan Fraser Reserve, y también una mezcla de maltas, Lower East Side.

NOTAS DE CATA

The Borders Malt & Rye
Whisky de mezcla, 63,8% grano único, 36,2% puro de malta, 40% APV
Frutas de huerto especiadas y un toque de carbón en nariz, en boca más fruta, vainilla y malvavisco, y cierra con notas especiadas de centeno.

The Borders The Long and the Short of It
Puro de malta, 40% APV
En nariz, aromas de azúcar de cebada, zumo de pera y vino blanco, y en el paladar aparecen sabores de vainilla, melocotón y *toffee*, que terminan con fruta seca.

The Borders The Long and the Short of It

CLYDESIDE

COMPAÑÍA Morrison Glasgow Distillers

AÑO DE FUNDACIÓN 2017

SITIO WEB www.theclydeside.com

La destilería Clydeside ocupa la antigua estación de bombeo de Queen's Dock, en el río Clyde, no lejos del centro de Glasgow. La estación misma, de 1877, se ha convertido en un atractivo centro de visitantes, y el equipo de destilación se encuentra en los nuevos edificios contiguos.

The Clydeside usa dos alambiques y tiene una capacidad anual de 500 000 millones de litros. La dirigen miembros de la ilustre familia destiladora Morrison, dueños de la embotelladora independiente AD Rattray. En uno de esos caprichos del destino, el bisabuelo de Tim Morrison, fundador de The Clydeside, diseñó la estación de bombeo que movía las puertas del Queen's Dock.

A finales de 2021, The Clydeside lanzó su primer whisky puro de malta, llamado Stobcross en honor de una cruz histórica en el camino hacia Dumbarton Rock, en el Clyde. El whisky está hecho con cebada escocesa al 100 % y madurado en barricas de roble americano y europeo. Después salieron al mercado variantes de cinco años y *cask strength*.

NOTAS DE CATA

The Clydeside Stobcross
Puro de malta, 46 % APV
Floral, con miel y frutas tropicales en nariz; en boca, jengibre, roble recién cepillado y barras de chocolate con leche de frutas y avellanas. Acaba con malta y roble cítrico.

The Clydeside 2023 Edición Limitada
Puro de malta, 60,6 % APV
Frutas tropicales, vainilla y tarta de manzana caliente en nariz. Melocotón maduro, *crème fraîche* y jengibre en boca, y cierra con notas cítricas y especias de roble.

The Clydeside
2023 Edición Limitada

DAFTMILL

COMPAÑÍA Familia Cuthbert

AÑO DE FUNDACIÓN 2003

SITIO WEB www.daftmilldistillery.com

En su propiedad, cerca de Cupar, en Fife, miembros de la familia de agricultores Cuthbert crearon Daftmill en edificios agrícolas en desuso. La destilería empezó a operar en diciembre de 2005, y lo hace en función de las exigencias de la campaña agrícola, que incluye cultivar y cosechar su propia cebada para maltear, con lo cual se produce una media de solo 100 barricas al año. Un aspecto refrescante de la casa, dirigida por Francis Cuthbert, es que cuando tantas empresas de nueva creación comercializan su espirituoso en cuanto tiene edad suficiente para denominarse legalmente whisky escocés, la familia Cuthbert esperó doce años antes de ofrecer en 2018 su lanzamiento inaugural al público.

Daftmill sale al mercado

Del primer whisky comercializado por Daftmill, una de las menores destilerías de whisky puro de malta de

Daftmill emplea barricas de bourbon de la destilería Heaven Hill de Kentucky.

Escocia, salieron al mercado solo 629 botellas, que los aficionados ávidos por descubrir las cualidades de este *single malt* largamente esperado agotaron de inmediato. A este siguió un embotellado de verano en 2006, y otro de invierno el mismo año. En 2022 apareció la primera botella de 15 años en versión *cask strength*.

NOTAS DE CATA

Daftmill 15 años Cask Strength
Puro de malta, 55,7 % APV
Manzana verde madura, vainilla y nuez moscada en nariz; en boca se aprecia pomelo, guayaba y mermelada de naranja, y acaba con pimienta de Jamaica y roble suave.

Daftmill 15 años
Cask Strength

EDEN MILL

COMPAÑÍA Inverleith LLP

AÑO DE FUNDACIÓN 2012

SITIO WEB www.edenmill.co.uk

Con los característicos alambiques *pot still* de cobre, Eden Mill surgió de una empresa cervecera en Guardbridge (Fife). En 2022, la destilería pasó de los fundadores Paul Miller y Tony Kelly a la sociedad de inversiones Innerleith, y a los dos años se trasladó a nuevas instalaciones ecológicas de 10 millones de euros junto a su sede original en el nuevo Eden Campus de la Universidad de St Andrews. Esto permitió producir mayor cantidad de ginebra, vodka y whisky. En 2018 salieron en botellas de 200 ml con la etiqueta Hip Flask Series las primeras siete de las 17 expresiones *single cask*, y después las primeras 10 botellas de Eden Mill First Bottling-Limited Release, a la venta a través de Whisky Auctioneer. La botella nº 1 se vendió por 8691 euros, batiendo el récord mundial del primer lanzamiento de una destilería. En 2023 salió la colección Signature Single Malt Whisky, que incluía The Bourbon Cask y The Sherry Cask.

NOTAS DE CATA

Eden Mill The Bourbon Cask
Puro de malta, madurado en barricas de bourbon de primer llenado, 46% APV
Tarta de manzana, azúcar de cebada y roble tostado en nariz; en boca, caramelo salado, galletas de jengibre y frutas de huerto, y cierra con roble especiado.

Eden Mill The Sherry Cask
Puro de malta, 46% APV, madurado en barricas de jerez y bourbon, y acabado en barricas de primer llenado de oloroso y Pedro Ximénez
Aromas de *toffee*, frutos secos e higos y sabores de dátiles, naranja de Jaffa y chocolate negro, cerrando con jerez especiado.

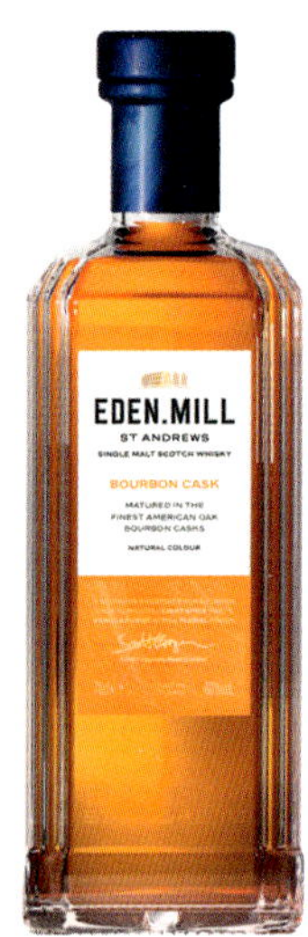

Eden Mill
The Bourbon Cask

GLASGOW

COMPAÑÍA Hughes & McDougall

AÑO DE FUNDACIÓN 2015

SITIO WEB www.glasgowdistillery.com

Al empezar a producir en 2015, la destilería Glasgow fue la primera de la ciudad en elaborar *single malt* desde 1902. Cuenta con un par de alambiques de whisky fabricados por Carl en Alemania, y aparte otro de ginebra. Makar Gin fue pronto un éxito de ventas, y el whisky Glasgow alcanzó la mayoría de edad en 2018, al salir a la venta 5000 botellas de 1770, disponibles por sorteo a través de la página web de la destilería. El 1770 estaba envejecido en barricas de bourbon de primer llenado, y acabado brevemente en barricas de roble virgen.

Puro de malta

El primer whisky de malta, 1770 Glasgow Single Malt, salió a la venta en 2018, y 1770 fue la fecha de fundación de la Glasgow Distillery Company original. También producen una variante con turba, y en 2020 apareció la tercera y última variante de la gama Signature, 1770 Triple Distilled. Más tarde se lanzó una Small Batch Series que continúa hoy, e incluyó una variante acabada en barricas de tequila, una versión con turba acabada en barricas de coñac y un embotellado acabado en una combinación de barricas de tinto de burdeos y oporto. Para los visitantes a la destilería existe también el exclusivo Cooper's Cask Release.

NOTAS DE CATA

Glasgow 1770 The Original
Puro de malta, madurado en barricas de roble virgen y de bourbon, 40% APV
Azahar, vainilla y galletas calientes en nariz, con un paladar de manzana verde, mazapán y clavo, terminando con mermelada de lima y roble ligero.

Glasgow 1770 Peated
Puro de malta, madurado en roble virgen y acabado en barricas de Pedro Ximénez, 40% APV
En el inicio, humo de turba afrutado, dátiles y turrón, con el humo variando a alquitrán, y un paladar de turba terrosa, plátanos y cuero gastado, para cerrar con turba y frutos secos.

Glasgow 1770 Triple Distilled
Puro de malta, madurado en barricas de roble virgen y de bourbon, 46% APV
En nariz, vainilla, jengibre y melocotón en conserva, con sabores de zumo de pera y manzanas. En el paladar, miel y *toffee*, para acabar con albaricoque, regaliz y roble seco.

Glasgow 1770 Peated

HOLYROOD

COMPAÑÍA Holyrood Distillery Ltd

AÑO DE FUNDACIÓN 2019

SITIO WEB www.holyrooddistillery.co.uk

En 2019, el fluir del primer espirituoso en la destilería Holyrood de Edimburgo marcó la vuelta a la destilación de whisky de malta en la capital de Escocia por primera vez desde 1925, cuando quedó silenciosa Glen Sciennes. Holyrood tiene su sede en un edificio con carácter, el Engine Shed, de 1835, cuando se construyó como parte del ferrocarril Edinburgh & Dalkeith.

Los dos alambiques miden 7 m de altura, y la destilería tiene una capacidad de 250 000 litros anuales. Se emplearon variedades tradicionales de cebada, y en 2022, no menos de 23 tipos distintos de levadura en 99 recetas distintas de macerado. Holyrood presume también de un innovador Cask Programme, en el que los participantes escogen entre una amplia gama de permutaciones, desde las variedades de levadura y el tamaño y tipo de barricas hasta los puntos de corte durante la destilación.

Dada su situación cerca del centro de Edimburgo, Holyrood se ha propuesto atraer visitantes, y ofrece lo que se describe como «una experiencia práctica, sensorial y educativa». En 2023 salió a la venta con el nombre Arrival el primer whisky puro de malta de Holyrood.

NOTAS DE CATA

Holyrood Arrival
Puro de malta, madurado en barricas de jerez oloroso, Pedro Ximénez, bourbon y ron, 46,1 % APV
En nariz ofrece frutos secos, *toffee*, pastel de fruta caliente y un toque de cuero, con sabores de vainilla, caramelo, jengibre y pasas, y algo de charcutería y especias dulces en el final.

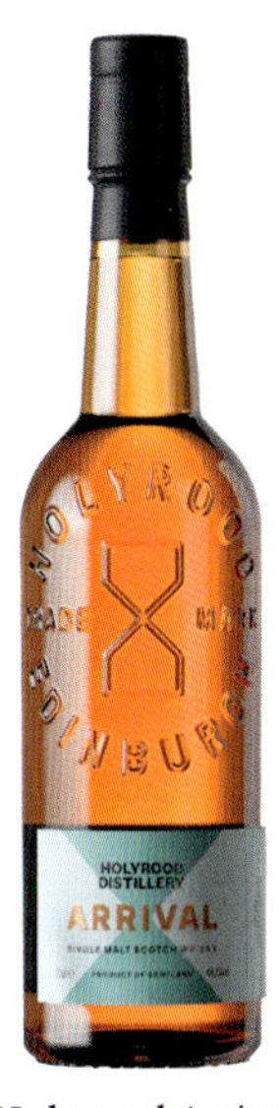

Holyrood Arrival

INCHDAIRNIE

Inchdairnie Ryelaw

COMPAÑÍA InchDairnie Distillery Ltd

AÑO DE FUNDACIÓN 2015

SITIO WEB www.inchdairniedistillery.com

Como Holyrood, InchDairnie dista mucho de ser una empresa convencional de elaboración de whisky. Es mucho mayor que la mayoría de sus jóvenes contemporáneas independientes, con una capacidad de 4 millones de litros anuales. La destilería cuenta con un molino de martillos, un recipiente de conversión del macerado y un filtro de mosto en lugar del tradicional *mash tun*, lo cual facilita mucho el trabajo al usar cebada no malteada. Hasta hoy, además de cebada malteada, en InchDairnie se ha destilado trigo, avena y centeno. La destilería tiene un par de alambiques de cobre y otro de estilo Lomond, que de hecho incluye un alambique de columna con seis placas sobre una caldera.

Whisky de centeno

El alambique Lomond sigue produciendo whisky de centeno RyeLaw, lanzado en 2023 y primer producto de InchDairnie por ser el primero en madurar. Sobre la experiencia de InchDairnie con el centeno, Ian Palmer, fundador y director general, comenta: «La normativa de EE.UU. fija un contenido mínimo de centeno del 51 %, y acabamos optando por una proporción de 53/47 de centeno malteado y cebada malteada. También especifica el uso de barricas de roble virgen, así que hicimos lo mismo».

***La destilería Inchdairnie** se encuentra en las afueras de Glenrothes, en Fife.*

NOTAS DE CATA

Inchdairnie Ryelaw
Grano único, 46,3 % APV
Especias florales, de picante en aumento, con miel, vainilla y una nota perfumada en nariz. Algo untuoso en boca, con centeno suave y especias, plátanos maduros y caramelo, y picante de centeno persistente en un final ácido y con frutos secos.

KINGSBARNS

COMPAÑÍA Familia Wemyss

AÑO DE FUNDACIÓN 2014

SITIO WEB www.kingsbarnsdistillery.com

Cerca de Saint Andrews, en Fife, la famosa ciudad universitaria y cuna del golf, Kingsbarns fue construida en torno a una granja abandonada del siglo XVIII. Pertenece a la familia Wemyss, grandes propietarios de tierras y empresarios locales, que en 2012 invirtieron 3,5 millones de euros para sacar adelante el proyecto de la destilería.

En marzo de 2015 se llenaron los primeros barriles de whisky, y en 2018 llegó el lanzamiento inicial –para los miembros del Founders' Club–. Al año siguiente salió el whisky puro de malta Dream to Dram, buque insignia de la destilería, en un 90% espirituoso procedente de barricas de bourbon Heaven Hill de primer llenado, con un 10% de barricas de vino STR de primer llenado. Más tarde salieron Distillery Reserve 2020 y 2021, y Balcomie, expresión de cinco años madurada en botas de jerez oloroso de roble americano. En 2021 se presentó una edición limitada de whisky envejecido en barricas de bourbon y oloroso, llamada Bell Rock en honor a un faro histórico frente a la costa este escocesa. En 2023, Doocot, variante dos veces más antigua que su predecesor Dream to Dram al que sustituyó.

NOTAS DE CATA

Kingsbarns Doocot
Puro de malta, 46% APV
Manzana roja, plátano, miel y lápices afilados en nariz, mientras que el paladar ofrece piña, frambuesa y cereal cocido, y cierra con kiwi y roble suave.

Kingsbarns Doocot

LINDORES ABBEY

COMPAÑÍA Lindores Distilling Company

AÑO DE FUNDACIÓN 2017

SITIO WEB www.lindoresabbeydistillery.com

El primer espirituoso fluyó de los alambiques de la destilería Lindores Abbey el 13 de diciembre de 2017, y la idea de crearla fue de Drew McKenzie-Smith y su esposa, Helen. La familia McKenzie-Smith posee desde 1913 las ruinas de la abadía y tierras de cultivo circundantes. El proyecto, de 12 millones de euros aportados por tres inversores europeos, se puso en marcha en 2013 en una granja de 250 años frente a la abadía.

El *mash tun* y los tres alambiques de la destilería son de la famosa casa Forsyth's de Rothes, y las cubas de fermentación de madera, de Joseph Brown Vats de Dufftown, a pocos kilómetros. Hay tres alambiques, pero eso no supone volver a la antigua práctica de la triple destilación de las Tierras Bajas, sino que un gran alambique de colada alimenta dos de aguardiente relativamente pequeños, lo cual garantiza abundante contacto con el cobre y un espirituoso limpio y delicado.

Los tres alambiques de cobre *son de la famosa empresa de caldereros Forsyth's de Rothes.*

En 2021 llegó el primer lanzamiento de Lindores *single malt*, denominado MCDXCIV, madurado en una combinación de barricas de bourbon, jerez y vino. Posteriormente ha habido varias ediciones limitadas.

NOTAS DE CATA

Lindores MCDXCIV (1494)
Puro de malta, 46% APV
Delicadamente especiado, con bayas rojas, malta, jerez y un toque de humo en nariz. Frutas secas, nuez moscada y pimienta negra caracterizan el paladar, y cierra con regaliz y taninos sutiles.

Lindores MCDXCIV (1494)

LOCHLEA

COMPAÑÍA Lochlea Distilling Company

AÑO DE FUNDACIÓN 2018

SITIO WEB www.lochleadistillery.com

Lochlea fue desarrollada por Neil McGeoch, dueño de Lochlea Farm, a solo 13 km de la ciudad de Kilmarnock, en Ayrshire, famosa como patria chica de Johnnie Walker. Entre 1777 y 1784 vivió y trabajó en la granja el poeta nacional de Escocia, Robert Burns, dedicado a labores agrícolas mientras escribía algunos de sus poemas más conocidos.

En 2014, Neil McGeoch vendió su rebaño de vacas y emprendió el proceso de convertir edificios de uso agrícola en destilería. Dedicó las tierras de cultivo a la cebada destinada a convertirse en whisky *in situ*. La producción comenzó en la primavera de 2018, y John Campbell, durante muchos años al timón de Laphroaig en su Islay natal, supervisa la destilación . El primer whisky de Lochlea salió al mercado en 2022, madurado en barricas de bourbon y Pedro Ximénez de primer llenado, pero Lochlea ha usado no menos de catorce tipos diferentes de barricas. Su embotellado principal es Our Barley («nuestra cebada»), y además de lanzamientos estacionales, también hay disponible una variante *cask strength*.

NOTAS DE CATA

Lochlea Our Barley
Puro de malta, 46% APV
Frutas de huerto, malta ligera y un toque de miel en nariz dan paso a un paladar de melocotón y nata, almendras y especias alegres, y cierra con vainilla y pimienta blanca.

Lochlea Our Barley

ROSEBANK

COMPAÑÍA Ian Macleod Distillers

AÑO DE FUNDACIÓN 1840

SITIO WEB www.rosebank.com

La destilería Rosebank se encuentra junto al canal Forth-Clyde, en Camelon, a las afueras de la ciudad industrial de Falkirk, a medio camino entre Edimburgo y Glasgow. Sus orígenes son confusos, pues se afirma que fue fundada en 1798, cuando al parecer los hermanos Stark dirigían una destilería llamada Rosebank. El nombre vuelve a aparecer en 1817, cuando consta una destilería Rosebank propiedad de James Robertson. Lo que se sabe con certeza, por las malterías de la destilería Camelon, es que en 1840 James Rankine construyó una destilería en el emplazamiento actual.

Rosebank produjo malta de triple destilación en tiempos buenos y malos para la industria del whisky hasta que en 1993 sus propietarios, United Distillers (ahora Diageo), la cerraron. El difunto Michael Jackson describió Rosebank como «el mejor ejemplo de whisky de malta de las Tierras Bajas» […] y calificó su cierre como «una dolorosa pérdida». Ian Macleod Distillers emprendió un ambicioso proyecto de reconstrucción y reequipamiento que incluyó el encargo de tres alambiques basados en los planos originales. La triple destilación ha vuelto a Rosebank, y en julio de 2023 se llenó el primer barril.

***Con su ladrillo rojo victoriano y su imponente chimenea**, la nueva destilería de Rosebank ha conservado todo lo posible de la antigua.*

NOTAS DE CATA

Rosebank 31 años
Puro de malta, 48,1% APV
Hierba limón, almendras y vainilla en nariz, y un paladar de bayas rojas, plátano, manzanilla y cuero suave que acaba con una nota de hierbas y roble suave.

Rosebank 31 años

IRLANDA

IRLANDA

En cuestión de whiskey, ningún país del mundo ha cambiado su suerte tanto, ni con tanto éxito, como Irlanda. Se podría comparar con un boxeador que, tras nueve asaltos de un combate a doce, está contra las cuerdas, recibiendo una paliza terrible de manos tanto de la grande y agresiva industria del whisky estadounidense como de la ágil y rápida de puños industria escocesa. Se ha levantado, sin embargo, ha salido de su esquina luchando, y de hecho, desde 2010 se ha vuelto imperioso, igualando a cualquier otro territorio del planeta en materia de whiskey de clase mundial.

A principios de siglo, rarezas aparte, el whiskey irlandés se limitaba a Jameson, un par de mezclas irlandesas mal financiadas de la República, las mezclas y *single malts* de Bushmills en el norte y algún embotellado de lote pequeño de Midleton y Cooley. Hoy el país deja atrás cada vez más la camisa de fuerza de la triple destilación, el no usar turba y la mezcla, para producir whiskeys deliciosos y emocionantes que ganan premios en todo el mundo.

Hay muchas más marcas de whisky en Irlanda que destilerías, pero el número de destilerías está aumentando rápidamente, con unas treinta en producción y muchas más en fase de planificación o construcción. Extraordinario, considerando que hace poco más de una década había solo tres. La elaboración de whisky ha vuelto tanto a Dublín como a Belfast tras varias décadas de ausencia de ambas, y ahora funcionan destilerías en toda la isla, desde Bushmills, en la costa norte, hasta Skibereen, en el sur, Achill Island en el oeste, y Dundalk, en el este. La innovación está a la orden del día en algunas destilerías, donde se elabora *single pot still*, whisky «a la antigua» en alambique de cobre, como Boann, Killowen y Blackwater, con proporciones mayores de cereales distintos de la cebada en sus recetas. No hay duda de que Irlanda tiene el aire confiado de un campeón de peso pesado.

***La remota costa oeste de Irlanda** acoge ahora varias destilerías, entre ellas Achill Island Distillery.*

ESTILOS REGIONALES
Tradicionalmente, Irlanda se conocía sobre todo por dos estilos de whiskey: la mezcla irlandesa suave y afrutada de triple destilación, que representaría Jameson, y el más raro y robusto estilo *pot still*, como Redbreast. Hoy la diversidad es mayor.

NUESTRA ELECCIÓN
Érase una vez una Irlanda con docenas de pequeñas destilerías gracias al clima templado y la abundancia de grano, agua y turba.
BUSHMILLS Cerca de la Calzada del Gigante, en la hermosa costa de Irlanda del Norte, Bushmills es la destilería con licencia más antigua del mundo, y ofrece encanto tradicional, con énfasis en el patrimonio, y una cálida bienvenida.

EVENTOS REGIONALES
Irish Distillers, propiedad de Pernod Ricard y productora de Jameson, tiene centros de visitantes en Dublín y Midleton, cerca de Cork. También se puede visitar Bushmills, en Irlanda del Norte, y en total hay más de veinte destilerías de whiskey irlandés abiertas al público. Dublín tiene un excelente Museo del Whiskey Irlandés (www.irishwhiskeymuseum.ie), y el hogar de la marca Jameson Distillery Bow St (www.jamesonwhiskey.com). En cuanto a eventos, cada mayo se celebra el Whisky Live Dublin (www.whiskeylivedublin.com), en julio, la Belfast Whiskey Week (www.belfastwhiskeyweek.com), y en marzo, el Cork Whiskey Fest (www.corkwhiskeyfest.com).

COMUNICACIONES

Gracias a las mejoras en la red de carreteras irlandesa, ahora es fácil alojarse en Dublín y llegar a todas las destilerías de la isla. La mejor autopista conecta Dublín con Belfast, con Bushmills algo más allá, y se puede llegar a Midleton por carretera o en el tren a Cork. Una autopista que atraviesa el país hasta la costa oeste pasa por Kilbeggan, y así llegar allí y a la cercana Tullamore es mucho más rápido y fácil que antes.

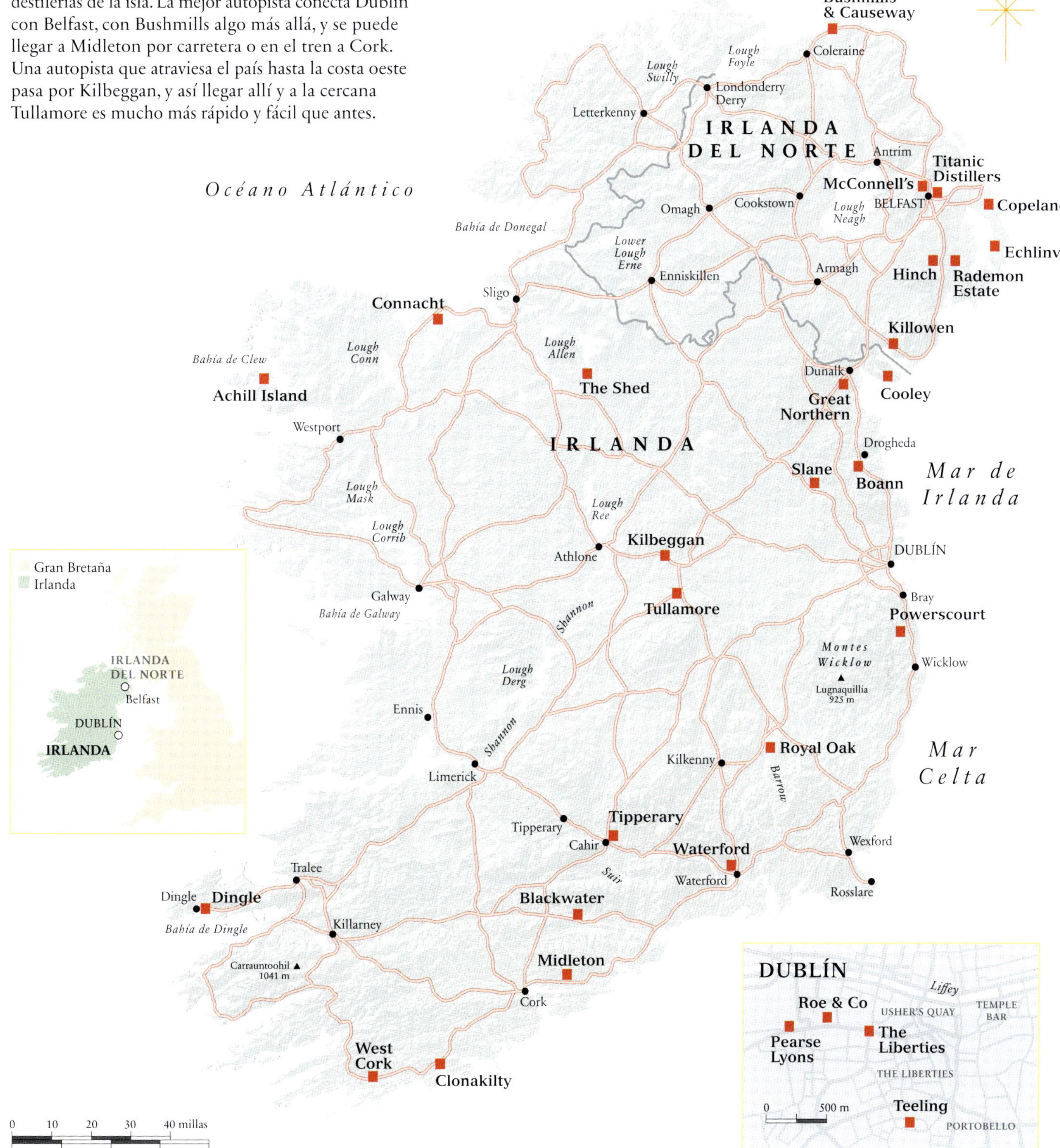

BUSHMILLS Y CAUSEWAY

Bushmills 21 años

COMPAÑÍA Proximo Spirits

AÑO DE FUNDACIÓN 1784

SITIO WEB www.bushmills.eu

Durante muchos años, Bushmills fue la única destilería de whisky operativa en Irlanda del Norte, pero felizmente se le fueron sumando varias otras. La destilación legal en la zona de Bushmills consta desde 1608, y en los últimos años esta marca histórica ha gozado de un gran éxito, no solo con sus mezclas Original, Black Bush y Red Bush, y sus whiskies de malta de triple destilación, sino también con la actual Causeway Collection de maltas acabadas *cask strength* y diversos lanzamientos innovadores.

Antes propiedad de Irish Distillers, entre 2005 y 2014 fue parte de la cartera de Diageo, y ahora Bushmills pertenece a Proximo Spirits, conocida sobre todo por el tequila José Cuervo, que ha hecho grandes inversiones en la marca Bushmills y su futuro. Bushmills es el tercer whisky irlandés más vendido en el mundo, con un crecimiento del volumen de ventas de más del 10 % durante 2022, y por primera vez en su historia ha superado el millón de cajas vendidas.

Una segunda destilería

Para hacer frente a la mayor demanda, se construyó junto a Bushmills una segunda destilería totalmente nueva que comenzó a producir en 2021. Se llama Causeway, en honor del famoso rasgo del paisaje que es la Calzada del Gigante, formada por 40 000 columnas de basalto encajadas entre sí en la costa de Antrim (Irlanda del Norte), a solo 4 km del pueblo de Bushmills. Construir Causeway costó 44 millones de euros del total de 71 millones que Proximo ha invertido en Bushmills en los últimos cinco años, que han incluido la construcción de bodegas adicionales. En la actualidad, el recinto cuenta con 37 de ellas, y con el permiso concedido para construir entre 15 y 20 más, y la capacidad total es de 11 millones de litros al año.

La destilería Causeway contiene réplicas exactas de los alambiques de Bushmills, en número, forma y tamaño de los de colada, *low wines* y aguardiente. Las diez grandes calderas son parte del complejo proceso de triple destilación del característico *single malt* de Bushmills, con tecnología térmica que reduce un

Bushmills 16 años

El **dunnage** *tradicional de Bushmills, con barricas apiladas en tres alturas.*

30 % el consumo de energía. Causeway se diseñó para en caso necesario duplicar la capacidad de la planta.

Bushmills/Causeway tiene una de las políticas de gestión de barricas y madera más impresionantes de toda Irlanda, y produce whisky de calidad con entrega y cuidado, combinando a la perfección y con estilo innovación y tradición. Los whiskies nunca son menos que excelentes. De hecho, en el pasado el intenso y ajerezado Black Bush ha hecho una seria competencia a Jameson. Beber cualquier Bushmills al calor de la destilería es uno de los mayores placeres del mundo del whisky, el encanto hecho tangible.

HISTORIAS DEL WHISKY

Un gran lugar para visitar

Bushmills es una destilería que hay que visitar. Aunque conocida durante tantos años por poco más que la violencia y el terror del conflicto, una de las mayores ironías de Irlanda del Norte es que al norte tiene algunas de las costas más bonitas de Europa, es un lugar virgen y encantador, y el índice de criminalidad es casi cero. Como fenómeno natural está la Calzada del Gigante, y hay aldeas enclavadas en un idilio rural. Y es aquí donde se recibe la más cálida bienvenida, propia de una destilería irlandesa. El personal tiene a gala mantener algo del encanto tradicional, y se centra en el patrimonio y la procedencia como fabricante de whiskey de renombre.

NOTAS DE CATA

Bushmills Black Bush
Mezcla, 40 % APV
Suave y sedoso como un *crooner* de jazz, y todo lo afrutado que un whiskey pueda ser, Black Bush es una mezcla clásica de bayas ajerezadas, manzana y pera cocidas y algunas notas cítricas, todo en un conjunto ordenado, agradable y sin aristas.

Bushmills 16 años
Puro de malta, 40 % APV
Mantener el carácter dulce y afrutado por la triple destilación de muchos whiskies irlandeses con 16 años de maduración como *single malt* no es cosa fácil, pero aquí se ha conseguido. Un whiskey de talla mundial, con una secuencia gradual compleja de roble, especias, uva espina y manzana, a la vez dulce y tendiendo a seco. Un deleite.

Bushmills 21 años
Puro de malta, 40 % APV
Para la mayoría de los whiskeys irlandeses, veintiún años es toda una vida, pero este de ningún modo está ahogado en roble, sino hermosamente estructurado, con notas intensas y jugosas de pasas y grosella negra. El roble aporta profundidad, pero sin aristas, y unas florituras de uva y cítricos en un todo gratificante y complejo.

TEELING

COMPAÑÍA La familia Teeling y Bacardí

AÑO DE FUNDACIÓN 2015

SITIO WEB www.teelingwhiskey.com

En su día, Dublín fue el motor de la destilación en Irlanda, y producía whiskey en vastas cantidades que se vendía por todo el mundo. El whiskey de Jameson destilado en Bow Street competía con el de otras tres grandes dinastías de destiladores: George Roe & Company, John Power & Son y William Jameson & Company.

Pero los tiempos cambian, y durante el siglo xx la industria del whiskey irlandés quedó reducida a una sombra de lo que fue. En 1976 cerró la última destilería dublinesa de whiskey, la gran destilería John's Lane de James Power & Son. Por suerte, no fue el final de la historia de la destilación en la ciudad. En 2014, los hermanos Jack y Stephen Teeling fundaron en unos antiguos almacenes de la histórica zona de Liberties la primera destilería nueva en 125 años. Hoy en día hay cuatro destilerías de whiskey funcionando en Dublín.

Teeling Blackpitts

El primer whiskey Teeling fluyó en 2015, la destilería está equipada con un *mash tun lauter*, Steinecker de 4 toneladas, dos cubas de fermentación tradicionales de pino de 15 000 litros y cuatro de acero inoxidable de 20 000. Frilli fabricó en Italia los tres alambiques *pot still*, y Teeling produce tanto *single malt* como whiskey *pot still*.

En 2017, Bacardí se introdujo por primera vez en la destilación irlandesa al comprar una participación minoritaria en Teeling, y mientras esperaba a que madurara su propio espirituoso, Teeling desarrolló una exitosa gama de whiskeys, entre ellos el superventas Small Batch –mezcla con un alto contenido en malta, acabado en barricas de ron–, Single Grain y Single Malt. Estos proceden en parte de la destilería Cooley, antes propiedad de la familia Teeling. En 2018 salieron al fin 6000 botellas de Teeling Single Pot Still (elaborado con partes iguales de cebada malteada y sin maltear), aclamados por la crítica, y esa expresión –de triple destilado y madurada en una combinación de barricas de roble virgen americano, bourbon y jerez– ha ocupado su lugar en la gama principal.

Cerca de la fábrica de la famosa cerveza Guinness y las otras tres destilerías de Dublín, Teeling tiene estupendas instalaciones para visitantes, con apuntes fascinantes de la vida pasada y presente de Dublín.

La destilería Teeling *vista desde la calle. En el centro mismo de la ciudad de Dublín, bien merece una visita.*

NOTAS DE CATA

Teeling Small Batch
Mezcla, 46 % APV
Manzana verde especiada y grano en nariz, con un paladar de clavo, manzana asada, ron, roble y pimienta negra.

Teeling Single Pot Still
Pot still, *46 % APV*
Aromas florales, con notas de pomelo, miel y cereales. En boca, melocotón, almendras, pimienta de Jamaica y pimienta negra.

Teeling Blackpitts
Puro de malta con turba, madurado en barricas de bourbon y sauternes, 46 % APV
Naranja y vainilla, con humo de leña y clavo en nariz; en el paladar se aprecian manzana ahumada, piña, embutidos y caramelo salado.

THE LIBERTIES

COMPAÑÍA Quintessential Brands y Stock Spirits

AÑO DE FUNDACIÓN 2018

SITIO WEB www.thedld.com

La destilería The Liberties está en una antigua fábrica del siglo xviii que fue una curtiduría. Cuenta con tres alambiques que producen whiskey de doble y triple destilación. Mientras madura su propio espirituoso, ofrece una gama de whiskeys de terceros con varias expresiones en la gama de mezclas The Dubliner, y un trío de embotellados de whiskey puro de malta de 10, 13 y 16 años. The Liberties recibe visitantes, y en las visitas guiadas cuentan algunas buenas historias sobre los antiguos días sin ley en la zona.

NOTAS DE CATA

The Dublin Liberties Whiskey Copper Alley 10 años
Puro de malta, sin filtrar en frío, acabado en barricas de oloroso, 46% APV
Aromas de flor de manzano, canela, miel y frutas secas, con sabores de ciruelas, nueces, pasas y chocolate negro.

The Dublin Liberties Whiskey Copper Alley 10 años

PEARSE LYONS

COMPAÑÍA Alltech Inc

AÑO DE FUNDACIÓN 2017

SITIO WEB www.pearselyonsdistillery.com

La destilería Pearse Lyons está en la iglesia desconsagrada de St James, en The Liberties, los dos alambiques de cobre ocupan el lugar donde estaba el altar. La iniciativa fue idea del difunto empresario, cervecero y destilador Pearse Lyons y su esposa, Deidre, quienes emprendieron una épica reforma de 24 millones de euros para convertir la iglesia semiderruida en una destilería imponente, y con una emblemática aguja de vidrio iluminada. La destilería está equipada con un *mash tun lauter,* dos cubas de fermentación de acero inoxidable y otras dos abiertas de madera, además de dos alambiques fabricados por Vendome, de Kentucky. Produce whiskeys puros de malta y *pot still*. Visitar la destilería es todo un placer.

NOTAS DE CATA

Pearse Founder's Choice 12 años
Whisky puro de malta, 43% APV
Melocotón maduro, manzana roja y pino en nariz; en boca, dulce de azúcar y mantequilla, naranja, jengibre, clavo y roble especiado al final.

Pearse Founder's Choice 12 años

ROE & CO

COMPAÑÍA Diageo plc

AÑO DE FUNDACIÓN 2019

SITIO WEB www.roeandcowhiskey.com

Tras la venta de Bushmills en 2014, crear Roe & Co en la antigua central eléctrica de la fábrica de Guinness supuso la vuelta de Diageo al whiskey irlandés, y con la destilería George Roe & Co de Thomas Street, en su día la mayor de Irlanda, revivió uno de los grandes nombres del apogeo del whiskey irlandés. Desde 2017, Diageo comercializa un whisky de mezcla procedente de otra empresa. La destilería tiene tres alambiques y produce whiskeys de doble y triple destilación. Las visitas incluyen un taller de cócteles.

NOTAS DE CATA

ROE & CO
Mezcla, 45% APV
Fragante en nariz, con vainilla, *mixed spice* y roble sutil; en boca destacan la pera especiada, más vainilla, plátano maduro, malta y roble.

Roe & Coe

MIDLETON

Jameson

COMPAÑÍA Irish Distillers (Pernod Ricard)

AÑO DE FUNDACIÓN 1780

SITIO WEB www.jamesonwhiskey.com

Hoy el whiskey irlandés se encuentra en muy buen lugar, pero no siempre fue así. Después de la época dorada de los siglos XVIII y XIX, sufrió una larga e indigna caída en desgracia. Su destino fue en parte autoinfligido, en parte una consecuencia de la agitación social, económica y política, y en parte el resultado de las prácticas comerciales despiadadas de sus competidores, sobre todo en Escocia.

En la década de 1960, las destilerías supervivientes se unieron como Irish Distillers y definieron la diferencia con el whisky escocés, haciendo hincapié en rasgos como no usar turba y la triple destilación de mezclas dulces y afrutadas. Funcionó, y Jameson en particular destacó, incluso cuando el whiskey irlandés pasó a un segundo plano y le hacían sombra primero el escocés, luego el japonés y, finalmente, la renacida industria del whiskey en EE.UU.

El auge de Irish Distillers

Primero, Midleton fue la base para afianzar Irish Distillers, hoy propiedad de Pernod Ricard, y luego para el contraataque. El traslado a una nueva planta de última generación, después ampliada varias veces, es la manifestación más evidente del florecimiento de Irish Distillers, pero otra pista es el número creciente de bodegas en los terrenos que rodean la destilería. En la actualidad, la planta tiene una capacidad total de 60 millones de litros de espirituoso al año. En el mundo el whiskey irlandés está creciendo más rápido que cualquier otra categoría de whisky, y tras una entrada tardía en la nueva ola de innovación y diversidad, Irish Distillers ocupa un lugar destacado.

En 2014, con un programa de lanzamientos aún en marcha, la empresa buscó renovar la categoría irlandesa *pot still* con la nueva definición *single pot still*. La mezcla Jameson es con diferencia la marca de whiskey irlandés líder en el mundo, pero Irish Distillers es también propietaria del histórico nombre Power's, cuya gama incluye incluso un whiskey irlandés de centeno. Sin embargo, la expresión definitiva del lado experimental de Irish Distillers es la colección Method & Madness, con opciones *single malt*, *single*

Jameson Select Reserve Black Barrel

Inaugurada en 2013, The Garden Stillhouse en Middleton, equipada con seis alambiques pot still.

grain y *single pot still*, y whiskeys acabados en barricas de morera, cerezo y castaño. La nada ortodoxa edición limitada «Oats and Malt» se destila a partir de un 60 % de avena y un 40 % de cebada malteada.

Whiskey irlandés *pot still*

El whiskey *pot still* es exclusivo de Irlanda. Se elabora mezclando cebada malteada con otro cereal o cereales, a menudo cebada sin maltear, en la fase de molienda o harina; es decir, antes de añadir agua y fermentar el mosto obtenido para hacer cerveza. Un experto en whiskey irlandés explica: «Es una maniobra difícil, porque la mezcla se vuelve muy espesa y puede obstruir el equipo de fermentación. Hacerlo bien requiere un tiempo y esfuerzo considerables, y exige mucho cuidado y atención, pero cuando se hace correctamente, los resultados pueden ser sobresalientes». Y así es.

El whiskey *pot still* sobrevivió en embotellados esporádicos de Midleton, Green Spot –destilado por Irish Distillers para la casa de vinos y espirituosos Mitchell & Son de Dublín– y Redbreast, que tuvo el apoyo periódico de Irish Distillers. En los últimos años, la gama Redbreast se ha expandido para incluir expresiones de entre 12 y 27 años, una variante *cask strength* y Lustau, acabado en barricas de oloroso de primer llenado, mientras que a Green Spot se han sumado Yellow, Blue y Red Spot, todos ellos recreaciones de variantes históricas de Spot. Cada año, el maestro destilador de Midleton escoge barricas de whiskey *single pot still* y de grano para una edición vintage de Midleton Very Rare. El primer embotellado fue en 1984, y sus whiskeys componentes maduran entre 12 y 20 años en barricas de bourbon. Uno de los momentos más destacados del calendario del whiskey irlandés es la aparición de cada nueva edición.

Nuevo Midleton

Si se visita Midleton, un trayecto corto en coche desde la ciudad de Cork, está garantizado acabar viendo doble, pero no (necesariamente) por haber tomado algún vaso de más en la cata. En el lugar hay dos destilerías casi una al lado de la otra. Una es la nueva planta de Midleton, que no está abierta al público, pero es el motor de la actual actividad destiladora de Irish Distillers.

HISTORIAS DEL WHISKY

Old Midleton

La segunda destilería es Old Midleton, que por cortesía de The Jameson Experience, ahora ofrece una excelente visita guiada. Sus edificios victorianos de piedra maciza, hermosamente restaurados, están junto al río Dungourney, que sigue moviendo la enorme noria que servía a la destilería, y cuyas aguas se siguen usando en la producción de whiskey en la nueva planta.

NOTAS DE CATA

Jameson
Mezcla, 40 % APV
Define la calidad clásica del mejor whiskey irlandés, con una buena dosis de whiskey *pot still* untuoso, de gran sabor y afrutado, con notas de bayas rojas, jerez y mucha fruta y chocolate con leche.

Jameson Select Reserve Black Barrel
Mezcla, 40 % APV
Una versión más incisiva, fiera y peleona de Jameson, hecha con whiskey *pot still* y de granos más añejos de lo habitual. Muchas notas de bayas negras, algún sabor más incisivo de fruta verde y notas deliciosas de madera, especias y chocolate negro.

Redbreast 12 años Cask Strength
Single pot still, *sin filtrar en frío, 58,1 % APV*
Entre los mejores whiskeys irlandeses, es intenso, pleno, untuoso y ajerezado, con aromas de pastel de Navidad, naranja amarga, bayas diversas, especias y algo de roble.

COOLEY

COMPAÑÍA Suntory Global Spirits

AÑO DE FUNDACIÓN 1987

SITIO WEB www.thetyrconnellwhiskey.com; www.connemarawhiskey.com

Uno de los personajes más astutos relacionados con la industria del whiskey irlandés, John Teeling –diplomado y empresario en negocios muy diversos que estudió en la Escuela de Negocios Harvard, y llevó a doce empresas a cotizar en la Bolsa de Londres, un número mayor que ninguna otra persona natural de Irlanda–, creó la destilería Cooley en 1987.

La destilería ocupó una planta de alcohol industrial en desuso en la costa este de Irlanda, y en 1989 Teeling añadió un par de alambiques tradicionales al equipo de destilación de grano. El objetivo era ofrecer una alternativa al monopolio existente en el whiskey irlandés de la época, con Irish Distillers como propietaria de Bushmills y Midleton, y triunfó en el empeño.

Kilbeggan Single Grain Whiskey

El espirituoso producido en Cooley revolucionó la industria del whiskey irlandés. El monopolio se sintió tan amenazado por la pequeña destilería independiente, que prescindía de las convenciones y experimentaba con los estilos de whiskey irlandés, que intentó cerrarla. Pero los Teeling –el presidente John y sus hijos Stephen y Jack– sobrevivieron a base de contratos baratos de marca blanca para supermercados, y poco a poco fueron asentando whiskeys nuevos en un sector en apuros en Irlanda.

En 1992 salió el primer *single malt* de Cooley, que recuperó el antiguo nombre Locke, vinculado a Kilbeggan, y Teeling compró la destilería silenciosa del condado de Westmeath, que volvió a operar en 2007. Junto con Locke's, Teeling lanzó una gama de otros whiskeys, entre ellos el puro de malta Tyrconnell, de nombre también tomado de una marca de whiskey desaparecida tiempo ha, el whiskey de mezcla Kilbeggan y el *single grain* Kilbeggan, este último comercializado primero como Greenore.

Cooley también desarrolló el primer whiskey irlandés con turba en muchos años, Connemara, hoy uno de los pilares de la destilería y progenitor de toda una gama propia.

En 2012, Beam Inc adquirió Cooley a la familia Teeling, y tras la posterior compra de Beam por el gigante japonés de la destilación Suntory, la propiedad está hoy en manos de Suntory Global Spirits. Los hijos de John Teeling, Jack y Stephen, habían creado ya la destilería Teeling en Dublín, y su padre procedió a replicar la jugada de Cooley con Great Northern en Dundalk.

NOTAS DE CATA

Connemara Single Malt 12 años
Puro de malta, envejecido en roble americano, 40% APV
Los tradicionales tonos dulces de fruta verde y vainilla suave habituales de la categoría se mezclan aquí con un gruñido de notas ahumadas que despiertan las papilas.

The Tyrconnel 10 años Sherry Finish
Puro de malta, acabado en barricas de jerez, 46% APV
El grado alcohólico aporta mordiente a este *single malt* intenso con sabor a *toffee*, y el jerez añade una profundidad de bayas y notas cítricas de naranja. Intervienen también especias suaves que evitan que resulte empalagoso. Un whiskey impresionante.

Kilbeggan Single Grain Whiskey
Whiskey de grano, 40% APV
Este whiskey *single grain* es una delicia, con la dulzura de maíz, caramelos, vainilla y miel acompañada de especias, un toque de lima y notas ligeras de roble en desarrollo.

ECHLINVILLE

COMPAÑÍA Familia Braniff

AÑO DE FUNDACIÓN 2013

SITIO WEB www.echlinville.com

Echlinville está en la península de Ards, a poco más de 32 kilómetros al sudeste de Belfast, y fue la primera destilería de la «nueva ola» de destilerías norirlandesas en unirse a la histórica Bushmills. Fundada en 2013 por Shane Braniff y su familia, fue la primera destilería nueva con licencia en Irlanda del Norte en 130 años. Produce whiskeys tanto *single pot still* como *single malt*, y puede presumir de sus propios suelos de malteado, planta de embotellado y centro de visitantes y cafetería recientemente renovados.

Cabe destacar que Echlinville ha sido responsable de resucitar la famosa y antigua marca Dunville's, destilada en las vastas y modernas Royal Irish Distilleries de Belfast desde 1869 hasta 1935. Hoy, las expresiones de mezcla Dunville con las etiquetas 1808 y Three Crowns figuran junto a una gama de whiskeys puros de malta de edades diversas, acabados en distintos tipos de barrica de jerez.

Echlinville también ha revivido los nombres Matt D'Arcy, con una mezcla premium y un 10 años acabado en barrica de oporto, y Old Comber, con embotellados de whiskey *pot still* acabado en barricas de oporto y jerez.

Esta ya sólida cartera de whiskeys se ampliará con Echlinville Whiskey, primer lanzamiento «del campo a la copa», de espirituoso madurado y embotellado en Echlinville a partir de cebada cultivada, cosechada y malteada en la granja de la destilería.

En su sala de alambiques *destacan las esculturales columnas de destilación.*

Old Comber Irish Pot Still Whiskey

NOTAS DE CATA

Dunville's PX 12 años
Puro de malta, 46% APV
Frutos de huerto y especias tropicales se combinan con pastel de Navidad y roble en nariz, y en boca tarta de *banoffee*, frutas secas, piel de naranja y jerez voluptuoso.

Matt d'Arcy & Co Port Finish 10 años
Mezcla, 46% APV
En nariz destacan los cítricos y especias del roble; en boca se funden malta y bayas negras, con vainilla, roble y pimienta negra.

Old Comber Irish Pot Still Whiskey
Pot still, *46% APV*
Vainilla, *toffee* blando y bizcocho caracterizan la nariz, mientras que la sensación intensa en boca trae manzanas, canela y especias vivaces.

KILBEGGAN

COMPAÑÍA Suntory Global Spirits

AÑO DE FUNDACIÓN 1757

SITIO WEB www.kilbegganwhiskey.com

Kilbeggan es un ejemplo de esos pueblos irlandeses de calle única con un par de pubs, un par de tiendas y poco más: la clase de lugar donde la mayor parte del tiempo no pasa nada, y por el que uno suele pasar sin detenerse. Sin embargo, Kilbeggan tiene algo que lo diferencia de la mayoría de los pueblos y aldeas irlandeses: Locke's Distillery, un pedazo de historia imponente de madera y hierro forjado en un estado impecable.

Kilbeggan Rye

Fundada en 1757, Kilbeggan es la destilería de whiskey en activo más antigua del mundo. En distintos momentos se ha conocido como Brusna, por el río que atraviesa el lugar, o Locke's. Entre 1841 y 1893, cuando los dueños eran John Locke y sus hijos, prosperó, y a mediados de la década de 1880 producía casi 600 000 litros de espirituoso al año. En 1953 cerró sus puertas, pero logró evitar la reconversión o la demolición gracias al esfuerzo apasionado de los habitantes del pueblo, decididos a que algún día volviera a producir whiskey. Afortunadamente, John Teeling, de Cooley, compartía la visión de los lugareños de devolver el whiskey a esta increíble destilería de visita obligada, y lo consiguió en 2007.

La gran noria vuelve a girar, los pistones tiemblan y las ruedas zumban, y aunque la mayor parte de la actividad de la destilería principal sea solo exhibición, aquí se ve una microdestilería operativa que produce todo tipo de interpretaciones extravagantes, extrañas y maravillosas de lo que conocemos como whiskey irlandés. En 2010 se lanzó un *single malt*, y hoy como propiedad de Suntory Global Spirits su gama incluye un *single pot* de alambique único y un pequeño lote de whiskey de centeno, el primero comercializado desde completarse la restauración en 2010, y destilado y madurado al 100 % en Kilbeggan. Con una mezcla tradicional de malta, cebada y un 30 % de centeno, remite a la década de 1890, cuando muchas grandes destilerías irlandesas usaban centeno en sus recetas.

Kilbeggan es una de las destilerías más fotogénicas de Irlanda, y la visita guiada muestra la larga y fascinante historia de la elaboración del whiskey en el lugar. También ofrece la ocasión de ver en funcionamiento lo que oficialmente es el alambique más antiguo del mundo y la Irish Coffee Masterclass Experience.

NOTAS DE CATA

Kilbeggan Single Pot Still
Single pot still, *43 % APV*
Aromas frescos de manzana, con avellanas y un toque de miel en nariz; el paladar cremoso trae melón, limón y la alegría especiada del *pot still*.

Kilbeggan Rye
Whisky de centeno, 43 % APV
En nariz, chocolate con leche, jengibre y manzana roja, con pimienta blanca. La sensación en boca es cremosa, con clavo, vainilla y centeno untuoso y apimentado.

Kilbeggan Single Pot Still

HISTORIAS DEL WHISKY

Larga cola

Cuando el empresario John Teeling hablaba de crear una empresa de whiskey irlandés en un momento en que la categoría estaba en apuros, más de uno le dio por loco. Para muchos vino a reforzar tal opinión que decidiera transportar un enorme alambique de cobre por carreteras rurales. Kilbeggan estaba antes en la carretera principal de Dublín a la costa oeste, y adonde iban todos los fines de semana los nuevos ricos de la capital a navegar. Teeling y su equipo hicieron el traslado un viernes por la tarde, con un alambique tan pesado que la grúa casi se vino abajo. Durante muchas horas el alambique bloqueó la carretera, y el atasco fue inmenso.

TULLAMORE

COMPAÑÍA William Grant & Sons Ltd

AÑO DE FUNDACIÓN 2014

SITIO WEB www.tullamoredew.com

A veces, la historia cierra un círculo de un modo satisfactorio, y así, en otoño de 2014, comenzó a producir la nueva destilería Tullamore, medio siglo después de que la original cerrara sus puertas para siempre.

La destilería original la fundó en 1829 Michael Moloney, y uno de los atractivos clave de Tullamore era su situación en el centro de Irlanda, entre tierras idóneas para el cultivo de la cebada. Además, la destilería estaba junto al Gran Canal, lo cual facilitaba el transporte del carbón, la cebada y las barricas de espirituoso. La red ferroviaria aportaba otra vía de comunicación importante. Hasta cerrar en 1954, la destilería sobrevivió a buenos y malos tiempos, y seis años antes había sido la primera destilería irlandesa en instalar un alambique Coffey o de whiskey de grano para facilitar la producción de whiskey de mezcla.

La nueva Tullamore

La nueva Tullamore es obra de William Grant & Sons, que compró la marca a C&C Group plc, dueño de la sidra Magners. Luego la marca fue rediseñada, y dio lugar al nombre Tullamore D.E.W. (las siglas corresponden al gran destilador irlandés Daniel Edmund Williams) y, en consonancia con el apasionado espíritu de independencia de Grant, se decidió construir una destilería en Irlanda para garantizar el futuro del suministro de bebidas espirituosas de calidad. Se examinaron no menos de 48 emplazamientos potenciales, hasta reducir los candidatos a dos: uno en Clonmel, Tipperary, y otro en Clonminch, a las afueras de la ciudad de Tullamore.

Con diferencia, Tullamore era el lugar más inconveniente desde el punto de vista de la construcción, pero los nuevos propietarios se mantuvieron firmes en que devolver el whiskey a la ciudad de Tullamore era lo correcto. Las obras requerían retirar 250 000 toneladas de turba antes de empezar a construir, y hubo que traer agua por un conducto desde Clonaslee, en las estribaciones de las montañas Slieve Bloom, en el condado vecino de Laois.

La imponente fachada de la nueva destilería Tullamore.

En lo arquitectónico, la nueva destilería es toda una declaración de intenciones, y el interior alberga cuatro alambiques, a la espera de otro de aguardiente, réplica de su predecesor en la antigua Tullamore, con su característico cuello descentrado. En 2017 se construyó junto a la destilería principal una planta de destilación de grano y una sala de embotellado. La gama principal de Tullamore incluye el NAS Original, además de *single malts* de 12, 14 y 18 años. Es el segundo whiskey irlandés más vendido después de Jameson.

Tullamore D.E.W.
18 años

NOTAS DE CATA

Tullamore D.E.W.
Triple destilación, mezcla de pot still, single grain *y whiskey puro de malta, madurado en barricas de bourbon y jerez, 40 % APV*
Aroma a tostada integral, nueces y *toffee* quebradizo. En boca, manzanas verdes, miel, vainilla y un toque de jerez. Calienta el cuerpo, con un toque de carbón y *toffee* en el final.

Tullamore D.E.W. 14 años
Whiskey puro de malta de triple destilación, acabado en barricas de bourbon, oporto, madeira y oloroso, 41,3 % APV
En nariz, aromas intensos de frutas tropicales y de huerto, con vainilla y roble cremoso. Manzana, pera y piña especiadas muy presentes en el paladar, con roble dulce en desarrollo. Taninos sutiles de jerez y roble en el final relativamente largo.

Tullamore D.E.W. 18 años
Puro de malta, acabado durante hasta seis meses en barricas de bourbon, oporto, madeira y oloroso, 41,3 % APV
Manzanas acarameladas, roble dulce, jerez y canela en nariz. En boca, manzana roja, naranja de Jaffa, vainilla, jerez y un toque de tabaco de pipa. Notas cítricas, con ron y chocolate con leche y pasas en el final.

WATERFORD

COMPAÑÍA Renegade Spirits Ireland

AÑO DE FUNDACIÓN 2015

SITIO WEB www.waterfordwhisky.com

La calidad de la cebada *de granjas individuales es fundamental para el proceso de elaboración del whiskey en Waterford.*

Waterford comenzó su andadura como fábrica de cerveza Guinness, y en el lugar ya se hacía cerveza desde que se fundó la fábrica Strangman's en 1792. Diageo, propietaria de Guinness, invirtió 40 millones de euros en reconstruirla en 2005, pero la cerró ocho años después. El antiguo director de Bruichladdich, Mark Reynier, y sus socios, de Renegade Spirits, pudieron adquirirla por unos módicos 7,2 millones de euros en 2014, y gastaron otros 2,4 millones en adaptar las instalaciones para producir whisky. Reynier insistió en esta grafía, sin la «e», y declaró: «Este es whisky hecho en Irlanda con cebada irlandesa, no whiskey irlandés». Se renovaron dos alambiques obtenidos de la destilería Inverleven en Dumbarton, a orillas del Clyde, cuando Reynier se hallaba al frente de Bruichladdich, y se instalaron en lo que Reynier llama «The Facilitator», pero en 2021 estos venerables y viajados recipientes fueron sustituidos por réplicas idénticas.

Procedente del comercio de vinos, Reynier tenía que hacer las cosas a su manera en Waterford, y el *terroir* fue una inspiración central de las operaciones de la destilería: a través de los comerciantes de grano y proveedores Minch Malt, contrató a agricultores para cultivar cebada. La integridad de cada cosecha anual es sacrosanta, y antes del malteado, el grano se guarda en uno de los 50 «silos» de lo que Reynier llama «catedral de la Cebada», en Kilkenny.

En Waterford se dedica una semana a la destilación de cada lote, y una vez madurado, el whisky en cuestión se embotella en la serie Single Farm Origin. Este modelo ha dado buenos resultados a la destilería, que se ha ganado el elogio de los aficionados, y la diversidad de carácter de los whiskies complica el argumentar que el *terroir* sea poco más que una idea fantasiosa. Sin embargo, más allá de la empresa inicial, Reynier siempre tuvo otra cosa en mente: la creación de un Waterford Cuvée inspirado en los *châteaux* de vino de Francia. Como dice Reynier: «Hemos celebrado y explorado los *singles*, ahora producimos nuestro álbum conceptual más inmersivo». Waterford también produce *single malts* orgánicos, turbosos y biodinámicos.

Waterford ofrece visitas y eventos, y también cámaras web y una experiencia virtual de la destilería a través de su sitio web.

NOTAS DE CATA

Waterford Single Farm Origin Ballymorgan Bottling 1.2
Puro de malta, 54 % APV
Aromas cítricos y a malta, con canela en desarrollo, y en boca ofrece manzanas acarameladas, pimienta blanca y roble.

Waterford The Cuvee
Puro de malta, 50 % APV
Aroma a miel, melocotón, vainilla y roble ligero, con avena cremosa, vainilla, malta, frutas de verano y pimienta blanca en el paladar.

Waterford Gaia Organic 2.1
Puro de malta, 50 % APV
Aromas de cereales, macedonia y naranja, con un paladar viscoso que trae caramelo salado, avellana, regaliz y pimienta negra.

Waterford Gaia Organic 2.1

CLONAKILTY

COMPAÑÍA Familia Scully

AÑO DE FUNDACIÓN 2016

SITIO WEB www.clonakiltydistillery.ie

Con nueve generaciones dedicadas a la agricultura cerca de Clonakilty, en la costa atlántica del condado de Cork, la familia Scully se ha diversificado ahora hacia la destilación. La construcción del edificio, para una sucursal del Royal Ulster Bank, quedó paralizada por la crisis financiera de 2007–2008. La familia invirtió 10 millones de euros para convertirlo en destilería de whisky, ginebra y vodka, equipada con tres alambiques de la empresa italiana Barison.

El primer espirituoso empezó a fluir en marzo de 2019, principalmente *single pot still* de triple destilación que madura en una bodega de la península de Galley Head, donde se espera que la influencia del vecino océano Atlántico sea un factor. Los tres whiskeys principales de Clonakilty son Double Oak Cask (mezcla de *single grain* y el *single pot still* de Clonakilty, madurado en barricas de bourbon, roble americano virgen y barricas de roble europeo raspadas y tostadas de nuevo), Clonakilty Port Cask (mezcla de *single grain* y *single pot still* Clonakilty) y Galley Head Single Malt. Los visitantes son bienvenidos, y les espera una visita entretenida y una «experiencia multisensorial» de cata.

NOTAS DE CATA

Clonakilty Double Oak Cask
Mezcla, 43,6% APV
Aromas a frutas del huerto, maderas aromáticas y hierba cortada, con sabores a vainilla, jengibre y canela.

Clonakilty
Double Oak Cask

DINGLE

COMPAÑÍA The Porterhouse Group

AÑO DE FUNDACIÓN 2012

SITIO WEB www.dingledistillery.ie

Dingle se fundó en el antiguo aserradero Fitzgerald, en las afueras de la ciudad más occidental de Europa, en la región de lengua gaélica de Gaeltecht y la ruta «Wild Atlantic Way» del condado de Kerry. Pronto Dingle fue parte del renacimiento de la destilación irlandesa, como iniciativa de la Porterhouse Brewing Company de Dublín, con el difunto Oliver Hughes, Liam LaHart y Peter Mosley al frente. Según su sitio web: «La Dingle Whiskey Distillery nació en el frío invierno de 2012. Irlanda empezaba a salir de la mayor recesión que se recuerda, pero sin que muchos lo supieran, estaba teniendo lugar en un cobertizo de hojalata en Dingle, en el condado de Kerry, el acontecimiento más importante en décadas de la industria del whiskey irlandés».

La destilería cuenta con un *mash tun* manual único, de madera como las cubas de fermentación, tres alambiques Forsyth, y otros dos alambiques para ginebra. Las primeras barricas se llenaron en diciembre de 2012, y en diciembre de 2015 salió al mercado el primer *single malt* de triple destilación. Desde entonces ha habido muchas ediciones limitadas de *single malt* y *single pot still*. En 2017, Dingle fue la primera destilería independiente irlandesa en varias décadas en lanzar un *single pot still*. Ahora hay una expresión de *single malt* central, madurada en un 39% de barricas de bourbon y un 61% de jerez PX, y un embotellado de *single pot still* envejecido solo en barricas de Pedro Ximénez.

Las visitas guiadas muestran la producción de ginebra, vodka y whisky de Dingle, y permiten catar los tres destilados, junto con una «copa de autor».

NOTAS DE CATA

Dingle Single Malt
Puro de malta, 44% APV
Aromas de manzana acaramelada especiada, almendra, vainilla y chocolate negro, y paladar de caramelo, albaricoque, miel y frutas secas.

Dingle Fifth Single Pot Still
Single pot still, *madurado en barricas de bourbon, 46,5% APV*
Chocolate con leche, coco, dulce de azúcar y mantequilla y frutas de huerto en nariz; en boca, manzana madura, dulce de leche, almendras y vainilla; cierra con nuez moscada y especias vivaces.

Dingle Single Malt

SLANE

COMPAÑÍA Brown-Forman

AÑO DE FUNDACIÓN 2017

SITIO WEB www.slaneirishwhiskey.com

La destilería Slane se creó en el magnífico castillo de Slane, del siglo XVIII, que se alza en el centro de una finca de más de 600 hectáreas propiedad desde 1703 de la familia Conyngham. Slane es tan conocida por sus conciertos de rock de alto nivel como por su historia, y por sus escenarios han pasado Thin Lizzy, U2, Bruce Springsteen, The Rolling Stones, Guns n' Roses y Madonna, entre otros.

La familia Conyngham lanzó en 2009 la marca de whiskey Slane, y se hicieron planes para crear una destilería en las caballerizas y el granero del castillo, obtener agua del cercano río Boyne y cultivar en la propiedad cebada para malta. En 2015, la destilería Brown-Forman, propietaria de Jack Daniel's, adquirió Slane Whiskey e invirtió 45 millones de euros en el proyecto, que tardó dos años en completarse. La destilería tiene tres alambiques de cobre y seis columnas de destilación, y produce whiskey puro de malta, de grano y *single pot still*. Slane cuenta también con el Stalls Bar, donde, además de una cafetería y tienda, se hacen catas. Se ofrecen visitas combinadas al castillo y a la destilería.

NOTAS DE CATA

Slane Triple Casked
Mezcla madurada en barricas de roble virgen, sazonadas con whiskey de Tennessee y con oloroso, 40% APV
Aromas de jengibre, plátano, caramelo y roble especiado en nariz, con un paladar de tarta de *banoffee* y frutas de huerto. Cierra con pasas y roble tostado.

Slane Triple Casked

WEST CORK

COMPAÑÍA West Cork Distillers

AÑO DE FUNDACIÓN 2004

SITIO WEB www.westcorkdistillers.com

West Cork Distillers (WCD) se fundó en 2003 en lo que era poco más que un cobertizo en el pueblo de Union Hall, a unos 10 km de Skibbereen, por iniciativa del científico de investigación y desarrollo Johnny O'Connell y sus primos hermanos Denis y Gerard McCarthy, antes pescadores de arrastre.

En 2014, la empresa se trasladó a una antigua planta de embotellado de cerveza Heineken en Market Street, en Skibbereen, donde se instaló el peculiar alambique «Rocket», que dicen que es el más rápido del mundo. Dos años después, WCD adquirió una propiedad en Marsh Road, en las afueras. A tono con la trayectoria de los fundadores, había servido antes para procesar pescado, y se renovó para convertirla en oficinas, planta de embotellado y almacenes. La destilería cuenta con cuatro líneas de embotellado, actividad de la que se encarga WCD también para otras empresas, además de los embotellados por contrato con otras destilerías.

Ahora en el edificio de Marsh Road también se realiza la mayor parte de la destilación, con ocho alambiques, dos columnas de destilación y una capacidad anual de 4,5 millones de litros. WCD es la mayor destilería de propiedad irlandesa en Irlanda, exporta a unos 70 países y cuenta con 80 empleados.

La amplia gama de whiskeys incluye «mezclas clásicas», whiskies de malta de edad diversa, embotellados *single pot still* y varios whiskeys acabados y madurados en barricas de cerveza. La expresión más inusual podría ser Bog Oak Charred Cask, acabado en barricas muy carbonizadas con madera de turbera de la tierra pantanosa del bosque de Glengarriff, en West Cork.

NOTAS DE CATA

West Cork Single Malt Bourbon Cask Finished
Puro de malta, triple destilación, 40% APV
Vainilla, especias dulces y pomelo en nariz; y en boca, malta dulce, azúcar y mantequilla, frutas de huerto y pimienta blanca.

West Cork Black Cask
Mezcla, 40% APV
En nariz, aromas de frutos secos tostados, miel, plátano y almendras; el paladar trae malta, frutas de huerto, canela y un toque de humo, con un final de chocolate negro y carbón.

West Cork Black Cask

BLACKWATER

COMPAÑÍAS Peter Mulryan y Kieran Curtin

AÑO DE FUNDACIÓN 2014

SITIO WEB www.blackwaterdistillery.ie

Blackwater se encuentra en el pequeño pueblo de Ballyduff, en el condado de Waterford. La fundó Peter Mulryan, antes productor de televisión y autor de libros sobre whiskey. La destilería tiene tres alambiques fabricados por Frilli en Italia, y además de whiskey puro de malta y *single pot still*, produce ginebra, vodka y ron. Mulryan es un apasionado del genuino *pot still* irlandés tradicional, con una proporción mayor de lo permitido hoy, según la definición de 2014 de la categoría, de cereales secundarios, como avena, trigo y centeno.

NOTAS DE CATA

Velvet Cap Triple Cask
Mezcla, añejada en barricas de bourbon, cerveza negra con centeno y oporto, 40 % APV
Aromas de plátano, almendra, miel, malta y ciruela en nariz; notas de vainilla y frutas tropicales en el paladar.

Velvet Cap Triple Cask

BOANN

COMPAÑÍA Familia Cooney

AÑO DE FUNDACIÓN 2016

SITIO WEB www.boanndistillery.ie

En la ciudad de Drogheda, en el condado de Meath, en el valle del Boyne, hubo en su día nada menos que dieciocho destilerías, la última de ellas cerró en 1968. Sin embargo, gracias a Boann, junto a la cervecería artesana Boyne Brewhouse, la producción de whiskey ha vuelto a la zona. La crearon miembros de la familia Cooney, con un impresionante y extenso currículum en el sector de las bebidas en Irlanda. Equipada con tres alambiques y otro para ginebra, la maduración y el embotellado se realizan *in situ*. Su primer *single pot still* salió en diciembre de 2019, y de modo similar a Blackwater, Boann ha experimentado con macerados tradicionales. Se vende *new make* para *single pot still*, y se comercializa una gama de whiskeys de otra empresa bajo la marca The Whistler.

The Whistler PX I Love You

NOTAS DE CATA

The Whistler PX I Love You
Puro de malta, acabado en barricas de jerez PX, 46 % APV
Aromas de naranja, pasas sultanas, cereza roja y malta, con sabores de frutas secas, nueces y chocolate negro especiado.

CONNACHT

COMPAÑÍA Connacht Whiskey Company Ltd

AÑO DE FUNDACIÓN 2016

SITIO WEB www.connachtwhiskey.com

El maestro destilador Robert Cassell y sus socios fundaron la destilería Connacht, en Ballina, condado de Mayo, junto al océano Atlántico, y la primera destilación de whiskey, en enero de 2016, revivió una tradición destiladora legal ausente 150 años de la zona. Los tres alambiques se fabricaron en Columbia Británica (Canadá) conforme al diseño del propio Cassell, y producen espirituoso de doble y triple destilación, whiskey puro de malta y *pot still*. En 2023 se lanzó el primer whiskey principal, Spirit of the Atlantic. La destilería ofrece visitas y catas frecuentes.

NOTAS DE CATA

Connacht Spirit of the Atlantic
Puro de malta, 44,8 % APV
Aromas de frutas secas, miel, dulce de leche y avellanas en nariz, con un paladar de vainilla especiada, nueces y malta.

Connacht
Spirit of the Atlantic

AMÉRICA

ESTADOS UNIDOS

En la última década, la industria del whiskey estadounidense vive un auge, y ha crecido enormemente la variedad de marcas disponibles para el consumidor. El país presume hoy de una oleada de nuevas destilerías, grandes y pequeñas, y de gran número de embotelladores y destilerías no productoras, lo cual ha traído fusiones, adquisiciones y una tendencia superpremium que ha elevado el bourbon a nuevas alturas. A la industria ha llegado una nueva generación de empresarios e innovadores que han llevado la creatividad en el sabor a un nuevo nivel con los acabados, mezclas, nuevos ingredientes y programas innovadores de maduración en barrica.

ESTILOS REGIONALES
El bourbon, exclusivo de Estados Unidos, sigue siendo el estilo de whiskey dominante. Debe elaborarse con al menos un 51 % de maíz, aunque la proporción suele ser mucho mayor, y la receta se completa con otros cereales, como cebada malteada y trigo o centeno. La ley exige que madure en barricas nuevas de roble blanco.

NUESTRA ELECCIÓN
Es difícil superar a WILD TURKEY, pero la innovación que se está dando en HEAVEN HILL, BUFFALO TRACE y JACK DANIEL'S está captando la atención de un público nuevo. Merecen conocerse Rowan's Creek y Noah's Mill de WILLETT y UNCLE NEAREST. Del concepto de *single malt* estadounidense de WESTLAND han salido espirituosos excelentes vinculados a su lugar de origen.

RUTAS REGIONALES Y EVENTOS
Las autoridades turísticas han contribuido al renacer del bourbon con la ruta oficial Kentucky Bourbon Trail, y también la Urban Bourbon Trail en el centro de Louisville (www.kybourbontrail.com). Para una celebración del whiskey local es obligado el Kentucky Bourbon Festival (www.kybourbonfestival.com), cada septiembre en Bardstown, «capital del bourbon». Otros eventos son el WhiskyFest en Nueva York, Chicago y Hollywood, Florida (www.whiskyadvocate.com/whiskyfest).

Con su llamativa madera oscura y contraventanas rojas, *entre las destilerías destaca por estética Maker's Mark.*

Ninguna de las multinacionales ya asentadas que producen múltiples marcas puede permitirse quedarse quieta, y han ampliado la oferta con nuevos y cautivadores lanzamientos para mantener fiel a su clientela y atraer la atención de nuevos consumidores. Aunque muchos de los lanzamientos más esperados nunca llegan al extranjero, y se agotan rápidamente en el mercado estadounidense, cada vez son más los destiladores conscientes del atractivo mundial de sus whiskeys, y se exportan a un número mayor de países.

Se habla mucho de la necesidad de usar agua blanda para hacer buen whisky escocés, pero en Kentucky lo cierto es lo contrario. El agua es dura y rica en calcio, estupenda para criar caballos de carreras fuertes y hacer buen bourbon. Kentucky tiene veranos largos y muy calurosos, e inviernos fríos, ideales para acelerar la maduración del bourbon.

El bourbon no es el único whiskey del país, claro. El whiskey de centeno ha vuelto con enorme fuerza, y aunque el de trigo y el de maíz sean habituales de forma localizada, no se puede ignorar al American Single Malt (ASM) como categoría emergente más interesante del país. Los destiladores no ven el momento de que llegue una norma de identidad que reconozca oficialmente la categoría. Pero mientras el panorama evoluciona, sigue siendo el caso, como con el *single malt* y Escocia, que donde sea que descubras el whiskey de EE.UU. acabará atrayéndote Kentucky, donde a los grandes nombres del bourbon tradicional se suman ahora nuevos estilos emocionantes e innovadores.

COMUNICACIONES
Como todos los estados de EE.UU. producen whiskey, visitar una destilería es cosa fácil. Louisville, en el norte de Kentucky, es perfecto para alojarse: una ciudad vibrante y elegante con restaurantes modernos impresionantes donde el bourbon es el protagonista. Se puede alquilar un vehículo o reservar transporte en una excursión organizada. Nashville es un gran lugar para visitar, con destilerías de whiskey de Tennessee en la ciudad y Jack Daniel's a unos 130 km al sur.

SUNTORY GLOBAL SPIRITS

La gran multinacional del sector de las bebidas Suntory Global Spirits se creó en 2014 cuando Suntory compró Beam por 14 000 millones de euros. Entre sus marcas de whiskey estadounidense están Jim Beam, Maker's Mark, Knob Creek, Basil Hayden's, Booker's, Baker's, Legent, Old Overholt, Clermont Steep American Single Malt y muchas más.

HISTORIAS DEL WHISKY

Booker Noe

Varios whiskies de la Small Batch Bourbon Collection de Jim Beam toman su nombre de personajes legendarios del bourbon, entre ellos el difunto Booker Noe, maestro destilador de Jim Beam durante más de 40 años, y padre de Fred Noe y abuelo de Freddie Noe, los actuales maestros destiladores. Booker da nombre al primer bourbon *cask strength* de la destilería. Fue conocido por su espléndida hospitalidad: a un visitante le contaron que si se presentaba en casa de Booker sin avisar, le ofrecerían comida, bebida y un lugar donde quedarse. Asombrado, vaciló al principio, pero finalmente le convencieron para que fuera. Cuando volvió, le preguntaron si, como le habían dicho, le habían ofrecido comida, bebida y alojamiento. «No, Booker me ofreció la bebida primero», fue la respuesta.

Jim Beam Single Barrel

JIM BEAM

COMPAÑÍA Suntory Global Spirits

AÑO DE FUNDACIÓN 1934

SITIO WEB www.jimbeam.com

Jim Beam, la marca de bourbon más vendida del mundo, cuenta por primera vez en su historia con dos maestros destiladores: Fred Noe y su hijo Freddie Noe trabajan codo con codo como séptima y octava generación de maestros destiladores, respectivamente.

En los últimos años, Suntory Global Spirits ha invertido mucho en las instalaciones de producción y visitas. La renovada James B. Beam Distilling Co., en Clermont (Kentucky), es el lugar para visitar, y el enorme campus también alberga la nueva Fred B Noe Craft Distillery, donde se producirán Booker's, Baker's y Little Book. Como parte de la próxima generación que trabajará allí, Freddie Noe desarrollará la próxima línea de whiskeys estadounidenses experimentales en la destilería artesana. También hay instalaciones de producción en la planta Jim Beam Booker Noe en Boston y en la planta Jim Beam Old Grand-Dad en Frankfort, ambas en Kentucky.

Marcas emblemáticas de bourbon

La gama básica de whiskeys Jim Beam la componen marcas emblemáticas de bourbon, con Jim Beam etiqueta blanca envejecido cuatro años y la versión de etiqueta negra, más añeja, aunque ya no declare los 8 años. Jim Beam fue uno de los pioneros de mayor éxito en la tendencia de los whiskeys aromatizados. No convencerán a todos los puristas del whisky, pero añadir a la línea Honey, Peach, Orange, Apple, Vanilla, Red Stag y Kentucky Fire, variante a la que se añade licor de canela, ha animado a beber whiskey a personas que antes quizá ni lo habrían considerado. La línea de whiskeys se ha desarrollado durante la última década, y ahora incluye Jim Beam Pre-Prohibition Style Rye, Jim Beam Single Barrel y Jim Beam Double Oaked, para el que se repite dos veces el proceso de llenar un barril de roble americano recién carbonizado. En Jim Beam Devil's Cut, el whisky absorbido por barriles usados se extrae y mezcla con *straight bourbon* de Kentucky extra añejo. También se inspiran en su rica historia para crear nuevas ediciones limitadas, como el Jim Beam Repeal Batch, que recrea los primeros lotes de Jim Beam tras el fin de la prohibición, y Old Tub, basado en un whiskey histórico elaborado por la familia Beam antes de crear Jim Beam.

NOTAS DE CATA

Jim Beam Black Label
Straight bourbon *de Kentucky, madurado en barricas nuevas de roble blanco americano, 43% APV*
En nariz, roble ennegrecido, cuero, *marron glacé*, galletas con pepitas de chocolate, jengibre, canela, nuez moscada y chocolate con menta. Un bourbon de gran relación calidad/precio con sabores a miel, caramelo de vainilla, caramelo, maíz con mantequilla y cereza, y un final de azúcar moreno.

Jim Beam Single Barrel
Straight bourbon *de Kentucky, madurado en barricas nuevas de roble blanco americano, 47,5% APV*
En nariz, miel, sirope dorado, melón verde, manzana verde, chocolate blanco y roble bien presente. Disfrutable en extremo, con dulce de azúcar y mantequilla, limón confitado, miel, vainilla, clavo, cera de abeja, frutos secos tostados, canela y naranja, con un final de roble especiado, azúcar tostado y carbón de barril.

Jim Beam Old Tub
Straight bourbon *de Kentucky, madurado en barricas nuevas de roble blanco americano, 50% APV*
Abordable, con notas de turrón, miel, *macaroon*, pan de plátano y canela. Vainilla, crema de maíz, tiras de coco, pecanas y roble tostado, con un final corto de cedro, cacahuete y especias.

MAKER'S MARK

COMPAÑÍA Suntory Global Spirits

AÑO DE FUNDACIÓN 1953

SITIO WEB www.makersmark.com

La legendaria botella sumergida a mano en lacre rojo puede ser icónica, la grafía «whisky» en la etiqueta, un guiño al origen escocés de la familia, y muy tradicional la costumbre de rotar a mano los barriles por la bodega, pero lo que aporta a Maker's Mark su característica accesibilidad es el trigo rojo de invierno suave presente como segundo grano en la mezcla.

Bill Samuels sénior fundó Maker's Mark, una empresa B en las afueras de Loretto (Kentucky), junto con su esposa Margie Samuels, responsable del diseño característico de la botella, las etiquetas y el lacre rojo. El bourbon se hizo un nombre como espirituoso de alta gama a finales del siglo xx. Desde 1958 hasta 2010 hubo una sola expresión de Maker's Mark, y si bien ahora eso está cambiando, siguen haciendo las cosas a su manera.

Maker's Mark Cask Strength

Ampliar la gama

Bill júnior creó Maker's Mark 46, un bourbon madurado en barricas especializadas con diez duelas tostadas de roble francés insertadas. Rob Samuels, hijo de Bill júnior, es ahora el responsable, sigue los pasos de su padre y desarrolla nuevas expresiones.

Desde 2014 están disponibles Maker's Mark Cask Strength, con graduación de barril, y Maker's Mark 101, así llamado por su graduación algo menor. La serie Wood Finishing, a la venta en EE.UU. entre 2019 y 2023, extiende la práctica de insertos en la barrica de Maker's Mark 46 para crear una línea de ediciones limitadas. El debut en 2023 de Maker's Mark Cellar Aged fue el primer lanzamiento de whisky más añejo, mezcla de whiskies de 11 y 12 años, envejecidos en función del sabor, no del tiempo, de barricas de whisky maduro rotadas al clima más fresco y estable de la bodega de caliza.

La destilería de Star Hill Farm cuenta con alambiques de columna de cobre de Vendome Copper & Brass Works, pero para los visitantes hay tanto trabajo que ver fuera de la destilería como dentro. El terreno de 445 hectáreas acoge hoy proyectos de agricultura regenerativa y la importante aportación de Maker's Mark a la White Oak Initiative, cultivar un depósito de variantes de roble blanco, para la sostenibilidad a largo plazo de la madera tan fundamental para gran parte de la industria de las bebidas espirituosas.

HISTORIAS DEL WHISKY

Un enfoque individual
Maker's Mark es hoy una destilería grande, pero sigue haciendo las cosas de manera un poco distinta de sus competidores. La destilería considera que el calor del martilleo produce un sabor más amargo, y por eso el grano se muele en un molino con un sistema de rodillos en lugar de martillos. Además, para garantizar la uniformidad, las barricas van rotando en la bodega, algo importante para un bourbon que usa relativamente pocas barricas en cada lote, y cuyo sabor no debe variar mucho, cosa difícil de evitar en Kentucky debido a las enormes variaciones de temperatura en las grandes bodegas de varias plantas.

NOTAS DE CATA

MAKER'S MARK
Straight bourbon *de Kentucky, madurado en barricas nuevas de roble blanco americano, 46% APV*
Aromas de caramelo y nueces, notas florales veraniegas, vainilla cremosa, almendra laminada, corteza de pan y un suave toque especiado y herbáceo. Ligero y fácil de beber, tiene sabores de vainilla, caramelo, azúcar moreno, brioche, canela, manzana asada y pimienta negra, con un final largo de caramelo salado con nuez moscada.

Maker's Mark 46
Straight bourbon *de Kentucky, acabado con duelas de roble francés insertadas, 47% APV*
Aromas frescos, ricos e intensos en nariz, con notas de vainilla, caramelo, nuez moscada, canela, tabaco y roble sazonado. Es suave en el paladar y ofrece una plenitud de sabor mayor que el original, con notas de *toffee*, chocolate negro, compota, cereza negra y canela, y un sabroso final de cacahuete, cola y almendra con un toque de cuero cálido.

Maker's Mark Cask Strength
Straight bourbon *de Kentucky, madurado en barricas nuevas de roble blanco americano, 55,05% APV* Se observan variaciones entre lotes, pero este da una nota intensa de vainilla, con caramelo, tarta de pecanas, cigarro, cacahuete, y roble ligeramente astringente. Praliné de chocolate, cereza y pimienta negra al alcanzar la máxima expresión, y luego notas de galleta digestiva, naranja confitada y toques de té negro. Final dulce, con azúcar moreno, pecanas y roble seco.

Basil Hayden Bourbon

BASIL HAYDEN

COMPAÑÍA Suntory Global Spirits

AÑO DE FUNDACIÓN 1992

SITIO WEB www.basilhaydenbourbon.com

Dada su baja graduación y estilo más ligero, Basil Hayden es la opción más suave para empezar con la colección Small Batch. Introducido en 1992 por Booker Noe, su nombre hace honor a Basil Hayden sénior, y fue creado para reflejar su estilo de bourbon generoso en centeno de finales del siglo XVIII. Como con otros lotes pequeños, se exporta sobre todo la expresión de referencia sin edad declarada, pero en EE.UU. hay una gama más amplia de variantes, como Dark Rye, Toast, Malted Rye, Subtle Smoke, Red Wine Cask Finish y un 10 años.

NOTAS DE CATA

Basil Hayden Bourbon
Kentucky straight bourbon, *madurado en barricas nuevas de roble blanco americano, 40% APV*
Aromas de cedro, azúcar moreno, cereales con canela, nueces tostadas, especias de roble y jengibre molido. Un bourbon cremoso con azúcar moreno, granola, caramelo, maíz mantecoso y especias ligeras; final de vainilla y roble seco.

BOOKER'S

COMPAÑÍA Suntory Global Spirits

AÑO DE FUNDACIÓN 1988

SITIO WEB www.bookersbourbon.com

Denominado así por el nieto de Jim Beam y maestro destilador de sexta generación Booker Noe (1929–2004), el bourbon Booker's fue introducido en la década de 1980, y luego fue el bourbon líder de la Small Batch Collection. Es intenso y oscuro, con notas de roble y tabaco, embotellado sin cortar y sin filtrar, con la graduación de la barrica, tal y como lo bebía Booker. Es el bourbon ideal para experimentar añadiendo agua o hielo. Salen varios lotes al año, con información completa sobre los lugares óptimos de la bodega de donde procede cada barrica.

NOTAS DE CATA

Booker's Pinkie Patch
Kentucky straight bourbon, *madurado en barricas nuevas carbonizadas de roble blanco americano, 61,2% APV*
En el primer sorbo, aromas de miel, cacahuetes dulces, canela, roble curado y profiteroles con *walnut whip* y vainilla; el agua libera cera de abeja, jengibre confitado, roble tostado y *babka* de chocolate; final de vainilla, roble y azúcar moreno.

Booker's Pinkie Patch

KNOB CREEK

COMPAÑÍA Suntory Global Spirits

AÑO DE FUNDACIÓN 1992

SITIO WEB www.knobcreek.com

Knob Creek, uno de los bourbons de lote pequeño que contribuyeron al renacer de la categoría, es un *Kentucky straight bourbon* pleno de sabor, embotellado a 100% APV y añejado más que la mayoría, en barricas nuevas de roble americano carbonizado. La marca está ampliando de forma interesante su gama en EE.UU.

NOTAS DE CATA

Knob Creek 9 años
Kentucky straight bourbon, *madurado en barricas nuevas de roble blanco americano, 50% APV*
Este bourbon merece un lugar en la lista de la compra, con su aroma a cerveza de raíz, vainilla, pecanas, drupas secas, cítricos, cerezas y cereales tostados. Sensación de *toffee* masticable en boca, con chocolate negro, roble ennegrecido, pimienta de Jamaica y regaliz; final apimentado con chocolate negro, cuero y hoja de tabaco.

Knob Creek Rye
Kentucky straight rye, *madurado en barricas nuevas de roble americano, 50% APV*
Aroma tentador a chocolate negro con menta tostada y canela, especias de centeno, nuez moscada, vaina de vainilla, roble carbonizado y un toque de jarabe de caña. En el primer sorbo hay melaza, azúcar quemado y semillas de vainilla, y luego una oleada de especias de centeno, nuez, clavo y hierbas secas; final especiado y afrutado.

LEGENT

COMPAÑÍA Suntory Global Spirits

AÑO DE FUNDACIÓN 2019

SITIO WEB www.legentbourbon.com

Llamado el bourbon que redefine el bourbon, Legent de Suntory Global Spirits es una colaboración entre Fred Noe, maestro destilador de séptima generación, y Shinji Fukuyo, mezclador jefe de House of Suntory. En 2019, mientras aprendían uno de otro, crearon esta nueva mezcla y una nueva marca para la empresa. «Whiskey mezclado» ha sido un término desprestigiado, asociado normalmente en Estados Unidos a productos de baja calidad, bourbon mezclado con alcohol neutro de grano. Legent, en cambio, se hace con *straight bourbon* de cuatro años, bourbon acabado en barrica de vino tinto y un poco de bourbon acabado en jerez. Que quede claro: el alcohol neutro de grano nunca fue parte del plan. Suntory Global Spirits ha seguido innovando con una mezcla emparentada de whisky escocés llamada Ardray, una colaboración que trae el criterio de un mezclador japonés al arte de mezclar whisky escocés. Y no fue flor de un día: en 2023 le siguió una edición limitada de Legent Yamazaki Cask Finish Blend.

El maestro mezclador Shinji Fukuyo aplicó sus habilidades japonesas al mundo del whiskey estadounidense para Legent.

NOTAS DE CATA

Legent Bourbon
Kentucky straight bourbon, *acabado en parte en barricas de vino y jerez, 47% APV*
Notas de vino y jerez, luego especias y pimienta, cereza, manzana roja, piel de cítricos y un chicle de menta Wrigley's. En boca, manzana roja, arándano, uva negra, dulce de azúcar y mantequilla y notas de hierbas, con pimienta, clavo, crema de vainilla, pan de centeno y sirope de arce. La mezcla compleja evoluciona continuamente hasta un final afrutado.

Legent Bourbon

OLD OVERHOLT

COMPAÑÍA Suntory Global Spirits

AÑO DE FUNDACIÓN 1810

SITIO WEB www.overholtrye.com

Aunque hoy en día produce whiskey en Clermont (Kentucky), tras unirse a la familia Beam en 1987, Abraham Overholt fundó A. Overholt & Co en Pensilvania. Cuando se hacía en Pensilvania, era un whiskey de centeno Old Monongahela de estilo robusto. Se dice que era el preferido de figuras como el presidente Ulysses S. Grant y el dentista, jugador y pistolero «Doc» Holliday, conocido por su papel en el tiroteo del O.K. Corral en Tombstone (Arizona).

La expresión clásica es un ingrediente básico en coctelería, y la gama asequible se ha ampliado para incluir expresiones de mayor graduación, una versión *bottled in bond* y una expresión extra añeja con graduación de barril, envejecida 10 años. En 2024, Freddie Noe lanzó un nuevo whiskey de centeno, A. Overholt, con un 80% de centeno y un 20% de cebada malteada, como la receta original de 1810. Aunque se elabora en la James B Beam Distilling Co, lo llamaron Monongahela Mash.

NOTAS DE CATA

Old Overholt
Straight whiskey *de centeno de Kentucky, envejecido en roble nuevo americano carbonizado, 40% APV*
Ralladura de naranja, lima y pomelo, notas florales y grano polvoriento con toques de canela en polvo y cacao en nariz. El tema cítrico continúa en el paladar, con aceite cítrico y zumo de limón. De cuerpo ligero y textura untuosa, el desarrollo de los sabores trae vainilla, flan de mandarina y notas finales de miel, turrón y grano. Final corto, con piel de limón sobre una base especiada.

Old Overholt

BROWN-FORMAN

Tras más de 150 años en el sector de las bebidas, Brown-Forman produce algunas de las marcas más importantes de espirituosos oscuros, como Jack Daniel's, Old Forester y Woodford Reserve, además de Slane Irish Whiskey y Benriach, GlenDronach y Glenglassaugh de Escocia.

JACK DANIEL'S

COMPAÑÍA Brown-Forman Corporation
AÑO DE FUNDACIÓN 1866
SITIO WEB www.jackdaniels.com

En el mejor de los casos, los amantes del whiskey tienden a ignorar por obvio el Jack Daniel's, y en el peor, a distanciarse y condenarlo por no ser whiskey «como debe ser», algo insultantemente simplista y de lo más injusto con una marca que ha hecho más que ninguna por mantener izada la bandera del whisky mundial durante los muchos años en que no estaba de moda. Y usando su plataforma para presentar expresiones nuevas y curiosas para que su amplio público las descubra, participa activamente en el auge del whiskey del país.

Una buena historia de éxito

De hecho, Brown-Forman, dueños de la marca, han logrado tres hazañas de marketing que merecen todo nuestro respeto: convencer a los jóvenes en edad legal de que beber whiskey podía ser *cool*; lograr que un espirituoso oscuro fuera un éxito cuando casi ningún otro se vendía bien; y hacer creer a los consumidores que es una marca pequeña y tradicional cuando en realidad es un monstruo comercial.

Una visita a la destilería muestra cómo trabajan horas extras para proteger esa imagen. Lynchburg es un condado seco, y solo la destilería tiene permitido vender botellas, que está prohibido vender en la ciudad. El lugar es un santuario de la destilación, y cuando uno va a una tienda tras otra que vende productos JD, desde chapas hasta motocicletas Harley-Davidson, percibe lo grande que es la marca, a la altura de Coca-Cola y, desde luego, Harley-Davidson. No está mal para un espirituoso.

Jack Daniel's celebró su 150 aniversario en 2016, pero no da muestras de dormirse en los laureles. De hecho, desde su aniversario ha aumentado el ritmo de innovación y en 2022 obtuvo el primer puesto en la lista de los veinte mejores de Whisky Advocate. Desde el nombramiento del maestro destilador Chris Fletcher, nieto de Frank Bobo, quinto maestro destilador de Jack Daniel's entre 1966 y 1988, Jack Daniel's ha lanzado Jack Daniel's Bonded y Jack Daniel's Triple Mash, versiones de 10 y 12 años de su whiskey de Tennessee, y un Jack Daniel's American Single Malt acabado en barricas de oloroso. Esto se suma al lanzamiento durante la última década de sus whiskeys de centeno Jack Daniel's y whiskeys de sabores, lo cual no ha hecho sino realzar el atractivo de la marca para el público más amplio posible.

Cómo se elabora Jack Daniel's

Los whiskeys de Tennessee Jack Daniel's, como el Old No. 7, se hacen a partir de un 80 % de maíz, un 12 % de cebada malteada y un 8 % de centeno. Jack Daniel's Rye tiene un 7 % de centeno, un 18 % de maíz y un 12 % de cebada malteada. Obviamente, su *single malt* es de cebada malteada al 100 %. El grano se cuece, se mezcla con agua del manantial Cave Spring Hollow, y se añade un 30 % de líquido restante de la destilación anterior para crear un mosto ácido *(sour mash)*. Cada semana cultivan su propia levadura, y las cubas de fermentación de Jack Daniel's tienen una capacidad de más de 150 000 litros.

Como la mayoría de las grandes destilerías de EE. UU., utilizan alambiques de columna, cada uno conectado a un duplicador. Tras la destilación inicial en la columna, los vapores pasan por el duplicador, similar a un alambique de cobre, donde tiene lugar la segunda destilación, antes de que los vapores se condensen de nuevo.

El Lincoln County Process

Destilado a 70 % APV, el *new make* se somete al llamado proceso Lincoln County, un filtrado a través de 3 metros de carbón de arce azucarero, que dura unas 24 horas y usan casi todos los fabricantes de whiskey de Tennessee. Tres días a la semana se rocían palés de arce duro con el *new make* y se les prende fuego. Una vez rastrillado y frío, el carbón se vierte en cubas para el proceso de maduración con carbón, al que se somete al *new make* antes de pasar a barricas, un rasgo propio del whiskey de Tennessee. Se habla de filtrado con carbón de algunos bourbons, pero no es el mismo proceso, pues se hace después de haber madurado en barrica, y el proceso se lleva a cabo principalmente para eliminar cualquier impureza flotante de la madera. Para obtener una suavidad adicional, antes y después de la maduración el Jack Daniel's Gentleman Jack se somete a un proceso de maduración con carbón vegetal.

Jack Daniel's tiene dos tonelerías y su propio aserradero, y con ello un control total sobre sus barricas nuevas de roble carbonizado. Suele emplearse un tostado de 13 minutos que añade color al whisky, seguido de un carbonizado de 20–25 segundos, equivalente a un nivel de carbonizado 3–4. Versiones recientes con edad declarada aparte, Jack Daniel's se embotella cuando está listo, no a una edad determinada, aunque lo regular del proceso permite un resultado razonablemente previsible para cada producto.

***El sol se pone sobre** una bodega en la enorme destilería Jack Daniel's en Lynchburg (Tennessee).*

Jack Daniel's Bonded

NOTAS DE CATA

Jack Daniel's Bonded
Whiskey de Tennessee, madurado en barricas nuevas de roble americano, 50 % APV
Caramelo intenso, pecanas, pimienta de Jamaica, cacao, pan de plátano y hierbas secas en nariz. En boca, miel, azúcar moreno, chocolate negro, clavo y especias apimentadas muy presentes, luego sirope de cereza, chips de plátano y notas de hierbas secas que persisten en un final con roble. No es de extrañar que ganara el primer puesto en la lista anual de los 20 mejores whiskies de 2022 de *Whisky Advocate*.

Jack Daniel's Single Barrel Barrel Strength
Whiskey de Tennessee, madurado en barricas nuevas de roble americano, 64,5 % APV
De un color oscuro hermoso, pero equilibrado, en nariz trae notas de vainilla, canela tostada, roble ennegrecido, melaza, clavo y eucalipto, con pudines de chocolate negro fundido, dulzura almibarada y *crème brûlée*. Con esta graduación, un sorbo revela cola, cerveza de raíz, cuero y picante. El agua saca caramelo dulce, el pan de maíz, las notas cítricas dulces, granola y rodajas de naranja seca, con cereza y siropes de frutas mientras la textura se vuelve algo viscosa. Cítricos secos y dulzura de melocotón en el final.

Jack Daniel's Sinatra Select
Whiskey de Tennessee, madurado en barricas nuevas de roble americano surcadas, 45 % APV
Elaborado en homenaje a Frank Sinatra con barricas especiales surcadas, en nariz presenta notas intensas de roble seco, con chocolate negro amargo, semillas de vainilla, caja de puros y rodaja de naranja seca. De sabor dulce, con piel de naranja, miel, clavo y roble oscuro, la textura rezuma clase con su suavidad excepcional, con sabores adicionales de chocolate negro y avellana tostada. Roble resinoso y vainilla en un final seco.

WOODFORD RESERVE

COMPAÑÍA Brown-Forman Corporation

AÑO DE FUNDACIÓN 1996

SITIO WEB www.woodfordreserve.com

Si buscas una destilería pintoresca en un entorno rural imponente y lleno de historia, Woodford Reserve, de Brown-Forman, es el lugar. La antigua destilería Labrot & Graham es todo lo histórica que pueda ser el whiskey de EE.UU., pues está donde las leyendas del whiskey Elijah Pepper y James Crow perfeccionaron el proceso del bourbon, aportándole una coherencia y una calidad que aseguraron un futuro brillante a este estilo de whiskey.

Brown-Forman es dueña de Jack Daniel's y la destilería Brown-Forman en la ciudad de Louisville (Kentucky), pero Woodford Reserve no podría ser más distinto. Para llegar a la destilería se pasa por algunas de las zonas más bellas del estado, y por enormes granjas de sementales donde se crían algunos de los mejores caballos de carreras del mundo. Los caballos están aquí por la misma razón que el whiskey: un suministro de cuencas de agua dura rica en calcio que produce un bourbon excelente y enriquece los pastos que ayudan a que los caballos crezcan sanos. Woodford Reserve patrocina el Derby de Kentucky, y lanza cada año una botella con etiqueta conmemorativa, perfecta para dar sorbos a un julepe de menta viendo la carrera.

Triple destilación por lotes

La maestra destiladora Elizabeth McCall está al frente de Woodford Reserve. Siguiendo la receta de Chris Morris, maestro destilador emérito, lo que hay en la botella es una combinación de whiskey destilado tres veces y whiskey destilado en columna de la destilería Brown-Forman en Shively. El bourbon se elabora con un 72 % de maíz, un 18 % de centeno y un 10 % de cebada malteada. Suele producirse en alambiques de columna con duplicadores, y el *mash* pasa por las columnas con una consistencia tan espesa como las gachas, por eso es poco habitual en Kentucky la destilación triple en alambiques de cobre.

En el proceso de maceración de Woodford, los tres cereales van juntos al alambique de columna, diseñado con un fondo cónico para ayudar a drenar la cerveza una vez evaporados los *low wines*. Este alambique tan exigido tiene una vida útil mucho más corta que sus vecinos, los de *high wines* y de aguardiente. Esta línea de whiskeys de alta gama no ha dejado de crecer, con las innovaciones para la Woodford Reserve Master's Collection, embotellado anual en cantidades limitadas producido desde 2006.

Además de su *straight bourbon* y de su bourbon de añejado doble en roble, la gama principal incluye una expresión de centeno, malta y trigo. En 2020 salió la Woodford Reserve Baccarat Edition, colaboración de lujo celebrada con un bourbon acabado en barricas de coñac XO. Hay también una expresión Batch Proof.

Quienes visiten la destilería o las tiendas especializadas de Kentucky podrán encontrar la serie Distillery, de carácter altamente experimental, y que ha incluido las versiones Double Double Oaked, Frosty Four Wood, Five Wood, Honey Barrel Finish y Chocolate Malt Whisper.

NOTAS DE CATA

Woodford Reserve Double Oaked
Kentucky straight bourbon, *acabado en segunda barrica de roble, 43,2 % APV*
En nariz, magdalenas de doble chocolate, puros prensados en caja, semillas de vainilla, canela en rama, roble tostado y bayas negras en gelatina. Pasas, chocolate negro, frutos secos y semillas de vainilla, que van ganando en cremosidad hasta predominar en el final los intensos sabores de roble.

Woodford Reserve Straight Rye Whiskey
Kentucky straight rye, *madurado en barricas nuevas de roble americano carbonizado, 45,2 % APV*
Pegada abundante de las especias del centeno, con aromas de pera Williams, roble tostado, mazapán, flan y un toque de canela. Suave y reconfortante en boca, con chocolate negro, pasas, esencia de vainilla, café en grano y de nuevo las especias de centeno, con toques difusos de menta y hierbas; hacia el final se vuelve levemente correoso, con presencia de roble carbonizado, pasas y chile seco.

Woodford Reserve Master's Collection Batch Proof
Kentucky straight bourbon, *madurado en barricas nuevas carbonizadas de roble americano, 61,6 % APV*
Muy tentador en nariz, con aromas de roble tostado, semillas de vainilla, cuero, hojas de menta fresca, canela en rama, ralladura de naranja, cera de abejas y cacao en polvo. En boca, caramelo, *toffee*, chocolate y roble, ganando intensidad lentamente las especias, seguidas de cereza, más chocolate y roble, y posos húmedos de café, con cacao y atisbos de cereza en el final. El agua amplifica las especias, añadiendo notas de jengibre, piña confitada y copos de chile.

Woodford Reserve
Double Oaked

Woodford Reserve
Straight Rye Whiskey

OLD FORESTER

COMPAÑÍA Brown-Forman Corporation
AÑO DE FUNDACIÓN 1870
SITIO WEB www.oldforester.com

En 1870, George Gavin Brown creó el bourbon Old Forester, el primero embotellado en EE.UU., un momento tan importante que Brown-Forman lo hizo marca registrada. Lo importante son las cualidades garantizadas en la botella, cuando estas eran muy variables. Brown mezclaba bourbon de tres destilerías diferentes, Mattingly, Mellwood y Atherton, lo embotellaba a 90 *proof* (45% APV), sellaba las botellas y las firmaba como garantía de calidad. Al bourbon se le puso el nombre de un médico local, el doctor William Forrester (la segunda «r» se eliminó más tarde) que le dio su aprobación, y es el bourbon embotellado más antiguo de EE.UU.

La ley *Bottled in Bond*

En 1897, la ley *Bottled in Bond* exigió que el whiskey procediera de una sola destilería designada, lo destilara durante una sola temporada un solo destilador, envejeciera cuatro años y se embotellara a 100 *proof* (50% APV), indicando el lugar de embotellado si era distinto. Old Forester aumentó debidamente la graduación de 45 a 50 APV. Durante la ley seca, Old Forester fue una de las pocas destilerías de Kentucky a las que se permitió seguir destilando whiskey con fines médicos.

La destilería Brown-Forman de Shively elabora Old Forester desde hace muchas décadas, embotellado por lo general a 43% y 50% APV, y cada septiembre Old Forester Birthday Bourbon conmemora el cumpleaños de George Gavin Brown. En 2014 salió la serie Whiskey Row, recreación histórica del Old Forester de los primeros tiempos de sus 150 años de historia. En 2017 salió Old Forester Statesman como producto vinculado a una película. En 2019 se unió a la gama Old Forester Rye, y luego nueva línea experimental, la serie 117, similar a la Distillery de Woodford Reserve, y que también tienen nombres imaginativos, como High Angels' Share («gran parte de los ángeles»), de una selección de barricas de bajo rendimiento con pérdida elevada por evaporación, Bottled-in-Bond y Warehouse H, que celebran los microclimas inusuales de este almacén de 1946.

Una nueva destilería operativa

En 2018, Old Forester volvió a su hogar en Main Street, Louisville (Kentucky), al abrir Old Forester Distilling Co, destilería que además de proporcionar un hogar a la marca y una atracción turística de calidad, añade entre un 10 y un 15% de capacidad de producción a Old Forester.

Los visitantes pueden observar el proceso *sour mash*, el carbonizado de las barricas en la tonelería, contemplar las barricas en la sala de maduración de temperatura controlada, ver el rápido tránsito de las botellas en la sala de embotellado y admirar desde el ascensor de vidrio la columna de cobre de 13 m de altura, Big Penny, que produce alrededor de 378000 litros de alcohol al año. La visita está concebida para una experiencia similar a la de un parque temático, pero la destilería es plenamente operativa.

NOTAS DE CATA

Old Forester 86 Proof
Kentucky straight bourbon, *madurado en barricas nuevas de roble americano carbonizado, 43% APV*
Muchos sabores, como roble carbonizado, galletas digestivas de chocolate con leche, terrosidad de bodega, hoja de tabaco, especias cálidas de roble, pan de plátano y popurrí de flores secas. Caramelo ligero, vainilla, manzana asada y chocolate rancio, y sensación suave en boca, con pan de maíz y cacao en polvo, galletas de centeno, copos de chile y roble ligero. Final de semillas de vainilla, roble seco y especias de centeno.

Old Forester 1870 Original Batch
Kentucky straight bourbon, *madurado en barricas nuevas de roble americano carbonizado, 45% APV*
Un lote pequeño que celebra el año en que Old Forester fue el primer bourbon embotellado de EE.UU., y reúne whiskeys de distinta fecha que pasaron a barrica con distinto APV y maduraron en diferentes bodegas. *Toffee* oscuro, cuero de silla de montar, dátiles, pasas, hoja de tabaco, vainilla en rama y notas florales. En boca cítricos secos, piel de mandarina, caramelo, vainilla, clavo, cacahuete, hierbas secas y azúcar moreno, con un final de cacahuete y especias secas persistentes.

Old Forester 1920 Prohibition Style
Kentucky straight bourbon, *madurado en barricas nuevas de roble americano carbonizado, 57,5% APV*
Roble tostado, mermelada de cereza, especias de roble y cacao en nariz, van ganando intensidad las especias y añaden vaina de vainilla, canela en rama y notas de hierbas secas. Con 57,5% APV, pega duro con caramelo, cereza negra, clavo, pimienta, Maltesers, roble seco y especias de centeno y hierbas, y dulzor malteado en el final. El agua lo suaviza, potencia la malta y atenúa la presencia de las hierbas.

Old Forester 86 Proof

HEAVEN HILL

En 1935, la familia Shapira fundó la destilería Heaven Hill junto con el destilador Joseph Beam, casualmente, primo de Jim Beam. La destilería de Louisville, conocida antes como Bernheim, es la mayor de Kentucky, con una capacidad de producción de 1300 barriles diarios, que llenan casi 70 bodegas. Heaven Hill produce una gran variedad de marcas y estilos de whiskey, y en la Heaven Hill Bourbon Experience de Bardstown da la bienvenida a los aficionados para que tengan ocasión de aprender más sobre su whiskey.

BERNHEIM

COMPAÑÍA Heaven Hill Distilleries, Inc.

AÑO DE FUNDACIÓN 2005

SITIO WEB www.heavenhilldistillery.com

Este whiskey de trigo comercializado en 2005 fue celebrado como primer whiskey de nuevo estilo desde la ley seca. Heaven Hill emplea un 51 % de trigo, un 37 % de maíz y un 12 % de cebada malteada en la mezcla del macerado. El nombre procede de la destilería Bernheim, que a raíz del incendio de la de Bardstown en 1996, pasó a ser la principal destilería de Heaven Hill.

NOTAS DE CATA

Bernheim Original
Kentucky straight whiskey *de trigo, envejecido en barricas nuevas de roble americano carbonizado, 45 % APV*
Aero Peppermint, maíz con mantequilla, roble, *toffee*, té verde y canela en nariz, con chocolate con leche y menta, piel de naranja, preparado para pasteles, crema de maíz. Final seco y cítrico.

Bernheim Original

ELIJAH CRAIG

Elijah Craig Barrel Proof

COMPAÑÍA Heaven Hill Distilleries, Inc.

AÑO DE FUNDACIÓN 1986

SITIO WEB www.elijahcraig.com

Elijah Craig, una de las marcas más conocidas de Heaven Hill, lleva el nombre de un predicador baptista, empresario y esclavista dueño de fábricas de papel y lana. En 1789 fue el primer destilador en envejecer whisky en barricas nuevas de roble carbonizado. Para representar mejor la aportación de los esclavos a la industria del bourbon, Heaven Hill colabora activamente en estudios académicos con el Commonwealth Institute of Black Studies de Kentucky y la Central Kentucky Slavery Initiative.

El bourbon Elijah Craig se hace con un 78 % de maíz, 12 % de cebada malteada y 10 % de centeno, con agua caliza de Kentucky en la mezcla, y madura en barricas nuevas de roble con un nivel 3 de carbonización. Las botellas más asequibles son las de lotes pequeños y graduación de barril, pero en EE.UU. se ofrece una versión de barrica tostada, un bourbon añejo Elijah Craig acabado en barrica tostada a la medida, un *straight rye* y un Elijah Craig 18 años.

NOTAS DE CATA

Elijah Craig Barrel Proof
Kentucky straight bourbon, *madurado en barricas nuevas carbonizadas de roble americano, 64 % APV*
Chocolate negro, notas de hierbas y frutos negros en nariz, con aromas de nuez moscada, canela, tierra, espuma de café expreso y palomitas con sirope de arce. Añadir agua revela manzana asada, cereza, grosella roja, chocolate con leche, pimienta negra, clavo, regaliz rojo y bolitas de canela, con un final largo y especiado. Gran profundidad, y por ello si hay ocasión siempre merece la pena gastar algo más en las botellas de mayor graduación.

EVAN WILLIAMS

COMPAÑÍA Heaven Hill Distilleries, Inc.

AÑO DE FUNDACIÓN 1957

SITIO WEB www.evanwilliams.com

Los bourbons nombrados en honor de un galés asentado en Kentucky que comenzó a destilar en 1783 emplean la misma receta que Elijah Craig. La etiqueta negra se embotella con 43 % APV, y la blanca, como *bottled in bond*, con 50 % APV. Además de las líneas de whiskeys con sabores, hay también una expresión extra envejecida llamada 1783 Small Batch. Desde la década de 1990, Single Barrel ha sido uno de los bourbons con mejor relación calidad-precio del mercado, pero desde hace un tiempo solo ha estado disponible en la Evan Williams Bourbon Experience de Louisville y en algunos lugares selectos de Kentucky.

NOTAS DE CATA

Evan Williams Single Barrel 2014
Kentucky straight bourbon, *envejecido en una sola barrica nueva de roble americano carbonizado, 43,3 % APV*
Aromas de vainilla y pastel de chocolate negro con roble tostado, pudín de jengibre al vapor, dátiles, higos, sultanas y regaliz. Miel, caramelo, albaricoque, chocolate negro con jengibre y copos de chile, con mermelada, *toffee*, avellanas y galletas Oreo. Roble tostado, notas de carbón, posos de café y cacao en el final.

Evan Williams Single Barrel 2014

HENRY MCKENNA

COMPAÑÍA Heaven Hill Distilleries, Inc.

AÑO DE FUNDACIÓN 1855

SITIO WEB www.heavenhilldistillery.com/henry-mckenna.php

Henry McKenna nació en 1819 en Draperstown, en lo que hoy es Irlanda del Norte. En 1838 se mudó a Kentucky. En 1855 abrió un molino harinero, y en algún momento se propuso destilar el material sobrante. Construyó una destilería en Fairfield (Kentucky), y desarrolló la marca que acabó convertida en negocio familiar. Heaven Hill mantiene viva la marca con un *straight bourbon* de 4 años y una expresión de 10 años y barrica única *bottled-in-bond*.

NOTAS DE CATA

Henry McKenna
Kentucky straight bourbon, *madurado en barricas nuevas de roble americano carbonizado, 40 % APV*
Aromas de caja de puros, chocolate negro, té negro, semillas de vainilla, azúcar moreno y grosellas. Ligero y suave, con caramelo, piel de cítricos, chocolate con leche, avellana, ciruela y tabaco, y un final de chocolate para fundir y especias de roble.

LARCENY

COMPAÑÍA Heaven Hill Distilleries, Inc.

AÑO DE FUNDACIÓN 2012

SITIO WEB www.larcenybourbon.com

Cuenta la historia que John E. Fitzgerald era un agente del Tesoro de EE.UU. que disponía de las llaves del depósito aduanero y sabía dónde se guardaban los mejores barriles. La leyenda continúa con Larceny, hecho con una mezcla de 68 % de maíz, 20 % de trigo y 12 % de cebada malteada. La línea de bourbons de trigo de Heaven Hill incluye Larceny Small Batch, Larceny Barrel Proof y Old Fitzgerald Bottled in Bond.

NOTAS DE CATA

Larceny Small Batch
Kentucky straight bourbon, *madurado en barricas nuevas de roble americano carbonizado, 46 % APV*
Nariz untuosa de semillas de sésamo, roble, cedro, corteza de pan de masa madre y drupas secas. Caramelo dulce, con mermelada de fresa, clavo, crema de maíz, especias para hornear, *toffee*, cereza negra y cacahuete. After Eights, maíz cocido y cuero en el final.

Larceny Small Batch

Mellow Corn

MELLOW CORN

COMPAÑÍA Heaven Hill Distilleries, Inc.

AÑO DE FUNDACIÓN 1945

SITIO WEB www.heavenhilldistillery.com/mellow-corn.php

En la mayoría del bourbon y el whisky canadiense, el maíz es la materia prima principal, pero el de maíz es un espirituoso muy particular con normas propias de producción. Un *straight corn whiskey* debe llevar un 80% de maíz, y a diferencia del bourbon y el *rye*, además de en nuevas barricas de roble sin carbonizar, puede envejecer en barricas usadas carbonizadas. Suelen destacar por presentación y precio, desde la vibrante etiqueta amarilla de Mellow Corn hasta el aspecto tradicional de latas de metal y tarros de mermelada. Botellas como la de Balcones Baby Blue de Texas han atraído a nuevos consumidores a la categoría. Los hay poco o nada envejecidos, como Georgia Moon y Stillhouse Original Whiskey, pero Mellow Corn madura un mínimo de cuatro años y se embotella bajo control aduanero.

NOTAS DE CATA

MELLOW CORN
Kentucky straight corn, *madurado en barricas nuevas y de relleno de roble americano, 50% APV*
En nariz, una gran oleada feliz de maíz con mantequilla, vainilla, coco tostado y pimienta blanca, con notas algo saladas de maíz asado y piel de plátano. Dulce en boca, con azúcar moreno, cereales, esencia de vainilla, avellana, pecanas, *crème brûlée* y pimienta negra, que evolucionan hasta *toffee* de melaza, sultanas, plátano asado y hierbas, antes de un final corto de chocolate, canela y hierbas.

PARKER'S HERITAGE COLLECTION

COMPAÑÍA Heaven Hill Distilleries, Inc.

AÑO DE FUNDACIÓN 2005

SITIO WEB www.heavenhilldistillery.com/parkers-heritage collection.php

Heaven Hill lanza esta serie de whiskeys americanos raros en edición limitada en homenaje a su maestro destilador de sexta generación, Parker Beam, fallecido en 2017 a los 75 años. Parker Beam lanzó en 2007 la serie anual, y se hizo famosa por sus innovaciones, además de ser un escaparate de los distintos estilos de whiskey americano que produce Heaven Hill.

En la serie ha habido bourbons bien envejecidos, whiskeys de centeno, malta y trigo, de barrica única, mezclas de diferentes bourbons y recetas para el mosto, acabados en barrica innovadores y el impacto en el sabor de las barricas muy carbonizadas en el bourbon y los whiskeys de centeno y trigo.

Muchos de los primeros ejemplos escogidos en persona y lanzados por Parker Beam alcanzan ahora miles de dólares en las subastas, y la última expresión sigue siendo fielmente cada año un whiskey singular, que enseña algo nuevo incluso a los paladares más experimentados en los whiskeys de EE.UU.

Parker's Heritage Collection 17ª Edición

PIKESVILLE RYE

COMPAÑÍA Heaven Hill Distilleries, Inc.

AÑO DE FUNDACIÓN 2015

SITIO WEB www.heavenhilldistillery.com/pikesville-straight-rye.php

La ley seca casi acabó con la industria del centeno en Maryland, donde se producía Pikesville Rye desde la década de 1890. El *rye* de Maryland usa una mezcla en la que predomina el centeno, con maíz y cebada malteada u otros cereales de grano pequeño, los cultivados en el estado. Esto lo diferencia del histórico estilo Monongahela Rye de Pensilvania (abajo), sobre todo de centeno con cebada malteada, pues entonces allí se cultivaba poco maíz, y las destilerías maceraban y destilaban de manera distinta a otros lugares.

Pikesville es un suburbio al noroeste de Baltimore. El último Pikesville Rye producido en Maryland salió en 1972 de la destilería Majestic, de Standard Distillers Products Inc., pero la marca como tal sobrevivió, una de las pocas en mantenerse cuando el centeno gustaba poco. Heaven Hill adquirió la marca Pikesville Rye en 1982, y aunque ahora se elabora en Kentucky, Heaven Hill mantiene vivo el nombre.

NOTAS DE CATA

Pikesville Straight Rye 110 Proof
Straight rye, *madurado en barricas nuevas de roble americano carbonizado, 55 % APV*
En nariz, notas de chocolate de fundir, pan de centeno, piel de ciruela, roble tostado, clavo y roble carbonizado. Tomado solo es duro de pelar, con notas de chocolate, malta, cereza, especias crepitantes de centeno, regaliz Red Vines, copos de chile y cerveza de raíz, y a medida que se diluye se vuelve más cremoso. Añadir agua saca notas deliciosas de cereza negra y zarzamora. Como *rye* históricamente importante y versátil, siempre vale la pena tener una botella de Pikesville a mano.

Pikesville Rye
Straight Rye 110 Proof

RITTENHOUSE RYE

COMPAÑÍA Heaven Hill Distilleries, Inc.

AÑO DE FUNDACIÓN 1934

SITIO WEB www.heavenhilldistillery.com/rittenhouse-rye.php

Con nombre alusivo a la histórica Rittenhouse Square de Filadelfia, de centeno robusto y pleno de sabor, este whisky (no emplea la «e» en su grafía) salió después de derogada la ley seca. Se trata de un espirituoso que capta la esencia de los *rye* históricos Monongahela de Pensilvania de los siglos XVIII y XIX.

Elaborado en su día por Continental Distillers Corp. (Filadelfia), Heaven Hill compró la marca Rittenhouse en 1999. Prosperó al adoptarlo la renacida cultura del cóctel por la cualidad de esta expresión *bottled-in-bond* para no quedar eclipsado en la mezcla, y el whisky de centeno volvió a ser popular. Aunque en bares y tiendas los *rye* ya no sean una rareza, esta es una opción asequible y versátil, perfecta para tu próximo Manhattan.

Ahora, los coleccionistas buscan en las subastas los embotellados de Rittenhouse Rye de 21, 23 y 25 años que Heaven Hill lanzó a partir de 2005.

***Barricas almacenadas en altura** en una bodega de Heaven Hill Distillery.*

NOTAS DE CATA

Rittenhouse Rye Bottled-in-Bond
Straight rye, *madurado en barricas nuevas de roble americano carbonizado, 50 % APV*
En nariz, galletas de centeno, especias suaves de centeno, caramelo, nueces tostadas, naranja asada, albaricoque seco y azúcar quemado. Un sorbo trae azúcar moreno, pan de centeno y una oleada de especias de centeno, aunque algo áspero, se asienta con chocolate negro, posos de café, cereales tostados y un toque de menta. Roble seco y After Eight en el final.

Rittenhouse Rye
Bottled-in-Bond

SAZERAC

Fundada en 1850, Sazerac posee tres destilerías en EE. UU., la histórica destilería Buffalo Trace en el condado de Franklin (Kentucky) es la más conocida, pero también operan la destilería Barton 1792 en Bardstown (Kentucky) y A Smith Bowman en Fredericksburg (Virginia). Destilan y embotellan algunos de los whiskeys estadounidenses más coleccionables, entre ellos el legendario Pappy Van Winkle.

1792

COMPAÑÍA Sazerac Company, Inc.

AÑO DE FUNDACIÓN 2002

SITIO WEB www.1792bourbon.com

La destilería Barton 1792, la más antigua operativa en Bardstown, recibe su nombre del año en que Kentucky se unió a los Estados Unidos. Aunque ya no está abierta al público, esta destilería en activo produce varias marcas de Sazerac, entre ellas los bourbons Thomas S. Moore, aunque 1792 es la marca insignia.

1792 Small Batch usa una mezcla con alto contenido en centeno, y la destilería ha lanzado varias ediciones limitadas, entre ellas una expresión dulce de trigo, un 12 años, un acabado en oporto, uno de barril único y un *bottled-in-bond*.

NOTAS DE CATA

1792 Small Batch
Kentucky straight bourbon, *madurado en barricas nuevas de roble americano carbonizado, 46,85 % APV*
Esta receta rica en centeno ofrece en nariz *brownie* de chocolate, esencia de vainilla, gominola de cola, pecanas, canela, roble chamuscado y toques de cinco especias. En boca, frutas negras azucaradas, cola, tarta de pecanas, roble tostado, cuero con un toque de clavo, y luego mermelada de uva y regaliz negro, con presencia creciente del roble hasta el final seco.

1792 Small Batch

BLANTON'S

COMPAÑÍA Sazerac Company, Inc.

AÑO DE FUNDACIÓN 1984

SITIO WEB www.blantonsbourbon.com

Cuando en 1984 Blanton's salió al mercado, fue el primer bourbon de barril único comercializado. Su nombre celebra a Albert B. Blanton, presidente de la empresa Sazerac a partir de 1921, y lo creó el maestro destilador Elmer T. Lee, quien recordaba cómo el coronel Blanton escogía personalmente las mejores barricas del centro de almacén metalizado Warehouse H.

Es un bourbon rico en centeno, y remata las botellas uno de los ocho corchos con el diseño de un caballo y un jinete. Original se embotella con 46,5 % APV, y Gold, con 51,5 % APV. Hay una expresión Straight from the Barrel («directo de la barrica»), y a algunos mercados llega Special Reserve, de 40 % APV.

NOTAS DE CATA

Blanton's Original Single Barrel
Kentucky straight bourbon, *madurado en barrica única nueva de roble americano carbonizado, 46,5 % APV*
Abundante *toffee* en nariz, con maíz cocido, frutos secos tostados, azúcar vainillado, miel y tarta de pecanas. Atractivo y cremoso, trae aromas de galletas de menta recubiertas de chocolate, *mousse* de cereza y un toque de roble tostado. En boca, caramelo, crema de maíz, especias suaves para hornear, mucho azúcar moreno y esencia de vainilla, ganache de chocolate y naranja de chocolate que se desvanece. Final largo de especias de centeno, crema de maíz, chocolate negro y hoja de tabaco.

Blanton's Original Single Barrel

BUFFALO TRACE/BUFFALO TRACE ANTIQUE COLLECTION

COMPAÑÍA Sazerac Company, Inc.

AÑO DE FUNDACIÓN 1787

SITIO WEB www.buffalotracedistillery.com

Se puede buscar por todo el mundo, y encontrar pocas destilerías tan imbuidas de historia como la enorme Buffalo Trace Distillery de Frankfort (Kentucky). En 1787, la destilería de Buffalo Trace, entonces conocida como Lee's Town, comenzó a enviar whiskey río abajo hasta Nueva Orleans. El negocio del whisky era muy próspero, y en 1810 en el estado de Kentucky había no menos de 2000 destilerías.

Por la destilería Buffalo Trace han pasado algunos de los mayores nombres de la destilación, y en 1904 se le puso el nombre de George T. Stagg, quien la había comprado en 1878. Sobrevivió a la ley seca al obtener un permiso para producir whiskey medicinal, y la capacidad creció rápido tras la derogación, de modo que en 1939 empleaba a 1000 personas.

Buffalo Trace Antique Collection

Renombrada Buffalo Trace en 1999, se ha labrado una reputación por bourbons emblemáticos de fama mundial, entre ellos los incluidos en la Buffalo Trace Antique Collection (BTAC) y la marca insignia Buffalo Trace. Aunque BTAC lleva más de 20 años lanzando novedades cada año, esta sigue siendo su plataforma para mostrar los whiskeys de la mayor calidad que producen. Hoy la demanda supera a la oferta, y en muchos casos solo se pueden comprar en el mercado secundario, pero todo aficionado al whiskey de EE.UU. debería probarlos al menos una vez.

La Buffalo Trace Antique Collection suele contener cinco productos básicos: Eagle Rare 17 años, *straight Kentucky bourbon* embotellado a 50,5% APV, como el Eagle Rare original de 1975; George T. Stagg, bourbon potente de Kentucky embotellado sin cortar ni filtrar; Sazerac Rye 18 años, un *rye* intenso procedente de una gran selección de barricas antiguas; Thomas H. Handy, un *rye* con graduación de barrica envejecido más de seis años y llamado como el barman de Nueva Orleans que primero usó centeno en un cóctel Sazerac, y, por último, William Larue Weller, bourbon oscuro y robusto hecho con trigo y embotellado con graduación de barrica.

NOTAS DE CATA

William Larue Weller
Kentucky straight bourbon, *madurado en barricas nuevas carbonizadas de roble americano, 66,8% APV*
Potente y con una intensidad oscura, en nariz hay cacao, vainilla y cuero, sobre un fondo de roble ennegrecido, regaliz negro y posos de té. Es recomendable rebajarlo con agua, lo cual aligera las notas de chocolate hasta chocolate con leche cremoso, con frutos negros, posos de café, mermelada de grosella negra, barquillo de chocolate y taninos de roble. Final de cuero, glaseado de chocolate y roble tostado.

Eagle Rare 17 años
Kentucky straight bourbon, *envejecido en barricas nuevas carbonizadas de roble americano, 50,5% APV*
En nariz desprende chocolate negro, naranja seca, esencia de vainilla, roble pulido, pastel de café, pimienta de Jamaica y notas terrosas. En boca es sólido y decidido, con chocolate negro, vainilla y cuero en el primer sorbo, seguido de cereza y zarzamora, y notas tardías de carbón antes del final corto y seco con roble. El agua despierta la fruta, y saca cereza y grosella roja jugosas y regaliz rojo.

George T. Stagg
Kentucky straight bourbon, *envejecido en barricas nuevas carbonizadas de roble americano, 67,5% APV*
Un único aroma oscuro y ominoso con notas de roble tostado, cuero, chocolate negro, pasas, especias de roble y esencia de vainilla. Pica en abundancia con la graduación de barrica, pero una dosis generosa de agua saca chocolate negro, naranja seca, clavo, pimienta de Jamaica, nuez moscada y pan de jengibre. Final largo y satisfactorio.

Thomas H. Handy
Kentucky straight rye, *envejecido en barricas nuevas de roble americano carbonizado, 62,45% APV*
Especias de centeno con pegada en nariz con notas de hierbas, eneldo fresco, chicle de menta, turrón blando, vainilla y pastel de menta Kendall. Con fuerza de barril hace fruncir la boca, con chocolate, pasas y nuez de Brasil, seguidos de cuero, pimienta de Jamaica y frutos negros. Tan fantásticamente denso que se podría comer con cuchara, el agua libera cacao en polvo, chocolate, cereza, zarzamora y mermelada de uva. Un trago fenomenal.

Sazerac Rye 18 años
Kentucky straight rye, *envejecido en barricas nuevas de roble americano carbonizado, 45% APV*
Otro *rye* épico de Sazerac, en el que destacan roble pulido, cola, *toffee* quebradizo, nuez moscada, canela dulce, hierbas tostadas, pan de centeno, halva y chocolate negro rallado. Textura tensa y flexible, con granos de centeno, miel, piel de cítricos y pomelo, elevada por especias del centeno a un plano superior con semillas de vainilla, chocolate con leche, grosellas, piel de cítricos confitada, mermelada de uva y cereza seca. Final largo de chocolate rancio, cuero y roble.

HISTORIAS DEL WHISKY

Buffalo Crossing
El nombre de la destilería alude a un sendero llamado Great Buffalo Trace en el asentamiento original de 1775, un camino excavado en la tierra por una de las enormes manadas de bisontes americanos que migraban a través de las grandes llanuras del país por cientos de miles, en tal número que tardaban horas en pasar. Aquí los bisontes reducían la velocidad para cruzar la parte relativamente estrecha y poco profunda del río Kentucky, y por ello era un lugar ideal para que los nativos americanos los cazaran. Los colonos blancos vieron que estos caminos anchos y despejados, obra de los bisontes, eran rutas de transporte extremadamente útiles, y el cruce, un lugar idóneo para fundar un asentamiento, lo cual iba a ser el origen de un violento choque de culturas.

George T. Stagg

COLONEL EH TAYLOR

COMPAÑÍA Sazerac Company, Inc.

AÑO DE FUNDACIÓN 2011

SITIO WEB www.sazerac.com

Edmund Haynes Taylor Jr fue dueño de la destilería OFC, hoy Buffalo Trace, y su papel fue clave en la aprobación por el Congreso de la Ley Bottled-in-Bond en 1897. Esta línea recibió su nombre en 2011, cuando Buffalo Trace lanzó Old Fashioned Sour Mash, destilado en 2002, que antes de una década superaba a menudo los cinco dígitos en subastas. La línea es una salida para la creatividad, desde lotes pequeños y lotes de barrica única hasta macerados con amaranto y cuatro cereales.

NOTAS DE CATA

Colonel EH Taylor Small Batch
Kentucky straight bourbon, *madurado en barricas nuevas de roble americano carbonizado, 50 % APV*
Drupas secas, chicle de menta Wrigley's, tarima de bodega, posos de té y roble humeando. Cítricos, nectarina, albaricoque y miel, con un final de naranja especiada y vainilla.

Colonel EH Taylor
Small Batch

EAGLE RARE

COMPAÑÍA Sazerac Company, Inc.

AÑO DE FUNDACIÓN 1975

SITIO WEB www.sazerac.com

Eagle Rare, antes de Seagram, es fácil de encontrar como expresión de 10 años, y se rumorea que se hace con una mezcla baja de centeno. Aparte de los muy apreciados 17 años de la colección anual Buffalo Trace Antique Collection, en los últimos años Eagle Rare ha ido encontrando un lugar como coleccionable de alta gama. Primero llegó en 2019 Double Eagle Very Rare, con una producción anual limitada que se agotó rápido, y luego, en 2023, Eagle Rare 25 años, bourbon extra añejo de su experimental Warehouse P. Esto permite a Sazerac atraer a un número cada vez mayor de coleccionistas de bourbon de alta gama.

NOTAS DE CATA

Eagle Rare 10 años
Kentucky straight bourbon, *madurado en barricas nuevas de roble americano carbonizado, 45 % APV*
En nariz, cuero, cacao, gominolas de cola y una cucharada de miel. Aterciopelado en boca, con azúcar moreno, cola, piel de naranja, pastel de frutas y especias, y final de chocolate negro, cereza seca y roble tostado.

SAZERAC RYE

COMPAÑÍA Sazerac Company, Inc.

AÑO DE FUNDACIÓN 2006

SITIO WEB www.sazerac.com

Obviamente, hay que comprar una botella de este whiskey de centeno para preparar un Sazerac e imaginarse sentado en el café de Royal Street, en Nueva Orleans. Cuando el whisky de centeno volvió a estar de moda, este era uno de los más fiables y asequibles disponibles. Elaborado con una mezcla de 51 % de centeno, sigue habiendo una gran diferencia en la cata placentera entre Sazerac Rye y el Sazerac Rye 18 años de la anual Buffalo Trace Antique Collection.

NOTAS DE CATA

Sazerac Rye
Rye whiskey, *madurado en barricas nuevas de roble americano carbonizado, 45 % APV*
En nariz, dulce de azúcar y mantequilla, granos de centeno tostados, clavo y anís estrellado. Piel de cítricos en mermelada, galleta de jengibre, sirope de mango, caramelos de anís y especias de centeno. Final cítrico con chocolate negro.

Sazerac Rye

VAN WINKLE

COMPAÑÍA Old Rip Van Winkle Company

AÑO DE FUNDACIÓN 1972

SITIO WEB www.oldripvanwinkle.com

La destilería Old Rip Van Winkle ya no existe, pero no se puede contar la historia de la industria moderna del bourbon sin hablar de Julian Van Winkle III y de su hijo Preston, cuyo lugar es único en la producción de whisky de Kentucky.

En la actualidad, el whiskey Van Winkle se elabora en Buffalo Trace en cantidades muy reducidas, siguiendo la receta original de bourbon con trigo, aunque los códigos de las botellas indican a los coleccionistas cuáles de las expresiones más antiguas son de la destilería Stitzel-Weller, hoy cerrada, y merecen pujar aún más alto. Aunque se comercializa una vez al año y solo se puede adquirir mediante sorteos de minoristas y programas de fidelización, su precio se dispara cuando sale de manos de Van Winkle, y es una lástima. La apuesta más segura para conseguir una botella es comprarla en subasta, donde sale a la venta todos los meses. Pappy's no necesita más bombo, y mientras tanto la familia Van Winkle sigue haciendo bourbon excelente para poder transmitir la tradición a las futuras generaciones.

NOTAS DE CATA

Pappy Van Winkle Family Reserve 15 años
Kentucky straight bourbon, *madurado en barricas nuevas de roble americano carbonizado, 53,5% APV*
Bourbon añejo clásico con madera intensa y astringente y chile enfrentados a sabores más suaves de helado de caramelo y nueces y melocotón cocido, canela y sándalo. Final pleno, especiado y con roble.

Pappy Van Winkle Family Reserve 15 años

WELLER

COMPAÑÍA Sazerac Company, Inc.

AÑO DE FUNDACIÓN 1849

SITIO www.buffalotracedistillery.com/our-brands/w-l-weller.html

A mediados del siglo XIX, William Larue Weller comerciaba con bourbon, y se le atribuyen recetas con trigo, que tomó el lugar del centeno como segundo cereal para crear un bourbon más suave. Larue contrató como vendedor a Julian «Pappy» Van Winkle (arriba), y posteriormente el nombre Weller se incorporó a la destilería Stitzel-Weller junto con la empresa de Pappy.

El nombre Weller se reserva ahora a una línea de bourbons con trigo de Buffalo Trace, desde Special Reserve, pasando por Antique 107, Single Barrel y Full Proof, hasta un magnífico 12 años, al que se añadió en 2023 la expresión experimental Daniel Weller, que lleva el nombre del abuelo de WL Weller. Uno de los principales beneficiarios del auge de la demanda global han sido las ampliaciones de la gama Weller y la consiguiente escasez de los bourbons Pappy Van Winkle.

La histórica destilería Buffalo Trace *es el hogar de muchos bourbons de fama mundial, como los bourbons de trigo Weller.*

NOTAS DE CATA

Weller 12 años
Kentucky straight bourbon, *madurado en barricas nuevas de roble americano carbonizado, 45% APV*
Hermoso en nariz, con canela, almendra, chocolate con leche cremoso, té negro, clavo, nuez, semillas de vainilla y petacas de cedro. Intenso y de textura densa, muestra sabores de sirope de arce, caramelo, roble, vainilla, canela y frutos negros, con cereza seca, clavo y posos de té que conducen a un final suave que tiende a seco, con *toffee*, cereza seca y dulzura de roble.

Weller 12 años

CAMPARI

Campari es dueña de la destilería Wild Turkey, una joya de la corona del bourbon de Kentucky, y en 2022 adquirió una participación mayoritaria en la destilería emergente Wilderness Trail.

WILD TURKEY

COMPAÑÍA Grupo Campari

AÑO DE FUNDACIÓN 1855

SITIO WEB www.wildturkeybourbon.com

La destilería Wild Turkey, en Lawrenceburg (Kentucky), es una prueba de que el whiskey de EE.UU. vive un buen momento. En 2009, Campari invirtió 44 millones de euros en ella tras comprar la marca a Pernod Ricard, inauguró en 2011 una nueva destilería de última generación para aumentar la capacidad y en 2014 añadió un magnífico centro de visitantes.

Desde sus orígenes en la década de 1840 con los hermanos Ripy, inmigrantes irlandeses, pasando durante el siglo siguiente por una serie de aperturas, cierres y cambios de nombre hasta la era asentada de la familia Russell, la historia de la marca y el lugar es algo complicada.

El legendario Jimmy Russell

Jimmy Russell nació en 1934, durante la Gran Depresión, y antes de los 20 años comenzó a trabajar en la destilería, que no se llamaba aún Wild Turkey. Trabajó en todos los puestos, aprendió los secretos del buen bourbon de sus superiores y asumió cada vez mayor responsabilidad. En 1967, Russell pasó a ser maestro destilador, tarea a la que se ha dedicado desde entonces.

En la década de 1980, al desplomarse las ventas de bourbon, Jimmy empezó a viajar para conocer en catas y bares a aficionados al bourbon de todo el mundo y dar a conocer Wild Turkey. Dada su asistencia incondicional, Russell puede haber estado en más eventos WhiskyFest en Estados Unidos que cualquier otro maestro destilador, charlaba con fans de Wild Turkey, respondía preguntas, posaba para fotos y firmaba autógrafos. En el estand, Eddie Russell, hijo de Jimmy, servía Wild Turkey 101 o Wild Turkey Rare Breed a quienes hacían cola y compartía sus conocimientos sobre los últimos lanzamientos. Eddie Russell comenzó a trabajar en la destilería en 1981, y en 2015, siguiendo los pasos de su padre, fue nombrado maestro destilador. En 2018, Jimmy y Eddie Russell sumaban 101 años de experiencia en la industria del bourbon, un hito memorable para esta familia de Kentucky que encarna la marca y su espíritu estadounidense. Ahora, el nieto de Jimmy, Bruce, es mezclador asociado, y los tres Russell colaboraron en el lanzamiento en 2023 de Wild Turkey Generations.

Para sus fieles seguidores, Wild Turkey no se trata de su receta sin OMG de un 75 % de maíz, 13 % de centeno y 12 % de cebada malteada, la cepa de levadura patentada, las barricas de roble americano de carbonizado n.º 4 «aligátor» llenadas a menor graduación para preservar el magnífico color ámbar, al reducir la cantidad de agua añadida al embotellar, sino de los Russell, del ave y de la autenticidad de las raíces de la marca y el orgullo por los valores de Kentucky.

La destilería Wild Turkey. *Campari ha invertido mucho en nuevas instalaciones para visitantes y mejoras en la destilería.*

HISTORIAS DEL WHISKY

Cuestión de pavos

La caza del pavo salvaje es un deporte muy popular en el sur de EE.UU., como lo es imitar la llamada de la hembra para atraer a un macho y dispararle. Incluso se televisan competiciones de imitadores de pavas, y se ofrecen importantes premios en metálico. La marca Wild Turkey se creó en 1940, y se inspiró en una caza anual de pavos de Kentucky. Era tradición que el destilador local llevara un barril de bourbon especial a las festividades. Thomas McCarthy, presidente de Austin, Nichols, la empresa con sede en Nueva York propietaria de la destilería en aquel momento, escogió una cantidad de bourbon puro de 50,5 % APV de las existencias de la empresa para llevarlo a la cacería. Al cabo de unos años, la gente empezó a pedir el *wild turkey bourbon*, y de ahí el nombre de la marca.

El paso a embotellados premium

Con Eddie Russell como maestro destilador se ha acelerado la mejora en la imagen de Wild Turkey. Su padre lanzó Wild Turkey Rare Breed y Russell's Reserve, e igualó la estrategia de la competencia para atraer nuevos consumidores. Desde que salió en 2015, la expresión de edición anual limitada premium de Eddie Russell, Wild Turkey's Master Keep, ha sido muestra de innovación, habilidad en la maduración y el acabado y talento para colaboraciones inteligentes. Con vasos a medida y estuches elegantes para la serie, Wild Turkey aprovechó el momento justo para subirse a la ola premium del bourbon. De la colaboración entre 2016 y 2022 con el oscarizado actor Matthew McConaughey salió en 2018 Longbranch, una expresión de 8 años refinada con carbón de mezquite de Texas. El interés adicional ha contribuido a impulsar una floreciente línea principal de bourbons, whiskeys de centeno y expresiones aromatizadas. A su vez, esto atrae a un mayor número de personas a las visitas guiadas de la destilería Wild Turkey para maravillarse con las históricas bodegas de siete pisos de altura.

NOTAS DE CATA

Wild Turkey Master's Keep Cornerstone
Kentucky straight rye, *madurado en barricas nuevas de roble americano carbonizado, 54,5 % APV*
Elaborado con whiskies de centeno de entre 9 y 11 años, en nariz trae miel, pimienta y cruasanes de almendra con azúcar glas. En boca, especias intensas de centeno, con crema de limón, piel de cítricos en mermelada, roble potente, bayas rojas y salsa de arándanos. Al diluirse salen más notas de grano con roble carbonizado y dulce de caramelo al final, sobre todo con una gota de agua. Vainilla, tabaco, hierbas horneadas y roble en un fantástico final.

Wild Turkey Master's Keep Voyage
Kentucky straight bourbon, *acabado en barricas de ron Appleton Estate, 53 % APV*
La maestra mezcladora de Appleton Estate, Joy Spence, escogió las barricas de acabado para Wild Turkey, de ron jamaicano de 14 años destilado en alambique tradicional. En nariz, manzana asada, canela en rama, pan de jengibre, cítricos y té de Ceilán; paladar equilibrado de miel, vainilla, *toffee*, frutos rojos, chocolate negro, gominolas de cola y naranja asada. Especias que deslumbran en el final, con dulzura de ron muy leve.

Wild Turkey
Master's Keep Voyage

WILDERNESS TRAIL

COMPAÑÍA Grupo Campari

AÑO DE FUNDACIÓN 2013

SITIO WEB www.wildernesstraildistillery.com

En 2013, Shane Baker y Pat Heist, ingeniero y microbiólogo, crearon la destilería Wilderness Trail en una granja de las afueras de Danville (Kentucky). Partidarios del proceso de maceración dulce en lugar del ácido *(sour mash)*, se distinguen también por una graduación inusualmente baja y un costoso régimen de llenado de barricas para extraer más elementos solubles en agua de las duelas.

Desde bourbons de trigo y ricos en centeno, de centeno *bottled-in-bond* y barricas únicas, hasta los de 6 y 8 años, sus whiskeys se destilan o bien en un alambique de columna de 18 pulgadas y 12 metros de altura con un duplicador de 946 litros, o bien en su alambique continuo de 36 pulgadas y duplicador de 1892 litros. La planta puede producir 216 barriles al día. Small Batch, por ejemplo, contiene un 64 % de maíz, 24 % de trigo y 12 % de cebada malteada, y envejece al menos cuatro años en barricas con un carbonizado de nivel 4. La otra receta de bourbon usa un 64 % de maíz, 24 % de centeno y 12 % de cebada malteada; la mezcla de *rye* usa un 56 % de centeno, 33 % de maíz y 11 % de cebada malteada.

El Grupo Campari adquirió en 2022 una participación mayoritaria en Wilderness Trail.

NOTAS DE CATA

Wilderness Trail Small Batch Bottled in Bond High Rye Bourbon
Kentucky straight bourbon, *madurado en barricas nuevas de roble americano carbonizado, 50 % APV*
Empieza fuerte y rápido con especias de horno, cuero, roble carbonizado, semillas de vainilla, regaliz, cacao y nuez de Brasil. Vainilla, caramelo, azúcar moreno, cereza negra y clavo con chocolate con leche cremoso, moca, manzana acaramelada y final de vainilla, galleta digestiva y Cheerios.

Wilderness Trail Small Batch Bottled in Bond Rye
Kentucky straight bourbon, *madurado en barricas nuevas de roble americano carbonizado, 50 % APV*
Especias de centeno, *toffee*, granola, canela en rama y almendra, con notas terrosas de bodega. Un *rye* fantástico para beber a sorbos, con chocolate, especias de centeno, cacao, crema de frutos secos y café con leche. Final afrutado con chocolate y una nota tardía de menta.

Wilderness Trail Small Batch Bottled in Bond High Rye Bourbon

DIAGEO

Los amantes del whisky suelen asociar Diageo con whisky escocés, pero la multinacional del sector, fundada en 1997, ha invertido con inteligencia y creó marcas en todo el mundo. En EE.UU. es dueña de Diageo Lebanon Distillery, Bulleit Distilling Co., Cascade Hollow, el nuevo nombre de George Dickel, y Balcones en Texas, y vende varias marcas antiguas y nuevas, como I. W. Harper, Blade & Bow y Orphan Barrel, que le dan presencia en el mercado nacional del bourbon, el rye *y el* single malt, *en rápido crecimiento.*

BALCONES

COMPAÑÍA Diageo plc

AÑO DE FUNDACIÓN 2008

SITIO WEB www.balconesdistilling.com

Chip Tate fue el motor tras el lanzamiento en 2008 de esta destilería artesana en Waco (Texas) que entusiasmó con productos como el whiskey de maíz Balcones True Blue y Balcones Brimstone, con maíz azul ahumado con roble local. Tate, el fundador, abandonó el negocio en 2014, pero bajo la supervisión del maestro destilador Jared Himstedt, hoy el rostro reconocible de Balcones, la calidad de los whiskeys se ha mantenido. Para Diageo, que adquirió el negocio en 2022, el atractivo fue poseer un whisky puro de malta estadounidense, encabezado por Balcones Texas 1 Single Malt y sus ediciones limitadas, y contar con una marca a la vanguardia de la revolución del *single malt* en EE.UU.

NOTAS DE CATA

Balcones Texas 1 Single Malt
Puro de malta, madurado en barricas nuevas de roble americano tostado y carbonizado, 53 % APV
Melaza, tarta de pecanas, plátano maduro, *toffee* oscuro, compota de frutas, canela y terrosidad de bodega. En boca, pecanas, naranja asada, cedro, *toffee* oscuro, frutas secas, tiras de mango y especias de roble, y final de chocolate con leche.

Balcones
Texas 1 Single Malt

BULLEIT

COMPAÑÍA Diageo plc

AÑO DE FUNDACIÓN 1987

SITIO WEB www.bulleit.com

Resucitando el nombre de un whiskey de centeno usado por uno de sus antepasados a principios y mediados del siglo XIX, Tom Bulleit lanzó en 1987 la marca Bulleit para su nuevo bourbon. La estética de la frontera fue un éxito, y en el nuevo milenio el asequible bourbon de alto contenido en centeno, obtenido de otra destilería de Kentucky, despegó. La marca es de Diageo desde 2000. Siguieron otros productos: Bulleit Rye en 2011, que reforzó el vínculo con su historia, y en 2013 Bulleit Bourbon 10 años para consumidores que quisieran subir de categoría. Exclusivo para EE.UU., Bulleit Barrel Proof salió al mercado en 2015, y la mezcladora Eboni Majors creó antes de su marcha Bulleit Bourbon Blenders' Select, edición limitada de bourbon de 50 % APV elaborado con tres de los destilados de Bulleit y envejecido un mínimo de nueve años.

Bulleit aún no ha terminado de abastecerse externamente de whiskey, pues el regreso en 2024 de Bulleit Rye 12 años empleó existencias de MGP en Indiana, e incluyó algunos whiskeys de centeno de hasta 17 años. Esta expresión salió por primera vez en 2019, y usa la misma receta que Bulleit Rye: 95 % de centeno y 5 % de cebada malteada. Lo mejor está por

Bulleit 10 años

llegar. Diageo ha invertido 100 millones de euros en una destilería de última generación y centro de visitantes en Bulleit Distilling Co. Shelbyville (Kentucky), que abrió en 2017, y produce Bulleit, I. W. Harper y embotellará Orphan Barrel. Las visitas y catas en las instalaciones comenzaron en 2019.

En 2021 abrió la destilería Diageo Lebanon, con una capacidad de 38 millones de litros al año y la última tecnología, que elaborará bourbon Bulleit y otros bourbons y whiskeys americanos. A tono con las iniciativas de sostenibilidad, renovables y futuro con emisiones de carbono reducidas que planteó Diageo en su plan decenal *Society 2030: Spirit of Progress*, la destilería es neutra en carbono, no usa combustibles fósiles y está diseñada para utilizar recursos como la energía y el agua de la forma más eficiente posible.

Para reforzar aún más su posición en la categoría de los *single malts* estadounidenses, Diageo anunció en 2024 el primer Bulleit American Single Malt, madurado como el resto de la gama en barricas nuevas de roble americano carbonizado.

La antigua Bulleit Frontier Whiskey Experience, en la destilería cerrada Stitzel-Weller en Shively (Kentucky), ha vuelto a ser Stitzel-Weller Experience como hogar de marca de Blade & Bow, y ofrece visitas, catas y productos diversos.

NOTAS DE CATA

Bulleit
Kentucky straight bourbon, *madurado en barricas nuevas de roble carbonizado, 45% APV*
La naranja ácida, las notas generosas de maíz, magdalenas de vainilla, miel y el glaseado de crema de mantequilla han hecho siempre de Bulleit una gran introducción al bourbon. En boca, miel, vainilla y maíz con mantequilla con gelatina de naranja, pimienta, caramelo, regaliz rojo, jengibre, gominolas de cereza y cereales de desayuno con canela. Final de miel y galletas de jengibre.

Bulleit 10 años
Kentucky straight bourbon, *madurado en barricas nuevas de roble carbonizado, 45,6% APV*
En nariz, maíz mantecoso, pimienta negra, esencia de vainilla, caramelo y roble fresco. En boca, miel, cítricos, pera, granos de pimienta, jengibre y piña deshidratada, con vainilla, galletas de avena y chocolate, miel y dulce de azúcar y mantequilla. Especias persistentes en el final, con miel y albaricoque seco.

Blade & Bow
Kentucky straight bourbon, *madurado en barricas nuevas de roble carbonizado, 45,5% APV*
Caramelo, miel y sirope dorado, con melocotón, palomitas, azúcar moreno, canela y chocolate negro. En boca, frutos secos con sirope de caramelo, cereza, mermelada de uva y arándanos, con clavo, *fudge* de vainilla, pera seca, pimienta de Jamaica, roble carbonizado y final de cola de vainilla especiada y taninos de roble.

Blade & Bow

CASCADE HOLLOW

COMPAÑÍA Diageo plc

AÑO DE FUNDACIÓN 1878 George Dickel

SITIO WEB www.georgedickel.com

Cascade Hollow se halla en Tullahoma (Tennessee), al sur de Nashville, y es el hogar de los whiskies George Dickel. George A. Dickel fue un hombre de negocios más dedicado a comercializar y distribuir sus espirituosos que a la destilación. En 2018, Diageo volvió a poner a la destilería George Dickel su nombre original, Cascade Hollow. Este whiskey no siempre se ha producido en Tennessee, pues durante un par de décadas tras la derogación de la ley seca se elaboró en Kentucky. La destilería, la segunda mayor de Tennessee, se encuentra en su ubicación actual desde 1958, cuando era propiedad de la Schenley Distilling Co., pero no está lejos del emplazamiento original de la destilería que suministraba sus whiskies a Dickel. Cuando en 1997 se fundó Diageo, incluía a Guinness plc, que en 1987 había adquirido Schenley.

No toda la gama de bourbon, barril único y whiskey de centeno se exporta, pero la marca recibe regularmente elogios y honores en su país por los whiskies lanzados durante el mandato de Nicole Austin, directora de George Dickel, entre ellos en 2019 el de Whisky del Año de *Whisky Advocate* para George Dickel Bottled in Bond 13 años.

NOTAS DE CATA

George Dickel Bottled in Bond 13 años
Whisky de Tennessee, envejecido en barricas nuevas de roble americano carbonizado, 50% APV
Maíz intenso, cacahuete tostado, mermelada de arándanos y roble en nariz, y en boca, un whiskey de Tennessee con mucho cuerpo, cerezas, chocolate, *marrons glacés*, hierbas y roble. Ciruela y chocolate negro en el final largo que tiende a seco.

George Dickel
Bottled in Bond 13 años

BARDSTOWN BOURBON CO.

COMPAÑÍA Pritzker Priate Capital

AÑO DE FUNDACIÓN 2014

SITIO WEB www.bardstownbourbon.com

Las instalaciones de Bardstown Bourbon Company son impresionantes, descritas como único destino al estilo del valle de Napa en la ruta del bourbon de Kentucky, y cuenta con un centro adicional para visitantes en su sala de catas de Louisville, en Whiskey Row. Para amantes del whiskey de todos los niveles, hay visitas a la destilería de su innovadora planta de Bardstown, y una acogedora cocina y un bar de primera que con los cócteles y catas de whiskey sirve jamón del país, pollo frito con *grits* y tacos de bagre frito.

La empresa la cofundaron Peter Loftin y David Mandell, y se les unió el antiguo maestro destilador de Maker's Mark, Steve Nally. Además de bourbon, *rye* y otros whiskeys para sus propias marcas, Nally y su destilador jefe Nick Smith destilan a la medida para otras empresas que quieren obtener un producto de alta calidad. Bardstown Bourbon Company tiene capacidad para producir entre 40 y 50 recetas de macerado para atender a las necesidades de numerosas marcas no destiladoras que representan la mayor parte de su producción.

Entre sus propias marcas se incluyen bourbon de la serie Origin y bourbon de trigo *bottled-in-bond*, la serie Fusion, que mezcla sus propios destilados con whiskeys más añejos, la serie Discovery, que explora el arte de la mezcla, y Collaborative, centrada en los acabados en barrica.

Nuevos propietarios

En 2022, una empresa de inversión privada adquirió Bardstown Bourbon Company. Algunos miembros del equipo original se marcharon, entre ellos Mandell, y fundaron Whiskey House of Kentucky, y han dado a conocer planes para una destilería de dimensiones similares para destilar a medida en Elizabethtown. Entre tanto, en 2022 Bardstown adquirió Green River Distilling en el condado de Daviess. Este nombre histórico, la décima destilería con licencia más antigua de Kentucky, se remonta a 1885, pero la destilería actual abrió en 2016. Sus embotellados volvieron en 2022, e incluyen un bourbon puro, uno de trigo, un *straight rye* y expresiones de barrica única.

***Bardstown Bourbon Company** es el único destino al estilo del valle de Napa en la ruta del bourbon de Kentucky.*

NOTAS DE CATA

Bardstown Bourbon Co. Origin Series
Kentucky straight bourbon, *madurado en barricas nuevas de roble americano carbonizado, 48 % APV*
En nariz, *brownie* de chocolate, moca, madera ennegrecida, vaina de vainilla, nuez tostada, hierbas secas, canela en rama, nuez moscada y un toque de piel de cítricos. De sabor dulce, con naranja de chocolate, melocotón, especias picantes, frutas secas, canela, eneldo, más notas de hierbas, y en el final cuero nuevo, roble y hierbas secas. Estupendo como introducción, pero en la manga tienen aún más ases.

Bardstown Bourbon Co. Fusion Series #7
Mezcla de Kentucky straight bourbon, *madurada en barricas nuevas de roble americano carbonizado, 49,05 % APV*
Combinación de reservas propias con bourbons más antiguos de 12 años. En nariz, caramelo, vainilla, chocolate negro, caja de puros y un toque de menta fresca. En boca, azúcar moreno, galletas horneadas, jengibre y clavo, y al asentarse las especias emergen sabores de chocolate, palomitas de caramelo y tostadas con canela. Final seco con chocolate negro y roble ennegrecido.

Bardstown Bourbon Co. Collaborative Series Foursquare
Mezcla de straight rye *y bourbon, acabado en barricas de ron Foursquare, 53,5 % APV*
Aroma a chocolate, masa de pan, hierbas secas, especias para hornear, semillas de amapola y piel de manzana roja. De buena textura y sin aristas, trae dulzura de manzana roja, cereza y pimienta, seguida de chocolate con leche cremoso, canela, gelatina de grosella negra y masa de galleta con roble, chocolate mohoso y tabaco en el final.

Bardstown Bourbon Co.
Origin Series

CONSTELLATION BRANDS

Esta empresa nació en 1945, consolidó su posición en la venta y distribución de vino, y en 2000, cuando ya producía y comercializaba una cartera sólida de marcas de vino, cerveza y espirituosos, adoptó el nombre Constellation Brands.

HIGH WEST DISTILLERY

COMPAÑÍA Constellation Brands

AÑO DE FUNDACIÓN 2006

SITIO WEB www.highwest.com

Dave Perkins fundó en 2006 High West en Park City (Utah), en 2009 abrió un salón, en 2015 la destilería Blue Sky y salas de cata en Wanship (Utah), y luego, en 2016, vendió las instalaciones y marcas a Constellation Brands por 139 millones de euros. Brendan Coyle se quedó como maestro destilador, responsable de la calidad del bourbon, *rye* y ediciones limitadas como A Midwinter Night's Dram, Bourye y Campfire. Al principio, High West se surtía de whisky de otras destilerías, pero al ir madurando sus propias existencias, sus embotellados incluyen cada vez más producción propia, y conforman una cartera más cabal y con alcance internacional. Ahora producen también un *single malt*: High West High Country American Single Malt se destila con el grano, y madura en barricas nuevas y de relleno.

NOTAS DE CATA

High West Double Rye
Mezcla de straight rye *madurada en barricas de relleno, 46% APV*
Con destilado High West, en nariz, caramelo, cáscara de pistacho, vainilla y cacahuetes tostados, equilibrados con notas especiadas de centeno y hierbas. Paladar delicioso de vainilla, notas cítricas dulces, caramelo, pomelo y manzana roja, con toques de cereales tostados, frambuesa y tabaco, y un final de especias de centeno, cuero y dulzura frutal.

High West Double Rye

NELSON'S GREEN BRIER

Nelson's Green Brier
Whiskey de Tennessee

COMPAÑÍA Constellation Brands

AÑO DE FUNDACIÓN 2014

SITIO WEB www.greenbrierdistillery.com

En honor a su antepasado destilador del siglo XVIII Charles Nelson, los hermanos Andy y Charlie Nelson recuperaron la tradición familiar de elaborar whiskey. Obtuvieron whiskey fuera para recuperar la marca Belle Meade Bourbon, víctima de la ley seca, y en 2014 abrieron la destilería Nelson's Green Brier en Nashville (Tennessee). Cerca del centro de Nashville, la visita es fascinante, y muestra el vínculo con el pasado de la familia. Dado que Belle Meade solo se vende en Tennessee, la destilería es uno de los mejores lugares para conseguir una botella. En 2019, el mismo año en que Constellation Brands adquirió una participación mayoritaria en la empresa, apareció el whiskey insignia, Nelson's Green Brier Tennessee. En los años siguientes, con Charlie y Andy Nelson todavía al mando y trabajando por sus sueños, llegó la línea de bourbon y *rye* Nelson Bros.

NOTAS DE CATA

Nelson's Green Brier Tennessee Whiskey
Whiskey de Tennessee, envejecido en barricas nuevas de roble americano carbonizado, 45,5% APV
Aroma a manzana asada, azúcar con canela, pan de jengibre, flores secas, hierbabuena y un toque de betún. Sabores vivos a manzana y cítricos, con azúcar moreno, vainilla, *crème brûlée*, notas de hierbas, cereales de desayuno con canela y chocolate con leche. Final de cacao, canela, bayas rojas y piel de cítricos.

FOUR ROSES

COMPAÑÍA Kirin Holdings Co. Ltd

AÑO DE FUNDACIÓN 1888

SITIO WEB www.fourrosesbourbon.com

En el mundo del bourbon, Four Roses es el prodigio que resurge después de cada caída, sobre todo para el consumidor de EE.UU. La historia de esta destilería de Lawrenceburg (Kentucky), antes llamada Old Prentice Distillery, es un relato de resistencia, compromiso testarudo y fe en sí misma.

Desde los orígenes de esta destilería de estilo misión en el siglo XIX hasta el renacimiento de la marca con los actuales propietarios, Kirin Holdings Co., la marca ha conocido tiempos duros. Seagram compró en 1943 la destilería y la marca y las conservó el resto del siglo XX, pero mientras que las botellas exportadas a los mercados de Asia y Europa contenían *straight bourbon*, las botellas vendidas en EE.UU. no eran de la misma calidad, ni siempre de la misma destilería, y Four Roses perdió el respeto de los consumidores en su propio país. Tras la ruptura con Seagram, la compró el gigante cervecero japonés Kirin para contar con suministros de bourbon para sus clientes en Japón.

El rescate de la reputación

A Jim Rutledge, largo tiempo empleado de Seagram, se le reconoce haber salvado la marca, primero por poner a la venta en 1996 Four Roses etiqueta amarilla en Kentucky, y luego, tras la adquisición por Kirin, por reconstruir la distribución. Rutledge asistía a catas como el WhiskyFest, y vaso a vaso ganaba adeptos al Four Roses.

Para los aficionados, el gancho fue conocer los métodos de Four Roses, con dos recetas de macerado y cinco cepas de levadura, lo cual daba a Rutledge y a su sucesor, Brent Elliott, diez recetas diferentes con las que jugar, cada una identificada por un código de cuatro letras. Todos estos códigos comienzan por O (de la destilería Old Prentice) y la tercera letra es siempre S, que se cree que significa *straight* (puro). La segunda letra, B o E, identifica la receta. Hay una alta en centeno (B) con un 60 % de maíz, 35 % de centeno y 5 % de cebada, y otra alta en maíz (E) con un 75 % de maíz, 20 % de centeno y 5 % de cebada. Las cinco levaduras aportan distintos matices a los sabores, y crean notas de hierbas (F), esencia floral (Q), fruta delicada (V), fruta intensa (O) y un especiado ligero (K). Sin rastrear un gran número de barricas únicas, probar las diez recetas era cosa difícil, solo al alcance de los fans más comprometidos, pero en 2023 las plegarias fueron atendidas cuando se presentó un pack de cata de miniaturas que contenía las diez recetas.

En 2019, al añadir una segunda columna de destilación y un duplicador, 24 cubas de fermentación y nuevas bodegas, Four Roses duplicó su capacidad. El whiskey madura en bodegas de una sola planta con estantes en Coxs Creek, a 80 km de la destilería, y al no tener *rickhouses* elevadas como otras destilerías, se limita el impacto de las variaciones estacionales de temperatura en el espirituoso mientras madura, evitando la necesidad de rotar las barricas.

La gama Four Roses incluye ahora Yellow Label, Small Batch, Small Batch Select y Single Barrel. Emplean un programa privado de barricas, pero lo que despierta mayor expectación es la salida anual de Four Roses Limited Edition Small Batch, con graduación de barrica. Contiene una mezcla del maestro destilador de recetas de sus bourbons más añejos. Four Roses 135th Anniversary Limited Edition Small Batch Bourbon contenía bourbons de 12 y 16 años con la receta OESV, de 14 años con la receta OESK y algunos de 25 años con la receta OBSV.

NOTAS DE CATA

Four Roses Small Batch
Kentucky straight bourbon, *madurado en barricas nuevas de roble americano carbonizado, 45 % APV*
Especias para hornear, azúcar moreno y un toque de anís estrellado en nariz, entre los que van saliendo galletas Bourbon, roble moderado, fruta seca y *toffee*. No muy contundente al primer sorbo, con azúcar moreno, manzana asada y drupas; luego se espesa agradablemente, con pimienta ligera, clavo, uva negra, chips de plátano y roble carbonizado. Picor suave con clavo, roble y toques de chocolate en el final.

Four Roses Single Barrel
Kentucky straight bourbon, *madurado en barricas nuevas de roble americano carbonizado, 50 % APV*
En nariz, una combinación seductora de cacao, especias y roble tostado, que cambia perceptiblemente y revela chocolate de fundir, cereza seca, vaina de vainilla, té de menta y mentol. Caramelo de cereza, arándanos, *toffees* de menta, vainilla y un toque de hoja de tabaco, con flan, Bananas Foster (postre clásico de Nueva Orleans), masa de galletas, menta y notas de hierbas. Un poco de agua potencia el dulce.

Four Roses Small Batch

MGP INGREDIENTS

MGP Ingredients, siglas de Midwest Grain Products, se fundó en 1941. Sus espirituosos premium han sido el motor que ha activado la presencia de marcas nacionales de destilados oscuros en el mercado de EE. UU. Los whiskeys de marcas sin destilería difícilmente podían proceder de otra destilería que Ross & Squibb en Lawrenceburg (Indiana). Desde 2014, MGP colaboraba con Limestone Branch Distillery en Lebanon (Kentucky), pero desde entonces la empresa ha ampliado su enfoque y adquirió Luxco, Inc. y sus marcas de bourbon, entre las cuales se incluyen Ezra Brooks, Blood Oath y Rebel, así como Lux Row Distillers, en Bardstown, y Penelope Bourbon.

Penelope Bourbon Cooper Series 6 años Tokaji Cask Finish

PENELOPE BOURBON

COMPAÑÍA MGP Ingredients

AÑO DE FUNDACIÓN 2018

SITIO WEB www.penelopebourbon.com

Penelope es una marca joven con un gran futuro. La fundaron en 2018 en Nueva Jersey Mike Paladini y Danny Polise, y emplea whisky de MGP. La marca se diferencia de la competencia por sus mezclas, los acabados en barrica, una presentación elegante y una amplia gama de productos, entre ellos algunas ediciones limitadas. Bajo propiedad de MGP/Luxco, la fórmula debería garantizar a Penelope nuevos éxitos y nuevos adeptos.

NOTAS DE CATA

Penelope Cooper Series 6 años Tokaji Cask Finish
Rye, *acabado en barricas de vino Tokaji, 53,5 % APV*
Aromas de caramelos de frutos negros, miel, granola, vainilla y flores, con chips de plátano, comino y pimentón. Dulzura de azúcar horneado, con albaricoque, manzana, gominolas de arándanos y caramelo con frutas asadas hasta el final.

YELLOWSTONE

COMPAÑÍA MGP Ingredients

AÑO DE FUNDACIÓN Limestone Branch 2011; marca Yellowstone 2015

SITIO WEB www.limestonebranch.com

En 2011, los hermanos Stephen y Paul Beam abrieron la destilería Limestone Branch en Lebanon (Kentucky), y su linaje se remonta a Jacob Beam. El bourbon Yellowstone debutó en 2015, y la versión actual se elabora a partir de maíz blanco de polinización abierta, lo que le da un sabor algo más ligero, con una mezcla de 75 % de maíz, 13 % de centeno y 12 % de cebada malteada, cada tipo de grano se cuece a una temperatura específica. Además, Limestone ha lanzado una edición limitada anual de Yellowstone, y en 2023 salió al mercado Yellowstone American Single Malt Whiskey, elaborado al 100 % con cebada malteada, destilado y envejecido en Indiana, y un estreno innovador en la colección Yellowstone Special Finishes.

NOTAS DE CATA

Yellowstone Select
Kentucky straight bourbon, *madurado en barricas nuevas de roble americano carbonizado, 46,5 % APV*
Vainilla, carbón de roble, cuero de silla de montar, Peppermint Patties, roble curado y cítricos frescos. Caramelos blandos, melaza, esencia de vainilla, especias de centeno, cereza y carbón de roble, y azúcar quemado en el final.

Yellowstone Select

MICHTER'S

COMPAÑÍA Chatham Imports Inc.

AÑO DE FUNDACIÓN 2000

SITIO WEB www.michters.com

La impresionante destilería Fort Nelson de Michter's abrió en 2019 en pleno centro de Louisville.

En el mundo del whiskey americano, Michter's es un nombre muy respetado, relacionado con la destilería del condado de Lebanon (Pensilvania), declarada Monumento Histórico Nacional, cuyas raíces se remontan a mediados del siglo XVIII. Aunque en distintas épocas ha tenido muchos nombres diferentes, aquí se destiló y dejó 16 años en barricas el bourbon que sería luego el legendario A. H. Hirsch 1974. Por desgracia, la destilería tuvo dificultades económicas en una mala época para el bourbon y el *rye*, y en 1989 los alambiques dejaron de funcionar.

Más tarde, Joe Magliocco compró la marca Michter's y comenzó a adquirir excedentes de bourbon y centeno en maduración de Kentucky, y en 2000 embotelló el primer Michter's. Mientras seguía embotellando y comercializando existencias, Michter's obtenía su whiskey por contrato, y la empresa creció hasta que fue necesario elaborar whiskeys propios. La Michter's actual tiene su sede en Kentucky, no en Pensilvania, y la nueva destilería Michter's abrió en 2012 en Shively, en las afueras de Louisville, y más tarde, en 2019, la destilería de Fort Nelson abrió en el centro de Louisville. La planta de Fort Nelson alberga ahora un par de alambiques tradicionales restaurados y operativos, instalados a mediados de la década de 1970 en la antigua destilería de Pensilvania y que Magliocco consiguió localizar y restaurar.

Seis diferencias en la producción

Los destiladores de Michter's insisten en seis pasos de producción que consideran que los diferencian de otras destilerías. Las duelas de las barricas se secan al aire durante un mínimo de 18 meses, y antes del carbonizado las barricas se tuestan. Llenan los barriles a 51,5 % APV, menos que la graduación estándar de 56,25 % APV, y por tanto al vaciar las barricas para el embotellado añaden menos agua. Las barricas se calientan durante los meses más fríos del invierno para simular el paso de más estaciones. Cada whiskey usa una técnica de filtración a la medida, y solo se embotellan de barrica única o lotes pequeños.

Sour mash para celebrar

La gama principal, US*1, incluye el Original Sour Mash Whiskey, *straight rye*, *straight bourbon* y whiskey americano sin mezclar, que madura en barricas usadas en vez de nuevas de roble carbonizado. Salen al mercado bourbons y *ryes* de 10 años, y ocasionalmente de 20 y 25 años, además de diversas ediciones limitadas. Gracias a los whiskeys adquiridos y partidas más antiguas compradas sobre todo por Magliocco, Michter's compite en los primeros puestos de los whiskies estadounidenses coleccionables con sus raras ediciones trienales Celebration Sour Mash y sus bourbon y *ryes* de 25 años de barrica única, que en las salas de subastas alcanzan sumas importantes de cinco cifras.

NOTAS DE CATA

Michter's US*1 Straight Rye
Rye, *42,4 % APV*
Especias de centeno con pegada en nariz, con aromas de gelatina de uva, terrosidad de bodega, pan de centeno, magdalenas de canela, regaliz y carbón de roble. Azúcar moreno, roble suave, cobertura de chocolate, manzana asada y capuchino, y en desarrollo de roble, achicoria, pecanas tostadas, canela y atisbos de gelatina de uva. Final de especias de centeno, achicoria y azúcar moreno.

Michter's US*1 Sour Mash
Whiskey americano, envejecido en barricas nuevas de roble americano carbonizado, 43 % APV
En nariz, pimienta de Jamaica, chocolate con leche, cuero, carbón de roble, canela, nuez moscada y caramelo. Fácil de apreciar, en boca comienza con sabores de vainilla cremosa, chocolate con leche, caramelo, café con leche y pimienta negra de fondo, con un cuerpo suave y medio que realza la canela y pastillas para la tos de cereza hasta un final especiado que envuelve la boca con centeno, caramelo y chocolate con leche.

Michter's
US*1 Straight Rye

PERNOD RICARD

Fundada en 1975, la empresa francesa Pernod Ricard ha dado pasos para invertir en una cartera creciente de destilerías emprendedoras estadounidenses, aunque actualmente Smooth Ambler, Jefferson's Bourbon y TX Whiskey no se exportan al Reino Unido.

JEFFERSON'S BOURBON

COMPAÑÍA Pernod Ricard USA

AÑO DE FUNDACIÓN 1997

SITIO WEB www.jeffersonsbourbon.com

Troy Zoeller forjó la reputación de Jefferson's Bourbon embotellando barricas de bourbon añejo de la destilería Stitzel-Weller, lo cual le dio libertad para crear expresiones como las barricas mezcladas navegando en alta mar usadas para Jefferson's Ocean. Los whiskeys para Jefferson's Small Batch y Jefferson's Reserve se destilan en su mayoría bajo contrato, con parte del bourbon de la destilería Kentucky Artisan, y hay en marcha un programa de ediciones limitadas y acabados.

RABBIT HOLE

COMPAÑÍA Pernod Ricard USA

AÑO DE FUNDACIÓN 2012

SITIO WEB www.rabbitholedistillery.com

Esta destilería artesana urbana de Louisville abrió en 2018, después de lanzar en 2012 su fundador Kaveh Zamanian la marca Rabbit Hole, con bourbon y *rye* destilados bajo contrato en otros lugares. En 2019, Pernod Ricard USA adquirió una participación mayoritaria, y la marca llegó a nuevos mercados.

NOTAS DE CATA

Rabbit Hole Dareringer PX Finish
Bourbon, acabado en barricas de Pedro Ximénez, 46,5% APV
Ciruela, violetas de Parma, *muffin* de arándanos, hierbas secas y especias suaves. Madera tostada, caramelo, arándanos y pimienta negra, luego canela, cacao en polvo, lápiz mascado. Final de roble, frutos secos, ciruela y té de menta.

SMOOTH AMBLER

COMPAÑÍA Pernod Ricard USA

AÑO DE FUNDACIÓN 2010

SITIO WEB www.smoothambler.com

El cofundador John Little embotella bourbon y *rye* de otras destilerías bajo la etiqueta Old Scout, y para la línea Contradiction mezcla el whiskey de esas barricas con su propia producción. La serie Founder's Cask Strength contiene whiskeys de su destilería en Virginia Occidental.

NOTAS DE CATA

Smooth Ambler Old Scout 10 años
Straight bourbon, *envejecido en barricas nuevas carbonizadas de roble americano, 53% APV*
Canela, caja de puros, Matchmakers de chocolate y naranja, nuez moscada y roble tostado en nariz. Sorprende lo picante en boca, con pimienta y clavo, canela, chocolate y naranja. Un poco de agua resalta las notas de pastillas de cereza y anís para la tos. Final largo y afrutado.

TX WHISKEY

COMPAÑÍA Pernod Ricard USA

AÑO DE FUNDACIÓN 2010

SITIO WEB www.frdistilling.com

Leonard Firestone y Troy Robertson unieron fuerzas y fundaron Firestone & Robertson Distilling Co. para hacer bourbon auténticamente tejano. Dejaron atrás sus primeras instalaciones y ahora dirigen una destilería importante al sur de Forth Worth, que produce el emblemático TX Straight Bourbon, de maíz, trigo y cebada cultivados en Texas, con levadura propia cultivada a partir de pecanas de Texas.

UNCLE NEAREST

COMPAÑÍA Fawn Weaver

AÑO DE FUNDACIÓN 2017

SITIO WEB www.unclenearest.com

Hay mucho que hacer para amantes del whiskey *en la destilería Uncle Nearest de Shelbeyville (Tennessee).*

Fawn Weaver, directora ejecutiva de Uncle Nearest, ha sido una fuerza por el cambio en la industria del whiskey. Tras un diligente estudio histórico, la marca y destilería que fundó en Shelbyville (Tennessee) celebran a Nathan «Nearest» Green, esclavo nacido en Maryland alrededor de 1820 y uno de los padres fundadores del whiskey de Tennessee.

Nearest Green y Jack Daniel

En la década de 1850, el destilador afroestadounidense trabajaba para Dan Call en su granja, donde conoció al joven Jasper Newton «Jack» Daniel, con quien entabló amistad. Con el tiempo, Green enseñó a hacer whiskey a Daniel, quien demostraría una aptitud natural para venderlo. Años después, Daniel compró la destilería de Call, e incluso tras la emancipación, Green siguió trabajando como maestro destilador hasta jubilarse. El uso del carbón vegetal en África Occidental para filtrar el agua y eliminar impurezas se ha relacionado con los orígenes del proceso de Lincoln County. Posteriormente, Jack Daniel necesitó una destilería mayor, y las operaciones se trasladaron a Lynchburg, donde Jack Daniel contrató a los hijos y nietos de Nearest Green.

La maestra mezcladora Victoria Eady Butler, de la quinta generación de descendientes de Nearest Green, es responsable desde 2019 de la gama de whiskeys de la destilería. La línea premium emplea whiskey obtenido en otra parte mientras se acumulan existencias, e incluye Uncle Nearest 1856 Premium Whiskey, lanzado en 2017, Uncle Nearest 1884 Small Batch y ediciones de barrica única. Aunque el centeno se cultiva poco en Tennessee, Uncle Nearest ha podido obtener y embotellar también una gama de whiskeys Uncle Nearest Rye.

Uncle Nearest y Jack Daniel's han lanzado la Nearest and Jack Advancement Initiative para lograr una mayor diversidad en el sector, y juntos organizan la cumbre anual Spirits on the Rise Summit para ayudar a las comunidades infrarrepresentadas a desarrollar sus negocios. En 2023, Fawn Weaver compró a Martell la empresa Domaine St Martin en Francia y sus viñedos.

NOTAS DE CATA

Uncle Nearest 1884
Whiskey de Tennessee, madurado en barricas nuevas de roble americano carbonizado, 46,5% APV
Este whisky de lote pequeño trae un aroma a miel, caramelo, cítricos, almendras amargas, melocotón, pimienta blanca y notas florales. Miel de flor de limonero, naranja confitada, pimienta negra, *toffee* y toques de chocolate negro y vainilla acaban con notas de crema de cacahuete, gominola de fresa y mermelada ácida, y un final con miel, especias y un toque verde de hierbas.

Uncle Nearest 1856
Whiskey de Tennessee, madurado en barricas nuevas de roble americano carbonizado, 50% APV
Roble fresco, cereza negra, fresa en conserva, cuero y frutos negros en nariz, con notas dispersas de pimienta, mazorca a la parrilla y un toque de jengibre. Frutos secos con caramelo en boca, y una textura ligera que trae tarta de manzana, frutos negros, chocolate negro, clavo y crema de chocolate con avellanas, con chocolate negro, canela y cacao en el final.

Uncle Nearest Uncut/Unfiltered Rye
Straight rye *madurado en barricas nuevas de roble americano carbonizado, 59,8% APV*
Esta impresionante mezcla de whiskeys de centeno de la casa tiene una gama de rasgos más amplia que muchos otros en el mercado. Notas florales, piel de limón, centeno especiado, bizcocho de vainilla, pudín de chocolate con leche, canela y notas de hierbas frescas en nariz. Galletas de mantequilla con miel y limón chocan con una ola de clavo, chile y especias de centeno, y el agua saca *toffee*, cereza seca, malvavisco tostado al fuego, algodón de azúcar y chocolate con menta en el final.

Uncle Nearest 1856

WILLET

COMPAÑÍA Willett Distillery Ltd

AÑO DE FUNDACIÓN 1936

SITIO WEB www.kentuckybourbonwhiskey.com

La familia Willett puede presumir de una larga tradición destiladora, pero la historia actual comienza con Even Kulsveen, pariente político de la familia por matrimonio. En la época en que la industria casi había tocado fondo, operando como Kentucky Bourbon Distillers, Kulsveen compró barricas excedentes de bourbon y whiskey de centeno para embotellar y vender. Embotelló algunas barricas para exportar, otras para clientes privados y algunas se convirtieron en legendarias, y hoy están entre las botellas de whiskey estadounidense más buscadas por los coleccionistas. Por las de LeNell's Red Hook Rye se ha llegado a pagar unos 43 000 euros, y las de barrica única del antiguo Willett Family Estate se han acercado a los 35 000. Aunque nunca fue el objetivo de Kulsveen, también embotelló lotes pequeños de otras marcas de la empresa con el bourbon adquirido, como Old Bardstown, Pure Kentucky y Kentucky Vintage, y creó nuevas marcas como Noah's Mill, Rowan's Creek y Johnny Drum.

Thompson Willett, suegro de Even Kulsveen, abrió la destilería Willett en Bardstown en 1936, poco después de la derogación de la ley seca, y funcionó hasta 1981. En 2012, la familia completó la renovación de la destilería y volvió a producir, recuperando de esta manera su categoría legítima como destiladores, en lugar de productores que no destilan su propio espirituoso.

Los bourbons y *ryes* de Willett

El hijo de Even, Drew Kulsveen, es ahora el maestro destilador, y en 2016 Willett embotelló el primer bourbon de Kentucky de 4 años de producción propia. Últimamente embotellan *rye* de 4 años Willett Family Estate, un bourbon Willett Family Estate y Willett Wheat, bourbon con trigo envejecido ocho años. Willett Pot Still Reserve pasa a una botella con la forma de su alambique con 47 % APV, y las demás marcas de la familia siguen en producción. En 2022, Willett anunció una inversión de más de 80 millones de euros en una nueva planta en Springfield (Kentucky) que incluirá una nueva destilería y nuevas bodegas para madurar el espirituoso.

Fermentación del **sour mash** *en marcha en los tanques abiertos de la destilería Willett.*

NOTAS DE CATA

Willett Family Estate Bottled Small Batch Rye
Straight rye *madurado en barricas nuevas de roble americano carbonizado, 56,4 % APV*
Piel de cítricos, ralladura de limón y una gama sustancial de especias de centeno, otra vuelta en la copa abre notas de hierbabuena, semillas de hinojo tostadas, corteza de pan ennegrecida, carbón de roble, naranja asada y té negro. Caramelo dulce, frutas secas, vainilla y especias de centeno, pero bastante picante, con hoja de menta, regaliz e hinojo, y especias terrosas y notas de *muffin* de centeno al final.

Noah's Mill
Bourbon de Kentucky madurado en barricas nuevas de roble americano carbonizado, 57,15 % APV
Activamente especiado en nariz, con pimienta negra, anís, clavo, canela, cacao en polvo, caramelo y frutos secos tostados, y al volver al vaso, frutas de hueso, cerveza de raíz y Dr. Pepper. Cola, cuero, pecanas y clavo al primer sorbo, con caramelos Red Hots, chocolate negro, galletas digestivas, azúcar moreno, nuez de Brasil y menta. Final de frutas secas, especias y bollos de canela. Excelente, pero pasa desapercibido aún para muchos: hay que hacerse con una botella.

Rowan's Creek Small Batch
Kentucky straight bourbon *madurado en barricas nuevas carbonizadas de roble americano, 50,05 % APV*
Nariz grata de nueces recubiertas de azúcar, caramelo líquido, miel, vainilla, heno, saco de yute, granos de centeno tostados y té de menta. Más que encantador, con notas de dulce de azúcar y mantequilla, caramelo, vainilla, clavo y menta, con destellos de hierbas y roble, antes de volver al chocolate con leche, azúcar moreno y pimienta, uniéndose en el final caramelo y vainilla a las especias del centeno.

Willett Noah's Mill

PURO DE MALTA ESTADOUNIDENSE

El whiskey puro de malta bien puede ser la historia más emocionante en el whiskey de EE.UU. para la próxima década. El cofundador y maestro destilador de Westland Matt Hoffman es también cofundador de la American Single Malt Whiskey Commission, que reclama reconocimiento oficial para este estilo de whiskey, pero no por ello dejan de elaborar y venderlo cientos de destiladores estadounidenses.

WESTLAND

COMPAÑÍA Rémy Cointreau

AÑO DE FUNDACIÓN 2010

SITIO WEB www.westlanddistillery.com

Fundada en 2010, el éxito inicial de Westland Distillery ayudó a expandir y aumentar su capacidad en la primera década. Reconociendo los valores en común con su destilería Bruichladdich en Islay en la búsqueda del sabor, el *terroir* y la relación con el lugar de origen, Rémy Cointreau adquirió en 2016 la destilería en el distrito industrial SoDo de Seattle.

Celebrar el noroeste

Hoffman y su equipo tienen una manera propia de hacer whiskey, sobre todo en cuanto al origen y calidad de la materia prima. Cuidando la procedencia de la cebada, el roble y la turba, su pasión ha evolucionado hasta transformarse en la misión de expresar en sus embotellados el Pacífico noroeste. Encarna la idea la gama Outpost, el trío de expresiones Westland Garryana, Westland Colere y Westland Solum. En colaboración con el Breadlab de la Universidad Estatal de Washington, en el valle de Skagit, se asociaron con agricultores, panaderos, agrónomos e investigadores para buscar las variedades de cebada de mejor sabor, al tiempo que buscaban maneras de cuidar mejor el suelo. Al fin y al cabo, el clima del noroeste es ideal para cultivar cebada, y comenzaron usando cebada del estado de Washington y maltas tostadas que emplean más habitualmente las fábricas de cerveza para sus expresiones estándar.

Hoy se cultiva cebada piloto para Westland Colere, creado específicamente para destacar la aportación de la cebada al sabor, pero las variedades cambiarán con las cosechas. Westland Garryana madura en *Quercus garryana*, especie amenazada de roble autóctona del noroeste. Westland se ha sumado a proyectos de repoblación para plantar hectáreas de retoños y se ha asociado con silvicultores, leñadores, aserraderos y tonelerías para crear una cadena de suministro para este roble tan escaso. Desde 2016, cada salida anual de Garryana está limitada por la naturaleza.

Al principio, Westland, una pionera del *single malt* con turba estadounidense, no tuvo otra opción que importar malta con turba de Escocia. Skagit Valley Malting, en Washington, contribuyó a desarrollar una malta turbosa empleando una vegetación húmeda y fibrosa muy diferente de la turba densa que se corta en las turberas de Escocia. La turba sacada del fondo de un pantano de Washington contiene plantas como el té de Labrador, y antes de ahumar con ella la malta usada para elaborar Westland Solum, los malteros deben secarla artificialmente.

NOTAS DE CATA

Westland Garryana 8th Edition
Puro de malta, madurado en barricas de roble Garryana, 50% APV
Vainilla, miel de brezo, especias olorosas, caramelo salado y magdalena de salvado en nariz. Vainilla cremosa con pasas, *toffee*, galletas de higos, cereza negra, manzana roja y azúcar moreno en abundancia. Final intenso y cremoso, con carbón de roble y chocolate negro.

Westland Colere 2nd Edition
Puro de malta, madurado en barricas de relleno, 50% APV
Atractivo en nariz, con limón y ralladura de lima, flores de verano, manzana verde, vainilla cremosa, molienda y notas de mazapán. Satinado en boca, con limón, kiwi, sabor vivo a frutas tropicales brillantes y especias suaves; en su desarrollo emergen mango, papaya y pera al vino antes del final excepcionalmente largo de vainilla y frutas secas.

Westland
Colere 2nd Edition

WESTWARD WHISKEY

COMPAÑÍA Westward Whiskey

AÑO DE FUNDACIÓN 2004

SITIO WEB www.westwardwhiskey.com

Christian Krogstad fundó en 2004 la destilería House Spirits en Portland (Oregón). El salto internacional llegó cuando el actor Ryan Reynolds respaldó Aviation Gin, convertido con ello en producto estrella de la casa. Diageo adquirió la marca en 2020. Con Thomas Mooney como director ejecutivo desde 2011, la destilería pasó a llamarse Westward Whiskey, y tuvo un papel importante en la historia del *single malt* estadounidense mientras la categoría cobraba fuerza en todo el país, aunque en 2022 Krogstad pasara a ocuparse de otros proyectos.

Un enfoque cervecero

Portland tiene una cultura increíble de la cerveza artesana y una industria vinícola reconocida al lado, en el valle de Willamette y otras partes del estado. Con un personal cervecero en una ciudad amante de la cerveza, tal es el enfoque adoptado para producir Westward American *single malt*, con malta de Great Western Malting fermentada a temperatura relativamente baja con levadura de cerveza, en esencia, una gran cerveza artesana para destilar como whiskey puro de malta. Para conservar el máximo sabor posible, el destilador y maestro mezclador Miles Munroe usa alambiques pequeños con poco reflujo, barricas nuevas de roble americano muy tostadas, pero de carbonizado leve para la maduración, y luego mezcla las reservas añejas para equilibrar los sabores en el embotellado.

La gama se extiende de modo lógico de Westward Whiskey Original a Westward Whiskey Pinot Noir Cask, homenaje a los viñedos del valle de Willamette, y Westward Whiskey Stout Cask Finish, reflejo de la cultura cervecera de Portland. Con su 20º aniversario en ciernes, Westward lanzó su whiskey más ambicioso hasta la fecha, Westward Whiskey Milestone. Con las trazas de una obra maestra del whiskey americano, Munroe creó un sistema de solera de 21 barricas que incluye toda su producción, incluidos algunos de los whiskeys más preciados. Cada año se extraerá y lanzará la siguiente edición, ampliando el sistema con whiskeys selectos y dejando reposar la mezcla otro año hasta el siguiente lanzamiento limitado.

Westward Whiskey *adopta un enfoque cervecero para la producción de su American Single Malt.*

NOTAS DE CATA

Westward Cask Strength
Puro de malta, madurado en barricas nuevas de roble americano tostado y carbonizado, 62,5% APV
En la nariz de este magnífico *single malt*, chocolate, vainilla, *marrón glacé*, granos de pimienta negra, especias de roble, hojas cerosas de palma y kiwi en rodajas. *Cask strength* y con una textura de sabores ágil, ofrece naranja asada, albaricoque, melocotón, frutas tropicales, chocolate, café en grano y clavo. Final especiado con notas de achicoria y chocolate.

Westward Pinot Noir Cask
Puro de malta, acabado en barricas de Pinot Noir, 45% APV
En nariz, chocolate negro, ciruela, hojas de tabaco, albaricoque seco y chips de plátano. Denso y de textura aterciopelada, con ciruela, ciruela de Damasco, arándano, pomelo rosa y un toque de chocolate rancio, desarrolla notas más ligeras de sorbete de limón y chocolate blanco antes del final de vainilla y suave pimienta blanca.

Westward Milestone Edition No. 1
Puro de malta, madurado en un sistema de solera de 21 barricas, 43% APV
Del vaso emergen madera tostada, almendra y un toque de arándano, con aromas de compota y leve humo de madera. Caramelos de cereza para la tos, roble, caramelo, helado de vainilla, melocotón y algo de menta tardía en el paladar. Final afrutado de nectarina y cola de melocotón. El sistema de solera parece difuminar en parte el carácter individual de los whiskeys componentes.

Westward Cask Strength

DESTILACIÓN ARTESANA

El auge de la destilación artesanal en EE.UU. siguió a la revolución de la cerveza artesana. Se destila a menor escala, pero la atención a los ingredientes, la calidad y los métodos transmite un mensaje atractivo al aficionado curioso.

DRIFTLESS GLEN

COMPAÑÍAS Brian y Reneé Bemis

AÑO DE FUNDACIÓN 2014

SITIO WEB www.driftlessglen.com

Brian y Reneé Bemis son los fundadores y dueños de esta destilería artesana a orillas del río en Baraboo (Wisconsin). Llena barricas desde 2014, y produce una amplia gama de espirituosos de grano local del Medio Oeste, con agua pura filtrada por un acuífero de arenisca natural. El fallecido Dave Pickerell diseñó el conjunto de columna de 13 m y alambique tradicional para la doble destilación.

La gama incluye un *straight bourbon* y un *rye* de lote pequeño, con bourbon y *rye* de barrica única embotellados al 48 % APV y con graduación de barrica, y 51 Rye, con el porcentaje de centeno en el nombre. Hay un programa activo de lanzamientos limitados, y ahora están elaborando su propio *single malt*.

NOTAS DE CATA

Driftless Glen 51
Rye, *envejecido en barricas nuevas de roble americano carbonizado, 51 % APV*
En nariz, todo lo que uno espera de un whiskey de centeno: pan y especias de centeno, alcaravea, pistacho, menta, clavo y jengibre rallado, con toques de chocolate negro y albaricoque seco. Paladar atractivo de caramelo, *toffee*, vainilla, chocolate y naranja asada; se vuelve más cremoso mientras permanecen las especias, cambiando luego a azúcar moreno, magdalena de chocolate y Red Hots, con un final especiado y picante de chile. Sin duda, para probarlo.

FINGER LAKES DISTILLING

McKenzie Bottled in Bond Bourbon

COMPAÑÍA Brian McKenzie

AÑO DE FUNDACIÓN 2007

SITIO WEB www.fingerlakesdistilling.com

Inspirándose en su herencia escocesa, Brian McKenzie construyó una destilería con paredes encaladas y el tradicional tejado en forma de pagoda cuando en 2007 fundó esta destilería rural en el estado de Nueva York. Con vistas al lago Seneca y en plena región vinícola, la destilación comenzó con su alambique Holstein, y el primer bourbon McKenzie salió en 2010. En 2013 se añadió un alambique continuo.

Dedicada al principio al whiskey puro de malta, el primero de ellos, de 10 años, salió al mercado en 2019, pero con el tiempo la destilería fue variando hacia una mayor proporción de bourbon. Elabora *straight bourbon* con un 70 % de maíz, 20 % de centeno y 10 % de malta de cebada, bourbon de lotes pequeños, *bottled-in-bond* y con trigo, hecho íntegramente con grano de la región de Finger Lakes. Tienen también un *straight rye*, un *bottled-in-bond*, un *straight malt* de 10 años, un whiskey de maíz, una mezcla y un McKenzie *pot still* puro de inspiración irlandesa hecho con un 80 % de cebada sin maltear, 15 % de cebada malteada y 5 % de avena.

NOTAS DE CATA

McKenzie Bottled in Bond Bourbon
Bourbon con trigo, envejecido en barricas nuevas de roble americano carbonizado, 50 % APV
Piel de cítricos en mermelada, chocolate negro, pudín de caramelo viscoso y notas de hierbas. Miel, mazapán y gominolas de naranja, con notas saladas y herbales.

JEPTHA CREED

COMPAÑÍA Joyce y Autumn Nethery

AÑO DE FUNDACIÓN 2016

SITIO www.jepthacreed.com

La familia Nethery fundó su destilería en la granja familiar, en las estribaciones de Jeptha Knob, en el condado de Shelby (Kentucky). Con materias primas abundantes en la granja, la maestra destiladora Joyce Nethery usa un alambique de columna de 9 metros y un duplicador, y desde 2019 elabora bourbons *grain-to-glass* («del grano al vaso»). El maíz Bloody Butcher, blanco tradicional y azul se combinan en su *straight bourbon* Red, White and Blue.

NOTAS DE CATA

Jeptha Creed Red, White and Blue Heirloom Mashbill
Kentucky straight bourbon, *madurado en barricas nuevas de roble americano carbonizado, 50% APV*
Aromas de pan de jengibre, nuez moscada, canela, galleta digestiva y cedro. Caramelo dulce, cítricos, drupas y especias *cask strength*, con final de té negro y cuero.

Jeptha Creed Red, White and Blue Heirloom Mashbill

REDWOOD EMPIRE

COMPAÑÍA Derek Benham

AÑO DE FUNDACIÓN 2015

SITIO WEB www.redwoodempirewhiskey.com

Un ideal de sostenibilidad anima esta destilería del norte de California, en la región vinícola del valle del río Russian, del condado de Sonoma: se planta un árbol por cada botella vendida. Emplean grano del Medio Oeste y cereales cultivados en California, y el maestro destilador Jeff Duckhorn y la destiladora jefe Lauren Patz usan diversas técnicas de fermentación, realizando la doble destilación en una microcolumna continua fabricada en Montana. Cada etiqueta tiene una xilografía propia, y la gama incluye los bourbons Pipe Dream y Grizzly Beast, los *ryes* Emerald Giant y Rocket Top y la mezcla de bourbon y *rye* Lost Monarch.

NOTAS DE CATA

Redwood Empire Emerald Giant Rye
Rye, *envejecido en barricas nuevas de roble americano carbonizado, 45% APV*
Toffee, frutos secos, turrón y dónuts espolvoreados con canela en nariz, con flores secas, pan recién horneado, limón y Cherry Bakewells. Azúcar moreno, bolitas de canela y clavo, con cereza, té helado Lipton y canela en el final.

Redwood Empire Emerald Giant Rye

WYOMING WHISKEY

COMPAÑÍA Edrington Americas

AÑO DE FUNDACIÓN 2006

SITIO WEB www.wyomingwhiskey.com

Esta destilería de Kirby (Wyoming) solo usa cereales de la zona que logran prosperar en los cortos veranos de la región. Fundada en el rancho familiar por Brad y Kate Mead, en 2023 el Grupo Edrington adquirió el 80% de las acciones. El destilador David DeFazio escoge maíz, trigo de invierno, cebada y centeno de invierno no transgénicos para sus productos. La receta de macerado estándar es 68% maíz, 20% trigo y 12% cebada malteada. El bourbon está listo para embotellar a los cinco años.

NOTAS DE CATA

Wyoming Whiskey Small Batch
Bourbon, envejecido en barricas nuevas de roble americano carbonizado, 44% APV
Aromas cítricos, de melocotón blanco, frambuesa, vainilla y florales, con naranja, vainilla, carbón de roble y clavo, y luego drupas, mango, nuez moscada, *beurre noisette* y glaseado de crema de mantequilla y naranja. Final chispeante de menta.

Wyoming Whiskey Small Batch

WHISKEY DE CENTENO

Tras décadas de declive, en EE.UU. el whiskey de centeno volvió rápido a su lugar como uno de los estilos favoritos impulsado por una renacida cultura del cóctel y la búsqueda de nuevos sabores en el whiskey del país.

CATOCTIN CREEK

COMPAÑÍA Scott y Becky Harris

AÑO DE FUNDACIÓN 2009

SITIO WEB www.catoctincreekdistilling.com

Movidos por la pasión de hacer el mejor whiskey de centeno de Virginia, Scott y Becky Harris fundaron esta destilería artesanal independiente en Purcellville (Virginia). Becky Harris, la destiladora jefe, usa ingredientes orgánicos locales y acabados innovadores.

NOTAS DE CATA

Catoctin Creek Roundstone Rye Cask Proof
Rye, *envejecido en barricas nuevas de roble americano carbonizado, 58% APV*
Zarzamora, granos de pimienta, cuero, cítricos y *root beer float*. Afrutado, cremoso y especiado con canela en el final.

Catoctin Creek Roundstone Rye Cask Proof

NEW RIFF

New Riff Straight Rye Bottled in Bond

COMPAÑÍA New Riff Distilling

AÑO DE FUNDACIÓN 2014

SITIO WEB www.newriffdistilling.com

Fundada por el minorista de espirituosos y empresario Ken Lewis, con sede en Newport, al norte de Kentucky, se propuso reinterpretar las antiguas tradiciones del *sour mash bourbon* de Kentucky. Su receta de *rye*, de propiedad familiar, es 95% centeno y 5% centeno malteado, envejecido cuatro años.

NOTAS DE CATA

New Riff Straight Rye Bottled in Bond
Rye, *envejecido en barricas nuevas de roble americano carbonizado, 50% APV*
Toffee, pino, menta, hierba recién cortada, pastel de naranja y galleta de mantequilla. En boca, chocolate, naranja asada, albaricoque y especias de centeno; final de chocolate con menta.

NEW YORK DISTILLING CO

COMPAÑÍA New York Distilling Co

FUNDADO 2011

SITIO WEB www.nydistilling.com

Tom Potter, el fundador de Brooklyn Brewery, y Allen Katz, el destilador y bartender, fundaron esta destilería artesana, hoy en Bushwick, productora de ginebra de renombre y especialista regional en el estilo Empire Rye.

NOTAS DE CATA

Jaywalk
Rye *de centeno tradicional de Nueva York Heirloom, envejecido en barricas nuevas de roble carbonizado, 57,9% APV*
Uno de los whiskeys de centeno más sabrosos; en nariz, chocolate negro con menta crujiente, hierbas secas, frutos secos asados, Rolos, frutos rojos secos y especias de horno soberbiamente integradas. Asombrosamente denso y sustancial tras madurar más de siete años, con notas de caramelo oscuro, *taffy* de fresa, azúcar con canela, chocolate con leche y roble suave, y un final persistente de caramelo y chocolate fundido.

Jaywalk New York Heirloom Rye

Peerless
Small Batch Rye

PEERLESS

COMPAÑÍA Kentucky Peerless Distilling Co.

AÑO DE FUNDACIÓN 2014

SITIO WEB www.kentuckypeerless.com

Revivido por Corky Taylor, de la cuarta generación en el gremio, y su hijo Carson, el nombre Kentucky Peerless Distilling Co. se remonta a la década de 1880. Prefieren un proceso *sweet mash*, y llenan barricas nuevas de roble carbonizado a 53,5 % APV, menos de lo habitual. El maestro destilador Caleb Kilburn embotella *rye* con graduación de barrica, barricas únicas y acabados con expresiones equivalentes para el bourbon.

NOTAS DE CATA

Peerless Small Batch Rye
Rye, *envejecido en barricas nuevas de roble americano carbonizado, 55,2 % APV*
Notas de cuero, fresa, cola de cereza, piel de naranja, centeno y hierbas. Mousse de fresa, cereza, pan de centeno y chocolate; especias y mermelada en el final.

SAGAMORE SPIRIT

COMPAÑÍA Illva Saronno

AÑO DE FUNDACIÓN 2013

SITIO WEB www.sagamorespirit.com

Sagamore Spirit, salvadores del *rye* de Maryland para una nueva generación, se propuso producir whiskeys de centeno «del grano al vaso» en el área costera en constante expansión de Baltimore. En 2023 la compró Illva Saronno de Italia, conocida por Disaronno. Al principio usaron *rye* de MGP en Indiana, pero hoy combinan su propio espirituoso en las botellas. La colección principal combina recetas con alto y bajo contenido en centeno, un *cask strength rye*, un *bottled-in-bond* y una versión Double Oaked.

NOTAS DE CATA

Sagamore Spirit Rye
Rye, *envejecido en barricas nuevas de roble americano carbonizado, 41,5 % APV*
Suaves notas de centeno en nariz con pan de maíz, avellana tostada, roble seco, garbanzos tostados y una mezcla de hierbas y especias. Caramelo, miel, pecanas y especias de centeno, seguidas de fruta fresca, albaricoque seco y galletas de pistacho, y mucho azúcar moreno en el final.

WHISTLEPIG

COMPAÑÍA WhistlePig Whiskey

AÑO DE FUNDACIÓN 2007

SITIO WEB www.whistlepigwhiskey.com

La destilería WhistlePig, en una granja de Shoreham (Vermont), fundada por Raj Bhakta, forjó su reputación inicial con embotellados de whiskeys de centeno canadienses adquiridos por el difunto Dave Pickerill. WhistlePig The Boss Hog salió en 2013, y ofrece una botella coleccionable anual de whiskey de centeno excelente embotellado con graduación de barrica, que continúa hasta hoy.

La destilería abrió en 2015 y comenzó a elaborar sus propios innovadores whiskeys de centeno. En 2020, LVMH, dueña de las destilerías Ardbeg y Glenmorangie, adquirió una participación minoritaria.

NOTAS DE CATA

WhistlePig The Boss Hog VIII Lapulapu's Pacific
Rye, *doble acabado en barricas de ron filipino, 52,4 % APV*
Masa madre de centeno, tierra de bodega, aroma a granero, frutos secos de trepadoras, bizcocho de vainilla y especias de centeno. Notas de vainilla cremosa, *toffee*, hierbas y centeno especiado, con chocolate negro, nuez moscada, canela en rama y Maltesers; final de chocolate negro, roble tostado y especias de centeno.

WhistlePig The Boss Hog
VIII Lapulapu's Pacific

CANADÁ

La extensión de Canadá es enorme. Baste considerar los 6000 km que separan la destilería Shelter Point, en Columbia Británica, al oeste, de Glenora, en Nueva Escocia, al este. De un océano a otro se pasa por un delta costero, dos cordilleras gigantescas, las praderas más llanas, relieve bajo y redondeado, tierras de cultivo ricas y exuberantes y el relativamente estéril Escudo Canadiense, que se extiende hacia el norte desde los Grandes Lagos hasta el océano Ártico y cubre aproximadamente la mitad de la superficie del país. En Canadá, conducir de una destilería a otra supone a menudo recorrer una distancia mayor que la longitud total de Escocia, y por eso no tiene sentido hablar aquí de «regiones» del whisky.

Lo habitual es que el whisky canadiense sea una mezcla de varios whiskies de una misma destilería, y suele llamarse *rye*. De modo confuso, el primer uso del término para referirse al whisky canadiense es de la época en que la mayor parte se hacía con trigo. Alguien decidió añadir una pequeña cantidad de centeno a un macerado de trigo, y así nació un nuevo estilo. Para que no hubiera duda de que había centeno en la mezcla, pronto hubo demanda de *rye*.

Las grandes destilerías de Canadá, que producen la mayor parte del whisky canadiense consumido en el mundo, son plantas industriales gigantescas, y por lo general no están pensadas para recibir visitantes.

Sin embargo, en los últimos años ha habido una ola de aperturas de destilerías urbanas y microdestilerías que producen espirituosos artesanos diversos con ingredientes locales en todas las provincias. Concebidas con visitas guiadas y catas, *merchandising*, oportunidades en las redes sociales y buena comida en mente, Canadá vuelve a ser un gran destino para el turismo del whisky, sobre todo para amantes de lo artesano.

ESTILOS REGIONALES
Con cosechas abundantes de maíz, trigo y centeno, el whisky de Canadá es de estilo dulce y especiado. Para disfrutar de una sinfonía de variaciones, hay un lugar memorable: la destilería Hiram Walker, en Windsor (Ontario), la más antigua de Canadá. Aunque por volumen todavía comparativamente minúsculo, el número de productores de *single malt* canadiense también está creciendo.

NUESTRA ELECCIÓN
HIRAM WALKER DE CORBY Esta destilería de Ontario tiene mucha historia: en la orilla del río Detroit, frecuentada en tiempos de la ley seca por contrabandistas de ron, fue el amarradero del yate real Britannia en la visita de la reina Isabel II y el príncipe Felipe.

EVENTOS REGIONALES
La temporada del whisky en Canadá comienza en enero con el Festival del Whisky de Victoria (www.victoriawhiskyfestival.com), que incluye los Canadian Whisky Awards y el veterano Spirit of Toronto (www.spiritoftoronto.ca), con sus clases magistrales de grandes nombres y jazz en directo. En otros lugares, como Whisky Ottawa, la Banff Whisky Experience y una serie de festivales menores, Canadá ofrece eventos fantásticos que celebran el whisky canadiense junto con el escocés, japonés y estadounidense. Completan el calendario Nuevo Brunswick y Terranova.

Ejemplo de la nueva ola de microdestilerías de Canadá, Shelter Point *es una pequeña destilería y granja en la isla de Vancouver.*

COMUNICACIONES

Conocido coloquialmente como Gran Norte Blanco, en invierno gran parte de Canadá es extremadamente frío y tan nevado que de octubre a abril solo pueden cruzar los puertos de montaña vehículos con cadenas. La influencia del mar modera los litorales atlántico y pacífico, pero en todo el país la primavera es cálida y el verano caluroso. El corredor Windsor-Montreal, un trayecto de 885 km, se puede recorrer en automóvil; por lo demás, ir lejos en Canadá supone coger un avión.

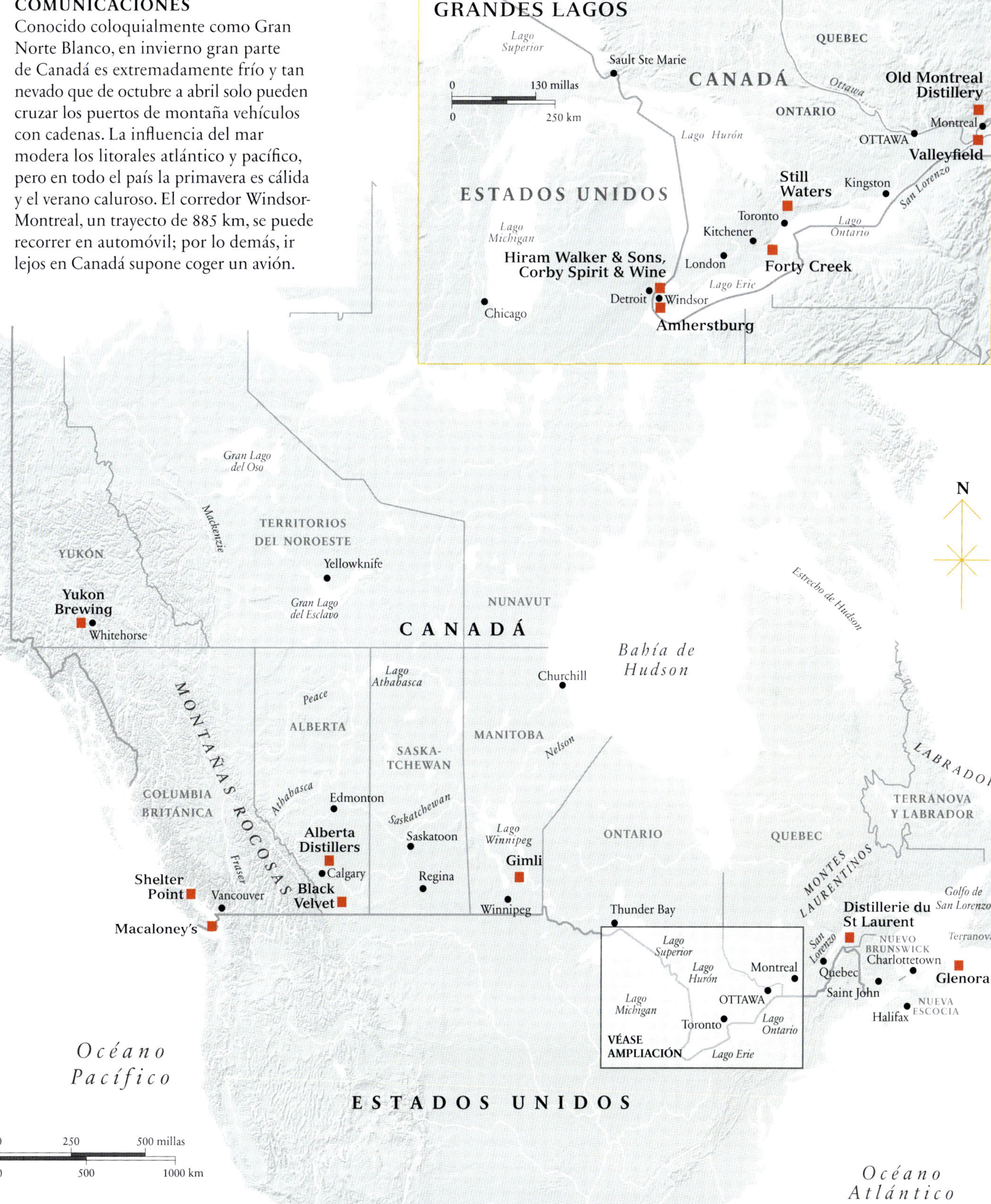

ALBERTA DISTILLERS

COMPAÑÍA Suntory Global Spirits

AÑO DE FUNDACIÓN 1946

SITIO WEB www.albertadistillers.com

Hay amantes del whisky cuyo disfrute aumenta con solo saber que están bebiendo whisky hecho con centeno, cuya reputación tal vez invite a dedicar más tiempo a saborear sus peculiaridades. Lo que hace tan especial al centeno es que abunda en ciertos elementos del sabor menos presentes en otros cereales, y un destilador hábil sabe cómo hacer destacar este perfil de sabor característico. Probar el espirituoso recién destilado resulta de lo más instructivo.

Mientras que los espirituosos de maíz de Alberta Distillers saben a madera, a humedad y a mazorca, los espirituosos apimentados de centeno son generosos en sabor a cereal. Tras tres años en roble nuevo, ambos huelen a whisky, pero en boca el centeno muestra los característicos clavo, jengibre y pimienta picante, y el maíz es suave y cremoso. Curiosamente, los whiskies que declaran un porcentaje alto de centeno tienden a recibir mejores críticas que los que lo tienen pero no lo declaran, y en Alberta Distillers en Calgary sin duda son conscientes de ello, la única gran destilería del mundo cuyo whisky se hace en gran parte con un 100 % de centeno.

Alberta Premium Cask Strength Rye

Canadá ama su whisky *rye*

También es una importante destilería por contrata, y su *rye* va a parar a muchas marcas conocidas, como WhistlePig cuando no se hace en la propia granja, Masterson's 10-años, hoy propiedad de Deutsch Family Wine & Spirits, y Windsor Canadian, antigua marca de Alberta Distillers hoy propiedad de Prestige Beverage Group. Alberta Distillers Ltd es filial de Beam Suntory, y sus embotellados propios incluyen Alberta Premium y Alberta Premium Cask Strength Rye, ambos 100 % centeno y la mezcla de centeno Alberta Springs 10 años, además de lanzamientos especiales ocasionales.

Cuando en 1946 fue construida la destilería en las afueras de Calgary, el centeno era el cereal más común de la zona, y la planta fue diseñada para procesarlo. Alberta Distillers usa solo centeno sin maltear, y enzimas cultivadas en la propia destilería para descomponer la pared celular, carbohidratos y viscosos beta-glucanos. El proceso deja muchos residuos, y otras destilerías suelen cerrar la planta y limpiarla a fondo, pero aquí elaborar *rye* es rutina. Por ello entre otros motivos, Alberta puede embotellar casi tres veces más whisky con alto contenido en centeno que todas las demás destilerías de Norteamérica juntas.

NOTAS DE CATA

Alberta Premium Cask Strength Rye

Rye, *madurado en barricas de roble, 63,7 % APV*

Las especias de centeno abundan sobre un fondo de grano tostado, carbón de roble y un toque de chocolate con leche. Bastante picante tomado solo, el agua resalta el centeno y sabores a miel, Sugar Puffs, especias, copos de chile, carbón de roble, avellana, roble, sirope de arce, pecanas, praliné y granos de pimienta. Final seco y con roble, caramelo quemado y destellos de piel de cítricos.

Alberta Springs 10 años

Canadiense, madurado en barricas de roble, 40 % APV

Especias aromáticas, pepinillo agrio y centeno polvoriento en nariz, con sabores de vainilla, caramelo, sirope de arce y regaliz negro en boca. Envuelven el potente y marcado roble canadiense olas de picante y un afrutado difuso. En el final limpio destaca el albedo de cítrico.

CANADIAN CLUB

COMPAÑÍA Suntory Global Spirits

AÑO DE FUNDACIÓN 1858

SITIO WEB www.canadianclub.com

Cuando en 1858 Hiram Walker, comerciante de grano y rectificador de whisky de Detroit, decidió destilar whisky, la campaña por la prohibición en EE.UU. hacía muy arriesgada la empresa. Walker sabía que la zona de Windsor, en la orilla opuesta del río Detroit, en Canadá, no tenía un molino en condiciones, y fue así como Walker, ciudadano estadounidense, se hizo un lugar en Canadá.

En unos meses, moler maíz importado de EE.UU. para hacer whisky representaba la mitad del negocio. Faltaba más de un siglo de experimentación para obtener maíz resistente al clima de Canadá, y la mayoría de los destiladores usaban trigo para hacer whisky. Walker conocía bien el mercado cerealista de su país, y fue uno de los primeros destiladores de Canadá en usar principalmente maíz. Copiando a los destiladores de trigo de Canadá, añadió pequeñas cantidades de centeno para dar sabor, y su destilería acabó siendo la única de Canadá en usar centeno malteado.

Mezcla en barrica

Walker se hizo un nombre por la alta calidad de su producto, que rectificaba a través de altas columnas de madera rellenas de carbón vegetal y otros materiales. Pronto pasó a madurarlo en barricas de roble blanco, como hacían ya muchos otros destiladores canadienses. En lugar de un macerado de grano mixto, Walker experimentó añadiendo destilado de centeno nuevo al de maíz antes de pasarlo a barricas. Consideraba que por coincidir con la maduración, la destilación por separado y mezcla en barrica mejoraba el sabor. Hasta hoy, el whisky más conocido de Hiram Walker, Canadian Club, se sigue mezclando en barrica.

La ley seca y *Mad Men*

Canadian Club tiene un renombre histórico asociado a la ley seca por ser la marca más común de contrabando importada ilegalmente a Estados Unidos, cuando solo se permitía a un puñado de destilerías del país producir whiskey con fines medicinales. De hecho, en el momento de mayor éxito de la serie *Boardwalk Empire* de HBO, Canadian Club explotó su mal nombre, presentándose como «el whisky no oficial de la prohibición». Con una situación muy conveniente junto al río Detroit, para el breve trayecto a EE.UU. se cargaban barcos con botellas en sacos de yute, preferibles a las cajas de madera por su menor peso, y por hundirse sin dejar rastro si había que tirarlos rápidamente por la borda.

Canadian Club llegó hasta un público nuevo como trago predilecto del personaje de Jon Hamm, Don Draper, en la serie de AMC *Mad Men*. Al fin y al cabo, se trata de una marca cuyo nombre brillaba en las luces de Times Square de Nueva York durante las décadas de 1960 y 1970. La empresa hoy llamada Suntory Global Spirits adquirió Canadian Club en 2011, aunque la destilería Hiram Walker & Sons donde se produce pertenece a Pernod Ricard, propietario mayoritario de Corby. Cada expresión de Canadian Club tiene una receta y perfil de sabor distinto, y también comercializan whiskies de sabores y expresiones premezcladas. Más allá del clásico Canadian Club 1858 Original, hay un reserva de 9 años, una expresión clásica de 12 y un Canadian Club 100% centeno. En 2022 concluyó la serie Chronicles con la salida del whisky canadiense más antiguo hasta la fecha, un Canadian Club de 45 años hecho con maíz en 1977, remate de una serie anual de expresiones añejas inspiradas en historias de la ley seca. No hay que descartar que en el futuro salga algo aún más añejo.

NOTAS DE CATA

Canadian Club 1858 Original
Canadiense, envejecido en barricas de bourbon, 40% APV
En nariz, melaza, especias y pimienta, semillas de vainilla, clavo y madera ennegrecida. Azúcar moreno, pastel ligero de vainilla, especias muy vivas, *crème brûlée*, *brownie* de chocolate, granola, *toffee* y barril carbonizado. Final de *toffee* y especias.

Canadian Club Classic 12 años
Canadiense, envejecido en barricas de bourbon, 40% APV
Un perfil aromático de vaina de vainilla, canela, azúcar moreno, cola, madera tostada, nuez y cuero. En boca, pecanas, miel, cacahuete, cola, piel de naranja y pan de jengibre, con un final de especias difusas, té Earl Grey y chocolate negro.

Canadian Club Chronicles 45 años
Canadiense, envejecido en barricas de bourbon, 50% APV
Panal, azúcar moreno, tarta de pecanas, mazorca de maíz asada, pimienta negra, esencia de vainilla y toques de cuero nuevo en nariz. Maíz azucarado, vainilla, cuero, frutos negros y especias vivaces, con chocolate negro, panal y vainilla en el final.

Canadian Club
1858 Original

CORBY SPIRIT & WINE LTD

Lot 40

COMPAÑÍA Pernod Ricard

AÑO DE FUNDACIÓN 1859

SITIO WEB www.corby.ca; www.jpwisers.com; www.northernbordercollection.com

Con marcas como J.P. Wiser's, Pike Creek, Lot 40 y Gooderham & Worts, Corby es uno de los mayores productores y distribuidores de vinos y espirituosos de Canadá. Pernod Ricard es accionista mayoritario desde 2005, y los whiskies se mezclan y embotellan en la destilería Hiram Walker & Sons de Windsor (Ontario).

Un legado complicado

Henry Corby nació en Hanwell, al oeste de Londres, y emigró a Belleville (Ontario), donde creó varios negocios, entre ellos la destilería H. Corby en 1859 y su propia marca de whisky al crecer la empresa. Después de la Primera Guerra Mundial, el negocio se vendió y los nuevos dueños adquirieron también la destilería J.P. Wiser's en Prescott. Antes que Henry Corby, otros inmigrantes británicos, William Gooderham y James Worts, molineros, comenzaron a destilar en la década de 1830 en lo que hoy es Toronto. El empresario Harry Hatch compró en la década de 1920 Gooderham & Worts y Hiram Walker, y formó la empresa conjunta Hiram Walker–Gooderham Worts, que en 1935 se hizo con una parte mayoritaria de la H. Corby Distilling Company.

Hiram Walker fue haciéndose un lugar importante en el sector del whisky escocés. En 1987, Allied Lyons plc adquirió Corby, y en 1989 la destilería de Corbyville cerró cuando se vendían mejor los destilados blancos; hoy es una cervecera artesana. La destilería Gooderham & Worts corrió una suerte similar a la de Corby, y cerró en 1990. En su lugar está hoy la destilería Mill St, que comercializa una sola barrica de whisky al año.

Diferentes cereales y expresiones

Don Livermore, maestro mezclador de Hiram Walker & Sons, es un destacado defensor del whisky canadiense. Además de tener una buena mente científica, es experto en dar con nuevos ganchos para interesar a los consumidores en el whisky canadiense, como su rueda de sabores y las diversas expresiones de la Northern Border Collection. Incluso en esta destilería de proporciones gigantescas, conoce el método de destilación que mejor expresa el carácter y el perfil de cada cereal. No teme tomar decisiones audaces, como cuando en 2015 cambió del centeno malteado a variedades híbridas de centeno de mayor rendimiento y enzimas industriales.

Pike Creek apareció en 1998 y toma su nombre de la bodega en que madura, que experimenta cambios estacionales extremos de temperatura, lo que potencia la interacción entre el espirituoso y el roble. Originalmente un whisky canadiense de 10 años acabado en barrica de oporto, en 2016 Pike Creek cambió al acabado de ron, y le dan prestigio ediciones limitadas ocasionales. Hoy, Gooderham & Worts es conocida por la expresión Four Grain, que emplea maíz, cebada, centeno y trigo, y sus ediciones limitadas, como Gooderham & Worts Little Trinity 17 años, expresión de tres cereales sin cebada malteada. Lot 40 tuvo una encarnación anterior en 1998, como Pike Creek, pero volvió en 2012. Dr. Livermore lo elabora hoy en alambique de cobre con el 100 % de centeno híbrido sin maltear y envejece en barrica nueva de roble americano. Se trata del potente componente de centeno que destaca en todos los demás whiskies que produce Hiram Walker. Lot 40 Dark Oak madura en barricas nuevas de roble americano con un nivel de carbonizado 2, se acaba en barricas nuevas de carbonizado 4, y se embotella con una graduación mayor, lo cual le confiere una presencia innegable.

Gooderham & Worts Little Trinity 17 años

J. P. Wiser's 18 años

NOTAS DE CATA

Gooderham & Worts Little Trinity 17 años
Canadiense, envejecido en barricas nuevas de roble, de bourbon de relleno y de relleno, 45 % APV
Receta de centeno, maíz y trigo, en nariz, manzana seca, pera al vino, vainilla, mazorca fresca de maíz y azúcar hilado, con un especiado firme. En boca, azúcar moreno, canela, granos de pimienta y centeno, seguidos de clavo, dulce de menta recubierto de chocolate, té negro y sirope de arce. Final especiado con notas de té, canela, azúcar moreno y centeno.

J. P. Wiser's Triple Barrel 10 años
Canadiense, envejecido en barricas nuevas de roble, bourbon y de relleno, 40 % APV
Caramelo dulce, miel, vainilla, agradables notas de centeno con especias, roble curado y pan de mermelada. Al sabor dulce de la miel y cítricos confitados se añade una textura sedosa, con albaricoque, especias de centeno, mandarina, *toffee* y nuez moscada, y cada vez más maíz deliciosamente cremoso. Gusta con una facilidad exagerada.

J.P. Wiser's 18 años
Canadiense, envejecido en barricas nuevas de roble, bourbon y de relleno, 40 % APV
En nariz, drupas, especias de centeno, zumo de pera y piel de naranja crean un perfil aromático delicadamente afrutado. Con sabores a nectarina, melocotón, caramelo, miel, pera y pimienta negra, conviene darle vueltas en el vaso, pues desarrolla un paladar grato y denso con manzana, caramelo, anís estrellado y una nota de maíz tardía que pide continuar. Final de frutas secas, vainilla cremosa y buenos taninos de roble.

Lot 40
Centeno, envejecido en barricas nuevas de roble, 43 % APV
Aromas de chocolate negro, pan negro de centeno, tierra quemada, carbón de roble, hoja externa de puro, capuchino y esencia de vainilla. Mucho sabor en boca, con notas de chocolate, centeno, nuez de Brasil, hoja de tabaco añejo, pimienta, taninos de roble, canela en rama y jalea de uva. Final suave y satisfactorio en el que persisten la fruta negra y especias apimentadas.

Lot 40 Dark Oak
Centeno, envejecido dos veces en barricas nuevas de roble, 48 % APV
Amaderado y terroso en nariz, con azúcar moreno, mermelada de zarzamora, chocolate negro, roble seco y más especias de centeno que el Lot 40 normal. Se nota la mayor graduación, con sabores de ganache de chocolate negro, esencia de vainilla, clavo, azúcar quemado, mermelada de zarzamora y expreso. El final añade cereza negra, tabaco y cuero.

Pike Creek 10 años
Canadiense, acabado en barricas de ron, 42 % APV
Té negro, con menta, pera, piel de naranja de Sevilla, miel, regaliz negro, duela de roble carbonizada y cerveza de raíz en nariz. Naranja, albaricoque y miel al primer sorbo, de estructura algo suelta, con un breve pico de especias de centeno, seguido de *toffee*, maíz con mantequilla, caramelo y avellana tostada. Final de azúcar caramelizado y roble seco.

CROWN ROYAL

COMPAÑÍA Diageo plc

AÑO DE FUNDACIÓN 1939

SITIO WEB www.crownroyal.com

Crown Royal es la marca de whisky más valiosa de Norteamérica. No es difícil advertir las pistas de un vínculo con la realeza en una botella que viene en una bolsa púrpura con el nombre. De hecho, fue creada en 1939 como regalo para el rey Jorge VI y la reina Isabel con ocasión de su viaje en tren por Canadá. Salió a la venta en Canadá después del viaje, y más tarde, durante la década de 1960, en Estados Unidos y otros países. En el último par de décadas, la gama se ha ampliado considerablemente para asegurar que haya un Crown Royal para cada ocasión y para todos, desde el recién iniciado al experto.

Tres plantas y una más en proyecto

Crown Royal es una mezcla en tres destilerías de varios whiskies canadienses diferentes de la empresa propietaria de la marca, Diageo. La principal es Gimli, en Manitoba, una enorme planta industrial con hilera tras hilera de bodegas cerca de la orilla del lago Winnipeg. Diageo adquirió Gimli tras la disolución de Seagram en 2000 por tener la colosal capacidad de destilación necesaria para suministrar suficiente líquido a las marcas famosas de Seagram.

También produce whisky para Crown Royal Valleyfield, en Quebec, planta construida en 1945 por Schenley Distillers Corporation que en 2008 pasó a manos de Diageo. Valleyfield produce también un gran volumen de whisky, principalmente destilado en columna a partir de maíz, aunque tiene también un alambique tradicional. Crown Royal se mezcla y embotella principalmente en Amherstburg (Ontario), salvo las reservas más preciadas usadas para la serie Master, de las que se encarga Valleyfield. Diageo St Clair será la cuarta destilería cuando esta década abra en el sudoeste de Ontario. Con lo último en tecnología de destilación y en línea con el programa Society 2030: Spirit of Progress de Diageo, la planta de 162 hectáreas funcionará con energías renovables y no generará directamente residuos que acaben en el vertedero.

La marca Crown Royal incluye hoy whisky canadiense, whiskies de sabores y latas de bebidas premezcladas listas para beber. La serie Signature es muy accesible e incluye las expresiones Deluxe, Rye y Black, con muchas innovaciones asequibles para que las prueben los entendidos antes de que suba el precio para versiones con edad declarada, de 18 a 30 años.

Crown Royal Deluxe

Crown Royal Northern Harvest Rye

NOTAS DE CATA

Crown Royal Deluxe

Canadiense, madurado en barricas de roble blanco, 40% APV

Azúcar quemado, carbón de roble, esencia de vainilla, chocolate negro, pan de centeno, especias suaves de centeno y notas de cereales. En boca, sabores tostados y a frutos secos de pan de centeno, cera de abeja, esencia de vainilla y chocolate. Da la impresión de faltarle algo de cuerpo, pero se equilibra en el final con chocolate en abundancia, naranja asada, especias y *crème brûlée*.

Crown Royal Black

Canadiense, madurado en barricas de roble blanco carbonizado, 45% APV

En nariz, vainilla, cacao, madera chamuscada, cacao en polvo, bitter negro de nuez y cerveza de raíz. En boca, sirope de arce oscuro, chocolate, tarta de melaza y especias apimentadas, con buena textura. Más cálido y dulce de lo esperado. Sirope de frutas, la esencia de vainilla, el clavo y la pimienta negra en todo el final.

Crown Royal Northern Harvest Rye

Rye, *madurado en barricas de roble blanco, 45% APV*

Intenso, con aromas de sirope de arce, masa madre de centeno, nuez moscada, especias de centeno y un poco de vainilla, con toques de chocolate y piel seca de cítricos. El sirope de arce se desarrolla en el paladar, con miel y vainilla y una ola de pimienta negra, frutos secos tostados en caramelo, chocolate con leche y piel seca de cítricos, con notas terrosas, pimienta negra y vainilla en el final.

MACALONEY'S

COMPAÑÍA Macaloney Brewers & Distillers Ltd
AÑO DE FUNDACIÓN 2016
SITIO WEB www.macaloneydistillers.com

El escocés Graeme Macaloney elabora whisky canadiense Island y cerveza en Saanich (Gran Victoria) en la isla de Vancouver. Encargada con ayuda del difunto Jim Swan y Mike Nicholson, destilador jubilado de Diageo que también asesoró a la destilería Shelter Point de la isla de Vancouver en sus inicios, la destilería abrió en 2016. Hoy emplea cebada de Columbia Británica y tiene dos alambiques de cobre de Forsyth's Ltd, el de colada de 5500 litros y el de aguardiente de 3500 litros, con condensadores de carcasa y de tubo.

La destilería se llama hoy Macaloney's Canadian Island Distillery y Two Dogs Brewery. Cuando operaba como Macaloney's Caledonian Distillery, la Scotch Whisky Association (SWA) presentó una demanda contra la empresa por ser un nombre que remite al whisky escocés. La disputa se resolvió en 2022 de forma amistosa, cuando Macaloney aceptó modificar ligeramente los nombres y el lenguaje del texto de la destilería y en sus productos. No fue la primera ocasión en que desde la perspectiva de la SWA, una destilería canadiense con herencia escocesa da un mal paso en su cometido de proteger el whisky escocés.

Múltiples expresiones

Jim Swan presentó a Macaloney su barrica STR (*shave-toast-rechar*, o «raspado, tostado y carbonizado») y le reveló los secretos del oficio para en solo tres o cuatro años producir un whisky de sabor más maduro, aunque Victoria no tenga el clima subtropical de Kavalan (Taiwán), aconsejada también por Swan.

En pocos años, Macaloney ofrecía una gama de espirituosos jóvenes, a la que siguió una selección imponente para una destilería nueva de expresiones de whisky. El mejor modo de entender la gama es dividirla por estilos. En primer lugar, *single malts* sin turba, como An Loy, Cath-Nah-Aven y la serie St Mallie de barrica única. La expresión insignia es An Loy, madurado en barricas de bourbon, oloroso, tinto portugués y Pedro Ximénez, mientras que Cath-Nah-Aven es un whisky puro de malta ajerezado, madurado en barricas de oloroso y Pedro Ximénez.

Elaboran tres whiskies con turba, An Aba, Siol Dugall y la serie de barrica única The Peat Project.

La destilería tiene capacidad para ahumar dos lotes de una tonelada de cebada a la vez. Los whiskies de The Peat Project son los más ahumados, con malta con 54 ppm de turba del estado de Washington. An Aba usa malta con poca turba, y una combinación de maderas como la de An Loy, y suma barricas nuevas de roble americano. Siol Dugall usa malta con 27 ppm de turba, e incluye una mezcla de whiskies madurados en barricas de bourbon, roble americano nuevo y STR de vino portugués. Swan no pudo ayudar a lanzar una nueva destilería irlandesa, pero ayudó a Macaloney en una gama de alambique único y triple destilación, usando cebada malteada y sin maltear: Kildara, Killeigh y la serie *single cask* Kirkinriola celebran la herencia escocesa del Úlster de Macaloney.

En 2023, Macaloney encabezó el lanzamiento de la Northwest Whiskey Trail, ruta transfronteriza en el Pacífico noroeste que incluye siete destilerías asociadas en Columbia Británica, Washington y Oregón. En menos de una década, Graeme Macaloney se ha erigido como figura influyente en el mundo del whisky canadiense.

NOTAS DE CATA

Macaloney's An Loy
Puro de malta, madurado en barricas de bourbon, oloroso, Pedro Ximénez y tinto, 46% APV
Aromas frutales, con melocotón, crema de naranja *fondant*, vainilla, bayas rojas y notas marinas. De sabores de manzana roja, mermelada y vainilla se pasa a mermelada de arándanos, especias de roble y chocolate con leche. Final apimentado, con cacao, piel de cítricos y roble seco.

Macaloney's An Aba
Puro de malta, madurado en barricas de bourbon, oloroso, tinto, Pedro Ximénez y roble americano nuevo, 46% APV
Ligero humo de turba con sorbete de limón, magdalenas de vainilla y regaliz rojo. Maltoso, con fideos de chocolate, jamón salado y humo de turba que se funden en chocolate, caramelo salado y frambuesa. Salinidad persistente con final seco de chocolate rancio.

Macaloney's Kildara
Pot still *de triple destilación, madurado en barricas de bourbon, oloroso, Pedro Ximénez y roble americano nuevo, 46% APV*
Nariz atractiva de azúcar de cebada, caramelos Polos de frutas, albaricoque seco, zarzamora y crema de vainilla. Textura aterciopelada con la naranja de chocolate, ciruela, cereza escarchada, miel de bosque y sultanas, con un final envolvente de chocolate, café, vainilla y tabaco.

Macaloney's An Loy

SHELTER POINT

COMPAÑÍA Nelson Investments Inc.

AÑO DE FUNDACIÓN 2011

SITIO WEB www.shelterpoint.ca

Shelter Point es una destilería y granja costera en Oyster River (Columbia Británica), a tres horas de carretera por la costa este de la isla de Vancouver desde Victoria. Fundada en 2011, es un edificio de piedra y madera construido al estilo de un granero tradicional canadiense, rodeado por una arboleda y colindante con campos de cebada propiedad de Patrick Evans, agricultor de tercera generación y fundador de la destilería.

Shelter Point elabora ante todo whisky puro de malta de la isla de Vancouver, pero también ginebra, vodka y cantidades limitadas de whisky 100 % de centeno. El *single malt* canadiense es una categoría en auge, con un grupo de decididos productores de la costa este a la oeste, y su estilo ha animado a muchos amantes del whisky a echar una mirada nueva al whisky canadiense, y a reexaminar supuestos derivados del enorme volumen de las marcas establecidas de *rye* canadiense.

Puro de malta ante todo

James Marinus, el destilador jefe, usa cebada malteada de dos hileras de Columbia Británica, y permite fermentaciones largas en una bonita fila de depósitos de acero inoxidable. De la doble destilación se encargan dos alambiques de cobre con forma de cebolla, de calor indirecto, fabricados por Forsyth's Ltd de Escocia, uno de colada de 5000 litros y uno de aguardiente de 4000, con brazos de lyne en ligera pendiente hasta los condensadores de carcasa y tubos. Al lado hay otro alambique pequeño de cobre, conectado a columnas y utilizado para elaborar su ginebra con ingredientes recolectados a mano y otros espirituosos.

La ubicación costera expone a la influencia del mar las existencias que maduran en la bodega. El whisky puro de malta madura en un sistema de solera de 10 000 litros, en el que adquiere el sabor de una serie de barricas de bourbon, y matices adicionales de otras nuevas de roble, vino, jerez y oporto. También embotellan una versión con graduación de barril. Montfort es la expresión de una sola finca que recibe su nombre de Barrett Montfort, fundador de Shelter

Construido al estilo de un granero tradicional canadiense, Shelter Point se encuentra en una zona rural del norte de la isla de Vancouver.

Point Farm. Desde 2021, Shelter Point comercializa pequeñas partidas de *single malt* de 10 años. Ripple Rock madura en barricas nuevas de roble de carbonizado «aligátor» y bourbon, y Smoke Point en barricas ahumadas con madera de deriva recogida en la costa y de los bosques de los alrededores, lo cual imparte al whisky notas marinas y de hoguera de playa.

En 2022, Patrick Evans vendió un paquete mayoritario de acciones de Shelter Point a Nelson Investments; Stephen Goodridge, antes de Goodridge and Williams Distilling, fue nombrado nuevo director general, y Evans dedicó su atención a la granja.

Shelter Point
Classic Single Malt

NOTAS DE CATA

Shelter Point Classic Single Malt
Puro de malta, madurado en barricas de roble, 46 % APV
En nariz es levemente herbáceo, con aceite de piel de naranja, albaricoque maduro, miel, vainilla y especias muy delicadas. Impresionante y de hermosa textura, con naranja ácida, cítricos confitados, albaricoque, melocotón y pimienta ligera, y luego una fase de mermelada, nuez, ciruela y toques de vino tinto. Final satisfactorio de cítricos, vainilla y piña deshidratada.

Shelter Point Ripple Rock
Puro de malta, envejecido en barricas nuevas de roble americano y bourbon, 46 % APV
Intenso y terroso en nariz, con notas de roble, vainilla, especias de madera, melaza, carbón de roble y un toque de cigarro. Ágil en la lengua, con vainilla, caramelo y chocolate, el perfil especiado crece con carbón de roble, pimienta negra y clavo. Va ganando cremosidad en boca, añadiendo capas de *toffee*, sésamo tostado y tabaco hasta el final.

Shelter Point Smoke Point
Puro de malta, envejecido en barricas ahumadas con maderas de deriva y nativas, 53 % APV
Una técnica de ahumado de barricas muy eficaz trae a la nariz notas de hoguera de madera de deriva, cítricos frescos, vainilla y tabaco. Con cuerpo y cremoso, con *toffee* de naranja y chocolate, el sabor tiene una trayectoria impresionante. Caramelo salado, humo de madera, pimienta negra, sal marina y galletas mojadas en té, con un final de chicle de mentol y humo salado.

TWO BREWERS

COMPAÑÍA Yukon Brewing Company

AÑO DE FUNDACIÓN 1997

SITIO WEB www.twobrewerswhisky.com

Yukon Brewing *es el hogar de la destilería de whisky Two Brewers en Yukón, al noroeste de Canadá.*

Tras un viaje en canoa por el Yukón, los ingenieros Bob Baxter y Alan Hansen fundaron en 1997 Yukon Brewing. La destilería se encuentra en Copper Road, en Whitehorse, capital del territorio del Yukón, cuyo gobierno no legalizó la destilación hasta 2009; la ley de bebidas espirituosas de Yukón se revisa y modifica con regularidad, y en el territorio hay muy pocas destilerías. Sin embargo, una vez aprobada la ley, Baxter y Hansen adquirieron enseguida un alambique y se hicieron microdestiladores para transformar sus propios fermentados en whisky. La amplia experiencia elaborando cerveza y el enfoque del sabor de Two Brewers recuerdan a los métodos para elaborar whisky inspirados en la cultura cervecera de Westward Distillery, en Portland (Oregón).

La originalidad es la clave

Comprender el proceso de Two Brewers supone liberar la mente de las nociones de reproducibilidad, homogeneidad y regularidad en el sabor. Aquí nadie dicta qué se puede o no hacer, y como contrapunto de la presentación pulida e impecable de los whiskies de las marcas multinacionales, el mundo del whisky está muy necesitado de lugares como Two Brewers.

Two Brewers emplea cereal malteado, pero no solo cebada; también trigo y centeno malteados. Elaboran whisky con y sin turba, y la malta con turba procede de Escocia. La experiencia cervecera informa sus técnicas de maceración y fermentación, orientadas siempre a potenciar la creación de sabores diferentes en cada paso, a veces experimentando con la temperatura, a veces con levaduras distintas, según lo que requiera cada lote. La destilación en un alambique híbrido Carl y otro de columna se ajusta para preservar el sabor creado en la cerveza. Las barricas de roble nuevo se someten a varias permutaciones de tostado y carbonizado, y para el acabado los espirituosos se trasladan de las barricas de roble nuevo a barricas de bourbon u otras.

En general, sus expresiones se agrupan en las categorías Classic, Peated, Special Finishes e Innovative, pero el resto es cosa tuya. Empleando reservas de edad diversa, han sazonado barricas con granos de café verde, acabado whisky en barricas de sirope de arce, hecho macerados con grano tostado, lúpulo, malta Múnich y otras maltas cerveceras especiales, y hasta ideado un proceso *sour mash* del Yukón. Para otros acabados han usado barricas de bourbon recién vaciadas, moscatel, jerez PX y oporto. Como cada lote numerado es único, idiosincrático e irrepetible, siempre hay una excusa para volver y comprar otra botella.

NOTAS DE CATA

Two Brewers Yukon Classic Single Malt Release 35
Puro de malta, madurado en barricas de bourbon y roble nuevo, 46 % APV
Aromas a especias de horno, crema de plátano, notas florales, miel, ropa de lino recién lavada y viejos cuadernos de ejercicios. Cítricos, bíter de limón, clavo, pera y cremosidad de naranja *fondant*. Corteza de melón y tubérculos en un final inusual.

Two Brewers Yukon Peated Single Malt Release 38
Puro de malta, madurado en barricas de roble, 43 % APV
Turba afrutada y fragante, hoja de tabaco y cuero, con humo y ceniza en aumento; revela notas de hierbas secas, musgo húmedo y granero. En boca, cítricos, vainilla, piel de cítricos confitada y humo pimentoso evolucionan hacia azúcar de cebada, tiras de mango seco, jengibre cristalizado y más frutas tropicales, antes del final de vainilla y *cream soda*.

Two Brewers Yukon Special Finishes Release 41
Puro de malta, acabado en barricas de Pedro Ximénez, 43 % APV
Notas ajerezadas clásicas de pastel de frutas, cereza negra y cáscara de cítricos, cargado de especias en nariz, con higos ahumados con turba y un toque de cuero. Chocolate, especias, caramelo oscuro, crema de vainilla y clavo en el paladar, con sultana, cereza, dátil y ciruela pasa, el humo persiste a través de notas dulces de turba. El mejor de la marca.

Two Brewers Yukon Peated Single Malt Release 38

BLACK VELVET

COMPAÑÍA Heaven Hill Distilleries, Inc.

AÑO DE FUNDACIÓN 1951

SITIO WEB www.blackvelvetwhisky.com

Black Velvet es un whisky mezclado antes de pasar a barrica, elaborado con maíz, centeno y cebada en la destilería Black Velvet de Lethbridge (Alberta), desde 2019 propiedad de Heaven Hill. Como otros whiskies canadienses, en la mezcla hay una base de whisky más suave, y madura tres años hasta el embotellado. Lo creó en 1951 el destilador Jack Napier, y el nombre alude a su textura aterciopelada. Sigue siendo el segundo whisky canadiense más vendido en EE.UU.

NOTAS DE CATA

Black Velvet
Canadiense, envejecido en barricas de roble, 40% APV
Aromas de manzana asada, caramelo, vainilla, chips de plátano, especias horneadas y centeno. Aterciopelado, con sabores de whisky de grano, vainilla intensa, caramelo, especias de centeno y clavo, con un regusto a manzana asada y final de caramelo, azúcar quemado y especias de centeno.

CARIBOU CROSSING

Caribou Crossing

COMPAÑÍA Sazerac Company Inc

AÑO DE FUNDACIÓN 2010

SITIO WEB www.sazerac.com/our-brands/sazerac-brands/caribou-crossing

Tras un trato de 475 millones de euros con Diageo, la New Orleans Sazerac Company posee hoy algunas de las mayores marcas de whisky canadiense de Seagram, como Canadian Mist y Seagram's V.O. En 2018 reanudó la destilación en Old Montreal Distillery, antigua destilería Meagher de la década de 1920, que Sazerac compró en 2011 y usó como planta de mezcla y embotellado. Hoy sirve para crear y experimentar a partir de estilos diversos. Caribou Crossing salió al mercado en 2010, y fue la primera marca de whisky canadiense de barril único.

NOTAS DE CATA

Caribou Crossing
Canadiense, madurado en barrica única, 40% APV
Caramelo, *toffee* oscuro, chocolate con leche, pan de centeno, pimienta blanca, pera al vino y notas de salida florales en nariz. Cubren la lengua chocolate con caramelo, vainilla cremosa, avellana, praliné y especias delicadas. El final largo cargado de chocolate redondea una sublime experiencia de whisky.

DISTILLERIE DU ST LAURENT

COMPAÑÍA Distillerie du St Laurent Company

AÑO DE FUNDACIÓN 2015

SITIO WEB www.distilleriedustlaurent.com

Joël Pelletier y Jean-François Cloutier abrieron esta destilería artesana atenta a la materia prima local entre el aire salino que sopla desde el ancho río San Lorenzo. Producen ginebra con infusión de algas, acerum (aguardiente de sirope de arce) y whisky. Fermentan el whisky con el grano, hacen un *rye* con un 80% de centeno y un 20% de cebada malteada, y un whisky de tres cereales con un 75% de maíz, 15% de centeno y 10% de cebada malteada.

NOTAS DE CATA

Whisky St Laurent 3 Grains 3 años
Canadiense, madurado en barricas nuevas de roble de carbonizado 1 y 5, 43% APV
Aromas de especias de centeno con bizcocho de almendra, coco, magdalenas de pan de maíz y vainilla. Llena la boca maíz, azúcar moreno, pan de centeno y frutas asadas. Final de centeno especiado y chocolate. Impresionante para su edad.

Whisky St Laurent
3 Grains 3 años

FORTY CREEK

COMPAÑÍA Grupo Campari

AÑO DE FUNDACIÓN 1992

SITIO WEB www.fortycreekwhisky.com

Cuando lanzó al mercado sus whiskies Forty Creek, John Hall se convirtió en el fabricante de whisky más conocido de Canadá. En 1992 compró la destilería Rieder en Grimsby, a orillas del lago Ontario, cambió el nombre a Kittling Ridge, y luego a Forty Creek. En 2014, Hall vendió Forty Creek al Grupo Campari. El maestro mezclador Bill Ashburn siguió trabajando en la destilería, y continúa la tradición de las ediciones limitadas anuales.

NOTAS DE CATA

Forty Creek Barrel Select
Canadiense, 40 % APV
Rebosante de notas de miel en nariz, con aromas de piel de naranja, hueso de melocotón y especias delicadas de roble. En boca, pulpa de fruta, frambuesa, naranja exprimida, caramelo y pimienta negra, y se añaden sabores a galletas de centeno, corteza de tarta y caramelos Sour Patch que ganan intensidad. El final es especiado.

Forty Creek Barrel Select

GLEN BRETON

COMPAÑÍA Glenora Distillers

AÑO DE FUNDACIÓN 1990

SITIO WEB www.glenoradistillery.com

Cuando en 1990 se destilaron las primeras gotas en la destilería Glenora, eran de un espirituoso dulce, puro de malta de cebada escocesa, macerada en agua del arroyo MacLellan. Bruce Jardine fundó la destilería en la isla de Cabo Bretón, y produjo el primer whisky puro de malta comercializado en Norteamérica. Hoy pertenece a Lauchie Maclean, de origen escocés, como Jardine. Glenora fue la primera destilería en ofrecer un *single malt* acabado en vino de hielo. Ahora la malta es toda canadiense, y esta destilería tradicional tiene una gama impresionante de *single malts* Glen Breton de hasta 30 años.

NOTAS DE CATA

Glen Breton Ice 10 años
Puro de malta, acabado en barricas de vino de hielo, 40 % APV
Delicadamente maltoso en nariz, con pera, melón, melocotón blanco, rodaja de manzana, miel, notas difusas de canela y aromas de vino de hielo. Es un acabado en vino muy acertado, con frutas blancas blandas y pulposas, carambola, limón confitado y manzana, y al final un vaivén de notas de vino.

Glen Breton Ice 10 años

STALK & BARREL

COMPAÑÍA Barry Stein y Barry Bernstein

AÑO DE FUNDACIÓN 2009

SITIO WEB www.stalkandbarrel.com

En Concord (Ontario), en el extremo norte de Toronto, los socios Barry Stein y Barry Bernstein fundaron en 2009 Still Waters. Destiladores por contrata de ginebra y vodka, además de whisky puro de malta destilan maíz, el más cremoso de los cereales para hacer whisky canadiense, y también centeno, el cereal especiado característico de Canadá. En 2017 lanzaron sus primeras mezclas tradicionales canadienses, concebidas sobre todo para su uso en coctelería, como Red Blend.

NOTAS DE CATA

Stalk & Barrel Red Blend
Canadiense, madurado en barricas de roble, 43 % APV
Notas de grano tostado, maíz mantecoso, almendra, *panna cotta* y sirope de arce en nariz. En boca, melocotón, malta, vainilla, manzana verde, caramelo, especias de centeno, *crème brûlée*, avellana y naranja asada, con un final especiado de vainilla y drupas.

Stalk & Barrel Red Blend

AMÉRICA LATINA

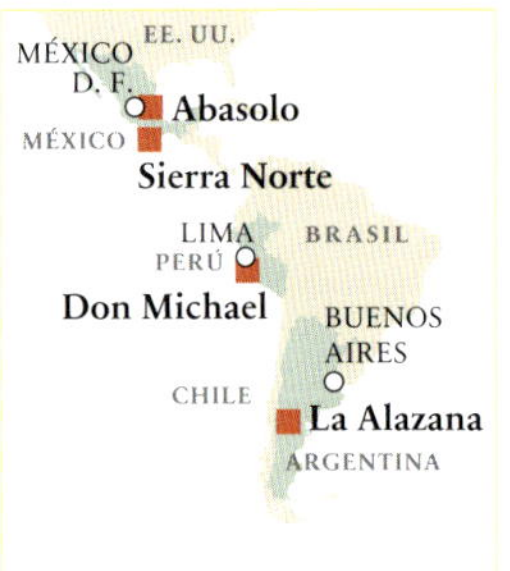

Los países de Latinoamérica son mercados consolidados para el whisky escocés importado, sobre todo de mezcla, pero empiezan a verse destilerías de whisky propias en toda la región. Son tierras ya veneradas por espirituosos formidables, desde el ron, tequila y mezcal hasta la cachaza, el aguardiente y el pisco. Los empresarios están adoptando la cultura del whisky, y lanzan marcas propias, algunas, como La Alazana de Argentina, pensadas para sus propios consumidores, y otras, como Black Whiskey de Perú y Abasolo y Sierra Norte de México, para explotar el interés por los whiskies del mundo y abrir mercados de exportación en EE.UU. y otros países.

El número de productores de whisky y destilerías no deja de crecer, desde grandes productores como la Union Distillery de Brasil, que produce entre 2 y 3 millones de litros de alcohol al año, hasta la producción artesanal de la destilería Tepaluma en Chile, pasando por destilerías artesanas como Andean Culture en Bolivia, dirigida por Fernando Marín y Felipe Gonzales-Quint. Ya sea con el 100 % de cebada malteada o variedades nativas tradicionales de maíz, están abriendo nuevas fronteras en todo el continente.

MÉXICO/ABASOLO

COMPAÑÍA Casa Lumbre

AÑO DE FUNDACIÓN 2019

SITIO WEB www.abasalowhisky.com

La destilería y bodega Abasolo está a unos 100 km al noroeste de Ciudad de México, en Jilotepec, a 2375 m sobre el nivel del mar, una gran altura para una destilería. El maíz está muy vinculado a la industria del bourbon, pero el maestro destilador Iván Saldaña aplicó técnicas tradicionales mexicanas para procesar maíz ancestral y crear un whisky nuevo y único. No es el primero elaborado en México, y su éxito se debe a una mejor distribución que la de otras marcas, lo que le ha permitido llegar a un mayor número de consumidores.

Abasolo se construyó para elaborar whisky de maíz mexicano, con maíz cacahuazintle, especie nativa que se da bien a gran altitud. Los granos de este maíz blanco tradicional tienen aspecto de muelas, y antes de molerlo para tortillas o destilar y hacer whisky, hay que nixtamalizarlo. Esta antigua técnica consiste en cocer a alta temperatura en agua con cal estos granos grandes. La cáscara protectora exterior se disuelve en la solución alcalina, y el germen del interior se ablanda. A continuación se enjuagan, se secan, se tuestan y se trituran en un molino de tortillas hasta quedar listos para el macerado, al que se añade algo de maíz malteado. La fermentación dura 120 horas, y después se realiza una doble destilación en un par de hermosos alambiques de cobre en forma de peonza. El espirituoso madura un mínimo de tres años en barricas de roble nuevas y usadas, almacenadas en una bodega abierta.

El destilado se usa también para hacer Nixta Licor de Elote, en el que se mezcla con maíz cacahuazintle para obtener un licor dulce y clarificado que se vende en botellas en forma de mazorca de maíz.

NOTAS DE CATA

Abasolo
Whisky de maíz, envejecido en barricas nuevas de roble americano carbonizado, 43 % APV
En nariz, mazorca de maíz con mantequilla, vainilla ligera, miel sobre tostada y notas de verduras cocidas y hierbas. De textura ligera pero delicioso, sabe a maíz con mantequilla, vainilla dulce y una pizca de pimienta, y mientras gana en cremosidad y textura ofrece sabores de pan de maíz y helado de vainilla que persisten en el final cremoso. Toda una celebración del maíz.

Abasolo

MÉXICO/SIERRA NORTE

COMPAÑÍA Douglas French

AÑO DE FUNDACIÓN 1996; whisky desde 2015

SITIO www.sierranortewhiskey.com

Douglas French es maestro mezcalero en Oaxaca, un destilador experto conocido por su distintiva gama de mezcal Scorpion. Y sí, hay un escorpión de verdad en cada botella. Trabajando en San Agustín de las Juntas, en Oaxaca, French pasó a hacer whisky de maíz mexicano. Además de ser el meollo de la producción de mezcal, Oaxaca es una región que presume de algunos de los mejores exponentes de la cocina del país. Con unas 50 especies de maíz en la región, el whisky Sierra Norte se hace con variedades tradicionales que suelen servir para hacer tortillas y tamales. French sustituyó las piñas de agave cocidas por maíz cocido para el whisky, con una mezcla de un 85% de maíz tradicional de Oaxaca y un 15% de cebada malteada, destilada dos veces y madurada en barricas de roble francés, todo embotellado como barrica única.

NOTAS DE CATA

Sierra Norte Native Oaxacan Yellow Corn
Whisky de maíz, envejecido en barricas de roble francés, 45% APV
Aroma floral con notas agradables de maíz dulce y chile rojo machacado. En boca destacan las notas de piel de cítricos en mermelada, miel especiada y chile rojo picante.

Sierra Norte Native Oaxacan Yellow Corn

ARGENTINA/LA ALAZANA

COMPAÑÍA Familia Serenelli

AÑO DE FUNDACIÓN 2011

SITIO WEB www.laalazanawhisky.com

La familia Serenelli elabora el primer whisky de malta de Argentina en Las Golondrinas, provincia de Chubut, en la Patagonia. Lila Serenelli, al frente de la producción, aprendió a hacer cerveza y a destilar en Escocia. En un principio, la malta sin turba y con turba se importó de Escocia hasta que se pudo obtener suficiente cebada local adecuada. Los volúmenes son modestos, y gran parte de las existencias con y sin edad declarada se venden directamente en la destilería.

NOTAS DE CATA

La Alazana
Puro de malta, envejecido en barricas de bourbon, 60% APV
Esta muestra con graduación de barril trae en nariz aroma a malta dulce, huerto de limas y limones y postres de horno. Con agua, los aromas son limpios y puros. Sin rebajar, se aprecian notas de nectarina, pimienta, cítricos ácidos, clavo, limón y dulce de azúcar, con una sensación plena en boca y una textura densa.

PERÚ/DESTILERÍA DON MICHAEL

COMPAÑÍA Michael Kuryla

AÑO DE FUNDACIÓN 2017

SITIO WEB www.donmichael.pe

En su impresionante destilería al sur de Lima, Michael Kuryla elabora Black Whiskey con un 60% de maíz negro andino, un 30% de trigo malteado y un 10% de cebada malteada. El maíz se cuece primero y pasa luego a fermentadores de temperatura controlada, donde se deja a la levadura hacer su magia durante 96 horas. Tras la doble destilación, el espirituoso madura entre dos y tres años.

NOTAS DE CATA

Black Whiskey
Maíz andino, madurado en barricas pequeñas nuevas de roble americano carbonizado, 45% APV
En nariz predomina la vainilla, con melaza, chocolate, roble y pimienta. De estructura suelta, sabe a tarta de chocolate, café, fruta negra, azúcar caramelizado, avellana y especias aromáticas.

ASIA-PACÍFICO

JAPÓN

ESTILOS REGIONALES
Japón se caracteriza por producir whisky de todos los estilos imaginables en un número muy reducido de destilerías. Tanto Suntory como Nikka, los principales productores, dedican mucho esfuerzo a asegurarse una gama de whiskies de edades muy diversas, con y sin turba, y disponibles en barricas de jerez, bourbon y roble mizunara. Los nuevos productores exploran diferencias en los métodos de destilación, la cebada japonesa y barricas muy diversas.

NUESTRA ELECCIÓN
YOICHI En la isla norteña de Hokkaido, llegar a Yoichi requiere cierto esfuerzo, pero bien merece la pena por los hermosos paisajes costeros, los bellos edificios de la destilería y el fascinante museo que recorre la vida del destilador que trajo la elaboración de whisky a Japón.

EVENTOS REGIONALES
En todo Japón no faltan eventos anuales relacionados con el whisky, como el Tokyo International Bar Show (www.tokyobarshow.com), el veterano Chichibu Whisky Festival en la prefectura de Saitama, y otros más recientes como Shizuoka Craft Beer and Whisky Fair.

El comienzo del siglo XXI lo fue también de una montaña rusa para el whisky japonés: por una parte, el muy tardío y tan merecido reconocimiento global generó una clientela internacional curiosa por saberlo todo sobre el whisky japonés y probar el sabor exótico de los madurados en raras barricas de roble mizunara; por otra, el legado de las tribulaciones económicas y la caída del consumo en Japón a finales del siglo XX impidieron a la industria contar con existencias suficientes para satisfacer la demanda. Al superar la demanda a la oferta, se redujeron las opciones, se dispararon los precios, y se adjudicaron –y en algunos casos retiraron– existencias de alta calidad con edad declarada, y quedaron en su lugar unos pocos embotellados sin ella.

Los últimos años del siglo XX trajeron el cierre de varias destilerías, pero empresas astutas como Number One Drinks y Venture Spirits intervinieron para gestionar y vender a los coleccionistas las existencias de las destilerías cerradas. Se disparó el valor de embotellados raros de Karuizawa y Hanyu, convertidos de barricas no deseadas en algunas de las botellas más caras de whisky japonés nunca subastadas. Con el mercado de los coleccionistas desatado, hacerse con un whisky japonés asequible y delicioso para beber llegó a ser algo más bien problemático.

El vacío atrajo a marcas no conocidas con un empaquetado vagamente familiar, pero sin información sobre el contenido, notas de cata o si se había destilado en Japón. Como es ya habitual, aparecieron marcas nuevas de alto precio que los consumidores no podían relacionar con seguridad con destilería alguna. Los focos se volvieron sobre la falta de una normativa sólida y de transparencia en el sector del whisky japonés, y en 2021 se publicó un conjunto de normas voluntarias sobre criterios de etiquetado.

Cuando en 2023 el whisky japonés celebró su centenario, había pasado tiempo suficiente para ver en la categoría a una nueva generación de fabricantes, destiladores, toneleros y mezcladores de whisky, y un boom de destilerías nuevas. También la industria está cambiando, con un mayor número de destiladores artesanos y empresas menores que dan el salto a la escena internacional, un mayor espíritu de cooperación entre las destilerías, un prestigio creciente del whisky koji en EE.UU., nuevos whiskies hechos con cebada japonesa, y la adopción de la barrica de mizunara para el acabado de whiskies de EE.UU., Escocia e Irlanda. Después de tantos altibajos, el whisky japonés vuelve a estar en ascenso.

***La alta tecnología de Miyagikyo** contrasta con su ubicación apacible en las estribaciones de la prefectura de Miyagi.*

COMUNICACIONES

Japón tiene un sistema de transporte público muy eficiente, una red magnífica de trenes de alta velocidad y aerolíneas como JAL y ANA, que ofrecen conexiones nacionales a numerosos aeropuertos regionales. Tokio y Osaka son buenos puntos de partida para visitar las principales destilerías, aunque, dada la distancia entre ellas, hay que ser realista con cuántas visitar en un solo viaje.

CHICHIBU

COMPAÑÍA Venture Whisky Ltd

AÑO DE FUNDACIÓN 2004

SITIO WEB No disponible

Ichiro's Malt Chichibu The U.S. Edition 2021

Cuando Ichiro Akuto abrió su propia destilería en Japón, no solo hacía realidad un sueño, sino que cumplía además una promesa personal. En la década de 1940, su abuelo construyó la destilería Hanyu, y cuando cerró en 2000, y fue demolida en 2004, Ichiro Akuto estaba decidido a que no fuera el último capítulo de la historia destiladora de la familia.

A través de su empresa Venture Whisky, Akuto es también responsable de la serie Card de Hanyu, en la que la etiqueta de cada botella tiene una carta diferente de la baraja para que los clientes puedan reconocer sus maltas favoritas en la estantería del bar sin tener que escudriñar etiquetas, edades declaradas, años de maduración, etc. El whisky se extrajo de 400 barricas de whisky puro de malta Hanyu que Ichiro Akuto obtuvo cuando la destilería ya había cerrado, pero dadas las enormes sumas que estos embotellados alcanzan ahora en las subastas, no son muchos ya los bares en que se sirve.

La nueva destilería

Las obras comenzaron a finales de 2007 en Chichibu, prefectura de Saitama, la licencia de destilación fue concedida a inicios de 2008, y en 2011 salió Chichibu The First. La pequeña maltería procesa unas pocas toneladas de cebada cultivada en Japón, donde no abunda, pues no figura ni entre los 50 principales países productores del mundo. Hanyu experimenta con turba, en lugar de solo importar malta tratada con ella de RU.

Aunque la visión y las posibilidades tocaran el cielo, el tamaño de la destilería era modesto, con su *mash tun* removido a mano y pequeños alambiques en forma de bulbo con brazos de lyne estrechos en ángulo descendente. Había cubas de fermentación de roble mizunara, del que montaron nuevas barricas propias, aprendiendo el arte de cortar a favor de la veta los troncos de esta madera propensa a perder líquido. Empezó a llenar las bodegas una enciclopedia de tipos de barricas, desde tradicionales de bourbon y jerez hasta otras más raras, como las pequeñas chibidaru, en las que el whisky madura más rápido. Los primeros embotellados fueron necesariamente lotes pequeños o

Los colores gloriosos del otoño *rodean la destilería Chichibu, con su pagoda de aspecto tradicional sobre el horno.*

Ichiro's Malt & Grain Blue Label

de barrica única, lanzamientos anuales, embotellados para festivales y exhibiciones en bares, exclusivas para minoristas o solo para mercados concretos, y muchos acabaron en el mercado secundario. Mostrando al resto del mundo un nuevo espíritu de camaradería y cooperación entre la nueva generación de fabricantes de whisky en Japón, también realizan colaboraciones lúdicas con otras destilerías japonesas.

Otra destilería nueva

En 2019, Akuto abrió una segunda destilería mayor en Chichibu, con alambiques de fuego directo y una capacidad considerablemente mayor; en la antigua planta se destilan los lotes más experimentales, y la nueva se encarga de producir en cantidad. Y viene otra jugada, pues Venture Whisky tiene previsto construir una destilería de grano en Hokkaido.

NOTAS DE CATA

Ichiro's Malt Chichibu The U.S. Edition 2021

Puro de malta, madurado en barricas de bourbon, jerez y roble nuevo, 53,5 % APV

Drupas, vainilla, cítricos, azúcar de cebada y especias de roble en este embotellado de lote pequeño de once barricas de distinto tipo. En boca, melocotón maduro, caramelo y especias *cask strength*, con rasgos generosos de roble. Con mucho cuerpo, es un trago pleno con frutas asadas que persisten en un final en el que predomina el roble.

Ichiro's Malt & Grain Blue Label

Mezcla, envejecida en diversas barricas de roble, 48 % APV

Chichibu es una mezcla de whiskies importados, todos ellos envejecidos al menos 10 años, y algunos hasta entre 30 y 40. En nariz trae azúcar de cebada, charcutería, pimentón ahumado y especias aromáticas. En boca, notas dulces de cítricos y Sherbet Fountain, con jengibre rallado, pimienta negra y un final cremoso de mango y piel de naranja.

MARS SHINSHU Y MARS TSUNUKI

Mars Komagatake 2023 Edition

COMPAÑÍA Hombo Shuzo Company

AÑO DE FUNDACIÓN Mars Shinshu 2011; Mars Tsunuki 2016

SITIO WEB www-hombo-co-jp

La empresa Hombo Shuzo opera dos destilerías que elaboran whiskies de estilos diferentes. Las separan 1200 km de carretera: Mars Shinshu está en un valle rodeado de montañas en la prefectura de Nagano, y Mars Tsunuki se encuentra al sur de la ciudad de Minamisatsuma, en la prefectura de Kagoshima, en el extremo sur de la isla de Kyushu, donde la empresa tiene su sede.

La era moderna de la producción de whisky de Hombo Shuzo es relativamente reciente, pues Mars Shinshu comenzó a funcionar en 2011 y Mars Tsunuki en 2016. Lo que distingue a las destilerías Mars de la nueva hornada de destilerías japonesas del siglo XXI es la celebrada historia de su empresa matriz, Hombo Shuzo.

Para el desarrollo del negocio del whisky de Hombo Shuzo, ya que se trata de una empresa de bebidas con importantes intereses más allá del whisky, en particular el shochu, un destilado tradicional de cereales y tubérculos, hay tres fechas clave del siglo XX. En 1949, la empresa obtuvo la licencia necesaria para destilar, pero no la empleó hasta 1960, cuando empezó a hacerlo en las instalaciones de la empresa en la prefectura de Yamanashi, una zona más conocida por la producción de vino. El proyecto no logró sobrevivir a la década. En 1985, el equipo de destilación se trasladó a la recién construida destilería Mars Shinshu, pero la producción cesó al cabo de solo siete años. La destilación de espirituoso para hacer whisky en Mars Shinshu no se reanudó hasta 2011.

Kiichiro Iwai fue mentor de Masataka Takestsuru cuando era su superior, y ambos eran empleados de Settsu Shuzo, la empresa que envió a Taketsuru a Escocia, una decisión que cambió el curso de la historia del whisky japonés. Basándose en los bocetos y escritos de Taketsuru, fundador de Nikka Whisky, Iwai diseñó los primeros alambiques de Hombo Shuzo. Durante sus viajes de joven por Escocia, donde aprendió a elaborar whisky de malta y de grano y a mezclar whisky, Taketsuru tomó abundantes notas.

Mars The Y.A. #02

Maduración en lugares distintos

Hombo Shuzo también tiene otro as en la manga. Para estudiar la influencia de diferentes condiciones ambientales en la maduración del whisky, las barricas de ambas destilerías maduran en una de tres bodegas. Mars Shinshu las tiene más frescas a gran altitud, Mars Tsunuki tiene un clima más templado y Yakushima, la bodega de añejado, con embotellados etiquetados como «The Y.A.», es una bodega revestida de cedro construida en una isla subtropical.

Mars Tsunuki 2023 Edition

La destilería Mars Tsunuki *tiene una torre característica que domina la ciudad.*

NOTAS DE CATA

Mars Komagatake 2023 Edition
Puro de malta, madurado en barricas de bourbon, jerez y oporto, 50% APV
Destilado en Mars Shinshu para la línea premium Komagatake, ofrece cítricos especiados, jengibre, frutas del huerto y caqui, con notas de moca en el final.

Mars Tsunuki 2023 Edition
Puro de malta, madurado en barricas de bourbon, 50% APV
Este embotellado anual limitado de la segunda destilería de whisky de Hombo Shuzo tiene notas de cereza, pera y melaza en nariz, con sabores de siropes de frutas, bayas de goji y jamón especiado que le dan un final ligeramente salado.

Mars The Y.A. #02
Mezcla de malta, madurada en barricas de bourbon y jerez, 49% APV
Hermosa abundancia de cítricos, frutas tropicales y salinidad en nariz, con un paladar denso de chocolate blanco, plátano, uva roja, sandía, sal marina y pimienta negra, con un final ligeramente especiado.

FUJI GOTEMBA

COMPAÑÍA Kirin Brewing Company Ltd

AÑO DE FUNDACIÓN 1973

SITIO WEB www.fujiwhisky.com

La destilería Fuji Gotemba de Kirin es la más cercana al monte Fuji, y tiene impresionantes vistas de la montaña sagrada. Antes llamada Mt Fuji, Kirin empezó a destilar allí en 1973 en una empresa conjunta de Kirin Brewery Co. Ltd y Joseph E. Seagram & Sons. Es una destilería concebida para ofrecer casi cualquier estilo de whisky que los aficionados de Japón puedan desear, y su capacidad en whisky de grano no tiene rival. Toda el agua empleada en la producción es de deshielo del monte Fuji, y produce también un whisky puro de malta ligero y afrutado en alambiques sin lacar con brazos lyne ascendentes, cuyo cobre ha adquirido con el tiempo una pátina de color marrón castaño profundo.

Fuji Single Blend

Desde 2003, Kirin opera las instalaciones donde Jota Tanaka, uno de los maestros mezcladores más experimentados de Japón, compone los whiskies, gestiona las existencias y crea la moderna gama Fuji. Es también la imagen internacional de la marca, y viaja a menudo para servir y hablar de sus whiskies. Para Tanaka, los viajes al extranjero y otras culturas no son nada nuevo, pues trabajó como director de calidad en Four Roses de Kentucky, destilería hermana de Fuji Gotemba, y antes se formó como enólogo en California. El vínculo entre las empresas proporciona a Fuji Gotemba un amplio suministro de barricas de bourbon Four Roses frescas para llenar y almacenar en los estantes de sus enormes bodegas.

La gama Fuji incluye whiskies de grano único sin edad declarada con los tres estilos de la destilería, y un whisky puro de malta Fuji sin edad declarada. Han embotellado un peculiar *single blend* Fuji, mezcla de whiskies de grano y de malta combinados en una sola destilería. Además de conmemorar el 50 aniversario de la destilería con un embotellado especial, han comercializado existencias de whiskies de grano único con un hermoso añejado de 30 años, de sus reservas de estilo canadiense, producido en alambique tradicional y columna, y madurado en barricas de bourbon de primer y segundo llenado.

Fuji Single Grain

NOTAS DE CATA

Fuji Single Grain
Grano único, envejecido en barricas de roble americano, 46 % APV
Combinando los whiskies de estilo canadiense, bourbon y escocés que produce la destilería, en nariz, té negro, especias de horno, avellana, manzana y piel de naranja. En boca, pera, manzana y ralladura de naranja, con pimienta negra, especias de roble y roble amargo; destellos de roble y canela en rama en el final.

Fuji Single Blend
Mezcla de destilería única, madurado en barricas de bourbon, 43 % APV
En esta rica mezcla de whisky de malta y de grano, aromas especiados, perfumes florales y malta con frutos tropicales secos, chocolate negro y clavo.

Fuji Single Grain 30 años
Grano único, madurado en barricas de bourbon, 46 % APV
Toffee de vainilla dulce, pasta de frutas de mora, fruta tropical, miel y piel de cítricos en este whisky de estilo canadiense salido de los alambiques y columnas de Fuji Gotemba.

HAKUSHU

COMPAÑÍA Suntory Holdings Ltd

AÑO DE FUNDACIÓN 1973

SITIO WEB www.house.suntory.com

Puede ser la menos conocida de las destilerías japonesas de Suntory, pero Hakushu es fascinante. Rodeada de bosques con senderos y rutas para ciclistas, cerca de la ciudad de Hokuto, en la prefectura de Yamanashi, está en los Alpes japoneses del sur, a un par de horas en tren rápido desde Tokio. Alimentando el boom de los *salarymen*, Hakushu fue construida en 1973, en el 50.º aniversario de la fundación de Yamazaki, con la empresa beneficiándose del auge del whisky japonés, en parte obra suya.

Fue en su día la destilería más productiva del mundo, construida para satisfacer la gran demanda de whiskies de mezcla japoneses fáciles de beber, creciente a mediados y finales del siglo xx, pero la demanda perdió fuelle en las décadas de 1980 y 1990, al incidir varios factores económicos. Aunque solo se use una, Hakushu East, la destilería es en realidad dos destilerías muy próximas. Acabado el boom, Hakushu West tuvo que cerrar, pero Keizo Saji, hijo del fundador de Suntory Shinjiro Torii, también creía que las mezclas premium y whiskies de malta tenían futuro, y la destilería fue crucial en el desarrollo de la gama Hibiki de mezclas añejas premium de Suntory, lanzada en 1989. Ediciones limitadas aparte, la gama principal incluye expresiones de 12, 18 y 25 años, además de una botella sin edad declarada, Distiller's Reserve. Cuando en 2023 Suntory celebró su centenario, también se cumplió el 50º aniversario de la destilería Hakushu, y se crearon etiquetas conmemorativas para la gama Hakushu existente.

Gracias a su emplazamiento de montaña y al agua blanda de un manantial, el estilo estándar de Hakushu es fresco, limpio y afrutado. Ya sea por el *mash tun lauter*, las 18 cubas de fermentación de madera de abeto Douglas con una capacidad de 75 000 litros cada una, o los 18 alambiques operativos de una sorprendente variedad de formas y tamaños, es una destilería muy importante, diseñada para la capacidad y la versatilidad, y cuenta con tonelería propia. En la década de 2010, Suntory instaló una destilería de grano en Hakushu. Con motivo de su centenario, Suntory anunció una cuantiosa inversión en sus destilerías, la introducción del malteado en Hakushu y el cultivo de cepas propias de levadura.

The Hakushu 12 años

The Hakushu Peated Malt 100th Anniversary Limited Edition 18 años

NOTAS DE CATA

The Hakushu Distillers Reserve

Puro de malta, envejecido en barricas de bourbon, jerez de roble europeo y americano y mizunara, 43 % APV

En nariz, menta, pepino y pimienta blanca, con notas cremosas de vainilla, hojas verdes y destellos del carácter del mizunara. Pasa de un sabor limpio y fresco a una textura cremosa, y de la vainilla, la menta y la piel de pomelo a la menta Aero y notas de hierbas, con tallos de cilantro, té verde, piel de cítricos confitada y humo de leña en el final.

The Hakushu 12 años

Puro de malta, madurado en diversas barricas de roble, 43 % APV

Herboso con un toque ahumado, trae un momento de tranquilidad con sus notas de albahaca, pimiento verde, pera, menta, kiwi y té verde, y un final duradero.

The Hakushu Peated Malt 100th Anniversary Limited Edition 18 años

Puro de malta, madurado en diversas barricas de roble, 48 % APV

Como pasear por un bosque después de una tormenta, es herboso, con manzana verde, humo de turba bien integrado, piel de cítricos ácida, té verde Sencha y notas amaderadas de fondo.

KANOSUKE

COMPAÑÍA Komasa Jyozo Company Ltd

AÑO DE FUNDACIÓN 2017

SITIO WEB www.kanosuke-en.com

En la ciudad de Hoiki, prefectura de Kagoshima, Kanosuke es una destilería joven que rezuma ambición, todavía en sus primeros años en lo que respecta al embotellado y la maduración del whisky, pero ya se rumorea que tiene un gran potencial.

Komasa Jyozo, la empresa matriz, es un fabricante de shochu cuyos orígenes se remontan a 1883. Yoshitsugu Komasa, actual presidente de la empresa y maestro mezclador, pertenece a la cuarta generación de la familia. Tras comenzar a producir whisky en 2017, la empresa también lanzó una gama de ginebras artesanas Komasa, entre ellas Komasa Sakurajima, con aromas de komikan, un pequeño cítrico local similar a la mandarina, y la ginebra Komasa Hojicha, con aromas de hojicha, el té verde japonés tostado apreciado por su sabor dulce y a frutos secos.

En 2021, el programa acelerador de Diageo, Distill Ventures, adquirió una participación minoritaria en Kanosuke. Distill Ventures busca nuevas marcas de bebidas con un potencial excepcional dirigidas por sus fundadores, y así empresas incipientes pueden recibir apoyo para progresar, ya sea mejorando la capacidad y la producción de la destilería, por acceder a conocimientos especializados en gestión de marca y marketing, o tener mejor acceso a las redes de distribución mundiales. La selección de las empresas es muy cuidadosa, y ha puesto a Kanosuke entre otras destilerías muy ambiciosas de todo el mundo amparadas por Distill Ventures, como Starward, Stauning, The Oxford Artisan Distillery y Westward.

Kanosuke tiene unas vistas impresionantes del mar de China Oriental, y las notas en el dorso de la caja de cada nuevo whisky revelan cuánto disfruta de ellas Yoshitsugu Komasa. La destilería está junto a la playa de arena más larga de Japón, un hábitat en el que las tortugas marinas nidifican e incuban los huevos. La zona de producción cuenta con un *mash tun lauter*, diez cubas de fermentación de acero inoxidable y, cosa inhabitual en una destilería artesana, tres alambiques de cobre de calor indirecto con condensadores de serpentín. El de colada, de 6000 litros, normalmente suministra *low wines* al de aguardiente, de 1600 litros, y el alambique central, de 3000 litros, sirve según el lote como alambique de colada o aguardiente al emplear la destilería malta con y sin turba.

***La destilería Kanosuke** tiene una configuración inusual de tres alambiques de cobre y condensadores de serpentín.*

Tierra suave, whisky suave

El primer whisky puro de malta debutó en 2021, un 3 años envejecido en barricas Mellowed Kozuru, su marca pionera de shochu envejecido en barrica lanzada en 1957. Kanosuke ha lanzado otros *single malts* en edición limitada, embotellados para festivales y exclusivos de barrica única, cada uno con un perfil de sabor único. Kanosuke asume el concepto *Mellow Land Mellow Whisky* que simboliza su labor: combinar whiskies de malta destilados en sus tres alambiques y madurarlos en barricas Mellowed Kozuru. Los últimos whiskies han incorporado a la receta roble americano, acabados en barricas de vino y el añejado en barricas de bourbon y jerez.

NOTAS DE CATA

Kanosuke Mellow Land Mellow Whisky
Puro de malta, madurado en barricas de Kozuru y roble americano, 48 % APV
Un trago con notas cítricas vivas, melón verde y caramelo masticable de plátano, y luego vainilla cremosa, *toffee*, cítricos confitados y un ligero toque especiado en el paladar, con un final de *toffee* y piel de naranja.

Kanosuke 2023 Edición Limitada
Puro de malta, madurado en barricas de shochu y jerez, 59 % APV
Expresión con turba de *single malt*, aquí abundan el humo de turba, especias y aromas de frutas amarillas blandas en nariz, y en el paladar, pera con miel, vainilla y un toque salado hasta el final.

Kanosuke Mellow Land Mellow Whisky

MIYAGIKYO

COMPAÑÍA Nikka Whisky Distilling Company Ltd

AÑO DE FUNDACIÓN 1969

SITIO WEB www.nikkawhisky.eu

Diseñada para incrementar la producción de Nikka, Miyagikyo fue el resultado de tres años de búsqueda del maestro destilador Masataka Taketsuru del lugar perfecto para una segunda destilería que elaborara maltas que contrastaran con las que producía Yoichi. A dos horas al noreste de Tokio en tren de alta velocidad, la destilería, en la prefectura de Miyagi, está ubicada en un entorno rural al oeste de la ciudad de Sendai. La región es rica en bosques verdes y famosa por sus cascadas, fuentes termales y montañas.

Alta tecnología y automatización

Tres veces el tamaño de Yoichi, Miyagikyo es una destilería de alta tecnología, en gran parte automatizada, en la que ordenadores de última generación controlan la producción de maltas diversas. De la destilación convencional, similar a la practicada en Escocia, se encargan cuatro pares de grandes alambiques de cobre, que producen un espirituoso intenso, elegante y afrutado. Las barricas se guardan en bodegas tradicionales de solo dos plantas, sobre todo por encontrarse la destilería en una zona sísmica, pero también en parte para emular los métodos de maduración escoceses en bodegas *dunnage*. La destilería tiene también alambiques Coffey, conjuntos de analizador y rectificador llamados como su inventor, Aeneas Coffey, que revolucionaron el mundo del whisky desde su introducción en 1832. Para aquellos que se inician en el mundo del whisky japonés, el apreciado Coffey Malt de Nikka, con un 100% de cebada malteada, y el Coffey Grain son tan informativos como deliciosos, y la empresa ha extendido su gama con una ginebra y un vodka Coffey.

Durante el periodo de sequía de la edad declarada, mientras Nikka eliminaba en 2015 la edad declarada de sus gamas, Miyagikyo ofreció una expresión sin edad declarada, pero mantuvo las expresiones Nikka from the Barrel, Nikka 12 años, Nikka Tailored y Taketsuru Pure Malt, con lo cual los consumidores continuaban teniendo muchas opciones.

La serie Discovery es una línea experimental del maestro mezclador Hiromi Ozaki. Antes Nikka lanzó dos expresiones de Miyagikyo y Yoichi acabadas en barricas de brandy de manzana para conmemorar el centenario de la boda en 1920 del fundador de Nikka, Masataka Taketsuru, y Rita, su esposa escocesa. En los inicios de la empresa, los productos derivados de la manzana fueron clave para su liquidez. La sidrería Hirosaki de Nikka, en la prefectura de Aomori, produce Nikka Apple Wine con brandy de manzana.

Single Malt Miyagikyo Peated

NOTAS DE CATA

Single Malt Miyagikyo Peated
Puro de malta, madurado en diversas barricas de roble, 48% APV
Muestra de la versatilidad de la destilería, la turba se expresa en notas de humo dulce, hogueras y cuerda alquitranada, y este es uno de los tragos más «masticables» de la serie Discovery, con un paladar de vainilla, cacao, especias, cereza y frutas secas.

Single Malt Miyagikyo Aromatic Yeast
Puro de malta, madurado en diversas barricas de roble, 47% APV
Un whisky de la serie Discovery lleno de dulzura floral y repostera, con sabores de naranja, gominola de melocotón, fruta tropical, algodón de azúcar y notas cítricas ácidas crecientes que perduran hasta el final.

YAMAZAKI

COMPAÑÍA Suntory Holdings Ltd

AÑO DE FUNDACIÓN 1921

SITIO WEB www.house.suntory.com

La destilería de Yamazaki, entre Kioto y Osaka, en el extremo sur de la isla principal de Honshu, fue donde comenzó todo para el whisky japonés en 1923; no solo la producción física de espirituoso de malta de cebada, sino también la noción de que el whisky japonés debía experimentar, desafiar los parámetros existentes y crear nuevos sabores. Tras celebrar los 100 años del whisky Suntory, y mientras esta dinámica industria encara con ilusión los próximos cien años, este empeño en buscar la perfección sigue animando e inspirando a destiladores de todo Japón.

La primera destilería de whisky de Japón se construyó en un terreno que compró Shinjiro Torii, quien contrató al químico Masataka Taketsuru para crear whisky japonés. Desde entonces, Yamazaki creció hasta ser una de las mayores empresas fabricantes de whisky del mundo, y una de las más interesantes. Los destiladores japoneses de Suntory y Nikka no venden sus maltas para mezclas, como las empresas de Escocia, y en la búsqueda de la excelencia, esto supone crear la capacidad de hacer diferentes whiskies bajo un mismo techo.

Equipo de todas las formas y tamaños

Con cebada malteada importada, Yamazaki produce maltas sin turba, con turba ligera o muy turbosos. La destilería tiene dos *mash tuns lauter* y veinte cubas de fermentación, doce de acero inoxidable y ocho de abeto Douglas. La sala de alambiques de Yamazaki los tiene de todas las formas y tamaños, y dan la versatilidad necesaria para producir espirituosos ligeros o densos. Entre los seis pares de alambiques de la sala principal de destilado, a los que se suman dos pares instalados en 2005, los hay en forma de linterna, de bulbo y cónicos, con brazos de lyne de diferentes estilos. Como en Hakushu, los alambiques de colada son de llama directa, y los de aguardiente usan vapor. Emplean principalmente condensadores de carcasa y tubos, pero dos de los alambiques de colada tienen serpentines para un espirituoso más denso.

Con diferentes levaduras, combinaciones diversas de alambiques trabajando en tándem y una variada colección de barricas, el número de permutaciones parece infinito. Hay toneles de roble blanco americano, barricas de jerez, barricas y botas de mizunara, barricas de Burdeos, de cedro japonés y muchas otras, con amplias instalaciones de maduración *in situ* y un complejo aún mayor en la bodega de añejado Ohmi, en la prefectura de Shiga. La variedad de barricas no solo aporta sofisticación al whisky puro de malta, sino que es también la plataforma perfecta para que Suntory cree el whisky de mezcla de primera categoría Hibiki.

La gama Yamazaki

En 2021, la empresa lanzó el Yamazaki 55 años, hasta hoy la botella de whisky japonés más cara que se haya subastado. La colección Tsukuriwake Cask, lanzada en 2022, presentó cuatro de los elementos más relevantes que componen los sabores del whisky Yamazaki: tonel de roble blanco americano, mizunara, roble español y malta con turba. La gama Yamazaki incluye expresiones con edad declarada de 12, 18 y 25 años, y un whisky sin ella, Distiller's Reserve. Para Shinji Fukuyo, maestro mezclador de Suntory, Yamazaki es una historia de whisky puro de malta expresada a través del arte de la mezcla.

NOTAS DE CATA

The Yamazaki Mizunara 100th Anniversary Limited Edition 18 años
Puro de malta, madurado en barricas de roble mizunara, 48% APV
Complejo y diferenciado, con pera fresca, ciruela, sándalo y nuez moscada, con sabores concentrados de miel de manuka, fruta tropical, canela, chocolate e incienso. Del todo espectacular.

The Yamazaki 25 años (lanzado en 2021)
Puro de malta, envejecido en barricas de roble español, americano y mizunara, 43% APV
Comparado con el muy ajerezado 25 años anterior es más sutil y complejo, en nariz presenta aromas de incienso, flores prensadas, sándalo y vainilla. Cremoso en el paladar, con vainilla, roble, notas cítricas ácidas y fruta verde, con un final cremoso y notas sutiles de roble.

Hibiki Mizunara 100th Anniversary Limited Edition 21 años
Mezcla, madurado en barricas de roble mizunara, 43% APV
Imponentes notas florales, con aromas cítricos y de frutas de huerto, seguidas de una textura densa repleta de rasgos del roble mizunara, ralladura de lima y cacao en polvo, que refina un delicioso final cremoso. Una mezcla increíble.

Yamazaki Mizunara 100th Anniversary Limited Edition 18 años

YOICHI

COMPAÑÍA Nikka Whisky Distilling Co. Ltd

AÑO DE FUNDACIÓN 1934

SITIO WEB www.nikkawhisky.eu

Con su tejado de tejas rojas brillantes, sus chimeneas tradicionales de estilo pagoda y su puerta de piedra de muros gruesos, la destilería Yoichi impresiona. En invierno se muestra a menudo cubierta por un profundo manto de nieve. A 50 km al oeste de Sapporo, es la mayor y más conocida destilería de Hokkaido, la isla septentrional de Japón, de clima similar al de Escocia. Muchos también la consideran la más bonita de Japón, y Yoichi es un pueblo pesquero en una costa rodeada de montañas por tres lados.

Esta es la destilería que construyó Masataka Taketsuru, el primer destilador de Yamazaki, tras crear en 1934 su empresa Dainipponkaju Company Ltd, que en 1952 pasó a llamarse Nikka Whisky Distilling, y la Agencia de Asuntos Culturales de Japón la destacó por su relevancia cultural. Llamada en origen destilería Hokkaido, ya elaboraba whisky en 1940, aunque desde entonces las instalaciones se han ampliado de forma considerable. Hasta 1966, Taketsuru solo tuvo un alambique, y había que limpiarlo entre el primer y segundo lote; hoy funcionan seis alambiques en forma de bulbo, y puede que sea la única destilería que usa llama directa de carbón. El alambique original ya no se usa, pero se conserva en la sala de destilación de Yoichi.

Single Malt Yoichi 10 años

Diferentes estilos de whisky de malta

Yoichi no lanzó un whisky puro de malta hasta la década de 1980. Es capaz de producir un espectro de estilos de malta, pero el estilo de la casa es un whisky intenso, untuoso, turboso y con mucho cuerpo. Al retirar en 2015 Nikka, la gama con edad declarada, por la demanda mundial de whisky japonés y llenar el vacío con un puro de malta sin edad declarada, Yoichi fue víctima de su propio éxito hasta que en 2023 salió una nueva expresión Yoichi de 10 años.

Con vistas a la celebración del 90 aniversario de la empresa en 2024, el maestro mezclador Hiromi Ozaki completó recientemente un programa experimental de tres años, la Discovery Series, que incluía un Yoichi sin turba y una expresión afrutada llamada Yoichi Aromatic Yeast.

Single Malt Yoichi
Aromatic Yeast

NOTAS DE CATA

Single Malt Yoichi Aromatic Yeast
Puro de malta, madurado en diversas barricas de roble, 48 % APV
Un trago dulce con aromas de naranja confitada, mazapán y chicle, y sabores limpios de caramelo duro de frutas, concentrado de zumo de manzana, albaricoque y humo y pimienta de fondo.

Single Malt Yoichi 10 años
Puro de malta, madurado en diversas barricas de roble, 45 % APV
Esta nueva versión anunció en 2023 la vuelta de Yoichi a la edad declarada. Ralladura de limón, turba y vainilla preceden a un paladar afrutado de manzana verde, plátano maduro y vainilla mantecosa, con notas saladas y pimienta.

AKKESHI

COMPAÑÍA Kenten Jitsugyō Company Ltd

AÑO DE FUNDACIÓN 2016

SITIO WEB www.akkeshi-distillery.com

La isla de Hokkaido tiene menos destilerías que Honshu o Kyushu, pero Yoichi ya no es la única destilería del norte de Japón. Akkeshi es una destilería costera donde elaboran whisky desde 2016. Forsyth's Ltd de Escocia instaló el equipo de destilación, que incluye un *mash tun* semilauter de acero inoxidable, seis cubas de fermentación y un par de alambiques de cobre en forma de pera, el de colada de 5000 litros y el de aguardiente de 3600 litros.

Akkeshi cuenta con maltería propia, y reparte sus barricas entre varias bodegas locales con condiciones ambientales diversas, lo cual genera sutiles diferencias en el sabor final a medida que el destilado va madurando. El equipo se atiene a prácticas tradicionales de las destilerías de whisky escocés, inspirándose en Islay, pero el trabajo está enfocado a crear un whisky hecho con materia prima de Hokkaido; cebada cultivada cerca de Akkeshi, turba japonesa, una cepa propia de levadura, agua del cercano río Homakai y barricas de roble mizunara local. El primer whisky puro de malta se lanzó en 2020, pero no se ha fijado aún una fecha para la salida de su whisky 100 % de Hokkaido. Se han lanzado embotellados de whisky puro de malta que reflejan las 24 estaciones solares del sistema Sekki japonés, con mezclas de Akkeshi creadas con whisky de grano importado.

NOTAS DE CATA

The Akkeshi Peated Single Malt Kanro Season
Puro de malta, envejecido en barricas de jerez, vino, bourbon y roble mizunara, 55 % APV
Suave en nariz, con aromas de carbón, puros, vainilla y notas de expreso. Notas de naranja asada, pan de jengibre, chocolate negro y compota de bayas mantienen entretenidas a las papilas hasta el final.

The Akkeshi Peated Single Malt Kanro Season

EIGASHIMA

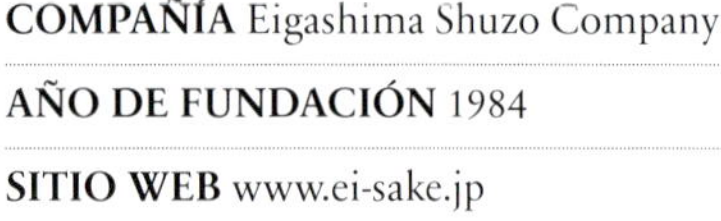

COMPAÑÍA Eigashima Shuzo Company Ltd

AÑO DE FUNDACIÓN 1984

SITIO WEB www.ei-sake.jp

Los orígenes de esta destilería en la costa de la ciudad de Akashi, en la prefectura de Hyogo, se remontan al periodo Edo de los siglos XVII y XVIII, cuando allí se elaboraba sake. En 1919 obtuvo la licencia para elaborar whisky, pero antes de la producción actual, su última época operativa fueron las décadas de 1960 y 1970, cuando en Japón se disparó la popularidad del whisky.

Llamada White Oak hasta 2019, al ganar prestigio internacional el whisky japonés en el siglo XXI, la destilería puso al día el equipo para centrarse en la elaboración de whisky, pero tratándose de Japón, sigue siendo una destilería pequeña. Tiene un *mash tun* semi-lauter y cuatro cubas de fermentación de acero inoxidable y un par de alambiques de cobre fabricados por Miyake Industries, con grandes condensadores de carcasa y tubos. Más por la familiaridad con la producción de sake que por cualquier otra razón, para el proceso de fermentación cultivan una levadura de estilo shubo.

Comercializan whiskies puros de malta desde 2007, madurados principalmente en barricas de bourbon, jerez, vino y brandy. Los embotellados aparecen bajo la marca White Oak, Akashi y Eigashima, la línea premium, aunque solo los etiquetados como *single malt* proceden íntegramente de la destilería Eigashima, ya que para elaborar mezclas se sigue usando whisky importado.

Akashi Sherry Cask 5 años

NOTAS DE CATA

Akashi Sherry Cask 5 años
Puro de malta, madurado en barricas y botas de jerez, 50 % APV
Satisfactorio en nariz, con aroma a frutos negros, manzana Bramley y chocolate negro procedentes de la madera del jerez. En boca es menos contundente, con sabores a piel de cítrico dulce, azúcar de cebada, mermelada de fresa, y un final con tabaco y ciruela.

KOMORO

COMPAÑÍA Karuizawa Distillers Inc

AÑO DE FUNDACIÓN 2020

SITIO WEB www.komorodistillery.com

En 2020, el maestro mezclador Ian Chang dejó la destilería Kavalan, en Taiwán, y formó la nueva empresa Karuizawa Distillers Inc. con el empresario Koji Shimaoka como socio. En 2023 se completó la primera fase al abrir en la prefectura de Nagano la destilería Komoro, un edificio elegante construido en las colinas, con ventanas de suelo a techo que permiten desde fuera una vista despejada de los alambiques de cobre y el área de producción.

La nueva destilería ofrece visitas guiadas y clases educativas para aficionados de todos los niveles. Como los antiguos alambiques de Chang en Kavalan, los de Komoro los fabricó en Escocia Forsyth's Ltd. Las diez cubas de fermentación producirán lotes para alimentar el alambique de colada de 5000 litros, mientras que el de aguardiente de 7200 litros destilará los *low wines* combinados de dos lotes del primero.

Chang tiene años de experiencia con los whiskies de Kavalan, que maduraban rápido en barricas de jerez, bourbon, oporto, vino y STR, y en condiciones menos cálidas y a mayor altura, cuando Chang considere llegado el momento de embotellar, los aficionados al whisky japonés pueden esperar whiskies Komoro de alta calidad y acabados diversos.

SHIZUOKA

COMPAÑÍA Gaiaflow Company Ltd

AÑO DE FUNDACIÓN 2016

SITIO WEB www.shizuoka-distillery.jp

A medio camino entre Tokio y Nagoya, la destilería Shizuoka se construyó en una región montañosa a orillas del río Nakakouchi. La fundó en 2016 Taiko Nakamura. Tiene cubas de fermentación de pino de Oregón y cedro japonés, y dos alambiques de colada distintos, K y W, el primero de 3500 litros y usado antes en la hoy cerrada y legendaria destilería Karuizawa, y el segundo un alambique nuevo de 5000 litros alimentado con leña. Forsyth's Ltd de Escocia construyó los alambiques nuevos de colada y aguardiente, y esta es la única destilería del mundo con un alambique de colada de leña y calor directo. Para amantes del whisky, la producción inicial ha sido un sueño, con lanzamientos para comparar, contrastar y explorar las diferencias entre whiskies hechos con uno u otro alambique de colada, y el impacto en el sabor de usar cebada japonesa de bajo rendimiento o malta importada.

***Shizuoka** cuenta con dos alambiques, uno de ellos rescatado de la legendaria destilería Karuizawa, hoy cerrada.*

NOTAS DE CATA

Shizuoka Pot Still K 100% Imported Barley First Edition
Puro de malta, madurado en diversas barricas de roble, 55,5% APV
Destilado en el antiguo alambique de Karuizawa, en nariz trae limón, caramelos Love Heart y melocotón a la parrilla; en boca, mandarina, drupas, roble lijado y helado de vainilla.

Shizuoka Pot Still W 100% Japanese Barley First Edition
Puro de malta, madurado en diversas barricas de roble, 55,5% APV
Como néctar de los dioses, este whisky destilado en alambique de leña tiene intensos aromas a miel, mango seco y notas florales, y sabores plenos a melocotón, sirope dorado, papaya y frutas en gelatina, con un final afrutado.

Shizuoka Pot Still K 100% Imported Barley First Edition

TAIWÁN

Considerando el enorme crecimiento económico de toda Asia y la demanda creciente de whisky de calidad, era quizás inevitable que una nación emprendedora como Taiwán comenzara a producir whisky dada la ruta obvia y directa hacia el creciente mercado chino.

KAVALAN

Kavalan Solist Oloroso Sherry Cask

COMPAÑÍA The King Car Group

AÑO DE FUNDACIÓN 2006

SITIO WEB www.kavalanwhisky.com

El Grupo King Car es una importante empresa taiwanesa que lleva más de 60 años dedicada a producir alimentos y bebidas. El fundador, Tien-Tsai Lee, se propuso poseer una destilería de whisky, y la empresa invirtió todo lo necesario para tener en el mercado en el menor tiempo posible un whisky puro de malta de calidad. Fieles a su palabra, tardaron solo nueve meses en construir la destilería y comenzar a producir, y en solo dos años ya exportaban whisky. En 2026 se celebrará el 20º aniversario de la primera destilación de Kavalan.

Producir whisky en un clima cálido

Kavalan recibe su nombre de la primera tribu que habitó la región de Taiwán donde se encuentra la destilería, y simboliza la sinceridad, la honestidad y el refinamiento. Cuando el King Car Group decidió hacer whisky, recurrió a los mejores del mundo: trajo alambiques de Forsyth's Ltd en Escocia, y contrató al consultor global de whisky Jim Swan (1941–2017) como asesor para destilar y madurar whisky en un clima subtropical.

Hubo que superar obstáculos considerables, no siendo el menor las temperaturas y humedad elevadas. Se instalaron camisas de refrigeración en los fermentadores, y Swan sabía que el whisky alcanzaría el grado óptimo de maduración en relativamente poco tiempo, y con mayores pérdidas por evaporación de las barricas. A diferencia del tiempo fresco y regular de las bodegas *dunnage* de Speyside, en las tres de Kavalan en verano se alcanzan los 29° C en la planta baja, y unos

Kavalan Solist Port Cask

La destilería Kavalan se diseñó con dos pagodas características, aunque no maltea su propia cebada.

sofocantes 42° C en la quinta planta, donde están las mejores barricas de jerez, y las barricas tienen una vida más corta. Jim Swan era un especialista en superar los retos de elaborar whisky en climas cálidos, y durante su ilustre carrera asesoró a destilerías nuevas en India, Israel, Gales y otros lugares. Figura emblemática para Kavalan, protagonizaba sus anuncios de televisión y siempre tenía la cola más larga de fans para firmarles una botella y posar para una foto en el evento anual Kavalan Masters Dialogue en Taipéi. Swan formó para dirigir la destilería a Ian Chang (véase Komoro, p. 245), y Chang fue maestro mezclador y embajador mundial de la marca, y el rostro reconocible de Kavalan en su país y el extranjero durante 16 años. Chang encargó la segunda destilería de Kavalan en el condado de Yilan, ampliando considerablemente su capacidad, y se le atribuye haber creado algunos de sus embotellados más emblemáticos, usando las mejores barricas de jerez y vino de Burdeos.

King Car gestiona docenas de salas de exposición de Kavalan en la isla, como la sala Zhongxiao de Taipéi, donde se exhiben sus whiskies en estuches elegantes, como en las lujosas boutiques de Macallan y embajadas de Johnnie Walker House en otras grandes ciudades de Asia. Zerose Yang, el nuevo maestro mezclador de Kavalan, es hoy responsable de su creciente gama de refinados *single malts*.

NOTAS DE CATA

Kavalan Solist Port Cask
Puro de malta, madurado en barricas de oporto, 59,4% APV
La interacción con la madera extrae mucho color y sabor de las barricas de oporto, y aquí hay aromas oscuros de vainilla, cereza negra, ciruela y cuero, y una experiencia de alta graduación y barrica única con bayas negras y frutos secos que solo ofrece un whisky madurado en barricas de oporto.

Kavalan Solist Oloroso Sherry Cask
Puro de malta, madurado en barricas de jerez oloroso, 58,6% APV
Un whisky rico y meloso madurado en barrica de jerez, con dátiles, pasas, frutos secos, chocolate y puros prensados en nariz, y sabores ajerezados exuberantes a cereza negra, cuero, café molido y regaliz que duran en un final largo.

NANTOU

COMPAÑÍA Taiwan Tobacco & Liquor Corporation

AÑO DE FUNDACIÓN 2008

SITIO WEB www.omarwhisky.com/tw

La bodega de vinos Nantou incluye una destilería estatal en el condado de Nantou, donde producen whisky con cebada de dos hileras importada de RU. Tiene cuatro alambiques de cobre, y el whisky pasa a barrica a menor graduación para mitigar la influencia del clima. Nantou vende la gama de whiskies taiwaneses sin edad declarada Omar y Yushan, que incluye whiskies tradicionales *cask strength*, expresiones con turba y algunos acabados peculiares en barricas de licor de lichi y brandy de naranja de la bodega.

NOTAS DE CATA

Omar Bourbon Cask
Puro de malta, madurado en barricas de bourbon, 46% APV
Chips de plátano, coco y cilantro, pero algunas notas astringentes de roble restan algo a la experiencia olfativa de conjunto. Dulce y afrutado en boca, con notas cítricas vivas, drupas, flan y especias, con un final de gominolas de frutas.

Omar Bourbon Cask

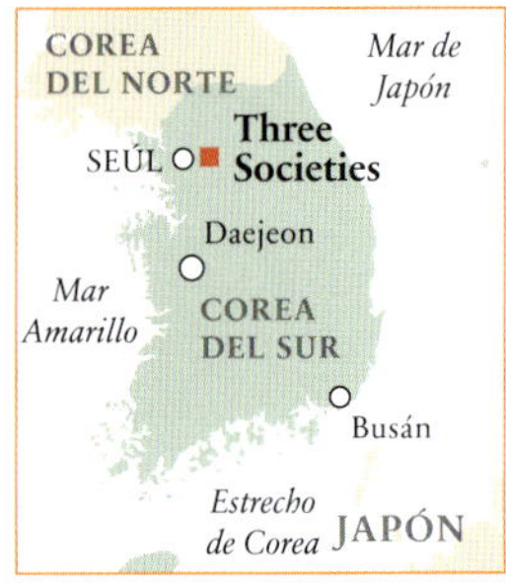

COREA DEL SUR

En Corea es habitual consumir alcohol con amigos y compañeros de trabajo. La bebida más popular es el soju, destilado coreano de arroz, pero en los últimos años un número creciente de coreanos ha descubierto el whisky, sobre todo las seductoras mezclas de lujo importadas y el single malt *escocés de alta gama. Hoy Corea produce su propio whisky, con una nueva destilería que da sus primeros pasos en la escena mundial.*

THREE SOCIETIES

Ki One Batch 3

COMPAÑÍA Bryan Do

AÑO DE FUNDACIÓN 2020

SITIO WEB www.threesocieties.co.kr

Cuando en 2020 abrió Three Societies, fue la primera destilería artesana coreana en elaborar whisky de malta. Su espirituoso se nutre de tres culturas diferentes: Escocia, por medio de Andrew Shand, maestro destilador que aporta su experiencia en whisky escocés adquirida en Chivas Brothers y otros lugares; Corea del Sur, a través de los operarios coreanos de la destilería; y EE.UU., a través del fundador y director ejecutivo Bryan Do, coreano-estadounidense que dejó un puesto ejecutivo en Microsoft para perseguir su sueño de elaborar cerveza y destilados artesanos.

Forsyth's Ltd suministró los dos alambiques de cobre para su espaciosa sala de destilado, y Shand y el destilador asistente Byeongsu Kim trabajan conforme a la tradición de una destilería escocesa de whisky puro de malta, usando cebada malteada importada de RU. El whisky madura en barricas de bourbon, roble americano nuevo de Kentucky y jerez oloroso y PX. Al no ser necesario un mínimo de tres años antes de embotellar, las primeras partidas de Ki One y ediciones de barrica única se han embotellado jóvenes, pero resultan de lo más prometedor.

NOTAS DE CATA

Ki One Batch 3
Puro de malta, madurado en barricas de jerez oloroso, 56,9% APV
La barrica de jerez consigue moderar el ímpetu de este espirituoso joven. Los aromas son un remolino de pastel de fruta y frutos secos, nueces y regaliz de fresa, con una contraparte de mermelada, dátiles y chocolate que compensa muy bien la pimienta.

CHINA

China sigue creciendo en importancia como mercado del whisky. Empresas escocesas del sector han invertido muchos recursos para asegurar un lugar firme a sus marcas y atraer a consumidores chinos de creciente poder adquisitivo. La siguiente fase es la producción, y empresas chinas e internacionales compiten por elaborar whisky chino en destilerías propias y fomentar el turismo y las experiencias de cata vinculadas al whisky.

DESTILERÍA THE CHUAN

COMPAÑÍA Pernod Ricard

AÑO DE FUNDACIÓN 2021

SITIO WEB www.pernod-ricard-china.com

En 2021, The Chuan comenzó a producir en Emeishan, provincia de Sichuan. Con una inversión de 1000 millones de RMB (140 millones de euros) durante una década, Pernod Ricard fue el primer grupo internacional del sector en abrir una destilería en China. El maestro destilador Yang Tao usa cebada malteada china y europea, y madura el *new make* en barricas de bourbon, jerez y roble chino. La destilería solo utiliza energía renovable, y compensa las emisiones para reducir su huella de carbono. The Chuan Pure Malt, en el mercado chino unos dos años después de iniciar la producción, es una mezcla de su propio destilado joven y whiskies escoceses importados. No ha salido aún ningún whisky puro de malta.

ERYUAN

COMPAÑÍA Diageo plc

AÑO DE FUNDACIÓN 2021

SITIO WEB www.diageo.com

Diageo está construyendo su primera destilería de whisky puro de malta chino en Eryuan, provincia de Yunnan, a 2100 metros sobre el nivel del mar. El agua vendrá de un manantial que desemboca en el hermoso lago Erhai. En tal entorno natural, Diageo ha hecho hincapié en la sostenibilidad, prometiendo una planta neutra en carbono, con cero residuos y que empleará energía renovable. Además de en Escocia, Diageo produce whisky en Irlanda, Canadá, EE.UU. e India, y a través de Distill Ventures invierte en destilerías en Inglaterra, Australia y Japón. Camus y Angus Dundee Distillers también están construyendo destilerías nuevas de whisky de malta en China, y Diageo ha entrado en la carrera por definir el estilo característico del whisky chino. Aún no se ha comercializado ningún whisky puro de malta de la destilería Eryuan, pero a finales de la década la competencia por liderar el sector será intensa.

GOALONG LIQUOR DISTILLERY

COMPAÑÍA Grupo Goalong

AÑO DE FUNDACIÓN 2011

SITIO WEB www.goalongliquor.com

Goalong, la primera destilería de whisky de malta a gran escala de China, está en la ciudad de Liyuang, al sur de Wuhan. Luo Feng, su destilador, está madurando whisky en barricas diversas para el mercado nacional, pero el objetivo a largo plazo es crear una marca de renombre internacional.

NOTAS DE CATA

Goalong Bourbon Cask Aged 5 años
Puro de malta, madurado en barricas de bourbon, 40% APV
Deliciosamente bien hecho. En nariz predominan la tarta de merengue de limón, vainilla dulce, aromas florales y dulce de azúcar y mantequilla; en boca, melón dulce, caramelo de limón, crema de vainilla, salsa de caramelo, cítricos, pimienta negra y limón.

INDIA

India ocupa hoy una posición privilegiada como uno de los países productores de whisky más respetados en la escena internacional. El mercado indio sigue demandando whiskies escoceses importados y whiskies indios más baratos hechos con melaza y mezclados con whisky importado, pero los que han abierto los mercados de exportación son los whiskies puros de malta indios.

AMRUT

Amrut Spectrum

COMPAÑÍA Amrut Distilleries Ltd

AÑO DE FUNDACIÓN 1948

SITIO WEB www.amrutdistilleries.com

El *single malt* Amrut, la marca de whisky más conocida fuera de India, salió al mercado en 2004, e hizo de la empresa una de las pioneras entre los whiskies del mundo. La destilería, de propiedad familiar, se estableció en Bangalore en 1948 para suministrar alcohol barato al ejército, y pasó a producir whisky de mezcla a base de melaza para el mercado indio, pero lo que dio a conocer a Amrut fue su brandy indio, de uvas demasiado tanínicas para hacer vino, pero aptas para un brandy con mucho cuerpo y sabor.

El whisky indio se vuelve global

El whisky de malta fue cosa de Rakshit N. Jagdale, nieto del fundador de la destilería. Para la tesis de su máster en administración de empresas en la Universidad de Newcastle, Jagdale evaluó RU como mercado de prueba para el whisky indio y estudió si sería posible llevar maltas a Newcastle y vender whisky indio allí. Atrajo a la empresa a su compañero de clase, y Ashok Chokalingam se puso a la tarea de vender al mundo *single malt* indio Amrut. Hoy, dado el respeto a Amrut en la comunidad del whisky, cuesta concebir lo revolucionario que fue esto para el whisky mundial.

Chokalingam era entonces un hombre orquesta, un entregado embajador de la marca que viajó por todo el mundo dando a conocer por todos los medios posibles el whisky indio. En los primeros años de Amrut, en el WhiskyFest de Nueva York, Chokalingam llevó al estand camisetas con el logotipo de Amrut, y las repartió gratis a los asistentes mientras disfrutaban de

Amrut Bagheera

un vaso de whisky. Armados con un vaso Glencairn en una mano y el programa del WhiskyFest en la otra, los agradecidos asistentes optaron por llevarla encima de la ropa antes que en la mano. Mientras circulaban por los puestos, otros les preguntaban por el puesto de Amrut para conseguir una camiseta y probar el whisky. Chokalingam estuvo toda la noche sirviendo whisky en el puesto de Amrut. La jugada dio como resultado que mientras duró el evento, cientos de amantes del whisky recorrieron el salón de baile y promocionaron la marca Amrut. Mucho antes de la llegada de las redes sociales, Amrut se hizo viral por la vía textil.

Un torrente de ideas innovadoras

Tras la marcha de Surrinder Kumar (véase Indri, p. 255), quien le formó en el arte de elaborar whisky, Chokalingam pasó a ser el nuevo maestro mezclador de Amrut. En sus nuevos lanzamientos, fructifica un flujo regular de ideas innovadoras, desde Amrut Spectrum, acabado en una barrica quimérica surgida del reto de montar barricas con duelas de distintos tipos de madera, hasta los encantos cítricos de Amrut Naarangi, sacado de barricas de jerez sazonadas con vino y piel de naranja. A esto se suma la iniciativa de hacer whiskies con turba, el placer de las expresiones Amrut Rye y Amrut Single Grain, la conversión en embotellador independiente con la gama Single Malts of India y, por último, el programa de maduración intercontinental que hay detrás de Amrut Two Continents. Amrut no teme romper los límites.

HISTORIAS DEL WHISKY

Inquietudes medioambientales

En la destilería Amrut, la responsabilidad medioambiental se toma muy en serio y casi nada se desperdicia. La destilería ha reducido mucho su consumo de energía, y recicla todo lo posible. En un país en el que el agua es un recurso precioso, Amrut extrae agua de un acuífero profundo que transporta a la destilería, y ha invertido en equipo de conservación del agua. La empresa mantiene desde hace tiempo relación con sus agricultores para garantizar la salud del suelo, pero la distancia que recorre la cebada malteada desde el norte de India hasta la destilería es considerable, aunque no tanto como la que recorre la malta con turba llegada de Escocia.

NOTAS DE CATA

Amrut Bagheera
Puro de malta, acabado en barricas de jerez, 46% APV
Aromas seductores de plátano maduro con notas más profundas de avellana, ciruela pasa y café, que en boca se desarrollan con sabores profundos y satisfactorios de frutos secos de trepadora, manzana asada, ciruela, cuero y varias especias destacadas.

Amrut Spectrum
Puro de malta, acabado en barrica Spectrum, con duelas de cuatro tipos: roble americano nuevo, roble francés nuevo, oloroso y Pedro Ximénez, 50% APV
Ciruela pasa, higo, dátil y cereza negra con frutas de huerto asadas y especias con pegada.

Amrut Rye
Rye, *madurado en barricas de roble americano, 50% APV*
El centeno malteado empleado trae aromas de cereales, corteza de pan y pan de centeno con frutos secos. Las notas de palomitas dulces Butterkist equilibran las especias del centeno, el chocolate y el té negro, dejando un final especiado y persistente.

PAUL JOHN

Paul John Oloroso Select Cask

COMPAÑÍA John Distilleries Ltd

AÑO DE FUNDACIÓN 2012

SITIO WEB www.pauljohnwhisky.com

Fundada en 1996, John Distilleries Ltd produce en la actualidad una cartera de vinos y espirituosos en siete estados de la mitad sur de la India. Abastece al importante y competitivo mercado indio con Original Choice, su producto más vendido en India, un whisky indio a base de melaza.

Con la malta por misión

Sin embargo, el presidente Paul John tenía en mente mayores ambiciones globales, y se propuso crear «el gran *single malt* indio». La destilería está en Cuncolim (Goa), cerca de la impresionante costa de Goa, muy frecuentada por turistas y mochileros por sus excelentes playas y gastronomía. Paul John se lanzó en 2012 como nueva marca de whisky de malta en RU, y ha crecido con fuerza, acumulando premios en su primera década de exportación. En 2019, la empresa estadounidense Sazerac aumentó su participación al 43 %, pero Paul John es todavía el propietario. Dados los buenos resultados tanto en el país como el extranjero, John Distilleries anunció planes para duplicar en 2023 la producción del *single malt* Paul John.

El maestro destilador de Paul John, Michael D'Souza, prefiere la cebada india de seis hileras por las cualidades que aporta la cáscara al proceso, que considera dan un destilado más denso y untuoso, y compensan el menor rendimiento alcohólico comparado con moler cebada importada de dos hileras. En cambio, usa malta importada de Escocia para sus whiskies con turba, extraída de turberas y pantanos de explotación comercial en Aberdeenshire e Islay. El agua que se vierte al *mash tun* de acero inoxidable llega de la cordillera de los Ghats occidentales, filtrada por los humedales de la región. En la sala de destilado, en comparación con el diseño simple del de aguardiente, el alambique de colada tiene un notorio abultamiento, un brazo de lyne ascendente y condensadores de carcasa y tubos.

D'Souza elabora whisky desde 2009, y ha dominado la maduración rápida y alta evaporación del espirituoso en las barricas de la bodega Paul John. Aunque en embotellados independientes

El alambique de colada de Paul John tiene una «panza» abultada y un brazo de Lyne ascendente.

de sus lanzamientos de barrica única ha habido edades declaradas de un solo dígito, lo cierto es que esperar ver la edad declarada en los embotellados oficiales no tiene demasiado sentido dado el clima de esta parte de la India.

Whiskies de graduación estándar y de barrica

Su línea principal se embotella al 46% e incluye Paul John Brilliance, una expresión sin turba madurada en barricas de bourbon; Paul John Edited, que incluye un toque de turba en la receta; y Paul John Bold, elaborado con malta y turba de 25 ppm. Elaborado con malta sin turba y embotellado al 40%, Paul John Nirvana es un whisky cercano y accesible.

Para disfrutar de un trago más sofisticado, los paladares más experimentados deberían tomarse su tiempo para ir probando las expresiones con graduación de barrica de la serie Paul John Select. Classic Select Cask no tiene turba y madura en barricas de bourbon, pero hay por descubrir otras expresiones Select Cask maduradas en jerez PX y oloroso, y una expresión Peated Select Cask. Cada año sale una edición navideña, que suele presentar un acabado en barrica diferente y un grado variable de humo de turba. Esta ha incluido acabados en oloroso, en PX y recetas que emplean barricas de Paul John madurado en brandy, oporto y madeira. Completa la gama la serie Zodiac de ediciones limitadas, como Kanya de Paul John, envejecido unos siete años en roble americano, y cuyo nombre se corresponde con Virgo, sexto signo del zodiaco. Mithuna by Paul John lleva el nombre del tercer signo del zodiaco indio, equivalente a Géminis, y es una expresión sin turba madurada primero en barricas nuevas de roble americano y acabada en barricas de bourbon. El whisky indio está atrayendo la atención internacional, y como uno de los líderes en este campo, Paul John se encuentra a la vanguardia.

NOTAS DE CATA

Paul John Oloroso Select Cask
Puro de malta, madurado en barricas de jerez oloroso, 48% APV
La barrica de jerez aporta notas de naranja sanguina, higos, pasas sultanas y especias en nariz; deleitan el paladar sabores de pastel de frutas, cítricos y chocolate, con un final cremoso salpicado de especias.

Paul John Classic Select Cask
Puro de malta, madurado en barricas de bourbon, 55,2% APV
En este Paul John sin turba y con graduación de barrica destacan tarta de manzana, chocolate y miel, pero se recomienda probarlo con agua, pues resalta la fruta tropical, las notas de café y un ligero toque especiado.

Paul John Christmas Edition 2023
Puro de malta, acabado en barricas de oporto tawny, 46% APV
Paul John tiene cada año un detalle navideño, y este no ha sido una excepción. En nariz, pastel de Navidad, vainilla, ciruelas, cítricos, chocolate negro y especias de horno; en boca es rico en frutos rojos, naranja, chocolate con leche y frutas secas, con un final de café, chocolate y frutos negros.

Paul John
Classic Select Cask

AUSTRALIA

ESTILOS REGIONALES
A pesar de la diversidad imperante, está emergiendo un estilo básico: el whisky puro de malta madurado en barricas usadas en la producción de tawny, vino y apera. En todo el país, la industria del whisky australiano ha reconocido a los primeros pueblos y a sus ancianos, e hizo esfuerzos por mostrar su respeto por su cultura viva.

NUESTRA ELECCIÓN
Como pionero del whisky australiano que se ha mantenido fiel a sus raíces, BAKERY HILL produce uno de los mejores whiskies puros de malta de Australia, y el delicado espirituoso de HELLYERS ROAD es también muy recomendable. Con una distribución global superior, STARWARD es el abanderado del whisky australiano en el mundo, con expresiones de gran creatividad, y también son muy prometedores los primeros embotellados de MANLY SPIRITS CO.

EVENTOS REGIONALES
Australia tiene un calendario apretado de eventos que reúnen whiskies escoceses, japoneses y australianos. Desde la Tasmanian Whisky Week, el Whisky Abbey de Melbourne, el Sydney Spirits Festival y la Scotch Malt Whisky Society hasta acontecimientos como Whisky Live y The Whisky Show, que recorren todo el país, hay muchas ocasiones para conocer a los creadores del whisky con un vaso en la mano.

Australia es conocida por su clima riguroso y su calor extremo, condiciones totalmente inadecuadas para producir whisky, o eso se diría. Hace cincuenta años nadie lo creía un país apto para producir vino de calidad, pero lo ocurrido está a la vista. De hecho, al tener agua abundante, un clima suave, mucha turba y condiciones ideales para cultivar grano, Tasmania, al sur del continente, es poco menos que perfecta para elaborar espirituoso de cereales. Victoria también ha demostrado ser un jardín para Australia, y el whisky aquí también florece, con barricas sazonadas con vino y espirituosos propios, y sacando el máximo partido al clima para acelerar la maduración.

A finales del siglo pasado, en Australia se extinguió la práctica de elaborar whisky, pero en la última década, la escena destiladora australiana vio llegar numerosas aperturas. Muchas son pequeñas empresas sin las existencias suficientes para abastecer más que al mercado local, pero con las destilerías pioneras más antiguas celebrando sus 20.º y 25.º aniversarios, en suelo australiano hay ya una animada cultura del whisky con fantásticos festivales, bares y centros de visitantes de destilerías que se pueden visitar.

Sin embargo, para algunas destilerías el camino ha sido difícil, y pocas de las más conocidas siguen en manos de sus fundadores. A falta de competidores que exporten a EE.UU. y Europa, Starward y Morris son hoy los whiskies australianos más visibles allí. Además, las destilerías australianas tienen acceso a mercados importantes, y mucho más próximos, en toda Asia. En mercados como RU y EE.UU., las importaciones de whisky australiano llegan en pequeños lotes, y pueden pasar muchos años sin nuevos suministros. Dados los elevados precios comparado con el whisky escocés y el bourbon, las ventas han sido flojas, y los minoristas son por tanto reacios a reponer existencias. Embotelladores independientes como Berry Bros. & Rudd y That Boutique-y Whisky Company son cada vez más conscientes del vacío existente en el mercado británico, y lo están llenando con embotellados propios de whisky australiano de barrica única.

***Starward, una de las historias de éxito** del whisky australiano, aplica un enfoque del todo moderno a la destilación.*

COMUNICACIONES

Dado el tamaño de Australia, es muy difícil señalar una base adecuada para explorar su whisky. El mejor sitio para empezar es la ciudad de Melbourne, conocida por su vibrante cultura gastronómica, y luego continuar con un viaje a Hobart, en la isla de Tasmania. Se puede llegar a Hobart en avión desde Sídney y Melbourne, y para ir a los lugares que se desee visitar es necesario alquilar un coche, contratar una excursión organizada o un guía privado.

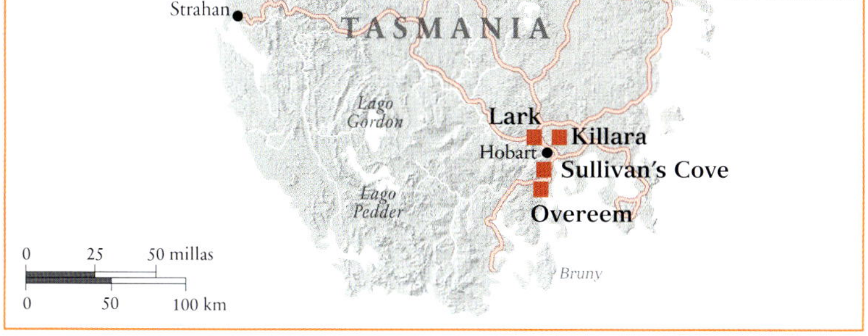

STARWARD

COMPAÑÍA New World Whisky Distillery Pty Ltd

AÑO DE FUNDACIÓN 2007

SITIO WEB www.starward.com.au

David Vitale fundó Starward, hoy día una destilería urbana, en Port Melbourne, suburbio costero de Melbourne (Victoria). Estimulada por la renombrada cultura gastronómica de la ciudad, en 2016 la destilería se trasladó a su ubicación actual tras la inversión de Distill Ventures en 2015, y desde entonces se ha renovado y ampliado.

Una destilería de whisky puro de malta

Starward es ante todo una destilería de whisky puro de malta, y usa cebada malteada australiana y barricas de vino y vino fortificado australiano recién vaciadas. Las tonelerías suministran a las bodegas del valle de Barossa y otros lugares barricas de roble americano y francés, y la industria australiana no depende de la omnipresente barrica de bourbon para madurar su whisky, como ocurre en otros lugares. Starward prefiere madurar por completo en barricas de vino, en particular tinto, tawny (el equivalente australiano del oporto) o apera (equivalente del jerez).

Mientras crecía el negocio, creció también la capacidad de destilación de Starward. El director de producción Sam Slaney y su equipo cuentan hoy con fermentadores de 25 000 litros y un par excelente de alambiques de cobre de fabricación italiana. Con camisas de refrigeración en los fermentadores y el cuello del alambique, el proceso está diseñado para mitigar los caprichosos cambios de temperatura de Melbourne. Durante la destilación, encender la camisa de refrigeración favorece el reflujo, y resulta un espirituoso más ligero. Producir uno más denso con menos reflujo es igual de sencillo: no se usa la camisa.

En esta parte del país el whisky madura rápido, y puede estar a la venta después de dos años en barrica, ya que el calor seco aumenta el APV. Los whiskies maduran durante tres años, pero en Melbourne desarrollan en barrica mucho más color y sabor que en barricas equivalentes en el clima más frío de Escocia durante el mismo periodo.

En los embotellados de la gama básica Starward Left Field y su expresión insignia Starward Nova, se aprecia mejor el efecto pleno de la maduración en barricas de vino tinto. También tienen un lado experimental, evidente en Starward Two Fold, que emplea cebada malteada y trigo, y Starward Ginger Beer Cask Finish, combinación de whiskies Starward Nova y Solera, acabada en barricas de roble francés y americano sazonadas con cerveza de jengibre.

Starward Solera

Starward 100 Proof

NOTAS DE CATA

Starward 100 Proof
Puro de malta, madurado en barricas de roble americano de tinto australiano, 50 % APV
En nariz, mermelada de fresa, pan de jengibre, grosella negra, cuero nuevo y chocolate con leche ligero, como la cubierta de un bizcocho de té Tunnock's recién abierto. Cremoso en boca, con manzana cocida, pera, pimienta negra y clavo, y abren la textura densa y sabrosa vainilla y frutos rojos, y destacan la grosella, fresa y frambuesa, con un final viscoso y afrutado; el agua resalta un poco de chocolate, dátiles e higos secos.

Starward Solera *Puro de malta, madurado en un sistema de solera con apera, 43 % APV.* Bien equilibrado en nariz, con ciruela, piel de cítricos, ramo de flores, pasas, chocolate negro y crema de vainilla. Es su mejor embotellado regular, con un hermoso equilibrio de drupas, cítricos, vainilla, regaliz rojo, Red Hots y un regusto duradero de pimienta negra y frutos rojos de verano, seguidos de bolas picantes de canela.

LARK

COMPAÑÍA Lark Distilling Co. Ltd

AÑO DE FUNDACIÓN 1992

SITIO WEB www.larkdistillery.com

Gracias a la campaña de Bill Lark por derogar una ley prohibicionista de hace 150 años para hacer *single malt* en Hobart (Tasmania), Lark es un nombre fundacional del renacimiento moderno del whisky australiano. Sus whiskies de maduración rápida y barrica pequeña y única recibieron críticas positivas. Se extrajo turba para dar sabor a cebada ya malteada, humedeciéndola de nuevo y ahumándola con turba. El whisky australiano daba que hablar. El entusiasmo de Bill Lark y del maestro destilador Chris Thomson fue contagioso, la hija de Bill, Kristy, llegó a la dirección general de la destilería, y Lark y su pequeña destilería de Cambridge parecían tener el mundo (del whisky) a sus pies.

Berry Bros & Rudd Lark 2015

Una década difícil

La década siguiente no salió exactamente como se esperaba. Los Lark vendieron el negocio en 2013, y al cabo de un tiempo, Kristy fue despedida. Con una marca fuerte pero poco inventario, los nuevos propietarios de Lark comenzaron a adquirir otras destilerías de Tasmania para ampliar su cartera. Intuyendo el potencial del whisky australiano para abrirse camino en el mundo del whisky como había hecho el vino australiano en el mundo del vino, empresas de inversión inyectaron dinero en la industria con la idea de respaldar a un futuro ganador. Entonces, en una historia complicada se produjo la quiebra de Nant Whisky, con un escándalo que hicieron público los medios. Entre dramas en la sala de juntas, alboroto y revelaciones en la sociedad matriz dueña de Lark de whisky se hablaba más bien poco.

Nuevos comienzos

Años más tarde, Lark se ha renovado y reposicionado como un whisky australiano de lujo, bajo un *holding* que cotiza en bolsa llamado Lark Distilling Co. Ltd, y opera desde una destilería distinta de la original de Lark. Desde la compra de Shene Estate and Distillery, las nuevas instalaciones principales de producción y visita de la empresa se encuentran en Pontville, a 30 minutos al norte de Hobart. Lark Distilling Co. conserva la destilería de Cambridge de la época de Bill Lark, y la destilería Bothwell, antes Nant, y con las existencias de su inventario de ambas ha creado mezclas de whiskies de Tasmania.

NOTAS DE CATA

Berry Bros. & Rudd Lark 2015

Puro de malta, madurado en barrica de tawny, 60,1 % APV

Este embotellado independiente de Lark, uno de los pocos disponibles en RU, se nota bien armado con graduación de barrica, con aromas de rosa mosqueta, jalea de serbal, manzana silvestre, bonitas notas florales, granos rotos de pimienta negra, cinco especias y caldo de ramen. Tomado solo, chocolate y fruta asada con breves notas de pimienta y clavo; el agua saca sabores de gominolas duras de frutas y oporto con jalea de membrillo en el final. Es algo austero hasta emerger sabor más dulce, pero siendo generoso con el agua se desata la dulzura de arándano rojo, nectarina y chocolate con leche.

BAKERY HILL

COMPAÑÍA David Baker

AÑO DE FUNDACIÓN 1998

SITIO WEB www.bakeryhill.com

David Baker fundó esta destilería en 1998, en Bayswater (Victoria), al este de Melbourne. David y su hijo Andrew trasladaron 24 años después las operaciones a una ubicación más céntrica en Kensington, y añadieron un segundo alambique. Ahora hay visitas guiadas a la nueva destilería, y se ha renovado el aspecto de los embotellados. Independiente y de propiedad familiar, Bakery Hill prescinde del estilo de maduración solo en barricas de vino que usan muchas destilerías australianas contemporáneas.

La gama emblemática de Classic, Double Wood y Peated (con malta con turba de Escocia) madura 6–8 años, y ha pasado la prueba del tiempo, con Classic y Peated también disponibles con graduación de barrica. Suelen agotarse rápido los lanzamientos habituales de temporada y embotellados raros a la venta localmente.

NOTAS DE CATA

Bakery Hill Classic Malt
Puro de malta, madurado en barricas de bourbon, 46% APV
Crema de limón, miel, bizcocho de vainilla, naranja confitada, peras en almíbar y azúcar horneado en nariz. Delicadamente especiado. Divino, recuerda a Rosebanks y Littlemill, con sabores de tarta de limón, nata espesa, vainilla, pimienta, masa de tarta, natillas y notas de lima y piel de naranja.

Bakery Hill Double Wood
Puro de malta, acabado en barricas de roble francés, 46% APV
Albaricoque, ramo de flores, Chantilly, chicle de fresa y especias de horno en nariz. En boca, frambuesas con nata, clavo, pimienta negra, mermelada de cereza, crema de plátano, azahar y mousse de ciruela. Final cremoso con notas ácidas.

HISTORIAS DEL WHISKY

El precio del oro
Bakery Hill recibe su nombre de la rebelión de los mineros del oro en 1854 y la represión sangrienta en la que murieron al menos 22 mineros y 5 soldados al asaltar el ejército la empalizada de Eureka. Durante la fiebre del oro, la zona había atraído a muchos mineros, a los que, hubieran encontrado oro o no, se impusieron costosas licencias por parcelas de tierra relativamente pequeñas. Para los mineros, sin derecho a voto, era un impuesto injustificable, y un grupo de ellos se rebeló, con una bandera azul con la Cruz del Sur como enseña. Tras varios días de tensión, el gobierno intervino.

GOSPEL

COMPAÑÍA Ben Bowles y Andrew Fitzgerald

AÑO DE FUNDACIÓN 2015

SITIO www.thegospelwhiskey.com

Las destilerías australianas producen sobre todo whisky de malta, pero hay destiladores que están probando otros estilos, como Hunter Island y Transportation Whiskey de Tasmania, y sus whiskies *single pot still*, estilo asociado al whiskey irlandés. La destilería Belgrove en Tasmania, Archie Rose Distilling en Nueva Gales del Sur, Backwoods Distilling en Victoria y Great Southern Distilling Co. en Australia Occidental elaboran whisky de centeno, generalmente asociado al whiskey de EE.UU. El maestro destilador Ian Thorn, antiguo destilador de Starward, elabora el *straight rye* Gospel a partir de centeno 100% sin maltear cultivado en una sola granja australiana de Mallee, en columna continua, y cumple todos los requisitos legales estadounidenses de la categoría. Expuesto al clima cambiante del norte de Melbourne, cuyas oscilaciones favorecen el contacto con el roble, envejece en barricas nuevas de roble americano muy tostadas y carbonizadas.

Gospel madura el whisky en un sistema de solera para crear Gospel Solera Rye, y ocasionalmente deleita al mundo con sus ediciones limitadas experimentales.

NOTAS DE CATA

That Boutique-y Whisky Company Gospel Rye 3 años
Rye, *acabado en barricas de tinto australiano, 58,6% APV*
Este embotellado independiente de Gospel, destilado de un 51% de centeno sin maltear y 49% de cebada malteada, tiene aroma a pan de centeno con frutos secos, hierbas, magdalena de chocolate, tabaco especiado, cuero y semillas de vainilla. De textura espesa y aterciopelada, trae sabores de *toffee* oscuro, siropes de frutas, ciruela pasa, flan de frutas, chocolate, cereza negra, pimienta de Jamaica y clavo. Final especiado de taninos de roble y ruedas de regaliz negro.

That Boutique-y Whisky Company
Gospel Rye 3 años

HELLYERS ROAD

COMPAÑÍA Hellyers Road Distillery Pty Ltd

AÑO DE FUNDACIÓN 1999

SITIO WEB www.hellyersroad.com.au

Hellyers Road es una gran destilería en Emu Valley que tiene la ventaja de poder declarar la edad en sus whiskies del noroeste de Tasmania. El nombre honra al inglés Henry Hellyer, que en la década de 1820 exploró el interior de Tasmania, y cuya determinación y espíritu los inspira. Ahora fermentan sus propios macerados de cebada de Tasmania, y practican la doble y triple destilación con curiosos alambiques de acero inoxidable en los que solo el cuello y los brazos de lyne proporcionan el contacto necesario con el cobre.

Hellyers Road es un whisky suave con delicados aromas a drupas, madurado habitualmente en barricas de bourbon, jerez, tawny y vino. También elaboran expresiones con turba más o menos intensa, y ediciones limitadas con hermosas etiquetas.

NOTAS DE CATA

Hellyers Road Double Cask
Puro de malta, acabado en barricas de roble francés de pinot noir, 46,2% APV
Rico en color y aromas de la maduración secundaria, la barrica de vino aporta uva negra, cereza, ciruela y atractivas notas florales, con toques de ralladura de naranja y pimienta blanca. Presenta un hermoso sabor a fruta fresca, con piel fresca y confitada de cítricos, miel ligera, especias suaves de barrica, manzana roja, pera y cereza, y un final suave y pulido.

Hellyers Road Twin Oak
Puro de malta, madurado en barricas de bourbon y roble francés, 48,9% APV
Vainilla, pimienta negra, galletas de limón y naranja confitada, y en boca, vainilla, albaricoque seco, *clafoutis*, piel de naranja, granos de pimienta, caramelo con mantequilla y dulce de azúcar y canela. Final especiado con fruta dorada al horno.

Hellyers Road Slightly Peated 15 años
Puro de malta, madurado en barricas nuevas de roble americano carbonizado, 46,2% APV
Humo leve, gotas de limón y algas secas en nariz. Al primer sorbo, despiertan la boca azúcar de cebada, jengibre, canela y vainilla, seguidos de piel de naranja, especias ahumadas y miel de brezo, con aromas de humo de turba aromático y cítricos.

Hellyers Road Double Cask

KILLARA

COMPAÑÍA Kristy Booth-Lark

AÑO DE FUNDACIÓN 2016

SITIO WEB www.killaradistillery.com

Kristy Booth-Lark fundó su propia destilería boutique en 2016 para elaborar whisky de malta, ginebra y otros espirituosos de alta gama. Hija de Bill y Lyn Lark, es destiladora de segunda generación con años de experiencia. Killara está en Richmond, al norte de Hobart. Se destila con un alambique compacto de cobre con el condensador en la parte superior, en lugar de en el lateral. Killara es una destilería pequeña, artesana e independiente, con el acento en los embotellados de barrica única.

Como en los inicios de la destilación en Tasmania, muchos de los whiskies maduran en barricas de menor volumen que las habituales en Escocia, Kentucky o Japón. Se pueden comprar barricas de *new make* Killara de 20 litros, y madura rápido. En 2024, Booth-Lark lanzó al mercado su whisky más antiguo hasta la fecha, KD19, un whisky puro de malta de 6 años y 6 meses, madurado en barrica de oporto.

NOTAS DE CATA

Killara Distillery Single Cask KD60
Puro de malta, madurado en barrica de oporto y acabado en barrica de ron australiano, 50% APV
De color ámbar oscuro con un matiz rojizo, hierbas ligeras en nariz, con comino, copos de chile rojo, cerezas secas y aromas de cuero nuevo. Hermosamente suave en boca, con ciruela, vainilla cremosa, dulzura de frutas tropicales y especias delicadas.

Destilería Killara
Single Cask KD60

MANLY SPIRITS CO.

COMPAÑÍA David Whittaker y Vanessa Wilton

AÑO DE FUNDACIÓN 2017

SITIO WEB www.manlyspirits.com.au

David Whittaker y Vanessa Wilton fundaron Manly Spirits Co. en un suburbio al norte de Sídney, y allí elaboran whisky, ginebra y vodka inspirados en el estilo de vida propio de la costa de Nueva Gales del Sur. Su whisky, Coastal Stone, salió en 2021 y se elabora en un par de alambiques de cobre que llevan el nombre de sus hijos. Los whiskies maduran hasta cinco años, y producen el embotellado insignia Nor'Easter, la serie Elements que presenta whiskies de diversas barricas de 100 a 200 litros, y una serie Italian Luxe madurada en barricas de montepulciano, aglianico y sangiovese. Se trata de una empresa respetuosa con el medio ambiente con paneles solares, un programa de rellenado en la bodega y suprarreciclaje de botellas. El aspecto contemporáneo de sus embotellados evoca la erosionada textura de los acantilados de arenisca de la zona.

NOTAS DE CATA

Manly Spirits Coastal Stone Nor'easter
Puro de malta, madurado en barricas carbonizadas de tinto de roble americano y francés, 46 % APV
Una belleza. Nariz estimulante de albaricoque, melocotón, sal marina, pimienta negra, manzana Golden Delicious, natillas de vainilla y notas florales. En boca, sabores frutales bien desarrollados, con *panna cotta*, pera y cinco especias, y se mantiene denso como nata doble, con piel de manzana y un final largo que envuelve el paladar con vainilla y especias.

Manly Spirits Coastal Stone Nor'Easter

MORRIS

Morris Single Malt Muscat Barrels

COMPAÑÍA Casella Family Brands

AÑO DE FUNDACIÓN 2016

SITIO WEB www.morriswhisky.com

Con sede en Rutherglen (Victoria), a medio camino entre Melbourne y Canberra, Morris elabora vinos y vinos fortificados desde 1859, y en 2016 se diversificó hacia el whisky.

Aprovechando al máximo las barricas usadas de la bodega, Morris utiliza para su espirituoso un sistema híbrido reacondicionado de alambique y columna de la década de 1930. Primero exportaron dos embotellados principales, luego reforzados con un programa activo de productos exclusivos de la bodega y ediciones limitadas, como Morris Smoked Sherry Barrel y Morris Smoked Muscat Barrel.

NOTAS DE CATA

Morris Single Malt Muscat Barrels
Puro de malta, acabado en barricas de moscatel fortificado Morris, 48 % APV
Aromas profundos y afrutados de ciruela, fresa y frutas secas de trepadora en sirope oscuro y dulce. En boca, ciruelas pasas, fruta asada, higo, canela y melaza.

OVEREEM

COMPAÑÍA Jane y Mark Sawford

AÑO DE FUNDACIÓN 2007

SITIO WEB www.overeemwhisky.com

Desde 2007, Casey Overeem dirigió la destilería Old Hobart desde su garaje, y su hija Jane lo ayudaba con las ventas. En 2014, al jubilarse Casey, la destilería se vendió a los nuevos propietarios de la destilería Lark, y los alambiques fueron trasladados a Lark para aumentar su capacidad. En 2020, Jane Sawford (de soltera Overeem) recompró la marca Overeem y parte de las existencias. En 2016, tras fundar en Huntingfield, al sur de Hobart, la destilería Sawford con su marido Mark, le cambiaron el nombre a Overeem. La gama principal incluye expresiones maduradas en barricas de bourbon, jerez y oporto.

NOTAS DE CATA

That Boutique-y Whisky Company Overeem 5 años
Puro de malta, madurado en barrica de apera, 50% APV
Embotellado independiente de la nueva destilería Overeem, antes Sawford, en nariz trae chocolate negro, albaricoque seco, melocotón, piel de pomelo, esencia de vainilla y mezcla de especias en polvo. De textura densa, con una gama deliciosa de sabores y muy fácil de beber sin agua, con limón, piel de lima, cítricos confitados y clavo, pasando sutilmente a ganache de chocolate, piel mixta de cítricos, frutas secas de trepadora y *latte* de avellana; final especiado y rotundo.

That Boutique-y Whisky Company
Overeem 5 años

SULLIVAN'S COVE

COMPAÑÍA Sullivan's Cove Distillery Pty Ltd

AÑO DE FUNDACIÓN 1994

SITIO WEB wwwsullivanscove.com

El vapor que sale del alambique *apodado Myrtle, hasta 2023 el único alambique de Sullivan's Cove.*

Fundada por Robert Hosken en 1994, Sullivan's Cove se dio a conocer gracias a Patrick Maguire, contemporáneo de Bill Lark, y copropietario y maestro destilador hasta venderse la destilería a los actuales dueños en 2016. Antes llamada Tasmania Distillery, la primera destilería se construyó en Sullivan's Cove, en la zona de los muelles de Hobart, pero en 2003 se trasladó a instalaciones mayores, y no cambió de nombre a Sullivan's Cove Distillery hasta la venta de 2016. Heather Tillott es la actual maestra destiladora, y hasta 2023 se las arregló solo con Myrtle, su único alambique y serpentín; hoy se han añadido dos alambiques más, que deben facilitar las cosas.

Double Cask incluye whisky de barricas de roble francés y americano, y hay expresiones de barrica única de roble americano y francés, ediciones especiales como apera y un uso reciente de barricas de rellenado, que dan al roble de Sullivan's Cove un perfil más suave.

NOTAS DE CATA

Sullivan's Cove Double Cask
Puro de malta, madurado en barricas de tawny de roble francés y de bourbon de roble americano, 40% APV
Aroma afrutado y dulce, con abundante vainilla y notas limpias y refrescantes de cebada, producto de la barrica de bourbon. En boca se combinan frutos rojos, *toffee* suave, *mince pie*, sultanas y especias dulces como sabores añadidos por las barricas de tawny, dejando un final dulce y afrutado de duración media.

Sullivan's Cove
Double Cask

NUEVA ZELANDA

Nueva Zelanda es ahora una nación de destilados para seguir. La creación de Distilled Spirits Aotearoa dio pie a consensuar directrices y definiciones para el whisky neozelandés, a crear la ruta NZ Spirits Trail, los premios NZ Spirits Awards y la Distillers Conference. Más marcas exportan whisky, y las multinacionales del sector han empezado a considerar añadir whiskies neozelandeses a sus carteras. Son indicadores positivos de una industria en buena forma que produce creaciones innovadoras.

CARDRONA

COMPAÑÍA International Beverage Holdings Ltd

AÑO DE FUNDACIÓN 2015

SITIO WEB www.cardronadistillery.co.nz

Tras estudiar la elaboración de *single malt* en Escocia, Desiree Reid-Whitaker fundó esta destilería artesana en el valle de Wanaka, junto a las montañas Crown Range de Nueva Zelanda. Cardrona es el nombre de una ciudad minera de la fiebre del oro de la década de 1860 en Otago, en la isla Sur.

La destilería comenzó a elaborar espirituoso en 2015, aunque la producción solo llena una barrica al día. La cebada se cultiva en las llanuras de Canterbury, hacia el extremo norte de la isla Sur. La fermentación dura más de 70 horas. Emplea un par de alambiques de cobre construidos por Forsyth's Ltd en Speyside, basados en versiones menores de los alambiques Glenfarclas. Un alambique de 2000 litros y uno de 1300, apodados Roaring Meg y Gentle Annie respectivamente, tienen ambos un cuello moderadamente abultado y condensadores de carcasa y tubos. La destilería compra barricas de alta calidad de oloroso de Jerez, bourbon de Kentucky y pinot noir neozelandés de Central Otago, en la isla Sur.

En un emplazamiento tan hermoso, sería raro que la sostenibilidad no tuviera un lugar central en el proyecto, y Cardrona le ha dado exactamente eso. El agua fría extraída de un acuífero enfría los vapores del espirituoso, y cuando se enfría lo suficiente, se devuelve el 95 % al río Cardrona. El centro de visitantes y su bodega, The Barn, tienen un sistema de calefacción de suelo radiante alimentado por el agua caliente de los condensadores. Los restos de grano se recogen y se dan como pienso a los animales de las granjas vecinas. Cardrona opta por exportar sus productos a mercados lejanos, como EE.UU. y RU.

Para una destilería de este tamaño, los lanzamientos han sido generosos y la disponibilidad buena, y así los amantes del whisky han podido seguir su trayectoria. Embotellado con graduación de barrica en botellas de 350 ml, el APV suele superar de largo el 60 %, una pegada considerable. Cardrona Just Hatched fue un adelanto del whisky a los tres años de maduración, y Cardrona Growing Wings informó de la evolución del whisky a los cinco años. Cardrona Full Flight envejece siete años en barricas de oloroso y bourbon, y hay versiones de barrica única de ambas. La temática ornitológica de los nombres alude a un halcón maorí que frecuenta la destilería.

En 2023, International Beverage adquirió la destilería Cardrona y sus marcas. La empresa ya era propietaria de las destilerías Pulteney, Balblair, Knockdhu y Speyburn, y Cardrona se beneficiará de sus canales de distribución.

Cardona The Falcon

NOTAS DE CATA

The Cardrona The Falcon
Puro de malta, madurado en barricas de jerez oloroso, pinot noir y bourbon, 52 % APV
Aromas de azúcar caramelizado, nectarina, pimienta negra, clavo y piel de cítricos en mermelada, y con agua emergen notas más florales. Sabor a caramelo al primer sorbo, con nectarina, manzana y pasas sultanas, y aparecen luego zarzamora, frutas de mazapán y granos de pimienta, con un final especiado con fruta asada.

The Cardrona Full Flight *Puro de malta, madurado en barricas de jerez oloroso y bourbon, 65,6 % APV*
A menos que tenga un paladar aguerrido, conviene añadir agua al gusto. Impregnado de frutos negros otoñales, piel confitada de cítricos y *toffee* con frutos secos, de la barrica de jerez brillan frutos rojos, frutas de huerto, jengibre y un persistente final especiado. Con agua ofrece miel, vainilla, cítricos ácidos, melón y jengibre cristalizado.

NEW ZEALAND WHISKY COLLECTION

COMPAÑÍA Greg Ramsay

AÑO DE FUNDACIÓN 2010

SITIO WEB www.thenzwhisky.com

El cierre en 1997 de la destilería Willowbank de Dunedin supuso el fin de la última destilería operativa de Nueva Zelanda. Las barricas restantes se liquidaron, y un fabricante de ron de Fiyi compró los alambiques. Entonces casi no había whiskies del mundo, y aún menos demanda de ellos, y vender las existencias de Willowbank no era fácil. Los mayores mercados de exportación no echaron mucho de menos el whisky neozelandés, y el amarillo pálido de las botellas de Lammerlaw y Milford, con sus etiquetas con la enorme letra «M», tenían muchos años por delante en estantes de bar.

Una nueva era

En 2010, Greg Ramsay compró las existencias restantes de barricas de Willowbank y se puso a la tarea de relanzarlas bajo el nombre New Zealand Whisky Company, con el respaldo de un grupo de inversores y dos socios australianos.

Para acabar algunos de los whiskies, optaron sensatamente por emplear barricas de vino tinto neozelandés, y salieron al mercado whiskies, a los que llamaron Double Wood, de un color oscuro atractivo y nuevos sabores afrutados y frescos, un rasgo no asociado con las encarnaciones anteriores de Willowbank. Incorporaba también otro elemento de origen local que ayudó a cabalgar a lomos del éxito exportador del vino neozelandés.

Los whiskies estaban bien presentados, tenían un gran sabor, y ayudaron a tender un puente hacia el actual panorama floreciente de los espirituosos neozelandeses. Dado el tiempo que lleva cerrada la destilería, nuestras notas de cata proceden de dos vibrantes expresiones tempranas, ya agotadas, pues hacia el final se sacaron algunos whiskies añejos de las barricas para preservar sus cualidades y que no maduraran más. Entre las últimas, hay un número decreciente de barricas de menos de 30 años.

Actualmente la empresa mira hacia el futuro como destilería, y ha lanzado el primero de sus whiskies propios. En 2021 restituyeron la destilación a Dunedin, instalando un par de alambiques en la cervecera Speight's, en cuya bodega comenzaron las ventas y catas. Cyril Yates, que antes había trabajado para Wilson's Distillers en la destilería Willowbank, inició una nueva empresa destiladora con el maestro destilador Michael Byers. Speight's prepara el mosto conforme a los requisitos de la empresa, se destila en Dunedin, y las barricas maduran en la bodega y depósito fiscal de Oamaru.

Tras pasar de embotelladora a destilería, la empresa destila ahora el mosto de la cervecera Speight's.

NOTAS DE CATA

New Zealand Whisky Collection 1988 23 años
Whisky de malta, envejecido en barricas de roble, 56,4% APV
Aromas de crema de limón, chocolate blanco y especias secas tostadas, sobre todo comino, con notas de magdalenas de vainilla y chips de plátano. Limón confitado, vainilla intensa, plátano con toques de piel de cítricos ácidos sobre un fondo animado de pimienta y toques de clavo, y luego de cola de cereza y regaliz rojo con agua.

New Zealand Whisky Collection Double Wood 15 años
Puro de malta, acabado en barricas de tinto neozelandés, 40% APV
La influencia de las barricas de vino tinto neozelandés envuelve el whisky en aromas de mermelada de ciruela, ciruela seca, esencia de vainilla, pan de malta y un toque de especias aromáticas. En boca, frutas de mermelada pero sin endulzar, con una acidez que recuerda a arándano rojo, baya de goji seca, manzana cocida y las drupeletas carmesíes de las moras al madurar; textura del roble y azúcar moreno en el final.

PŌKENO

COMPAÑÍA Pōkeno Whisky Company

AÑO DE FUNDACIÓN 2018

SITIO WEB www.pokenowhisky.com

La destilería Pōkeno, fundada por Matt y Celine Johns en 2018, se halla a treinta millas al sur de Auckland, en el distrito de Waikato de la isla Norte. El destilador Rohan McGowan obtiene la cebada de granjas de la región de Canterbury, en la isla Sur, y la destilería extrae agua rica en minerales de un acuífero subterráneo. Pōkeno está concebido como espirituoso ligero y afrutado, lo cual se logra mediante un tiempo de fermentación de 72 horas y una doble destilación lenta en alambiques de cobre con brazos de lyne ascendentes. La destilería está en una zona de clima subtropical, como Kavalan en Taiwán, y por tanto el whisky puro de malta madura a un ritmo mucho más rápido que en una bodega tradicional del tipo *dunnage* de Escocia. Las expresiones principales incluyen una en barrica de bourbon de primer llenado, Pōkeno Origin, y para Pōkeno Discovery se usa una receta más compleja que combina whiskies madurados en barricas de bourbon, oloroso y Pedro Ximénez de primer llenado.

Pōkeno Discovery

Whiskies más experimentales

La segunda ola de whiskies Pōkeno, la serie Exploration, fue mucho más experimental y apuntó en nuevas direcciones en materia prima, destilación y maduración. Pōkeno Totara Cask es un whisky plenamente madurado en barricas de bourbon de primer llenado acabado en barricas de totara de 200 litros de tostado y carbonizado ligeros, y fue la primera vez que este árbol de madera dura autóctono se destinaba a barricas para un fabricante de whisky. Entre los maoríes servía para construir *waka* (canoas), y también viviendas, tallas y armas. Pōkeno Winter Malt se creó a partir de malta mixta, con partes de malta ahumada con manuka, tostada con chocolate, malta *toffee* y malta Laureate para destilar, para luego madurar en barricas de bourbon de primer llenado. Pōkeno Triple Distilled se somete a una tercera destilación para concentrar el alcohol y los sabores ligeros y afrutados asociados a esta fracción. Como Pōkeno solo tiene dos alambiques, usaron el de aguardiente dos veces para las destilaciones segunda y tercera, como Benriach para su *single malt* escocés de triple destilación.

Celine y Matt Johns, *fundadores de Pōkeno.*

NOTAS DE CATA

Pōkeno Discovery
Puro de malta, madurado en barricas de primer llenado de bourbon, oloroso y Pedro Ximénez 43 % APV
Aromas atractivos, con pan de pasas, piel de cítricos, vainilla, cereza negra y especias de roble, con un delicioso sabor a trufas de cereza negra, frutas de trepadora secas y *toffee*, con una maltosidad generosa y especias si se le añade agua.

Pōkeno Exploration Series No. 01 Tōtara Cask
Puro de malta, acabado en barricas de Tōtara, 46 % APV
En nariz, coco tostado, miel, canela y caramelos duros de limón combinan características del destilado y de la barrica. De textura ligera, con sabores de limón, albaricoque seco, mango y caramelo cremoso, con algo de chocolate blanco que pasa a chocolate con leche mientras se adensa la sensación en boca.

SCAPEGRACE DISTILLING COMPANY

COMPAÑÍA Scapegrace Distilling Co.

AÑO DE FUNDACIÓN 2014

SITIO WEB www.scapegracedistillery.com

Daniel McLaughlin y Mark Neal son cuñados y fundadores de Scapegrace Distilling Co., una de las iniciativas destiladoras más ambiciosas de Nueva Zelanda en la actualidad. Aunque llevan en el negocio desde 2014, los whiskies llegaron después de salir al mercado el vodka y la ginebra Scapegrace. Ahora se está construyendo la destilería a orillas del lago Dunstan, en los Alpes del Sur de Central Otago, y se espera que sea la mayor del país.

Los primeros lanzamientos fueron whiskies jóvenes madurados en roble francés virgen, en barricas menores para acelerar la maduración, en ediciones limitadas. El espirituoso lo destiló por encargo Spirits Workshop, en Christchurch, a unos cientos de kilómetros al noreste. Tanto Scapegrace RISE como Scapegrace CHORUS maduraron en barricas de roble francés virgen. Scapegrace Revenant y Scapegrace Fortitude incorporaron cebada Laureate ahumada con manuka, y el rasgo diferenciador de Scapegrace Timbre fueron tres años en barricas de roble búlgaro. Scapegrace Fortuna y Scapegrace Dimensions maduraron tres años en barricas de roble francés virgen. Una vez que hayan madurado sus propios destilados, estas ediciones limitadas acabarán por ser o no representativas del perfil final de la destilería, pero en cualquier caso se espera mucho de Scapegrace.

NOTAS DE CATA

Scapegrace RISE I
Puro de malta, madurado en barricas nuevas de roble francés, 46% APV
Aroma a pan de plátano, canela, *toffee* oscuro y clavo, y otras notas intrigantes de boletus seco, aceite de nuez y herramientas viejas de carpintero. Tiene profundidad y personalidad, con un sabor a miel oscura y azúcar moreno, y toques de cereza, pasas y cítricos asados, con notas de capuchino en el final.

Scapegrace RISE I

THOMSON

COMPAÑÍA Matthew y Rachael Thomson

AÑO DE FUNDACIÓN 2014

SITIO WEB www.thomsonwhisky.co.nz

En 2009, Matt y Rachael Thomson crearon Thomson Whisky como pasatiempo, vendiendo embotellados independientes de existencias de Willowbank, que había cerrado. El éxito les permitió abrir en 2014 una destilería artesanal para desarrollar sus propios espirituosos, y aplicar técnicas innovadoras, como ahumar cebada con madera de manuka, madera autóctona que imparte un carácter único y se usa en Nueva Zelanda para ahumar pescado y otros alimentos. Es similar al proceso de ahumado posterior al malteado adoptado primero en Tasmania. Los primeros lotes se destilaron con un alambique de cobre de 900 litros de fabricación portuguesa que instalaron en la cervecera Hallertau, en Riverhead, al noroeste de Auckland. Hoy tienen en su destilería dos alambiques amartillados a mano: uno de colada de 1900 litros y otro de aguardiente de 1000 litros. Usan sobre todo barricas de bourbon y vino neozelandés, y para la gama principal usan un ahumador en Manuka Smoke Single Malt y South Island Peat Single Malt, mientras que Two Tone Blend combina whiskies de barricas de roble blanco americano y roble europeo con vino tinto neozelandés. El nombre Thomson Two Tone ya se usó cuando utilizaban existencias de Willowbank. También elaboran un Thomson Rye and Barley con cereales malteados con un 80% de centeno, y a veces salen ediciones limitadas y de barrica única.

NOTAS DE CATA

Thomson South Island Peat
Puro de malta, madurado en barricas de bourbon, 46% APV
En nariz es salino, con aromas de pescado ahumado, yodo, humo de turba, naranja amarga y piel de pomelo. En boca, notas de miel cálida y mermelada, con buena estructura, humo de turba, un poco de pimienta negra, esencia de vainilla, *toffee* oscuro y brownie de chocolate. El final trae chocolate negro, clavo y humo de turba.

Thomson South Island Peat

EUROPA

EUROPA

A primera vista, los whiskies europeos parecen desafiar cualquier clasificación. Sin embargo, sería una injusticia deducir de la variedad de estilos y técnicas alguna falta de ímpetu o decisión. Lejos de estar a la sombra del whisky escocés o de emular la restauración de la industria en Irlanda, el resto de Europa se ha convertido en cuna de innovación destiladora, ejerciendo sin complejos la libertad de elaborar whiskies como le plazca. Pueden encontrarse rasgos comunes si se sabe qué buscar: empresas familiares multigeneracionales, vínculos estrechos con la tierra, cuidado del medio ambiente, prácticas orgánicas y sostenibles y respeto por las especialidades locales, ya se trate de elaborar cerveza, de viticultura o destilación, son hilos que relacionan unas destilerías con otras aparentemente inconexas en distintas partes del mapa.

ESTILOS REGIONALES
Predominan los estilos puro de malta, de centeno y de grano, destilados en alambiques de tipo, forma y tamaño diversos, madurados en infinidad de tipos y tamaños de barrica que abarcan las diferentes condiciones en que crece el roble europeo. De tal diversidad resulta un espectro extraordinario de aromas y sabores por explorar.

NUESTRA ELECCIÓN
DOMAINE DES HAUTES GLACES en Francia, EIFEL WHISKY en Alemania, HIGH COAST en Suecia, KYRÖ DISTILLING COMPANY en Finlandia, THE LAKES en Inglaterra y PENDERYN en Gales.

EVENTOS REGIONALES Y VISITAS
Los festivales de whisky abundan por toda Europa, con eventos en Londres, París, Estocolmo y Limburgo. Suelen durar varios días y atraen a un numeroso público internacional, pero para cautivar a las multitudes, el centro sigue siendo el whisky escocés. Cada mes de febrero, el crucero Viking Line zarpa de Suecia repleto de aficionados. Para un auténtico ambiente festivo, en verano con frecuencia las destilerías ofrecen jornadas de puertas abiertas con visitas en profundidad guiadas por los destiladores y puestos con cocina tradicional y embotellados exclusivos.

Por una parte hay empresas nuevas de clase mundial, y por otra aficionados apasionados perfeccionando el oficio por el camino y dando a los bebedores de whisky un acceso sin precedentes a su actividad mientras persiguen sus sueños. En versiones con turba y sin ella, el whisky puro de malta es líder, pero está lejos de ser dominante, pues la producción de whisky de centeno está asentada en muchos países europeos. Los whiskies de mezcla son notables por su ausencia. En gran parte de Europa las destilerías no están participadas por las multinacionales del sector, y no se dan las circunstancias que históricamente dieron pie al boom de las mezclas. Así, hay pocos alicientes para que los destiladores europeos cultiven la categoría en su fase actual de desarrollo.

En todas partes las destilerías necesitan apoyo de su comunidad local, pero para los destiladores europeos cultivar el apoyo más amplio de los consumidores de whisky de otros países o continentes requiere mucho dinero, un gran relato y la capacidad de establecer las alianzas adecuadas para acceder a importadores, distribuidores y minoristas. Lo difícil es convencer a consumidores fieles a una marca o estilo predilecto para que arriesguen fuera de su zona de confort y prueben una botella desconocida de un país nuevo. Es cosa de los apasionados por los whiskies del mundo dar noticia de ellos, contar las historias que hay detrás y la de los destiladores que los elaboran. Es indudable que en el primer cuarto de este siglo, el whisky europeo ha logrado avances impresionantes.

Fundada en 2010 en el Tirol del Sur, en el norte de Italia, *Puni es una de las destilerías más espectaculares de Europa, con un edificio cúbico de ladrillo en celosía inspirado en la arquitectura tradicional local.*

COMUNICACIONES

Las destilerías europeas se concentran en latitudes de clima más frío, en o cerca de fuentes de grano y agua fría, pero Europa está singularmente bien conectada por aire, ferrocarril, carretera y mar, y por tanto el turismo del whisky resulta muy cómodo.

FINLANDIA

Finlandia tiene un pequeño pero creciente grupo de empresas que exportan single malt *y whisky de centeno. Teerenpeli salió con una ventaja importante, pero dado el buen ojo de Kyrö para el marketing y las redes sociales, y el afán de Helsinki por experimentar, la puerta está abierta para que otras destilerías finlandesas se hagan un nombre.*

TEERENPELI

COMPAÑÍA Grupo Teerenpeli

AÑO DE FUNDACIÓN 2002

SITIO WEB www.teerenpelidistillery.com

Entre los exploradores del whisky nórdico, la mayor destilería de Finlandia es muy conocida. Anssi Pyysing fundó en 2002 Teerenpeli, que sigue los métodos tradicionales de una destilería de whisky puro de malta escocés. La empresa ya operaba una concurrida cadena de restaurantes a los que suministraba cervezas de su fábrica cuando añadió la destilería a Taivaanranta, su restaurante en el centro de Lahti.

En 2015, la empresa añadió una segunda destilería vinculada a la cervecera de Lotila, equipada con un alambique de 3000 litros y dos de 900 litros, fabricados por caldereros escoceses. La forma de los alambiques se basa en las dimensiones de los de la destilería original, que aún pueden verse y que ahora sirven como destilería piloto y proporcionan capacidad de destilación adicional.

Un pionero del whisky nórdico

Con los años, el progreso de la gama y la calidad ha sido impresionante. Entre los whiskies sin edad declarada están Kaski, madurado 100 % en barricas de jerez, Savu, *single malt* delicadamente ahumado hecho con malta escocesa importada con 55 ppm de turba y malta finlandesa, y Portii, que pasa en barricas de oporto los últimos 18 meses. También los hay con edad declarada, como Teerenpeli 10 años, madurado en barricas de bourbon (85 %) y jerez (15 %), y Kulo, madurado en barricas de jerez y embotellado a los siete años. Para su 20° aniversario lanzaron Palo, expresión con turba madurada en barricas de jerez, y Teerenpeli 14 años, madurado en barricas de bourbon y jerez.

Tienen un programa de ediciones limitadas, con una interesante trilogía acabada en barricas de Amarone, tras un trío anterior acabado en barricas de ron.

El agua se extrae de un gran acuífero subterráneo de deshielo glacial que proporciona a la destilería principal de Teerenpeli una capacidad de 100 000 litros al año. Una central eléctrica que consume pellets hechos de residuos de aserraderos locales suministra la energía necesaria, y ayuda a reducir la huella de carbono en un 90 %. Se emplea cebada finlandesa local para evitar el transporte de materia prima a larga distancia, y se puede maltear *in situ*. Las barricas se almacenan en contenedores de envío aislados, algo poco convencional, pero que tiene sus ventajas y es que la temperatura y la ventilación pueden regularse, y proteger así las barricas y recipientes menores incluso de los inviernos más duros de Finlandia.

Teerenpeli Portti

NOTAS DE CATA

Teerenpeli Kaski
Puro de malta, madurado en barrica de jerez, 43 % APV
La barrica de jerez aporta un aroma sofisticado a piel de cítricos, ciruela, frutas secas de trepadora, jengibre y anís. Sensación en boca fabulosa con mucha presencia y maltosidad, asistida por sabores de pasas, sirope de ciruela, higo, nuez y clavo.

Teerenpeli Portti
Puro de malta, acabado en barricas de oporto, 43 % APV
Con un equilibrio divino entre la influencia de la barrica de oporto y el carácter del destilado, en nariz trae aromas tentadores de ciruela, cereza y granada, con un toque de miel y notas de hierbas. Los sabores giran en torno a cítricos asados y dulce de azúcar, añadiendo el oporto notas vivas de cereza y manzana jugosa.

Teerenpeli 10 años
Puro de malta, madurado en barricas de bourbon y jerez, 43 % APV
La vainilla, miel, caramelo y notas cremosas indican la influencia de la barrica de bourbon, con algo de aceite de sésamo, mineralidad y pimienta en nariz. Reconfortante y equilibrado en boca, con manzana asada, malta, grosella y pimienta molida, que se asientan en una ola satisfactoria de compota, dulce de azúcar con nueces y almendra, con un toque de anís en el final.

THE HELSINKI DISTILLING COMPANY

COMPAÑÍA The Helsinki Distilling Company

AÑO DE FUNDACIÓN 2014

SITIO WEB www.hdco.fi

Esta destilería urbana, bar y restaurante está en Teurastamo, popular plaza de comidas y lugar de encuentro de Helsinki. Fundada en 2014 por Mikko Mykkänen y Kai Kilpinen, hoy maestro destilador y maestro mezclador respectivamente, regentan un segundo local en Tahkovuori, llamado Tahko Distillery.

Sus whiskies Rye Malt y 100 % Rye Malt se destilan en un estrecho sistema híbrido de alambique y columna y envejecen durante cinco años. También elaboran whisky puro de malta y un Pioneer Corn hecho con maíz cultivado en Finlandia.

NOTAS DE CATA

Helsinki Whiskey Rye Malt
Rye, *madurado en barricas de bourbon y nuevas de roble americano, 47,5 % APV*
Pumpernickel, avellana, sirope dorado, chocolate 50 % cacao, granola y un toque de eneldo conforman un aroma interesante. Realmente bueno, con sabor a pan de frutas que complementan otros a cereza, ciruela, sultana, clavo y chocolate malteado. El final tiende a seco, con galletas de bourbon y un toque de eneldo.

Helsinki Whiskey Rye Malt

KYRÖ DISTILLERY COMPANY

COMPAÑÍA Kyrö Distillery Company

AÑO DE FUNDACIÓN 2012

SITIO WEB www.kyrodistillery.com

Como Stauning y Mackmyra, la destilería Kyrö fue fundada por un grupo de amigos a los que se les encendió la bombilla y decidieron elaborar un whisky 100 % centeno malteado. Como buenos finlandeses, la idea se les ocurrió en la sauna. Cuenta la historia de forma hilarante un vídeo online, *Kyrö Distillery: The Whole Story* («Destilería Kyrö: la historia entera»).

Tras superar los habituales dolores de parto de una destilería, como lotes de prueba, obstáculos económicos y dar con un local adecuado, Kyrö se instaló en una antigua lechería construida en 1908 en Isokyrö, pueblo junto al río Kyrö. El centeno es el cuarto cultivo en importancia de Finlandia, después de la cebada, la avena y el trigo, y hasta abrir la destilería se usaba sobre todo para hacer harina y pan.

Ginebra y crema de whisky aparte, para el proceso del whisky en Kyrö se muele centeno malteado para el macerado, que pasa a una de las ocho cubas para una larga fermentación de seis días. El maestro destilador Kalle Valkonen emplea un par de grandes alambiques de cobre en forma de linterna que emplean biogás renovable. Instalados en línea, con dos condensadores de carcasa y tubos, gruesos como troncos de árbol, se unen en el centro de la sala de destilación. Además de las conocidas expresiones Kyrö Malt y Kyrö Malt Oloroso, Kyrö Wood Smoke usa malta ahumada con madera de aliso, otro guiño a la cultura finlandesa de la sauna, y Kyrö Peat Smoke el mismo método de ahumado en seco, pero con turba finlandesa de agua dulce, como el ahumado posterior de la malta en las destilerías de Tasmania. Kyrö es parte de una ola de destilerías contemporáneas, desde Adnams y Stauning hasta Zuidam y Oxford Artisan Distillery, que elaboran algunos de los mejores whiskies de centeno de Europa.

NOTAS DE CATA

Kyrö Malt Rye Whisky
Rye, *madurado en barricas nuevas de roble blanco y bourbon, 47,2 % APV*
Complejo en nariz, con notas de cuero gastado, suelo de *dunnage*, eneldo, miel de bosque, pan de centeno y especias moderadas. La clave es dejarlo respirar. En boca, pudín de chocolate fundido, grosella negra, eneldo y roble, con pan de centeno, nuez de Brasil y caramelo.

Kyrö Malt Rye Kyrö Peat Smoke
Rye, *madurado en barricas de bourbon, nuevas de roble americano y de relleno, 47,2 % APV*
Toda una humareda de turba aromática envuelve aromas de chocolate negro y especias de centeno. Tras el humo, pasas sultanas, ciruelas pasas, pan de centeno, cereza, miel y mermelada de fresa sobre bollos, con notas de chocolate y frutos secos en el final.

Kyrö Malt Rye Whisky

SUECIA

Conocida por su activa escena de clubes de whisky y la pasión por los single malts *ahumados de Islay, era de esperar que Suecia sea hoy el país productor de whisky más conocido de la región, y no extraña que la lista de destilerías suecas siga creciendo. Mackmyra, High Coast y Spirit of Hven han mostrado al mundo un enfoque meticuloso para crear recetas de whisky, al tiempo que tratan con los aficionados desde el principio y les hacen sentirse parte de la diversión mientras sus empresas crecen.*

MACKMYRA

COMPAÑÍA Mackmyra Svensk Whisky AB

AÑO DE FUNDACIÓN 1999

SITIO WEB www.mackmyra.com

Mackmyra, la destilería más conocida de Suecia, pasó de ser la ilusión de un grupo de amigos universitarios a una de las casas productoras de whisky puro de malta más activas de Europa. La idea surgió durante un viaje de esquí, cuando los amigos alquilaron un refugio de montaña y cada uno llevó una botella de whisky escocés para abastecer el bar. Mientras bebían, se preguntaron por qué dado el entorno y el clima ideales, no había whisky sueco. En 1999, en un área rural de Suecia, a 157 km al norte de Estocolmo, fundaron Mackmyra en un molino y establo reconvertidos. Tras una década de éxito sirviendo al público nacional su whisky puro de malta sueco excepcionalmente bien elaborado, cosecharon los beneficios de la salida a bolsa, y en 2010 comenzaron a construir una nueva destilería con capacidad para cuadruplicar la producción anterior.

La destilería por gravedad, de 35 metros de altura, se inauguró en el Mackmyra Whisky Village, a las afueras de Gävle, a hora y media del aeropuerto de Arlanda. Desde que en 2023 abrió Port of Leith en Edimburgo, que comenzó a destilar en 2024, ya no es la única destilería de su clase, pero con su ingenioso diseño, el agua, la malta y la levadura se elevan a la parte superior del edificio una sola vez, ahorrando tiempo, energía y esfuerzo. El proceso se realiza de piso en piso, descendiendo de la maceración a la fermentación, y luego a los alambiques de cobre de Forsyth en la planta de destilación, hasta llegar el *new make* al recipiente receptor. El agua se calienta con biocombustibles junto a la destilería, y el calor generado calienta el edificio. Viking Malt, en Halmstad, al sudoeste de Suecia, maltea cebada sin turba para la destilería. Mackmyra también elabora whiskies suecos ahumados, con turba blanca de Karinmossen, repleta de materia forestal, que arde cubierta con sarmientos de enebro recién cortado para ahumar la malta. Años más tarde, Bill Lumsden adoptaría una técnica similar al secar en horno ingredientes botánicos silvestres para aromatizar la malta para Glenmorangie A Tale of the Forest.

Nada que ver aquí con volutas de humo saliendo de una pintoresca chimenea en forma de pagoda: la maltería de Mackmyra no es ni más ni menos que un contenedor de envío adaptado. Pero funciona. Tras un proceso de ahumado de 36 horas, logran niveles fenólicos de 50–60 ppm, y la malta ahumada añade notas herbáceas y forestales a los whiskies, envueltos en humo untuoso como el de una barbacoa.

Madurado en barrica a gran escala

Mackmyra tiene muchos rasgos distintivos, pero su enfoque en cuestión de maduración en barrica lo lleva todo a otro nivel. El roble sueco, de crecimiento lento, imparte un sabor considerable al whisky al madurar, a anís estrellado, semillas de cilantro, jengibre, madera de cedro y tabaco. Es un estilo más similar al del roble francés, con notas menos dulces que el roble americano.

En sus primeros años, Mackmyra se ganó un público fiel con su programa de barricas, y muchas personas y clubes compraron una de sus barricas de roble sueco de madurado rápido de 30 litros, programa que continúa hoy. Barricas de tamaño

Mackmyra Jaktlycka

Mackmyra Limousin

diverso se llenan con espirituoso Mackmyra para los whiskies, y se almacenan en sus muchas instalaciones para madurarlos, entre ellas el Skybar en Lofsdalen y la mina Bodås. Esta antigua mina de hierro abrió en 1857, y sus numerosas cámaras subterráneas albergan cientos de barricas de Mackmyra, a temperatura estable y naturalmente fresca durante todo el año.

De la malta ahumada con enebro al té verde japonés

Mackmyra lanzó su primer whisky en 2006, y aunque no den gran importancia a la edad declarada, los ha lanzado de hasta 20 años. La gama principal incluye Svensk Ek, para el que el 10 % de la receta madura en barricas de roble sueco virgen, y Svensk Rök, elaborado con malta ahumada con enebro y turba. Además, hay una amplia gama de whiskies creativos por descubrir, no solo por ser la primera destilería en emplear la inteligencia artificial para crear un whisky, sino también por su uso único de las barricas. ¿Dónde si no en Mackmyra se puede encontrar madera curada con vino de moras árticas, vino de savia de abedul, vino de arándanos rojos y moras azules o té verde japonés? Cada expresión transporta a un estado de ánimo diferente, o lleva a un momento de una estación distinta en el paisaje sueco. Dada su gran producción, solamente los devotos más entregados han probado más que una pequeña parte del enorme catálogo, pero así siempre hay algo divertido que probar.

NOTAS DE CATA

Mackmyra Svensk Rök
Puro de malta, envejecido principalmente en barricas de bourbon, 46,1 % APV
Barricas de bourbon aparte, hay una pequeña aportación de otras de oloroso, roble americano y sueco. En nariz, la malta ahumada con turba y enebro trae notas cremosas de limón, pino, delicias turcas y humo delicado. En boca, miel, vainilla, limón y una cremosidad con capas de humo de turba hacen muy accesible este whisky, y queda un final sutil de piel de limón ahumada.

Mackmyra Jaktlycka
Puro de malta, madurado en barricas de vino de bayas sueco, con barricas de roble sueco y americano, 46,1 % APV
Esta edición limitada usa barricas curadas con vino de arándanos rojos y azules de Grythyttan Vin, que en nariz trae pera blanda, jengibre y notas de hierba. Afrutado y meloso, con un toque de arándano azul, un ramalazo de jengibre y un final de frutos secos y roble.

Mackmyra Limousin
Puro de malta, madurado en barricas de roble francés de coñac, oloroso, bourbon, roble sueco y vino de frambuesa, 46,1 % APV
La combinación de pera y jengibre de Mackmyra triunfa con aromas de piel fragante de cítricos, manzana seca y nuez moscada. Caramelo, vainilla, naranja confitada y frambuesa en boca desarrollan una textura de chocolate fundido y acaba con notas de uva blanca y jengibre rallado.

HIGH COAST

COMPAÑÍA High Coast Distillery AB

AÑO DE FUNDACIÓN 2010

SITIO WEB www.highcoastwhisky.se

El edificio de ladrillo rojo de la destilería High Coast es una antigua central eléctrica construida en 1912. La destilería abrió en 2010 con el nombre Box, en referencia a la época en que el edificio era el aserradero AB BOX, que procesaba la madera que descendía por el río Ångerman para hacer tablas para cajas destinadas a la exportación. Esta espectacular zona de Suecia, llamada Höga Kusten («costa alta»), ha sido declarada Patrimonio de la Humanidad por la UNESCO. Junto a la destilería, el río Ångerman es ancho, pero rápido, con un caudal de 485 000 litros por segundo. El agua helada enfría los vapores de los condensadores de carcasa y tubos de los dos pares de alambiques de High Coast, y es una de las aguas de refrigeración más frías de cualquier destilería. Esto crea un vínculo con el entorno natural que realmente contribuye a conformar el carácter de su destilado.

Condiciones locales difíciles

La destilería High Coast tiene una capacidad de 300 000 litros al año y elabora whiskies puros de malta sin turba y con turba. La malta sin turba se obtiene de Viking Malt, al sur del país, y con turba de Escocia o Bélgica. Las condiciones de la bodega son su arma secreta, y la otra razón del lugar que ocupa la destilería. A lo largo del año, las bodegas experimentan fluctuaciones drásticas de temperatura de hasta 60 °C, que hacen que el alcohol entre y salga del roble. Del calor del verano, cuando el tejado negro del almacén irradia calor al interior, en pleno invierno la temperatura puede bajar hasta -30 °C o menos. Hace tanto frío que a veces el equipo del almacén tiene que raspar la costra de hielo y escarcha que se forma en la superficie de las barricas. También deben estar especialmente atentos a las fugas, tanto cuando desciende repentinamente la presión durante una gran helada como cuando el espirituoso se expande al subir la temperatura.

Luego está el roble, aquí un asunto serio. La destilería está demasiado al norte, en el paralelo 63 norte, para que se dé el roble sueco, y se surten de barricas hechas de roble del sur. También las utilizan de roble virgen americano, japonés, francés y húngaro. La mayor parte del espirituoso madura en barricas de bourbon y jerez, pero en todos los destilados de su programa de maderas experimentan meticulosamente con cuatro aspectos que intervienen en sus complejas recetas: nivel de tostado, nivel de carbonización, graduación al pasar a barrica y tamaño reducido de las barricas.

Durante los años como destilería Box, los lanzamientos fueron bien recibidos al dar fruto sus primeros experimentos, y esto ayudó a orientarla hacia la gama central actual de whiskies High Coast de exportación: Älv, Berg, Hav y Timmer. También salen regularmente exclusivas de la destilería y nuevas ediciones limitadas para el mercado nacional, algunos de los cuales llegan hasta sus mercados extranjeros más importantes.

High Coast tiene una excelente reputación por la meticulosidad en los detalles como medio para lograr el mejor whisky, y cada detalle de sus recetas se publica en su sitio web. High Coast Cinco II, por ejemplo, se acaba en cinco barricas de jerez diferentes, concretamente, fino, amontillado, Palo cortado, oloroso y Pedro Ximénez, y los whiskies envejecen entre 8,59 y 8,91 años. Para los aficionados a verse inmersos en los detalles de elaborar un buen whisky, la destilería High Coast es el lugar.

NOTAS DE CATA

High Coast Hav
Puro de malta, madurado en barricas de roble húngaro, roble sueco y bourbon, 48 % APV
Esta expresión central con el mar por nombre está diseñada para exhibir las especias del roble, a las que se unen en nariz piel de cítricos, vainilla y un toque de humo de turba. En boca trae drupas, miel y jengibre, con un final especiado.

High Coast Älv
Puro de malta, madurado en barricas de bourbon de primer llenado, 46 % APV
Así llamado por el río Älv, es fácil de beber, con un aroma atractivo y vivo a flores, vainilla y mousse de limón, y una textura cremosa de miel, *tablet*, piel de naranja y Polos de fruta, y final con abundante vainilla.

High Coast Berg
Puro de malta, acabado en barricas de Pedro Ximénez, 50 % APV
Un sabor intenso a jerez lleno de frutos rojos y negros, animado por abundantes especias. Los sabores bailan en la lengua, con cerezas y frutos rojos, *toffee* y especias con pimienta.

High Coast Hav

SPIRIT OF HVEN

COMPAÑÍA Spirit of Hven Backafallsbyn AB

AÑO DE FUNDACIÓN 2008

SITIO WEB www.hven.com

Entre Dinamarca y Suecia hay una pequeña destilería en una isla del estrecho de Öresund, y una empresa diferente a cualquier otra destilería. Sus fundadores, Anja y Henric Molin, comenzaron a destilar en 2008, y actualmente elaboran una extensa gama de whisky, ginebra, vodka y aquavit. El whisky se presenta en una botella característica en forma de matraz, como salida de un laboratorio de química escolar, con el tapón sumergido en lacre. En 2023, Spirit of Hven anunció que había acordado cortar las gotas de lacre que bajaban por el cuello de las botellas para evitar cualquier confusión con un whisky más famoso bañado en lacre. El de sus botellas suele ser lacre dorado, pero en el pasado han bañado algunas en lacre verde, otras en lacre azul, y para uno de sus productos lo usaron rojo.

Spirit of Hven tiene un hotel, un restaurante y un bar de whisky para visitantes, y a lo largo de los años añadió un laboratorio, alambiques de columna para hacer whisky de grano y un alambique Coffey de madera. Henric Molin se formó como químico, lo cual explica la forma de las botellas de la marca, y dirige una consultoría que usa el laboratorio para ayudar a otros destiladores a mejorar la calidad de sus productos. Al ser una destilería insular, la materia prima llega en barco, pero para parte de la producción, ahora obtienen de la isla grano ecológico e ingredientes botánicos para la ginebra. Como maestro destilador, Molin tiene un historial de innovación, hace ajustes precisos en el proceso de elaboración para investigar cómo afectan al sabor final, y siempre busca la próxima gran idea en el mundo del whisky.

Hven está asociada a Tycho Brahe, astrónomo renacentista del siglo XVI, al que se le concedió una propiedad en la isla. Para honrar este vínculo, Spirit of Hven creó la serie de whiskies Seven Stars, y más tarde emprendió una nueva serie con el nombre Seven Angels. Sus whiskies se exportan a más de 40 países, y además producen una gama central de whiskies puros de malta: Hvenus Rye, elaborado con un 78 % de centeno, y Mercurious Corn, elaborado con un 88 % de maíz sueco. A diferencia de algunos destiladores del siglo XXI, la ambición de Molin no es crecer más y más para intentar competir con las principales marcas de bebidas del mundo, sino mantener la curiosidad y centrarse en elaborar los espirituosos más interesantes y únicos que pueda de la forma más sostenible posible, y compartirlos con las personas que los aprecian cuando visiten la pequeña isla del estrecho de Öresund.

***La bodega de Spirit of Hven** alberga barricas en las que maduran whiskies de malta, centeno y maíz.*

Spirit of Hven Tycho's Star

NOTAS DE CATA

Spirit of Hven Tycho's Star
Puro de malta, madurado en barricas de roble chinkapin, roble albar y roble europeo, 41,8 % APV
Molin combina malta con mucha turba con malta de *pale ale* y chocolate, y la madura en barricas secadas al aire de *Quercus muehlenbergii* muy carbonizadas, *Q. petraea* muy tostadas y *Q. robur* de tostado medio. En nariz, una composición dulce de chocolate, algodón de azúcar y manzana acaramelada, y sabores de plátano seco, jengibre y piel de cítricos. Final delicioso de chocolate y cacao.

Spirit of Hven Hvenus Rye
Rye, *madurado en barricas de roble blanco americano, 45,6 % APV*
Madurado unos seis años, en nariz presenta caramelo, crema de vainilla, especias de centeno y After Eight, con un paladar de especias de centeno pimentosas, menta, *toffee* y canela, y un final bien seco.

Spirit of Hven Mercurious Corn
Whisky de maíz, madurado en barricas nuevas de roble americano, 45,6 % APV
Aromas de oblea de crema, caramelo salado y especias de roble. Sensación lustrosa en boca, con piel de cítricos, caramelo, vainilla y un ligero toque especiado al final.

ISLANDIA

Islandia está habitada desde hace poco más de mil años, pero cuando se asentaron allí los vikingos, la isla estaba cubierta de bosques. Se talaron para cultivar cebada y criar ganado, pero a partir del siglo XIII, la Pequeña Edad de Hielo trajo malas cosechas, y hasta mediados del siglo XX no volvió a cultivarse cebada en Islandia. A principios del siglo XX, Islandia tuvo también una ley seca, no derogada hasta 1989, y cada 1 de marzo los islandeses siguen celebrando el Día de la Cerveza. Aunque durante la prohibición hubo quienes aprendieron a elaborar su propio alcohol, no deja de ser un lugar sorprendente, pero grato, para dar con una destilería.

EIMVERK

COMPAÑÍA Familia Thorkelsson

AÑO DE FUNDACIÓN 2009

SITIO WEB www.flokiwhisky.is

Eimwerk ahuma la cebada *destinada al whisky con estiércol de oveja seco y compactado.*

Fundada por Halli Thorkelsson en 2009, Eimverk produce whisky Flóki, brennivín y ginebra, y encarna el espíritu de autosuficiencia islandés. Kría y Filippa son dos variedades resistentes de cebada de dos hileras cultivadas y malteadas a 90 km de distancia, en la granja familiar, a la sombra del volcán Hekla. En la fermentación, la cebada islandesa da menos azúcar a la levadura y el rendimiento es menor, pero el sabor del destilado es más a hierbas y a pimienta.

Sin duda, la práctica culinaria tradicional islandesa de ahumar alimentos con estiércol de oveja hizo que Eimverk diera que hablar cuando empezaron a usarlo seco y compactado, junto con la paja acumulada en los cobertizos donde pasan el invierno las ovejas, para ahumar cebada. A diferencia del malteado con turba escocés, el humo del estiércol se usa en el secado antes de maltear. Cuando cada septiembre se trae la cosecha, los granos pueden estar húmedos por la lluvia y el rocío. La destilería elabora dos lotes al año de su Flóki Sheep Dung Smoked Reserve, y el efecto ahumado varía de uno a otro. El resto de la cebada se seca sin estiércol por medios más convencionales.

Cosa rara en Europa, usan proporciones iguales de cebada malteada y sin maltear, y depósitos de leche reciclados como alambiques de colada. Eimverk fermenta y destila con el grano, sin extraer el mosto del macerado, y usa agua geotérmica, que pasa por un intercambiador de calor para reducir la huella de carbono. Emplean sobre todo barricas de roble virgen carbonizado, pero además de barricas de jerez, en sus ediciones limitadas de barrica única utilizan también barricas de cerveza artesana, de madera de abedul y de hidromiel.

NOTAS DE CATA

Flóki Single Malt Icelandic Birch Finish
Puro de malta, acabado en barricas de abedul, 47% APV
Pimienta en nariz, con un equilibrio entre la fruta y caramelo de azúcar y mantequilla y las notas de pastel de frutas quemado y coco tostado. En boca trae caramelo, miel y drupas, con un torbellino de clavo y pimienta, y un final de roble chamuscado y canela.

Flóki Single Malt Sheep Dung Smoked Reserve
Puro de malta, madurado en barricas de relleno, 47% APV
En nariz intriga, y recuerda al campo, con notas terrosas, hongos, hierba cortada, savia, cebada y un fondo herbáceo. Deliciosamente sustancioso hasta lo masticable, con sabores de *toffee*, plátano, almendra tostada, canela y toques ahumados.

Flóki Single Malt Icelandic Birch Finish

NORUEGA

Las destilerías de Noruega se encuentran en lugares remotos y de difícil acceso, pero con coraje y determinación se han hecho un lugar en el mapa mundial del whisky.

AURORA SPIRIT DISTILLERY

COMPAÑÍA Tor Christensen y Colin Houston

AÑO DE FUNDACIÓN 2016

SITIO WEB www.bivrost.com

La destilería más septentrional del mundo, a 1600 km al norte de Oslo, ofrece una experiencia de whisky ártico. Con agua de los Alpes de Lyngen elabora vodka, aquavit, ginebra y *single malts* con un sistema híbrido de alambique y columna. El whisky Bivrost ha salido en cantidades limitadas en la serie Nine Worlds of Norse Mythology (Los nueve mundos de la mitología nórdica).

NOTAS DE CATA

Bivrost Alfheim
Puro de malta, envejecido en barricas de bourbon y roble virgen, 46% APV
El octavo de la serie trae en nariz vainilla ligera, especias de roble, bolas de coco, chocolate blanco y azúcar con canela. Salsa de caramelo, vainilla, canela y avellana tostada, luego clavo, especias con pimienta y nuez moscada, pastel de nueces y coco tostado, con caramelo y cinco especias en el final.

Bivrost Alfheim

FEDDIE OCEAN DISTILLERY

COMPAÑÍA Anne Koppang

AÑO DE FUNDACIÓN 2019

SITIO WEB www.feddiedistillery.no

Fedje, al noroeste de Bergen, es la isla habitada más occidental de Noruega, y la llaman «el pueblo en el océano». Con el apoyo de cientos de mujeres inversoras, la empresaria restauradora Anne Koppang elabora whisky con certificación ecológica. El espirituoso envejece en barricas de bourbon y jerez, y su whisky puro de malta inaugural salió a finales de 2024.

MYKEN

COMPAÑÍA Roar Larsen

AÑO DE FUNDACIÓN 2014

SITIO WEB www.mykendestilleri.no

Esta remota destilería isleña noruega forma parte de una pequeña comunidad pesquera en la mayor de un archipiélago de 40 islas en el extremo norte de la costa de Helgeland. Se desaliniza agua de mar por ósmosis inversa para el consumo de los habitantes de la isla, y se usa también para producir Myken. En alambiques de llama directa se destilan despacio whiskies con y sin turba, y maduran de forma creativa en una gama diversa de barricas para examinar sus diferencias.

NOTAS DE CATA

Myken Arctic Single Malt Whisky Ocean Spirit 2023 Single Cask
Puro de malta, madurado en barricas de bourbon, 65% APV
Aerosol marino, *fudge* de vainilla, caramelos duros, piel de pomelo y mineralidad de alga dulce en nariz. Todo un sabor a océano, pero la primera vez mejor diluir; limón, caramelo, melón, plátano y vainilla, pimienta, chile seco y anís, y un final salado.

Myken Whisky Arctic Single Malt Ocean Spirit 2023 Single Cask

DINAMARCA

Dinamarca tiene destilerías como Thy, Fary Lochan y Copenhagen que hacen whiskies interesantes, pero solo la destilería Stauning, con su floreciente gama de whiskies de centeno y de malta, ha mostrado realmente al mundo su potencial comercial.

STAUNING

COMPAÑÍA 60% de los fundadores y 40% de Distill Ventures

AÑO DE FUNDACIÓN 2005

SITIO WEB www.stauningwhisky.com

Los inicios de Stauning tienen todos los ingredientes de un buen guion cinematográfico, con un equipo de especialistas reunidos para una misión en la trama. Un recurso recurrente desde *Ocean's Eleven* y *Los Vengadores* hasta *The Blues Brothers*. En el caso de Stauning, habría un montaje de cada uno de los nueve intrépidos fundadores en sus empleos anteriores en la construcción, la medicina, la aviación, la ingeniería, la hostelería, la enseñanza y la industria cárnica, antes de responder a la llamada, colgar las herramientas y hacer whisky danés como si de ello dependiera el futuro del planeta.

Stauning está en el oeste de Dinamarca, en un área más agrícola y menos poblada del país, lejos del bullicio urbano de Copenhague. El clima recuerda al de Islay, y tiene en común con las bodegas de Escocia la maduración lenta en barrica. En los primeros tiempos, mientras reunían lo básico para el primer intento de destilación, trabajando en el sector agrícola los fundadores consiguieron con sus conocimientos, habilidades y recursos equipo como cubas de acero inoxidable de antiguos compañeros de colegio. Aunque pudo haber sido más por necesidad que una estrategia deliberada, esto mantuvo al equipo de Stauning arraigado en la comunidad local, y les hizo valorar la riqueza de recursos a su alcance, como abundante agua cristalina, cebada y centeno locales de gran calidad, y también la buena voluntad de sus vecinos.

Como aficionados declarados, comenzaron a destilar en condiciones modestas con un par de pequeños alambiques en una antigua carnicería, para el malteado usaban el suelo de la cámara frigorífica y una vieja picadora de carne como molino. Hasta consiguieron turba en un museo folclórico danés que mostraba a los visitantes las técnicas tradicionales de corte e informaba de la industrialización de su recolección. El primer espirituoso Stauning salió de los alambiques de llama directa en 2006, y las primeras botellas se pusieron a la venta en 2011.

Una inversión enorme trae una nueva era

En 2014, Distill Ventures, la plataforma aceleradora financiada por Diageo, se fijó y puso en contacto con ellos, y al año siguiente anunció una inversión de 11,7 millones de euros en el proyecto de Stauning para ayudarles a crecer. En 2018 se inauguró la destilería moderna, construida como tal y diseñada para integrarse armoniosamente en el entorno, adoptando la estructura angular de las granjas locales y cabañas de pescadores esparcidas por el puerto de Stauning. Optaron cabalmente por mejorar sin cambiar nada importante de sus métodos, y se mantuvieron fieles a sus orígenes. El sistema automatizado de malteado fue diseñado en la propia empresa, con el remojo y la germinación a nivel de suelo, y para mantener la regularidad en los lotes, un enorme molinete motorizado como el de una cosechadora voltea los granos de cebada germinados. Para la expresión Stauning Smoke, traen brezo local y lo entierran en la turba suelta en grandes trozos para evitar que arda en el horno y dejar que añada su sabor.

Gracias al malteado en el suelo y un macerado singular, que crea mostos espesos y llenos de sólidos, Stauning es un whisky de estilo denso. En lugar del grano y los frutos secos de una fermentación más corta, la fermentación larga crea ésteres afrutados y sabores cítricos y de frutas de huerto. Los dieciséis alambiques de colada y ocho de aguardiente se calientan a la llama directa de biogás, lo cual favorece una destilación lenta, atenta a no quemar el mosto espeso mientras el fuego directo actúa sobre los sólidos, ésteres y

Stauning Rye

azúcares para crear un espirituoso complejo y con carácter.

En los inicios, los fundadores de Stauning llenaron barricas pequeñas, como las de 50 litros, una práctica habitual en las destilerías nórdicas, pero descubrieron que el roble resultaba demasiado intenso. En cuanto pudieron emplearon barricas de tamaño estándar,

*La nueva destilería **Stauning** tiene 24 pequeños alambiques de cobre.*

aunque la normativa danesa de incendios impedía llenar botas de 500 litros y toneles mayores. Deseosos de considerar diferentes acabados, experimentaron con tres barricas de cada tipo que pudieron conseguir, desde las de mizunara, ron y marsala hasta las de mezcal y tequila. Probaron diferentes espirituosos en cada una de ellas. Descubrieron la rapidez con la que el destilado de centeno extrae el sabor de las barricas comparado con el ritmo más pausado de absorción de sabor de su whisky puro de malta. Las pruebas que dan buen resultado pasan a su programa activo de ediciones limitadas, como Stauning Rye Maple Syrup Cask o Stauning Dirty Bastard, en el que parten de su conocida expresión Stauning Bastard, madurada en barricas nuevas de roble americano y mezcal, y lo acaban en barricas de imperial stout de chocolate mexicano de la cervecera artesanal danesa contemporánea To Øl.

Stauning Bastard

NOTAS DE CATA

Stauning Bastard
Rye, *acabado en barricas de mezcal Oro de Oaxaca, 46,3 % APV*
Aromas de pan de centeno, hierbas y canela en nariz, con rastros sutiles de humo. Dulzura de canela, especias de centeno y una influencia más presente del agave dejan un sabor duradero en boca.

Stauning Kaos
Grano, madurado en barricas nuevas muy carbonizadas de roble americano y bourbon, 46 % APV
Aromas de café en grano, chocolate, manzana verde y notas dulces de humo de turba. En boca, una algarada de especias, con sabores de malta vainillada y chocolate que dispersan los últimos vestigios de humo.

Stauning Rye
Rye, *madurado en barricas nuevas de roble americano, 48 % APV*
Comienza con notas penetrantes de centeno, cardamomo, pimienta, canela y frutas de huerto, en nariz, este tiene un carácter *rye* más pronunciado. Textura reconfortante y cremosa, con sabores generosos de frutos rojos y manzana cocida.

INGLATERRA

En Inglaterra, la industria del whisky está floreciendo, y las destilerías operativas y en proyecto rondan actualmente las 50. Para sus single malts, *muchas son fieles a las prácticas tradicionales del whisky escocés, mientras que otras crean whiskies ingleses de centeno y otros experimentales al estilo del bourbon con influencia estadounidense. El English Whisky Guild, creado en 2022, promueve una categoría de whisky inglés diversa e innovadora. Con cebada local, grano ecológico y variedades tradicionales de centeno, Inglaterra tiene mucho espirituoso que ofrecer al mundo.*

AD GEFRIN

COMPAÑÍA Ad Gefrin Distillery Ltd

AÑO DE FUNDACIÓN 2023

SITIO WEB www.adgefrin.co.uk

Inspirada en el palacio real de Yeavering, del siglo VII, Ad Gefrin abrió en Wooler (Northumberland), cerca de la frontera con Escocia, en marzo de 2023. Fundada por la familia Ferguson, el nombre de la destilería significa «junto a la colina de las cabras», y se inspira en este periodo de la historia anglosajona. Diseñada para recibir visitantes, tiene bar, bistró y un museo audiovisual inmersivo que celebra la historia de la Northumbria anglosajona de hace 1400 años.

Razonablemente grande para una destilería inglesa actual, Ad Gefrin tiene cuatro cubas de fermentación de abeto Douglas y dos alambiques de cobre de Forsyths Ltd de Rothes. El agua pura es de los montes Cheviot, y se extrae de un pozo bajo la destilería. Ad Gefrin destila malta de cebada Diablo cultivada cerca, en Berwick-upon-Tweed. Hasta que madure su propio whisky de malta, como muy pronto en 2026, tienen previsto lanzar una serie de mezclas de otras destilerías del mundo bajo el nombre Tácnbora. Será una destilería para tener en cuenta en los próximos años.

ADNAMS COPPER HOUSE DISTILLERY

COMPAÑÍA Adnams plc

AÑO DE FUNDACIÓN 2010

SITIO WEB www.adnams.co.uk

Con un bello emplazamiento en el centro del pueblo costero victoriano de Southwold, esta innovadora empresa familiar, con 150 años de historia en cuestión de vinos, cervezas y destilados, abrió en 2010 una destilería en su fábrica de cerveza.

Usando mosto de grano local de la fábrica de cerveza, el maestro destilador John McCarthy supervisa una columna separadora de cerveza y un alambique de cobre. La gama inicial incluía un *single malt* sin edad declarada, un triple malta de trigo, cebada y avena, y un *single malt* de centeno con un 75% de centeno y un 25% de cebada malteada. Recientemente se ha sumado la gama Distiller's Choice de whiskies de 7 años, y su primer *single malt* de 12 años.

NOTAS DE CATA

Adnams Distiller's Choice 12 años
Puro de malta, madurado en barricas de bourbon, 51,2% APV
Preferible con algo de agua, en nariz, notas de miel, cebada y especias con pimienta en polvo preceden a un paladar maltoso y tostado con notas de cítricos asados, pimienta, *cinder toffee*, tarta de manzana y canela. La maduración más larga que en la gama central se refleja en un sabor más profundo.

Adnams Distiller's Choice 12 años

BIMBER

COMPAÑÍA Bimber Distillery Ltd

AÑO DE FUNDACIÓN 2015

SITIO WEB www.bimberdistillery.co.uk

Un ***hidrómetro*** *determina la graduación alcohólica del destilado nuevo en Bimber.*

Al considerar su fundador y maestro destilador Dariusz Plazewski más aprehensible para el mundo en general la noción de whisky de malta inglés que otros estilos, Bimber produce ante todo whisky puro de malta. Bimber usa exclusivamente cebada malteada en el suelo de una sola granja de Hampshire. Con siete cubas de fermentación abiertas, hay capacidad para fermentaciones de siete días, pero dados los dos alambiques de llama directa de 1000 litros, la capacidad total de la destilería es de solo 50 000 litros al año. Está previsto instalar un alambique mayor y más cubas de fermentación, pero falta dar con un lugar ideal, y mientras tanto la empresa ha abierto una segunda destilería, Dunphail, en Escocia.

La demanda supera a la oferta

En 2019 se embotelló su whisky inaugural, Bimber The First, y de inmediato la destilería se ganó un público fiel, ansioso por participar en el siguiente sorteo para poder comprar una botella. Los lanzamientos son de barrica única o lote pequeño, y la demanda supera a la oferta, así que beber Bimber requiere antelación, lealtad y suerte. Esto ha hecho también de Bimber un whisky muy coleccionable, sobre todo la serie Spirit of the Underground, con un atractivo diseño que utiliza los colores y logotipos del metro de Londres. Aquí, la vocación fundamental es el whisky de malta tradicional, y en 2022 Bimber lanzó un *single malt* inglés elaborado con cebada malteada de granja única y turba de Aberdeenshire. En 2023, Bimber colaboró con Compass Box Whisky Co. para crear un par de mezclas de malta llamadas Duality, que contienen *single malt* Bimber combinado con reservas selectas de *single malt* escocés de Compass Box.

En enero de 2024, Dariusz Plazewski fue detenido y acusado de varios cargos graves al revelarse que había vivido 20 años en el Reino Unido con un nombre falso. Su verdadero nombre es Lucasz Ratajewski, y cedió el control y la gestión de las destilerías a su esposa, Ewelina Chruszczyk, y al director de creación de whisky de Dunphail, Matt McKay.

Bimber Apogee XII

NOTAS DE CATA

Bimber Small Batch Bourbon Oak
Puro de malta, madurado en barricas de bourbon de primer llenado, 51,6 % APV
En nariz, vainilla, *toffee*, piel de limón y manzana Granny Smith indican la influencia del roble americano. En boca, notas cítricas, especias, plátano y manzana acaramelada, con especias y leche malteada en el final.

Apogee XII
Mezcla, acabada en barricas de Bimber, 46,3 % APV
Este 12 años que combina *single malts* de Speyside y las Tierras Altas trae en nariz manzana roja, galleta de jengibre, chocolate, malta y pecanas tostadas. En boca es especiado, con notas profundas de cítricos y frutas de huerto, jengibre y un final dulce de vainilla y piel de manzana.

CIRCUMSTANCE

COMPAÑÍA Psychopomp Ltd
AÑO DE FUNDACIÓN 2018
SITIO WEB www.circumstancedistillery.com

En 2018, Liam Hirt y Danny Walker fundaron Circumstance en una nave industrial de Bristol. La destilería, para seguir de cerca, es muy experimental, usa grano ecológico, levaduras de cerveza y diversas barricas y técnicas de madurado. El primer whisky debutó en 2022, y la primera gama principal en 2023. Single Grain Estate Whisky emplea cuatro cereales orgánicos, tres levaduras de cerveza y madura en barricas de bourbon, roble europeo nuevo y sazonadas con oloroso.

NOTAS DE CATA

Circumstance Single Grain Estate Whisky
Grano único, madurado en barricas de bourbon, roble europeo nuevo y sazonadas con oloroso, 45 % APV
En nariz destacan la malta y especias de centeno, con aromas de semilla de cilantro molida, canela, nuez moscada, galleta digestiva, arpillera, heno y gachas calientes. Textura cremosa, con malta, cereales tostados, centeno y mucha vainilla.

Circumstance Whisky Single Grain Estate

COOPER KING

Cooper King Primera edición «Fruit + Spice»

COMPAÑÍA Cooper King Distillery Ltd
AÑO DE FUNDACIÓN 2016
SITIO WEB www.cooperkingdistillery.co.uk

Chris Jaume y Abbie Neilson se engancharon a la idea de crear una destilería mientras visitaban las destilerías artesanas de Tasmania. Tras aprender de destiladores como Bill Lark, compraron un alambique de cobre de Tasmania de 900 litros para construir una destilería al norte de York. Usan cebada Maris Otter malteada en el suelo de Warminster Maltings, preparan el macerado a mano y usan fermentaciones largas de entre cinco y siete días. En su alambique *single pot still*, la destilación es doble, y como sus mentores tasmanos, para acelerar la maduración usan barriles pequeños de 100 litros. Su primer whisky, lanzado en octubre de 2023, se agotó en 10 minutos.

NOTAS DE CATA

Cooper King First Edition «Fruit + Spice»
Puro de malta, madurado en barricas pequeñas, entre otras de bourbon, jerez de relleno, tinto y coñac, 48,1 % APV
Manzana russet Egremont, piel de naranja de Sevilla, rodajas de melocotón, miel de flores y pimienta blanca en nariz. Atractivo instantáneo, con suficiente cuerpo y sabor para abarcarlo todo. La malta se aprecia de maravilla.

COPPER RIVET

COMPAÑÍA Russell Distillers Ltd
AÑO DE FUNDACIÓN 2016
SITIO WEB www.copperrivetdistillery.com

En 2016, en el Astillero Real de Chatham, la familia Russell transformó la estación de bombeo n.º 5 en la destilería Copper Rivet. El maestro destilador Abhi Banik obtiene trigo, cebada y centeno de agricultores de Kent. La instalación permite varias opciones de destilado. Los whiskies se embotellan con la marca Masthouse, cuyo nombre alude al oficio de hacer mástiles de barco en los astilleros, y su primer *single malt* salió en 2020.

NOTAS DE CATA

Masthouse Single Estate Grain Whisky
Grano único, destilado en alambique y columna, 42 % APV
Aromas de almendra tostada, granos de pimienta negra, semillas de cilantro, avellana blanqueada, merengue y especias de centeno. Ligero en la lengua, con mucha dulzura de vainilla, cereales, miel y especias de centeno, va ganando en cremosidad.

Masthouse Single Estate Grain Whisky

COTSWOLDS DISTILLERY

COMPAÑÍA The Cotswolds Distilling Company Ltd

AÑO DE FUNDACIÓN 2014

SITIO WEB www.cotswoldsdistillery.com

Cotswolds, una de las mayores destilerías de Inglaterra, fue idea del neoyorquino Daniel Szor, quien orientado por Jim Swan, fallecido en 2017, la construyó en una de las zonas más idílicas del país. El éxito de la ginebra Cotswolds Dry Gin contribuyó a darla a conocer y a crear expectación hasta llegar el primer whisky en 2017. Szor ve Cotswolds como destilería de whisky del mundo, además de inglesa, y parte de la revolución global de destilerías jóvenes como Stauning en Dinamarca, Westland en Estados Unidos y Chichibu en Japón.

Cotswolds Reserve

Cotswolds aumentó su capacidad *destiladora en 2022 incorporando dos alambiques mayores.*

La planta se expande

El equipo emplea cebada cultivada en los Cotswolds, malteada en la cercana Warminster Maltings. La fermentación dura 90 horas y se usan dos cepas de levadura seca, Anchor y Fermentis, escogidas por los sabores afrutados que producen.

La destilería se amplió en 2022 con la adquisición de un *mash tun* de dos toneladas, un alambique de colada de 10 000 litros y uno de aguardiente de 7500, multiplicando por seis la capacidad hasta un potencial de 750 000 litros al año. Como *single malt* inglés más disponible y vendido, Cotswolds necesitará la capacidad añadida.

La gama actual es muy completa, empezando por la colección Classics, con Cotswolds Reserve y Cotswolds Signature, seguida de Cask Expressions, que incluye expresiones en barricas de bourbon, jerez y tratadas con turba, además de la favorita de Szor, la expresión en barrica STR Founder's Choice. Más recientemente han aparecido ediciones limitadas anuales en la colección Hearts Series.

NOTAS DE CATA

Cotswolds Reserve

Puro de malta, madurado en barricas de bourbon de primer llenado y STR, 50% APV

Uno de los mejores Cotswolds, la receta de la barrica da un aroma a manzana, cereza, frutos rojos secos, chocolate, vainilla y frutas secas de trepadora. Denso y sustancioso en boca, tiene sabores jugosos a frutos rojos, ciruela Victoria y *fudge* de vainilla, con un final especiado.

Cotswolds Sherry Cask

Puro de malta, madurado en botas y toneles de roble español y americano sazonadas con jerez, 57,4% APV

Szor sazona barricas con oloroso y Pedro Ximénez para este whisky, cuyo aroma revela pan de jengibre, pastel de chocolate, té negro, especias de horno y ciruelas pasas. De textura densa, con notas de pudín de *toffee* viscoso, clavo y frutos negros, es un paraíso del jerez.

DARTMOOR DISTILLERY

COMPAÑÍA Dartmoor Whisky Distillery Ltd

AÑO DE FUNDACIÓN 2014

SITIO WEB www.dartmoorwhiskydistillery.co.uk

En 2014, tras su paso por la Bruichladdich Whisky Academy, Greg Miller y Simon Crow fundaron esta destilería en Devon. Rescataron un alambique de 1400 litros retirado en Cognac, lo restauraron con mucho cariño y construyeron una destilería en el ayuntamiento de Bovey Tracey, una de las salas de destilación más encantadoras y peculiares de Inglaterra. Como a varias otras destilerías inglesas, una empresa cercana de cerveza artesana de barrica le suministra el mosto hecho con cebada local malteada en Warminster Maltings.

Como maestro destilador cuentan con los servicios de la leyenda del whisky Frank McHardy. Aquí el proceso lleva tiempo, pues para obtener *low wines* suficientes para el alambique de aguardiente hacen falta tres lotes del de colada. Lo destilado con tanto trabajo madura en barricas de bourbon, oloroso y tinto de Burdeos, y por tanto cada gota es muy valiosa.

NOTAS DE CATA

Dartmoor Whisky Single Malt
Puro de malta, madurado en barricas de bourbon, 46% APV
Aromas de vainilla, malvavisco, merengue y un toque de lima. Whisky ligero para tomar a sorbos pequeños, con ligeras notas de vainilla, sabores a ron y pasas, *toffee* y mucha pimienta. Hay destellos de piel de cítricos, lima, uva blanca y *fudge* de vainilla mientras se diluye en un final suave.

Dartmoor Whisky Single Malt

EAST LONDON LIQUOR COMPANY

COMPAÑÍA East London Liquor Company Ltd

AÑO DE FUNDACIÓN 2014

SITIO WEB www.eastlondonliquorcompany.com

Esta destilería urbana, bar y restaurante del este de Londres, que ofrece visitas guiadas y catas para amantes de la ginebra y el whisky, ha causado revuelo. El whisky puro de malta fermenta durante 96 horas con levaduras del destilador de cerveza belga y Saison, se destila dos veces en alambiques de cobre y envejece en barricas de bourbon, barricas rejuvenecidas y nuevas de roble americano. Luego llegó London Rye, hecho con centeno y cebada malteados, fermentado 120 horas con levadura del destilador y Saison, y madurado en barricas de varios tipos de roble y de brandy londinense.

Para ELLC parecía solo el principio, pero en diciembre de 2023, con colaboraciones y más ediciones especiales a la vista, la empresa quedó brevemente bajo administración por deudas con la hacienda británica. Los miembros del consejo de administración pudieron así comprar la empresa, eliminar grandes deudas transfiriendo la propiedad a una nueva empresa, salvar los puestos de trabajo y seguir haciendo whisky.

NOTAS DE CATA

East London Liquor Co. Single Malt Whisky
Puro de malta, madurado en barricas nuevas de roble americano, jerez y bourbon, 47% APV
Mermelada de lima, pimienta negra, plátano y una pizca de jengibre molido en nariz. En boca, una evolución magnífica de sabores cítricos y drupas, con manzana asada, miel, mazapán, pimienta fugaz, caramelo, cítricos confitados y piña en conserva conduce a un final largo y afrutado.

East London Liquor Co. London Rye Whisky
Rye, *madurado en barricas rejuvenecidas, roble americano nuevo, castaño y barrica de brandy, 47% APV*
Notas hermosamente activas de centeno en nariz, con bollito de fruta tostada, mucha nuez moscada, canela, palitos de cedro, avellana tostada y cereales de desayuno. Mucho sabor, pero estructura algo suelta, con manzana, albaricoque, mandarina, malta y especias de centeno.

ELLC Single Malt Whisky 2022

THE ENGLISH DISTILLERY

COMPAÑÍA The English Whisky Company Ltd

AÑO DE FUNDACIÓN 2006

SITIO WEB www.englishwhisky.co.uk

James Nelstrop fundó la destilería St George's en 2006 (hoy día The English Distillery) en Norfolk (Anglia Oriental), la primera destilería nueva en Inglaterra en más de 100 años, haciendo realidad un sueño largamente acariciado: hacer whisky inglés de calidad. Se puso en marcha de inmediato, y tardó solo once meses en obtener permiso para construir una destilería rural en el interior de Norfolk y empezar a destilar.

The English distillery *de Norfolk fue pionera en la producción de whisky en Inglaterra.*

Más allá del *single malt* tradicional

Pasado ya su 20º aniversario, es reconocida como la destilería inglesa más antigua de la era moderna. El hijo de James, Andrew, es ahora el director general. El legendario Iain Henderson de Laphroaig se encargó de su primer espirituoso, supervisando los cortes mientras los vapores recorrían los dos alambiques de cobre de 1800 litros de Forsyths Ltd de Rothes. Hacia el final de su estancia de diez meses, Henderson formó como sucesor al antiguo cervecero de Greene King David Fitt, que gestionó las existencias que maduraban en los primeros años desde 2009, con una variedad desconcertante de lanzamientos a los que llamaron Chapters («capítulos»). Fitt también introdujo algunas variantes fascinantes y deliciosas de whisky de grano inglés y licores embotellados con la marca The Norfolk.

Hasta entonces, la destilería había seguido de cerca los métodos de una destilería tradicional de whisky puro de malta escocés, pero antes que otras destilerías inglesas, The Norfolk mostró iniciativa y abordó macerados al estilo bourbon y variantes de grano único. Tras la marcha de Fitt en 2022, Nelstrop nombró a Chris Waters tercer maestro destilador para ayudarlos a escribir el siguiente capítulo de la historia de la destilería.

Dada la tradición agrícola de la familia Nelstrop y la situación de la destilería en la fértil tierra de Anglia Oriental, gran parte de la cebada se obtiene localmente y se maltea cerca, en Crisp Maltings, en Fakenham. El agua se obtiene del acuífero de Breckland, la mayor fuente de agua dulce subterránea de Inglaterra. La sostenibilidad tiene un papel importante, y la destilería está concebida para una gestión responsable del agua, la eficiencia energética y el reciclaje de residuos.

Como parte de una nueva gama distintiva, se lanzaron The English Original y The English Smokey con una nueva imagen de marca, a la que en 2023 se sumó The English Sherry Cask Matured. Complementan la gama expresiones más antiguas y limitadas, como The English 11 años, embotellados de barrica única, ediciones especiales que conmemoran nacimientos, bodas y coronaciones reales, y lanzamientos regulares procedentes de la era Chapters, como las ediciones Triple Distilled, Rum Cask, Virgin Oak y Sherry Butt Heavily Smoked.

The English Original

NOTAS DE CATA

The English Original
Puro de malta, madurado en barricas de bourbon, 43% APV
Su whisky emblemático tiene notas de suelo de malteado, copos de maíz, vainilla y piel de naranja. Bien equilibrado en boca, con natillas de vainilla en hojaldre, mazapán, pera, melón, ralladura de limón y pimienta negra en el final.

The English Smoky
Puro de malta, madurado en barricas de bourbon, 43% APV
Hecho con cebada malteada con 45 ppm de turba, el humo se expresa en nariz como una hoguera en el jardín, en lugar de un exceso de turba. En boca, vainilla cremosa, jengibre, pera, plátano y caramelo masticable, mientras humo denso de hojas ardiendo infiltra los sabores.

The English Sherry Cask Matured
Puro de malta, madurado en barricas de jerez Pedro Ximénez, 46% APV
Miel de bosque, hojas otoñales, higo y madera sazonada con jerez en nariz. Empapado en jerez, pero bien estructurado y con buena trayectoria de sabor. Pasas sultanas, zumo de ciruela pasa, pastel de frutas, manzana asada, higo y vainilla con un final de nuez de Brasil, regaliz y un toque de tabaco.

HENSTONE

COMPAÑÍA Henstone Distillery Ltd

AÑO DE FUNDACIÓN 2017

SITIO WEB www.henstonedistillery.com

Chris y Alex Toller, dos de los cofundadores originales, dirigen esta destilería de Shropshire fundada en 2017. A diferencia de otras destilerías inglesas, producen su propio mosto y la destilería original tiene un alambique híbrido Kothe de caldera columna y de 1000 litros, apodado «Hilda».

Al quedarse pequeña la destilería, el empresario Mike Harris adquirió el 50% del negocio para trasladarla a un espacio mayor para sus planes de expansión. Elaboran Old Corn Dog Liquor, un whisky de estilo bourbon con una mezcla de 68% de maíz, 16% de trigo y 16% de cebada malteada, que madura doce meses en barricas nuevas de roble americano. Los whiskies se embotellan como ediciones de barrica única de entre 3 y 5 años, e incluyen expresiones maduradas en barricas de bourbon, *quarter casks* de Islay con turba, maduradas por completo en barricas de oloroso y PX y barril pequeño, y acabados en *quarter casks* de oloroso y PX.

NOTAS DE CATA

Henstone Distillery Single Malt Whisky
Puro de malta, madurado en barricas de bourbon, 43,8% APV
Aromas ligeros y casi efervescentes de manzana roja, gominolas de vino, concentrado de limón y *cream soda*. En boca, limón dulce, lima, cítricos confitados, pimienta blanca y especias en aumento. Final de frutos secos con galletas de limón.

Henstone Distillery Single Malt Whisky

HICKS & HEALY

COMPAÑÍA St Austell Brewery & Healey's Cyder Farm

AÑO DE FUNDACIÓN 2000

SITIO WEB www.healeyscyder.co.uk

Healey's destila sidra para hacer brandy de manzana en su granja familiar de Cornualles. A principios de siglo, la empresa se asoció con la cervecera local St Austell para producir una pequeña cantidad de whisky. Hoy siguen haciendo whiskies con cebada de Cornualles, malteada por St Austell Brewery y destilada dos veces y envejecida por Healey's. El whisky estrella es un puro de malta sin edad declarada hecho con cebada Maris Otter, pero ofrecieron una rara expresión embotellada a los 15 años.

NOTAS DE CATA

Hicks & Healey Single Malt Cornish Whiskey
Puro de malta, madurado en barricas de bourbon, 40% APV
Aroma agradable a cebada cremosa, notas florales, azúcar glas de vainilla, *cream soda*, miel, un toque de pera y leves especias aromáticas. Sabores limpios y dulces con *tablet*, miel, pera, pimienta en grano y azúcar moreno, con caramelo y toques de frutas tropicales, piel de naranja y frambuesa.

***Cuando se llenan las barricas**, el* new make *es incoloro, pero probar whisky de Cornualles directo de la barrica muestra cómo con el tiempo va adquiriendo color de la madera.*

Hicks & Healey Single Malt Cornish Whiskey

THE LAKES

COMPAÑÍA The Lakes Distillery Company plc

AÑO DE FUNDACIÓN 2014

SITIO WEB www.lakesdistillery.com

Cofundada por Paul Currie, también cofundador de Isle of Arran (hoy Lochranza) en la década de 1990, The Lakes comenzó a destilar en 2014. Durante las obras para convertir la granja lechera de mediados del siglo XIX en destilería, se halló grabado en piedra el trébol de cuatro hojas, símbolo de fe, esperanza, suerte y amor, y se adoptó como logotipo. Dhavall Gandhi fue maestro destilador de 2016 a 2022, cuando se definió más claramente el estilo de la casa, inclinándose por whiskies ligeros, afrutados y elegantes madurados en barrica de jerez. En 2022, Sarah Burgess, antigua maestra destiladora de The Macallan, sucedió a Dhavall Gandhi en el puesto.

The Lakes emplea solo cebada malteada sin turba, fermenta durante 96 horas con una combinación de tres cepas de levadura, y destila lentamente y con cortes estrechos. Para dar estructura a los sabores tras cada expresión, se insiste más en la calidad de las barricas usadas y el arte meticuloso de la mezcla. Aprovechando el éxito de sus primeros lanzamientos y con la ambición de ser un *single malt* ajerezado de lujo de renombre mundial, la destilería triplicó su capacidad de producción añadiendo ocho cubas de fermentación, ampliando el espacio de bodega y llegando a nuevos mercados de exportación en EE.UU., Asia y Europa. Entre 2019 y 2023 hubo siete ediciones de la serie Whiskymaker's Reserve, pensadas como un viaje por el proceso de refinamiento de su estilo característico de barrica de jerez. The Whiskymaker's Editions son ediciones limitadas presentadas como nuevas interpretaciones artísticas, con etiquetas magníficamente diseñadas. Se encuentran entre los whiskies más caros de Inglaterra, a menudo más que los muy conocidos whiskies escoceses de malta ajerezados con edad declarada, pero la calidad y el sabor muestran que The Lakes puede competir con los mejores del mundo.

NOTAS DE CATA

The Lakes Whiskymaker's Reserve No. 6
Puro de malta, madurado en barricas de oloroso, Pedro Ximénez y tinto, 52 % APV
Saturado de sabores afrutados, en nariz recuerda a frutas secas de trepadora, pastel de Navidad, higos y piel picada de cítricos. Con graduación de barril, ofrece sabores cítricos, frutas secas, dátiles, caramelo y especias suaves en el final.

The Lakes Whiskymaker's Reserve No. 6

LUDLOW

COMPAÑÍA Ludlow Distillery Ltd

AÑO DE FUNDACIÓN 2018

SITIO WEB www.ludlowdistillery.co.uk

Ludlow, en Shropshire, es conocida por su vibrante escena gastronómica, y esta pequeña destilería se está labrando una sólida reputación por su ginebra y su whisky. Reubicada en una tienda agrícola a 3 km al norte de la ciudad, el destilador Shaun Ward combina malta inglesa y escocesa con turba, tiempos de fermentación largos y triple destilación en un alambique alemán de leña de cuatro placas y 200 litros. Esta es la única destilería inglesa que utiliza malta con turba en todas sus recetas. También se hace whisky en columna con 100 % de cebada malteada en Copper Rivet, en Inglaterra, Loch Lomond en Escocia y Miyagikyo en Japón. Han embotellado varios *single malts* jóvenes en la línea Distiller's Cut, algunos acabados en barricas de oloroso y de Islay. Mientras amplían inventario, es difícil dar con sus novedades, pues solo salen 400 botellas cada seis meses.

Ludlow Single Malt

NOTAS DE CATA

Ludlow Single Malt Distiller's Cut Triple Cask No. 6
Puro de malta, madurado en barricas de whisky de relleno, acabado en barricas de Pedro Ximénez y oporto rubí, 42 % APV
Aquí intervienen malta inglesa y escocesa con turba. Una bienvenida de notas afrutadas de oporto, especias, grano molido, malta y notas terrosas en nariz. Como influencia sutil de las barricas del acabado, es ligero y azucarado al primer sorbo, con caramelo, frambuesa, malta, vainilla, chocolate Milka y pimienta negra, en el final queda malta, cacao en polvo y zarzamora.

THE OXFORD ARTISAN DISTILLERY

COMPAÑÍA The Oxford Artisan Distillery Ltd
AÑO DE FUNDACIÓN 2011
SITIO WEB www.theoxfordartisandistillery.com

Esta destilería, de nombre abreviado a TOAD, sigue un camino diferente al de la mayoría de sus homólogas inglesas. En sociedad con John Letts, de Heritage Harvest Ltd, su filosofía se basa en destilar grano de variedades antiguas de cereales.

Un patrimonio único de grano antiguo

En 1994, mientras trabajaba en edificios con techos de paja, Letts descubrió variedades de trigo y centeno tardomedievales perfectamente conservadas. Crecían mucho más alto que las variedades modernas, y siglos antes de la industrialización del campo y el control comercial de las nuevas variedades de semillas, habrían estado perfectamente adaptadas a las condiciones locales. Letts las plantó y cosechó a lo largo de muchos años para reunir existencias, y desarrolló métodos de cultivo más sostenibles que enriquecen el suelo y promueven la biodiversidad. Ahora, en un radio de 80 kilómetros alrededor de la destilería, cinco granjas cultivan variedades antiguas de cebada, trigo y centeno para la destilería, la única con acceso a ellas.

En la destilería, los alambiques de TOAD son dignos de admirar. Hechos a medida por los caldereros industriales de South Devon Railway Engineering, tienen una estética *steampunk* inspirada en antiguos cascos de buceo, ingeniería victoriana y *20 000 leguas de viaje submarino*, de Julio Verne. Cuentan con dos alambiques de cobre, el «Nautilus» de 2400 litros y el «Nemo» de 500 litros, junto con dos columnas de destilación de 5 metros de altura y 40 placas.

El primer whisky salió al mercado en 2021, y nombres como Easy Ryder y Purple Grain muestran su gusto por los juegos de palabras. En 2022, Distill Ventures, el programa de aceleración de marcas de espirituosos de Diageo, se fijó en ellos y adquirió una participación minoritaria, e invirtió en la destilería como antes en Kanosuke, Stauning, Westland y Starward.

En 2024, haciendo gala de las prácticas agrícolas de Fielden's Farm por favorecer una mayor biodiversidad y desarrollar las variedades tradicionales en suelos que fertiliza naturalmente el trébol, con el resultado, informan, de cereales de sabor más pleno que los cultivados de forma industrial, lanzaron el whisky de centeno Fielden's Rye Whisky.

Oxford Artisan Distillery devuelve cereales tradicionales al whisky inglés.

Crafty Little Rye

NOTAS DE CATA

Fielden Rye Whisky
Rye, *madurado en barricas de roble americano y de vino, 48% APV*
Notas cálidas de grosella negra y arándano rojo en nariz, destaca el centeno, suelos de tierra y granero antiguo. Notas afrutadas de grosella roja, cereza y regaliz rojo con notas tostadas, caramelo, pan de frutas tostado, jengibre y un toque de notas de hierbas y chocolate.

Crafty Little Rye
Rye, *acabado en barricas de Sauternes, 44% APV*
La barrica de Sauternes hace de este whisky una delicia dulce. Con un 70% de centeno, 20% de trigo y 10% de cebada malteada, en nariz trae una brizna de especias de centeno, pero con vainilla cremosa, miel cristalizada y peras en almíbar. Envuelve la boca sirope dorado cálido, pan de jengibre, notas de hierbas, frutas asadas y una dulzura azucarada reconfortante.

SPIRIT OF YORKSHIRE

COMPAÑÍA Spirit of Yorkshire Ltd

AÑO DE FUNDACIÓN 2016

SITIO WEB www.spiritofyorkshire.com

Spirit of Yorkshire comenzó a destilar en 2016 como productor «del campo a la botella» muy atento a la responsabilidad medioambiental. Situada en la costa de Yorkshire, su whisky lleva el nombre de la costa de Filey Bay. Los fundadores Tom Mellor y David Thompson contaron con los servicios del legendario consultor global Jim Swan, fallecido en 2017, para diseñar la destilería y crear el carácter del whisky que habían concebido.

Filey Bay Flagship

Procedimiento manual

La producción se divide entre la granja en los Wolds de Yorkshire y la destilería, y comienza por la cebada malteada que va a la cuba de maceración y a fermentadores de 10 000 litros, equipo compartido con la empresa hermana Wold Top Brewery. El agua es de un acuífero filtrado por creta, el mismo suministro privado de la cervecera.

Se destila cuatro días a la semana con el alambique de colada de 5000 litros y de aguardiente de 3500 litros, de Forsyths Ltd de Rothes, que generan 400 litros de alcohol puro por destilación. Es una operación con válvulas giradas a mano que controlan la presión y temperatura de los alambiques, y gracias a la columna rectificadora opcional de cuatro placas conectada al alambique de aguardiente, los cortes se hacen evaluando directamente el destilado para los dos estilos que elaboran. Al desviar el flujo de vapor por la columna, se obtiene un destilado más puro de 86 % APV frente al habitual 73 % APV del alambique de aguardiente.

Ambos van a barricas de bourbon de primer llenado, y una proporción menor a barricas de oloroso y *hogsheads* de PX. En lo experimental, han llenado barricas de roble inglés, tratadas con turba y de IPA. La relación entre la cervecera y la destilería se extiende a llenar barricas de Filey Bay con cerveza negra para la cerveza Rip Curl, y luego acabar whisky en las barricas usadas de cerveza negra. En la granja se cultiva suficiente cebada para aumentar la producción a seis días a la semana.

NOTAS DE CATA

Filey Bay Flagship

Puro de malta, madurado en barricas de bourbon, 46 % APV

Toffee de mantequilla, vainilla, cebada madura, piel de plátano, roble tostado y especias de roble seco en nariz, con notas de fruta fresca y hierbas al abrirse. En boca exhibe los rasgos de barrica de bourbon de primer llenado, con vainilla, miel, manzana y naranja, para luego cambiar de marcha a *toffee*, toques de chocolate, clavo y jengibre.

Filey Bay STR Finish

Puro de malta, acabado en barricas STR, 48 % APV

La barrica STR imparte una explosión de especias tostadas y pimienta en grano, acompañados de aromas de arándanos, mermelada de fresa y jalea de serbal. Sabores a regaliz, galleta de jengibre, pimienta y clavo pican en el paladar, sumándose a las notas de manzana roja y serbal.

WEETWOOD BREWERY AND DISTILLERY

COMPAÑÍA Weetwood Ales Ltd

AÑO DE FUNDACIÓN 2018

SITIO WEB www.weetwoodales.co.uk

Weetwood Ales Ltd, empresa familiar independiente, llevaba 26 años en funcionamiento cuando en 2018 decidió añadir una destilería a su cervecería, bar y tienda.

Equipada con un alambique de cobre de 400 litros, produce ginebra, vodka y brandy. En 2022 lanzó The Cheshire, su primer whisky puro de malta, acabado en barricas de roble europeo después de haber madurado primero en barricas de bourbon.

Aún es pronto para juzgar sus primeras remesas, pero sus ediciones limitadas exhiben ya sus experimentos con el acabado, como The Cheshire Seaside Edition, acabado en barricas de Islay, y The Cheshire Fireside Edition, acabado en barricas de jerez oloroso y PX.

NOTAS DE CATA

The Cheshire Single Malt Second Release
Puro de malta, madurado en barricas de roble americano STR y acabado en barricas de roble europeo, 46% APV
Aromas de vainilla, miel, cereales tostados y especias terrosas a medida que se abre muy bien, con manzana seca, mandarina y toques de frutas tropicales. Dulce y jugoso, con miel, vainilla, melocotón, nectarina, mango seco y mandarina, con cacao, canela, malta, cítricos y drupas en el final.

The Cheshire Single Malt Second Release

WHITE PEAK

COMPAÑÍA White Peak Distillery Ltd

AÑO DE FUNDACIÓN 2016

SITIO WEB www.whitepeakdistillery.co.uk

La destilería White Peak ocupa los antiguos cobertizos de mantenimiento y almacenamiento de Johnson & Nephew Wire Works, en Derwent Valley Mills, declarado Patrimonio de la Humanidad por la UNESCO, en el Peak District. Aquí se manufacturaron alambres y cables durante 120 años.

Max y Claire Vaughan fundaron esta destilería artesana de Derbyshire y la diseñaron para poder obtener sabor en cada una de las etapas del proceso. Combinando un 20% de malta con turba con un 80% de malta sin ella, elaboran un whisky ligeramente ahumado. La cervecera Thornbridge suministra cada semana levadura viva, la misma que usa para elaborar su IPA Jaipur. El espléndido tiempo de fermentación de 140 horas de White Peak crea muchos sabores secundarios en el mosto, y es una opción mucho menos probable en destilerías mayores, en las que a la paciencia necesaria para desarrollar tales sabores se imponen criterios de volumen, tiempo y eficiencia. En lo que concierne al whisky puro de malta de White Peak, cuenta con un alambique de colada de 3000 litros y uno de aguardiente de 2100 litros, fabricados por McMillan Coppersmiths en Escocia. La destilación es lenta, y con puntos de corte altos para atrapar los sabores afrutados creados durante la fermentación.

La destilería White Peak tiene un par de alambiques de cobre para producir whisky y un alambique pequeño usado para elaborar ginebra y ron.

Además de su gama de ginebra y ron Shining Cliff, destilados por «Betty», el alambique de aguardiente de 600 litros, el equipo lanzó en febrero de 2022 su primer whisky Wire Works, un *single malt* con graduación de barrica, madurado en barricas de bourbon y *shave-toast-rechar* (STR).

Esta destilería artesana lo hace todo *in situ*, incluido el embotellado, etiquetado y empaquetado. Hasta la fecha, la gama incluye Over Smoke, *single malt* con turba ligera madurado en barricas STR-ROS (de vino tinto STR recarbonizadas sobre humo, técnica que al final del carbonizado atrapa el humo en la barrica en lugar de dejarlo escapar). Alter Ego es un experimento para ajustar los parámetros de producción habituales para el estilo de la casa con cortes más profundos del destilado, y madura en una proporción mayor de barricas de bourbon de primer llenado que las demás líneas. Las barricas de imperial stout Necessary Evil de Thornbridge Brewery, que antes contenían jerez PX, añaden profundidad a Wire Works Necessary Evil Finish. Wire Works Caduro, nombre de una marca global de cables que producía en su día Johnson & Nephew Wire Works, utiliza para lograr mayor complejidad una combinación específica de barricas de roble americano y francés, tanto de bourbon de primer llenado como STR.

Caduro fue también el primer lanzamiento rellenable de la destilería, y lanzó el concepto de una botella para toda la vida. Se trata de lotes pequeños y limitados, a veces de barrica única, pero se va corriendo la voz cuantas más personas prueban sus destilados artesanos Peak District, y descubren el concepto enfocado en el detalle que encarna la destilería White Peak.

NOTAS DE CATA

Wire Works Carduro
Puro de malta, madurado en barricas de bourbon de primer llenado y STR, 46,8 % APV
Con turba leve, en nariz es limpio y afrutado, con frutas en gelatina, cítricos, manzana con miel y uva roja integrados con humo de turba suave y dulce. Agradablemente denso en boca, con cereza, chocolate, *toffee*, avellana tostada, caramelo, anís y pimienta negra, con notas persistentes de humo y roble carbonizado.

Wire Works Necessary Evil
Puro de malta, acabado en barricas de stout, *51,3 % APV*
Con su acabado de *stout*, en nariz trae Ferrero Rocher, café recién tostado, suelos de bodega *dunnage* y especias tostadas. En boca, dátiles, ciruelas pasas, café con leche y muchas bayas, con zarzamora, grosella negra, azúcar moreno y chocolate, y malta y café en un final suave.

Wire Works Over Smoke
Puro de malta, madurado en barricas STR-ROS, 52,7 % APV
Un humo preciso, no turboso, sino de madera carbonizada, con frutos rojos secos, Toffee Crisp, anís y galleta de jengibre. Aterciopelado y suave, con naranja de chocolate, Maltesers, especias de graduación de barrica y pequeñas bolsas de fondant de grosella negra, y un final largo. El agua resalta el afrutado.

Wire Works Over Smoke

YARM

COMPAÑÍA Yarm Distillery Ltd
AÑO DE FUNDACIÓN 2018
SITIO WEB www.yarmdistillery.com

Fundada por la familia Marsden, esta pequeña empresa con sede en Eaglescliffe, en el condado de Durham, elabora vodka, ron, ginebra y licores, y en 2020 empezó a producir whisky. Solo tres años después, en julio de 2023, Richard Marsden, maestro destilador de Yarm, lanzó el primer whisky puro de malta en una partida de 342 botellas de 43,1 % APV. Utilizaron mosto de Cameron's Brewery hecho con cebada Golden Promise 100 %, cultivada y malteada cerca de Berwick-upon-Tweed. Se trata de una variedad de cebada de primavera que en su día fue la preferida de The Macallan, y que tuvo su apogeo entre las décadas de 1960 y 1980. Yarm destiló el *new make* en sus dos alambiques de 500 litros, «Boris» y «Doris», y lo maduró en barricas de whiskey de Tennessee Jack Daniel's hasta que pudo llamarse legalmente whisky. El whisky de la destilería también se emplea como ingrediente de su licor de whisky y cereza.

GALES

Penderyn es el abanderado del whisky galés, una empresa que se adelantó a su tiempo al definir dicha categoría, y que ahora cuenta con una exitosa marca galesa de exportación, internacionalmente reconocida. Mientras la categoría del whisky galés iba ganando credibilidad, tras una larga y hábil campaña liderada por Penderyn con el apoyo de otros destiladores galeses, el whisky puro de malta galés obtuvo al fin en 2023 una denominación de origen protegida.

PENDERYN

COMPAÑÍA The Welsh Whisky Company

AÑO DE FUNDACIÓN 2000

SITIO WEB www.penderyn.wales

La cultura del whisky se había extinguido en Gales, y por tanto la apertura de la destilería Penderyn en 2000 despertó gran interés y entusiasmo. Desde entonces Penderyn ha crecido considerablemente, y hoy tiene una red de tres destilerías en Penderyn (la primera), Llandudno y Swansea. El asesor global de whisky Jim Swan (1941–2017) fue el primer maestro destilador de la empresa, y ayudó al equipo a crear la destilería y a elaborar su whisky, hazaña que repetiría para numerosas destilerías de todo el mundo durante el resto de su vida. La destilería de Penderyn Lloyd Street, en Llandudno, elabora whisky con turba, mientras que la destilería Swansea Copperworks iguala a la original y eleva la capacidad total de Penderyn a 900 000 litros al año.

Penderyn siempre ha ofrecido a los amantes del whisky una gran variedad de opciones. Aista Phillips, actual maestra mezcladora, es la responsable de crear nuevas ediciones limitadas, como la serie Icons of Wales. Penderyn Dragon es una serie llamativa que incluye Penderyn Legend, su acabado original en barrica de madeira, Penderyn Celt, el acabado en *quarter cask* tratada con turba y Penderyn Myth. La gama Gold se embotella con mayor graduación, 46 % APV, e incluye las expresiones Sherrywood, Portwood, Madeira, Peated y Rich Oak.

***El nuevo bar de catas** de la destilería Penderyn en Llandudno.*

Penderyn Sherrywood

NOTAS DE CATA

Penderyn Portwood
Puro de malta, madurado en barricas de oporto rubí, 46 % APV
La barrica de oporto hace un juego magnífico con el espirituoso de Penderyn, y aquí trae aromas de dátiles, cacao y frutas secas especiadas. Concentrado y de textura hermosa en boca, con miel oscura, galleta de jengibre y arándanos en chocolate, y final suave y afrutado.

Penderyn Sherrywood
Puro de malta, madurado en barricas de bourbon y jerez oloroso, 40 % APV
El carácter especiado de Penderyn sale a la palestra mientras se entreveran aromas de especias de horno con los del jerez: frutas secas de trepadora, té negro y *bara brith*. Paladar denso y malteado, con chocolate con leche fundido, expreso, *toffee* y más especias.

ABER FALLS

COMPAÑÍA Halewood Artisanal Spirits plc

AÑO DE FUNDACIÓN 2018

SITIO WEB www.aberfallsdistillery.com

Esta pequeña destilería de Abergwyngregyn abrió en 2018, y fue la primera de whisky nueva del norte de Gales en 100 años. Lleva por nombre el de la espectacular cascada de la que obtiene el agua, y procesa cebada malteada galesa en su cuba de maceración y seis fermentadores, todos de acero inoxidable. Tras el primer lanzamiento en 2021, hoy tiene un *single malt* NAS y exclusivas regulares, entre ellas un whisky de centeno.

NOTAS DE CATA

Aber Falls
Puro de malta, madurado en barricas de bourbon, jerez y roble nuevo, 40% APV
Aromas frutales ligeros, con notas de manzana, pera, nectarina, mandarina y toques especiados. Ligero y jugoso en boca, pero sin mucho cuerpo al principio. De gelatina de naranja, albaricoque seco, Horlicks y granos de pimienta se pasa a caramelo, frutas secas y chocolate especiado para fundir.

COLES

COMPAÑÍA Familia Coles

AÑO DE FUNDACIÓN 2020

SITIO WEB www.coles.wales

Los Cole regentan el histórico pub, restaurante y cervecera White Hart Inn en Llanddarog, en Carmarthenshire, y en 2020 añadieron una destilería artesana a la medida justa de un gran cobertizo. Su *new make* madura en barricas de bourbon, y ofrecen un whisky puro de malta sin edad declarada.

NOTAS DE CATA

Coles Single Malt Whisky
Puro de malta, madurado en barricas de bourbon, 42% APV
Envejecido más de 5 años, en nariz, hierbas ligeras con bizcocho de vainilla y un toque roble astringente. En boca, vainilla dulce, naranja confitada, grosella espinosa, piña deshidratada y toques de tallo de cilantro. Bastante ligero al principio, pero sabroso, desarrolla algo más de cuerpo hasta el final de cítricos carnosos y pimienta negra.

DÀ MHÌLE

COMPAÑÍA Familia Savage-Onstwedder

AÑO DE FUNDACIÓN 2012

SITIO WEB www.damhile.co.uk

Glynhynod Farm es el hogar de esta destilería ecológica cerca de Llandysul (Ceredigion) en la que todo procede de la propiedad, desde el agua hasta la leña que arde para calentar el alambique. En 2012 comenzaron a elaborar sus propios destilados orgánicos –ron, vodka, ginebra, absenta y otros–, a la venta en comercios locales y *online*. Cuentan con un alambique *single pot still*, llamado Ceridwen, conectado a una columna rectificadora. Los alambiques se calientan con vapor generado por una estufa de leña.

NOTAS DE CATA

Dà Mhìle Organic Single Malt 2023 Limited Edition
Puro de malta, madurado en dos barricas de jerez de primer llenado, 46% APV
En nariz abre con una nota equilibrada de cebada, con miel, salsa de azúcar y mantequilla, semillas de lino, bollos dulces calientes y una pizca de pimienta blanca. Pleno y delicioso, con notas dulces de jerez y textura densa, trae manzana roja, clavo y granos de pimienta, y añade Hobnobs de chocolate, granola, dátiles y Horlicks, con especias que persisten entre la cremosidad al final. Muy recomendable.

IN THE WELSH WIND

COMPAÑÍA In the Welsh Wind Ltd

AÑO DE FUNDACIÓN 2018

SITIO WEB www.inthewelshwind.co.uk

Ellen Wakelam y Alex Jungmayr regentan esta destilería artesana en el antiguo pub Gogerddan Arms, a pocos kilómetros al norte de Cardigan, en el oeste de Gales. Venden diversas ginebras, rones y vodkas galeses destilados en sus alambiques de cobre, Meredith y Afranc. El destilado para whisky se elabora en pequeños lotes, y tienen capacidad para maltear a pequeña escala *in situ*.

Para producir whisky han invertido en un iStill de alta tecnología, que ayuda a reducir costes energéticos y tiempos de limpieza, y da mayor control sobre la destilación. Madurado en tipos y tamaños de barrica diversos, el whisky saldrá al mercado a mediados de la década de 2020.

FRANCIA

En Francia la elaboración de whisky se ha extendido, con centros importantes en Bretaña, Burdeos y Alsacia. Como indicadores de la prosperidad y vigor de la industria francesa del whisky, están la denominación geográfica protegida para el whisky bretón, el crecimiento de whiskies de lujo como Alfred Giraud, y el número creciente de adquisiciones de destilerías y marcas por grandes empresas. Cada vez se presta mayor atención a cultivar y cosechar cereales ecológicos, y destilerías como Domaine des Hautes Glaces han adoptado la economía circular para dar ejemplo de cómo justificar las consecuencias medioambientales de cada una de sus acciones.

DISTILLERIE WARENGHEM

COMPAÑÍA Warenghem

AÑO DE FUNDACIÓN 1900

SITIO WEB www.distillerie-warenghem.bzh

Como muchas otras destilerías europeas, la Distillerie Warenghem de Bretaña fue creada para elaborar licores de fruta y destilar la cosecha local de manzanas. Cuando Léon Warenghem fundó en 1900 la destilería, elaboraban el licor Elixir d'Armorique con 35 plantas diferentes, que hoy sigue teniendo demanda. Sin embargo, al igual que la Distillerie des Menhirs, adaptó la tradición bretona del lambig (brandy de sidra) y en la década de 1980 emprendió la producción de whisky.

Una empresa de éxito

Con la dirección de David Roussier, la destilería familiar en Lannion goza de un gran éxito. El equipo está entregado a expresar la tierra en sus whiskies, y desde 2020 emplea únicamente cebada malteada ecológica francesa, aunque su concepto del *terroir* también abarca el agua de manantial que brota bajo la destilería, la influencia marítima de su emplazamiento y el carácter del pueblo bretón.

Para los visitantes de la zona, la destilería es un destino habitual. La destilación es tradicional, con una capacidad de 150 000 litros al año. Cuenta con seis cubas de fermentación que se llenan con mosto claro extraído de la cuba *semilauter*, que se deja fermentar durante 72–96 horas. Los alambiques de cobre no desentonarían en una destilería rural de *single malt* escocés. Realizan la doble destilación alambiques chatos con brazos de lyne muy inclinados hacia abajo, y los vapores van a condensadores de carcasa y tubos para obtener el *new make*. Elaboran whisky de grano, sobre todo de trigo, para sus diferentes mezclas.

Su marca de whisky puro de malta Armorik salió en 1998, y la gama actual incluye la expresión Classic, madurada en barricas de bourbon, Sherry Cask, en barricas de oloroso, y Double Maturation, que madura primero en barricas nuevas de roble bretón y luego en barricas de oloroso. El impresionante Yeun Elez Jobic se elabora con malta importada de Escocia. Se han lanzado al mercado whiskies de 10 y 15 años, y hay un programa activo de embotellados de edición limitada y barrica única.

Yeun Elez Jobic

NOTAS DE CATA

Armorik Double Maturation
Puro de malta, madurado en barricas de roble bretón y acabado en barricas de jerez, 46 % APV
En nariz destaca un buqué afrutado a manzana, cítricos, vainilla y galleta digestiva. En boca combina lo afrutado con caramelo cremoso, malta, especias finas y notas frutales del jerez.

Armorik 10 años
Puro de malta, madurado en barricas de bourbon y acabado en barricas de oloroso, 46 % APV
Este whisky se inspira en los rasgos de barrica de bourbon y jerez, con avena tostada, vainilla y cardamomo. En boca, notas de vainilla, bayas rojas secas y notas especiadas crecientes que se prolongan hasta el final.

Yeun Elez Jobic
Puro de malta, madurado en barricas de bourbon, 46 % APV
En nariz, grasa de beicon chisporroteando junto a un fuego de turba, con ralladura de limón, pimienta y clavo encarnan este whisky con aire de barbacoa en la playa. Textura sedosa, con limón, miel y vainilla, manzana fresca y drupas, y un final de especias pimentosas.

DOMAINE DES HAUTES GALCES

COMPAÑÍA Rémy Cointreau

AÑO DE FUNDACIÓN 2009

SITIO WEB www.hautesglaces.com

Especializada en whiskies ecológicos del grano a la botella, Hautes Glaces es una destilería alpina a gran altura en la región de Trièves, al sur del departamento de Isère. Fundada por Frédéric Revol en 2009, Rémy Cointreau adquirió en 2017 la granja, destilería, maltería y bodegas, y con ello pasó a ser una destilería hermana de Bruichladdich en Islay, y de Westland en Seattle. El vínculo es evidente, pues las tres destilerías comparten un mismo ánimo: la convicción en la importancia del *terroir* y la responsabilidad a la hora de reducir el impacto de su actividad en el medio ambiente.

Más allá de los espirituosos, hay algo espiritual en este paisaje de montaña: un lugar para reconectar con el entorno y meter la mano en la tierra. A 900 metros sobre el nivel del mar, es el lugar ideal para una cumbre sobre los recursos naturales, el coste de la energía y el uso del suelo que supone elaborar whisky, y la reflexión sobre el impacto medioambiental en el ecosistema y la sociedad.

Usar el menor número de recursos posible

Hautes Glaces es un ejemplo de cómo elaborar whisky utilizando tan pocos recursos como sea posible. Se escogen semillas de cebada ecológica por su adaptación al clima de montaña y resistencia al cambio climático, que está calentando y secando los suelos. El sabor tiene prioridad sobre el rendimiento. En colaboración con el Centre de Recherche Biologique, se está probando la idoneidad de variedades en desuso de los siglos XIX y XX. Las semillas que pasan la prueba se multiplican para su uso en alguna de las diecinueve granjas que suministran materias primas a Domaine des Hautes Glaces. A fin de prevenir enfermedades, promover la biodiversidad, reforzar la resistencia a la sequía y potenciar la fertilidad del suelo a largo plazo, la cooperativa practica la rotación de cultivos, devuelve los restos de grano a la tierra y aplica métodos regenerativos plantando cultivos de cobertura y dejando periódicamente que los campos se cubran de hierba. Además, la materia orgánica añadida facilita que la tierra retenga más carbono.

Cultivos de levadura de montaña

Para una destilería atenta a las *cuvées* de microorigen para su gama Epistémè, con variaciones de grano, levadura, barricas y condiciones de maduración, han desarrollado su propio banco de cultivos de levadura de montaña aislados de los campos, eliminando la necesidad de suministros de levadura comercial. Estas levaduras naturales actúan a menor temperatura y permiten fermentaciones más largas, de hasta 140 horas, facilitando variar los sabores. Dos expresiones gemelas que invitan a la cata comparativa permiten a los aficionados y consumidores formarse su propia opinión sobre la importancia de cada factor en el sabor final.

Conscientes de que cada vez más destilerías informan de su eficiencia en el uso del agua en número de litros empleados por litro de whisky obtenido, la gestión del agua es una prioridad. Intercambiadores de calor permiten que alcance la temperatura requerida con menos energía, y el exceso de calor se destina a calefacción. La destilería ha prescindido de productos de limpieza en sus equipos, y el agua empleada sirve para regar los campos. La electricidad es de fuentes renovables y la destilación emplea leña de aserraderos locales. Las características botellas de 50 cl de lados planos permitieron reducir la dependencia de vidrio nuevo y disminuir en casi un 40% la huella de carbono de la botella.

La vista de los montes de L'Obiou desde la destilería está reproducida en miniatura en la base, pero la botella expresa una visión más potente de pureza, minimalismo y transparencia. La etiqueta diminuta ahorra tinta y materiales de impresión, el corcho está hecho de grano usado, y han prescindido de cápsulas de aluminio y cajas de colores, limitándose al cartón reciclado. Todo esto es lo que se compra al adquirir una botella de Domaine des Hautes Glaces.

NOTAS DE CATA

Domaine des Hautes Glaces Indigène

Puro de malta, madurado en barricas nuevas de roble albar, roble pedunculado, de vino de relleno, coñac y armañac, 44% APV

Limpio y puro en nariz, evoca prados floridos, con toques de ralladura de lima, yuzu, almendras y trébol. Refrescante en boca, con un amargor de pomelo seco, zumo de lima, melocotón, almendras picadas y pimienta; desarrolla más cremosidad de vainilla y notas cítricas, con un final de caramelo salado y frutas que se van atenuando.

Domaine des Hautes Glaces Indigène

CELTIC WHISKY DISTILLERIE

COMPAÑÍA Maison Villevert

AÑO DE FUNDACIÓN 1997

SITIO WEB www.celtic-whisky-distillerie.fr

Fundada a finales de la década de 1990 en una antigua granja por Jean Donnay, en 2020 Maison Villevert compró la destilería Glann ar Mor y le dio un nombre nuevo. El nombre bretón original significa «junto al mar», descriptivo de su ubicación en la costa norte de Bretaña, cerca de las islas del Canal. Jean Donnay estaba en una fase avanzada de planificación para una segunda destilería en Gartbreck Farm, al oeste de Bowmore en Islay, pero en 2017 los planes se frustraron, y Chivas Brothers tiene previsto construir allí su primera destilería en Islay. Jean-Sébastien Robicquet fundó Maison Villevert, propietaria de Celtic Whisky Distillerie, y de sólida reputación innovadora. Las cubas de fermentación son de pino de Oregón, y la influencia marítima en la maduración del espirituoso se ve como un elemento esencial para dar forma al carácter del whisky. La gama actual incluye Glann ar Mor, la expresión con turba Kornog y la mezcla Gwalarn Celtic Whisky Blend, con ediciones limitadas ocasionales con graduación de barrica, como Korong Sant Ivy y Kornog Sant Erwanun.

NOTAS DE CATA

Glann ar Mor
Puro de malta, madurado en barricas de bourbon, 46% APV
Una delicia dulce y ligera, el verano en un vaso, con pera blanda en conserva, manzana esponjosa, uva dulce y bayas. Sencillo y directo, sin pegas, y repleto de una fresca promesa frutal.

Kornog Sant Ivy

DISTILLERIE BERCLOUX

Bellevoye Blue

COMPAÑÍA Les Bienheureux

AÑO DE FUNDACIÓN 2014

SITIO WEB www.bellevoye.fr

Distillerie Bercloux es una destilería artesana cerca de Cognac, en el oeste de Francia. Está equipada con un alambique Stupfler fabricado en Burdeos, además del alambique típico de la región. En 2019 compró la destilería Les Bienheureux («los bienaventurados»), empresa dedicada a la innovación en bebidas, fundada en 2015 por Alexandre Sirech y Jean Moueix.

Las existencias de Bercloux eran ingredientes de su gama de whisky francés Bellevoye triple malta. Bellevoye significa «camino hermoso», o el menos transitado. «Triple malta» puede resultar confuso, pues puede ser una combinación de tres cereales malteados, como cebada, trigo y centeno, pero en este caso designa la mezcla de tres whiskies puros de malta de diferentes destilerías. Si fuera whisky escocés, sería un *blended malt* (mezcla de malta). La inspiración viene de la vinicultura en la cercana Burdeos, donde se usan diferentes variedades de uva mezcladas para crear algo más sofisticado que cada componente individual. Además del whisky de Bercloux, entre otros puros de malta hay un whisky francés afrutado de Alsacia destilado en alambiques Holstein, y uno ligero destilado en columna en el norte de Francia. La gama de triple malta madura de 5 a 10 años, y se acaba durante un máximo de un año para crear siete expresiones coloridas: Orange (sin turba, acabado en barrica de ron), Red (con algo de turba, acabado en barrica de grand cru), Black (con turba), Plum (acabado en barrica de *vielle prune*) y Green (algo de turba, acabado de Calvados).

NOTAS DE CATA

Bellevoye Blue
Mezcla de malta, acabado en barricas nuevas de roble francés, 40% APV
Aroma a cera de abejas y *toffee*, con un ligero afrutado y una capa fina de especias. Paladar complejo, con sabores a mandarina, clavo y jengibre con rastros de chocolate con leche.

Bellevoye White
Mezcla de malta, acabado en barricas de Sauternes, 40% APV
Sabores delicados a natillas de vainilla, miel, brioche y comino, y frutos secos discretos. Drupas maduras en boca, con canela, piel de cítricos en mermelada y frutos secos muy presentes con especias persistentes.

DISTILLERIE DES MENHIRS

COMPAÑÍA Familia Le Lay

AÑO DE FUNDACIÓN 1998

SITIO WEB www.distillerie.bzh

Bretaña es famosa por sus manzanas y bebidas hechas con ellas, y antes de dedicarse al whisky, Guy Le Lay, profesor de matemáticas, se centró en las manzanas. Invirtió en instalaciones nuevas y en 1998 construyó la Distillerie des Menhirs, en alusión a los menhires de la zona, de más 5000 años de antigüedad. Para producir un espirituoso de sabor único, Le Lay decidió hacer whisky con trigo sarraceno, *blé noir* en francés y *eddu* en bretón. Es un cultivo de cobertura de bajo rendimiento, y su rendimiento alcohólico es la mitad del de la cebada malteada. Mientras que Le Lay contrató al maestro mezclador de coñac Robert Leauté para que le enseñara el arte de la destilación con alambiques de fuego directo y compartiera sus conocimientos sobre maduración y mezcla, el investigador en alimentación Pierre Duroset desarrolló técnicas para maltear y fermentar el trigo sarraceno. Ahora la destilería está dirigida por el hijo de Guy, Kévin Le Lay, como maestro bodeguero. La gama Eddu incluye mezclas con whiskies elaborados a partir de cebada y expresiones puras de trigo sarraceno llamadas Silver, Gold y Brocéliande, un whisky acabado en barricas nuevas de roble bretón.

NOTAS DE CATA

Eddu Silver
Trigo sarraceno, madurado en barricas de coñac, 40% APV
Con cuerpo y de sabor intenso tras cinco años madurando. Notas florales y afrutadas, y sabores a clavo, canela y nuez moscada, con un toque de caramelo al final.

Eddu Silver

DISTILLERIE ROZELIEURES

COMPAÑÍA Familia Grallet-Dupic

AÑO DE FUNDACIÓN 2000

SITIO WEB www.whiskyrozelieures.com

Rozelieures es una destilería familiar «del campo a la botella» de Lorena, en el este de Francia. Como sexta generación de agricultores, y con una larga tradición destilando brandy y aguardiente de su propia fruta, Christophe Dupic y su esposa, Sabine, lanzaron su whisky con el apoyo de su suegro, el fabricante de aguardiente Hubert Grallet.

Con los métodos de la agricultura ecológica, en la propiedad de 300 hectáreas se cultivan entre 50 y 100 de cebada Laureate y Prospect con el fin de elaborar whisky. Desde que abrieron la Malterie des Hautes-Vosges, maltean su propia cebada *in situ*. La malta se muele y macera, y luego fermenta en la destilería en cubas de fermentación con temperatura controlada. Realizan una destilación lenta dos alambiques Charentais, de 3200 y 1600 litros de capacidad, y producen un *new make* refinado. Además de madurar su whisky en barricas de jerez y bourbon en sus cinco bodegas, Rozelieures tiene a mano barricas de vino de gran calidad, y está previsto contar con barricas de madera de los robles locales *Quercus robur* y *Q petrea*.

La visión de los whiskies hiperlocales les ha llevado a crear las expresiones de finca única de Le Parcellaire Édition Spéciale, de campos distintos de la propiedad. La destilería ha dado pasos importantes hacia una mayor sostenibilidad y autosuficiencia, y está elevando la categoría del whisky francés.

NOTAS DE CATA

G. Rozelieures Tourbé Collection
Puro de malta, madurado en barricas de bourbon y nuevas de roble francés, 46% APV
Whisky con turba con una gama compleja de aromas salados con humo de leña, especias aromáticas y salsa Worcestershire. En boca, vainilla, malta dulce, piel de cítricos, humo de turba y pimienta negra, y mostrando elegancia y equilibrio.

G. Rozelieures Subtil Collection
Puro de malta, madurado en barricas de bourbon, coñac y nuevas de roble francés, 40% APV
Sin turba, con atractivos aromas florales y miel, notas de cereales y aromas de galleta. El estilo pleno de cuerpo de la casa es evidente, con sabores de vainilla, roble meloso, especias de madera y manzana asada.

G. Rozelieures
Tourbé Collection

PAÍSES BAJOS

Con una larga tradición cervecera, cabría esperar que los Países Bajos también tuvieran una tradición de elaborar whisky, pero el espirituoso de grano autóctono es la genever, madurada a menudo en barricas de roble y enormemente popular. El país tiene también una entusiasta comunidad de aficionados al whisky y varias ferias, y los excelentes whiskies de Zuidam son dignos de sus incondicionales neerlandeses.

ZUIDAM

COMPAÑÍA Zuidam Distillers

AÑO DE FUNDACIÓN 1975 (whisky desde 1996)

SITIO WEB www.zuidam.nl

Cuando se habla de destilerías emergentes en el mundo, un tema recurrente es la propensión a embotellar el whisky demasiado joven para ganar liquidez y cultivar un público atento a la trayectoria. En Zuidam esto no es un problema. La destilería, de propiedad y gestión familiar, lleva medio siglo produciendo espirituoso, y cuenta con múltiples líneas de productos, por lo que dispone de una sólida gama de whiskies con edad declarada, entre ellos algunos de más de 20 años. A la hora de elaborar whisky, su lema es sencillo: las cosas buenas llegan a quienes tienen paciencia.

Orden a partir del caos

En Baarle Nassau, al este de Amberes, Zuidam no llama mucho la atención desde fuera, pues parece un almacén industrial más. Al entrar en el edificio, uno se encuentra en una cueva de Aladino de alambiques y columnas de destilación, y grandes recipientes de extracción de vidrio que contienen desde canela y cacao hasta rosas y vainas de vainilla para los licores con sabores naturales de la destilería. Hay cajas de fruta, y equipos de trabajadores cortando naranjas y limones, apilando cajas de grosellas y metiendo barricas entre el equipo de destilación.

Zuidam es una empresa eminentemente familiar. Fred van Zuidam la fundó en 1975, y su esposa, Hélène, diseñó el empaquetado y aspecto de los productos. Se toman muy en serio la calidad, pero nombres como el del ron Flying Dutchman («holandés errante») y la línea de ginebras Dutch Courage («coraje holandés») muestran que no les parece mal divertirse un poco con la marca. Hoy está al mando la segunda generación: Patrick van Zuidam dirige la destilería, y su hermano Gilbert aplica su don de gentes a las ventas. A Patrick le obsesiona la destilación, y estudia minuciosamente el proceso para discernir el origen de los sabores y maximizar el perfil de sabor. Aquí experimenta con bebidas diversas, como la genever de cuatro cereales madurada en oloroso, de cebada malteada, maíz, centeno y trigo de invierno.

Single malt y *rye*

Su *single malt* se elabora de forma tradicional. El grano se muele en un molino rotativo, y usan un mosto extremadamente claro, similar al de muchas destilerías japonesas, que da un perfil de sabor más ligero, con más ésteres frutales y menos alcohol de fusel y sabor a grano que algunos whiskies escoceses. Con fermentadores de temperatura controlada, el destilador puede ajustar las camisas de agua a temperaturas exactas y luego añadir la levadura y controlar la fermentación durante los siguientes cinco o seis días, según sea necesario.

Zuidam emplea levadura de cerveza belga, de rendimiento bajo, pero que da muchos ésteres afrutados, y levadura de destilería de la cepa M, más convencional y de alto rendimiento. En total, en su amplia gama de productos utilizan siete cepas diferentes de levadura.

El macerado 100 % de centeno de Zuidam usa un 50 % de centeno sin maltear y un 50 % de centeno malteado. Es un cereal difícil de maltear, no convierte el azúcar en alcohol sin esfuerzo, y la mayoría de los whiskies de centeno del mundo incluyen una proporción de cebada malteada en la mezcla para

Millstone 100 Rye

Millstone 92 Rye

***La destilería Zuidam** es una cueva de Aladino de alambiques y columnas de destilación.*

facilitar el proceso. También dificulta trabajar con centeno su tendencia a formar espuma durante la fermentación y, si no se tiene cuidado puede adquirir la consistencia de cola para empapelar. En Zuidam, la fermentación del centeno dura entre ocho y nueve días, bastante más que para su whisky de malta. A diferencia de la mayoría de los fabricantes de *rye* de EE. UU., Zuidam destila por lotes en alambiques de cobre, y no con el sistema de columna y duplicador habitual en las destilerías de Kentucky y Tennessee.

De la granja al vaso

Gracias a que cosecha su propia cebada y centeno en una granja local, Zuidam se define como destilería «de la granja al vaso». Los whiskies se embotellan con la marca Millstone, e incluyen whiskies puros de malta sin turba y con turba, en su mayoría con edad declarada, y un par de whiskies de centeno. Con whiskies puros de malta madurados en barricas de oloroso, Pedro Ximénez, roble americano y roble francés, se han lanzado a emplear barricas de oporto tawny, moscatel, amarone y oporto blanco para sus ediciones limitadas. Con Zuidam, hay algo para todos los gustos.

NOTAS DE CATA

Millstone 100 Rye
Rye, *madurado en barricas nuevas de roble americano, 50% APV*
Un whisky de centeno potente e impactante, de sabor y aromas intensos, que en nariz trae ciruela madura y centeno marcado, con un sorbo cremoso que revela chocolate y ciruela de Damasco, rodeados de canela, especias y centeno.

Millstone 92 Rye
Rye, *madurado en barricas nuevas de roble americano, 46% APV*
Por contraste, este whisky se desprende de la copa con notas florales fragantes y aromas de frutas otoñales, melaza, chocolate negro y una presencia creciente de especias de centeno. Bien equilibrado, con naranja, chocolate y vainilla en boca, con una acumulación de especias en aumento hasta explotar en el final.

AUSTRIA

Aunque muchos productores son destiladores locales de aguardiente de frutas que se han diversificado para elaborar whisky, Austria parece tener una industria del whisky muy activa en todo el país. Las destilerías para las que el whisky es lo principal hacen espirituosos excelentes de maneras interesantes, exportando así a más países, pero ninguna es de renombre fuera de Austria. Sin duda, sus whiskies merecen más atención.

WALDVIERTLER WHISKY

COMPAÑÍA Familia Haider

AÑO DE FUNDACIÓN 1995

SITIO WEB www.waldviertlerwhisky.at

Johann Haider y su esposa, Monika, fundaron en 1995 su destilería en Roggenreith, un pequeño pueblo de la región austriaca de Waldviertel. Hoy es una de las destilerías más pintorescas de Austria, con un museo, un «Jardín de fuego y agua» y hasta su propio helipuerto para visitantes. Los Haider son especialistas en centeno y malta de centeno, pero también producen una gama de whiskies puros de malta, ginebra, licores, vodka y brandis. Y de tal alambique, tal espirituoso, se diría, pues la destiladora Jasmin Haider-Stadler, hija de los fundadores, asumió en 2016 la dirección general.

La doble destilación se realiza en un par de alambiques híbridos Carl GmbH con una capacidad de unos 500 litros cada uno. Las barricas son de roble albar, conocido por su grano grueso, cultivado cerca, en Manhartsberg. Antes de su uso, se carboniza el interior de las barricas, y a lo largo de su vida útil se llenan tres veces. Las de primer llenado solo se usan durante tres años, pues el roble aporta rápido mucho carácter al whisky. Las de segundo llenado pueden durar mucho más, y suelen alcanzar su punto óptimo a los seis años de madurar whisky. Los toneleros rejuvenecen las barricas antes de usarlas por tercera vez, después de lo cual pueden prestar otros dieciocho años de servicio. Las bodegas locales también suministran barricas de vino para las ediciones especiales.

Especialistas en centeno

Original Rye Whisky se elabora con un 60 % de centeno y un 40 % de cebada, y es el whisky estrella desde 1998, junto con Rye Malt, de centeno malteado 100 %. La destilería también trabaja con grano tostado oscuro; su Dark Rye Malt está elaborado con un 100 % de centeno malteado tostado oscuro. De modo similar, elaboran un whisky puro de malta con un 100 % de cebada malteada, pero también otro elaborado con 100 % de *single malt* tostado oscuro. Practican el ahumado posterior al malteado con turba local, que se puede saborear en sus whiskies Dark Single Malt Peated y Dark Rye Malt Peated. Han lanzado whiskies con edad declarada de hasta 18 años, y Waldviertler Whisky JH ha entrado también en el criptomundo de los whiskies NFT (tokens no fungibles).

Evaluación del madurado *del espirituoso de Waldviertler directo de la barrica.*

NOTAS DE CATA

Waldviertler Whisky Original Rye Whisky JH
Rye, *madurado en barricas de roble albar, 41 % APV*
Especia abundante del centeno en nariz, con notas de nuez moscada, canela, manzana roja y chocolate, y luego un paladar complejo de vainilla, cacao, especias de centeno, frutos negros en mermelada y hierbas leves en el final.

Whisky Waldviertler Single Malt JH
Whisky de malta, madurado en barricas de roble albar, 41 % APV
El paladar reconoce un sabor a caramelo ligero, limpio y maltoso que predomina hasta el final, con notas de apoyo de miel, vainilla, melocotón y nuez moscada que lo equilibran muy bien.

Waldviertler Original Rye

REISETBAUER & SON

COMPAÑÍA Familia Reisetbauer

AÑO DE FUNDACIÓN 1998

SITIO WEB www.reisetbauer.at

En su afán de crear productos nuevos y emocionantes, a Hans Reisetbauer le ha animado siempre un empeño fanático por la calidad, pero cuando en 1994 empezó a destilar aguardiente de frutas, no sabía que en 1998 iba a ser el primer productor de whisky de Austria. La destilería se encuentra en Axberg, al sur del Danubio, y al oeste de la ciudad de Linz.

La dedicación de Reisetbauer a la calidad comienza por la cebada ecológica de propiedad familiar, cultivada por su hijo Hansi Reisetbauer Junior. Padre e hijo crean ahora los sabores de sus whiskies, y hay mucho para considerar. La destilería fue reconstruida en 2019, y hoy día es un templo de la modernidad con equipo de temperatura controlada ajustable con smartphone. La sostenibilidad es clave en toda su producción, pues la destilería usa energía solar, y maximiza la eficiencia energética con sistemas de recuperación de calor en las áreas de producción. El agua pura de manantial proviene de los pastos alpinos de Mühlviertel, al norte de la Alta Austria. La destilería cuenta con una gama impresionante de alambiques híbridos de cobre Carl GmbH –encargados del destilado para sus whiskies, que se embotellan a los 7, 12, 15 y 21 años de maduración–, y también una gama amplia de aguardientes, ginebra, vodka, ron y brandy. El *new make* madura en barricas de vino chardonnay y trockenbeerenauslese, que confieren al whisky un sabor verdaderamente único.

NOTAS DE CATA

Reisetbauer & Son 7 años
Puro de malta, madurado en barricas de chardonnay y trockenbeerenauslese, 43 % APV
Fruta madura jugosa impacta en los sentidos, con aromas de cera de abeja, mentol y especias de roble emergiendo del vaso. Es de textura ligera, pero baila sobre la lengua con notas encantadoras de cítricos, manzana, frutas secas de trepadora y toques de especias ligeras y café en el final.

RUOTKER'S HOUSE OF WHISKEY

COMPAÑÍA David Gölles

AÑO DE FUNDACIÓN 2016

SITIO WEB www.davidgoelles.at

David Gölles abrió en una posada restaurada Ruotker's House of Whiskey, Gin and Rum en Riegersburg. Se formó y trabajó fuera de Austria en el procesado de alimentos, y volvió en 2016 para escribir el siguiente capítulo de la historia de los espirituosos de Estigia. La empresa de sus padres, Alois y Herta Gölles, produce vinagres y *Schnapps* de calidad. La fábrica familiar elabora whisky desde 2003, y David Gölles produce allí sus nuevos espirituosos.

Emplea muy diversos cereales y tipos de barricas. La falta de cebada cultivada cerca le movió al pensamiento lateral, y se inspiró en la cultura estadounidense del whiskey. Cebada aparte, ha destilado maíz, espelta, trigo, centeno, mijo, avena y trigo sarraceno, y entran en juego docenas de tipos de barricas, desde jerez, oporto, vino, tequila, mezcal y shochu hasta las nuevas de roble. Como productor boutique, hoy perfecciona el oficio y define el estilo de la casa, con la experiencia, visión y ambición para crear una marca de whisky austriaca respetada internacionalmente.

NOTAS DE CATA

Ruotker's Whiskey Alois I Old Plum Brandy Cask Finish
Rye, *acabado en barricas de brandy de ciruela añejo, 44,9 % APV*
Repleto del carácter del centeno en nariz, hay notas de Ryvita, menta y especias nítidas. En boca presenta niveles de ciruela y melaza, con notas expresivas de centeno a las que siguen otras potentes de clavo.

Ruotker's Whiskey Ruediger II Lord's Reserve
Grano, madurado en barricas de roble americano nuevo, roble de relleno, roble francés, jerez y botas de jerez, 43,3 % APV
Aquí David Gölles apunta al bourbon, y para ello mezcla whiskies de cinco cereales –maíz, centeno, cebada, trigo y espelta– y cinco tipos de barrica. Los aromas proyectan notas de masa de galletas, azúcar moreno, pan de centeno y manzana cocida, y la sensación cerosa en boca trae sabores de vainilla, especias de centeno, canela, frutos secos y notas de roble con carácter.

Ruotker's Whiskey
Ruediger II Lord's Reserve

ALEMANIA

La producción de whisky de malta en Alemania comenzó en 1983 en la destilería Blaue Maus de Robert Fleischmann, y en el siglo XXI el número de productores ha crecido con rapidez. El número de exportadores de un volumen considerable a los mayores mercados de whisky sigue siendo pequeño comparado con el de productores, pero la oferta crece, y los estilos de whisky se diversifican.

SLYRS

COMPAÑÍA Slyrs Destellerie GMBH & Co KG

AÑO DE FUNDACIÓN 1999

SITIO WEB www.slyrs.com

En 1998, Florian Stetter, hasta entonces dedicado a elaborar cerveza y destilar aguardiente de frutas, tuvo la idea de elaborar el primer whisky de malta del sur de Baviera. Conocedor por oficio de la relación entre los macerados con lúpulo y los de malta, Stetter estaba bien situado para cumplir su sueño. Tras una visita a Escocia para aprender los secretos del negocio del whisky de malta escocés, en 1999 comenzó a producir su primer whisky en los alambiques antes usados para aguardiente de frutas, y compró barricas a proveedores locales. Lo maduró al aire libre, con el aire fresco y limpio de Schliersee, pueblo conocido por su buen clima y vistas panorámicas de los Alpes.

Un rápido ascenso a la fama

El primer destilado se comercializó como whisky de tres años en 2002, y la demanda creció enseguida; las nuevas expresiones añejas salieron cada año a inicios de mayo, y solían agotarse antes de acabar el mes. La fama de la destilería hizo necesario ampliarla. Se construyó una nueva en la misma calle, inaugurada en 2007. Se instalaron alambiques de olla modernos para la doble destilación, y la capacidad aumentó mucho, lo cual supuso un desembolso inicial de gran envergadura y dado el número de destilerías nuevas de whisky en el mercado alemán, una inversión de riesgo a largo plazo.

Maltean cebada de verano de dos hileras cultivada en la zona de Múnich, pero también han hecho pinitos con el centeno bávaro, y el agua es del manantial de montaña Bannwald, en los Alpes de Schliersee. La maceración y la fermentación se realizan en cubas de acero inoxidable frente a los dos nuevos alambiques de cobre. El maestro destilador Hans Kemenater emplea una fermentación y doble destilación lentas para conservar el perfil aromático de la malta de cebada ahumada con madera bávara, y se madura en la bodega contigua. El *new make* va a barricas tostadas y carbonizadas de roble blanco americano, y la maduración inicial suele ser de entre tres y seis años.

En Alemania está disponible toda la gama, y la Slyrs Premium de whiskies puros de malta incluye Slyrs Classic, Slyrs Fifty One y Slyrs 12 años, los más fáciles de encontrar fuera de Alemania. Slyrs produce una gama de acabados en barrica de jerez y otros whiskies de malta acabados en barrica de oporto, sauternes, ron, marsala y madeira.

Más difícil de encontrar es la expresión Bavarian Peat, y ediciones limitadas como Oktoberfest Edition y la anual Mountain Edition, para la que se suben barricas en telesilla hasta el campamento de montaña de Slyrs, donde estarán respirando aire puro durante los cinco años siguientes.

Slyrs Classic

NOTAS DE CATA

Slyrs Classic
Puro de malta, madurado en barricas nuevas de roble americano, 43 % APV
Notas de cítricos recién pelados en nariz, con acidez de lima y grosella espinosa y un destello de matices de hierbas. En boca, entre la erupción naranja, lima y pomelo hay un equilibrio con la vainilla dulce, el caramelo líquido y los azúcares de la madera tostada, con algunas bayas negras en el final.

Slyrs Fifty One
Puro de malta, madurado en barricas de roble americano, oporto, jerez y sauternes, 51 % APV
Mayor complejidad, con vainilla, naranja sanguina y pimienta en nariz, y una textura densa con sabores de pera, clavo, praliné de chocolate y frutas negras.

EIFEL WHISKY

COMPAÑÍA Stephan Mohr

AÑO DE FUNDACIÓN 2008

SITIO WEB www.eifelwhisky.de

Los whiskies de malta y centeno de Stephan Mohr son admirados por sus innovadores macerados, maduración y acabado. Inspirado en la tradición alemana de destilar cereales, Stephan trabaja con Feinbrennerei Sasse, donde el maestro destilador Hendrik Viefhus destila el *new make* conforme a las especificaciones de Mohr, primero destilando con el grano en un alambique de columna, y luego en alambique de cobre.

NOTAS DE CATA

Eifel Whisky Peated Single Malt 10 años
Puro de malta, acabado en barricas de moscatel, 46% APV
Nubes de humo fragante en nariz con frutas tropicales, bollo de canela, manzana asada y jengibre. La malta tiene 35 ppm de turba, y el whisky sabe a frutas asadas, *toffee*, vainilla y nueces, con un remolino final de especias activas.

Eifel Whisky Peated Single Malt 10 años

STORK CLUB

Stork Club Straight Rye Whiskey

COMPAÑÍA Spreewald Distillers GMBH Co. & KG

AÑO DE FUNDACIÓN 2016

SITIO WEB www.stork-club-whiskey.com

Dirigida por tres amigos con empleos relacionados con la industria, como bármanes, embajadores de marca y empresarios de espirituosos, Stork Club Rye Whiskey compró en 2016 la destilería Spreewald en Schlepzig, a unos 60 km al sur de Berlín, y comenzó a elaborar *rye* alemán.

El centeno para sus recetas de *rye* y *malted rye*, de la región de Brandeburgo, se muele en un molino de martillos y luego se macera y fermenta durante cinco días. La doble destilación es cosa de un pequeño sistema híbrido de alambique y columna, y llenar una barrica de 200 litros requiere dos lotes. Además de ediciones limitadas y colaboraciones, la gama principal incluye un *straight rye*, un *rye cask strength*, un *rye* de malta y uno ahumado.

NOTAS DE CATA

Stork Club Straight Rye Whiskey
Rye, *madurado en barricas de roble americano y alemán, 45% APV*
Aroma a chocolate con leche, pasas sultanas, expreso, tabaco de pipa, nuez moscada y regaliz. Sabores principales a especias tostadas de centeno, caramelo, nuez moscada, albaricoque seco y chocolate. Final de pan de centeno, chocolate y notas frutales.

ZIEGLER

COMPAÑÍA GEBR. Josef & Matthäus Ziegler GMBH

AÑO DE FUNDACIÓN 1865

SITIO WEB www.brennerei-ziegler.de

Prometen un whisky único, y como el whisky Freud madura en barricas de bourbon y castaño antes del acabado en barriles previamente llenos de aguardiente de frutas Alte Zwetschge de Ziegler, se puede afirmar que el suyo es un territorio sin competencia. La destilería está en Freudenberg, en Renania del Norte-Westfalia, y hasta su venta en 2020, los anteriores propietarios elaboraban la gama de whiskies Aureum.

NOTAS DE CATA

Freud Whisky Distiller's Cut
Puro de malta, acabado en barricas de brandy de ciruela añejo, 41,5% APV
En nariz ofrece notas de madera barnizada, ciruela entera, humo de leña, ruibarbo cocido y vainilla en rama. Muy característico, en boca trae chocolate amargo, mousse de ciruela, mermelada, cacao en polvo, clavo, tabaco y cuero, con un final más ligero de miel, vainilla y rodaja de melocotón.

Freud Whisky Distiller's Cut

SUIZA

Hasta que en 1999 la normativa permitió destilar cereales, las destilerías suizas se dedicaban exclusivamente a producir aguardientes de frutas. Por supuesto, la cerveza también es importante en la industria suiza de las bebidas, y es innegable la influencia de la cultura cervecera en el sabor de su whisky.

LANGATUN

COMPAÑÍA Christian Lauper y Dr. Dolf Stockhausen

AÑO DE FUNDACIÓN 2005

SITIO WEB www.langatun.ch

La larga historia de Langatun comienza en 1857, cuando Jakob Baumberger volvió a Suiza tras estudiar en Múnich, donde se había licenciado como maestro cervecero, y fundó una destilería en la granja de su padre. A los tres años se hizo cargo de una cervecera en el pueblo cercano de Langenthal, e hizo de la destilería y la cervecera empresas de éxito. Posteriormente adquirió los derechos de un manantial en las colinas que rodean el pueblo e instaló tuberías para conducir el agua directamente a la destilería.

Al comenzar a elaborar whiskies en 2005, el maestro destilador Hans Baumberger III pudo contar gracias a la visión de futuro de su bisabuelo con esta excelente agua de manantial, tres años más tarde salió al mercado la primera botella de Langatun. En 2014, dejando atrás St Urbanstrasse en Langenthal, la destilería se trasladó al Kornhaus de Aarwangen, edificio histórico protegido. En 2018, Christian Lauper y el doctor Dolf Stockhausen adquirieron la destilería de Hans Baumberger III, pero continúan honrando el legado de la familia Baumberger y los whiskies que crearon.

Importan cebada de la mejor calidad de otras partes de Europa, y la destilan dos veces en sus relucientes alambiques de cobre. Uno es un alambique compacto en forma de linterna, y el otro un pequeño alambique híbrido de columna, del tipo que se ve habitualmente en otras destilerías europeas. La maduración añade complejidad y finura al whisky, que madura en la bodega de Langenthal en barricas apiladas de forma tradicional en dos alturas. La destilería está abierta al público, y además de las visitas y catas al uso, ofrece seminarios de destilación y la experiencia de mezclar uno su propio Langatun.

Su embotellado clásico es Langatun Old Deer, madurado en barricas de jerez y chardonnay, y Langatun Old Woodpecker es su whisky puro de malta ecológico. Para los amantes del whisky ahumado, Langatun Old Crow se elabora con malta con turba, y Langatun Old Wolf, también turboso, busca equilibrar el ahumado con fruta madurando en barricas de jerez y vino tinto. La cebada germinada secada con humo de madera de haya es el fundamento de Langatun Old Bear, otra expresión madurada en vino tinto.

De vez en cuando salen barricas únicas y acabados, además de varios embotellados especiales, como su Langatun Cigar Malt y Langatun Jacob's Dram, dedicado a Jakob Baumberger, su fundador decimonónico.

Langatun Old Deer

NOTAS DE CATA

Langatun Old Deer
Puro de malta, madurado en barricas de jerez y chardonnay, 58,5% APV
Aroma atractivo a nectarina, melón cantalupo y notas florales, con un fondo de arándanos, cuero y especias. Naranja asada, jengibre y pimienta en el paladar, con regaliz negro y un toque de clavo en el final.

Langatun Old Woodpecker
Puro de malta, madurado en barricas de chardonnay, 46% APV
Atractivo aroma a piel de cítricos y notas florales vivas, con notas de dulce de azúcar y mantequilla, ciruela de Damasco y vino tinto en boca, bastante tánico, con malta y cacao cremoso, y bayas rojas para redondear.

Langatun Jacob's Dram
Puro de malta, acabado en barricas de Pinot Noir, 49,12% APV
En nariz, cereza negra, grosella negra y mermelada de fresa, con notas de pastel de frutas bien tostado, representan el acabado en barricas de pinot noir. Las notas de frutas negras son el meollo de la experiencia gustativa, con taninos de roble, pimienta negra, clavo y roble carbonizado, y chocolate de fundir en el final.

SÄNTIS MALT

COMPAÑÍA Familia Locher

AÑO DE FUNDACIÓN 1999

SITIO WEB www.saentismalt.com

La cerveza es el producto principal de Brauerei Locher, la última cervecera de su clase en las estribaciones del macizo de Alpstein, al nordeste de Suiza, donde es muy conocida por Quöllfrisch Dunkel y otras marcas. Cuando en 1886 la familia Locher fundó la cervecera en Appenzell, no podían imaginar que cinco generaciones después sus barriles de cerveza iban a servir no solo para elaborar cerveza, sino también whisky puro de malta.

Karl Locher fue el hombre detrás de la idea de elaborar whisky. Al cumplir 40 años, concibió la idea de beber su propia malta cuando llegara a los 60. Antes de la Segunda Guerra Mundial, en la cervecería ya se había destilado aguardiente, así que solo era cuestión de renovar los alambiques y volver a elaborar espirituosos. La primera destilación tuvo lugar en 1999, una vez que se legalizó la destilación de cereales en Suiza el 1 de julio de aquel año.

Säntis Malt Edition Himmelberg

Whiskies alpinos

Säntis Malt recibe su nombre de la montaña más alta de la región, y madura en barricas de whisky a diferentes altitudes. También propone una ruta de cata, el Whisky Trek, que anima a los amantes del whisky y del senderismo a recorrer varias posadas alpinas que sirven whiskies únicos de Säntis. La maduración en altura ralentiza el proceso y altera la graduación alcohólica final del whisky en las barricas. Unos 1700 m separan la altitud de su centro de visitantes Brauquöll, en Appenzell, del refugio de montaña en la cima Berggasthaus Alter Säntis.

Lo que distingue a esta destilería de otras destilerías europeas es la maduración en barriles de cerveza, algunos de hasta 130 años de antigüedad. Mientras que la mayor parte del espirituoso madura en barricas de cerveza al uso de 200 litros o más, Sigel madura en pequeños barriles de roble de 50–75 litros. Madurar en barriles de cerveza viejos no es el único método para añadir sabor, pues el whisky suele trasvasarse a barricas secundarias más activas, caso de Himmelberg, que va a barricas de vino tinto. Dreifaltigkeit es su whisky con turba, madurado en barriles de cerveza viejos, y la turba que imparte el sabor ahumado a la malta es de los brezales de Appenzell. Hay un programa activo de ediciones limitadas y ediciones anuales, como la longeva serie Snow White, y la edición limitada anual Triple Cask, de whisky madurado en barricas de cerveza, oporto y jerez.

NOTAS DE CATA

Säntis Malt Edition Sigel
Puro de malta, madurado en barricas pequeñas de roble, 40 % APV
En nariz es cautivador, con caramelo, plátano, vainilla, ganache de chocolate y frutos secos. El whisky cubre el paladar con más sabores de chocolate y malta, apoyados por toques de frutas negras, esencia de vainilla y especias persistentes en el final.

Säntis Malt Edition Himmelberg
Puro de malta, acabado en barricas de vino tinto, 43 % APV
Una combinación de frutas de huerto con nuez moscada, pimienta de Jamaica y canela en nariz, con un paladar de manzana fresca, malta y cereza y un final de *toffee* quebradizo, zarzamoras bañadas en chocolate y cuero mascado.

Säntis Malt Edition Dreifaltigkeit
Puro de malta, madurado en barricas viejas de cerveza, 52 % APV
La turba ha dejado más notas de humo de leña y duela tostada que cualquiera de las notas medicinales asociadas a los whiskies con turba de Islay, y no debería sorprender. Pica en boca a esta graduación, con notas estimulantes de jengibre, pralinés de chocolate y humo persistente.

ITALIA

Más que con whisky italiano, los entendidos en whisky suelen asociar Italia con embotelladores independientes famosos. Tenía algo de poético, emocionante incluso, leer las palabras Prodotto E Imbottigliato in Scozia *en una botella, a menudo claramente identificable por las tiras fiscales de color rosa pegadas en el cierre de la botella. Los nombres de las empresas importadoras y embotelladoras bastaban para despertar la imaginación y aspirar a La Dolce Vita: Samaroli de Roma, Sestante de Parma, Giovinetti & Figli de Milán, Soffiantino de Génova y Rinaldi de Bolonia. Algunos visitantes de destilerías conocerán el pulido trabajo de los caldereros italianos, con alambiques fabricados por Frilli, que aparecen en las destilerías Harris, Raasay, Inchdairnie, Starward y Teeling, entre otras. Pero para el whisky italiano, solo hay un nombre que conocer.*

PUNI

COMPAÑÍA Familia Ebensperger

AÑO DE FUNDACIÓN 2010

SITIO WEB www.puni.com

La familia Ebensperger fundó en 2010 la destilería Puni en Tirol del Sur, y tomó el nombre del río que atraviesa el valle de Venosta. Lo que ahora tienen es una de las destilerías más espectaculares de Europa, con un edificio en forma de cubo, construido con ladrillo en celosía, inspirado en el estilo tradicional de las ventanas de los graneros de la zona. El primer destilado salió de sus grandes alambiques de cobre en 2012. Para tener mayor control, diseñaron para la destilación un método nuevo con agua muy caliente en vez de vapor. Las expresiones de Puni se presentan en botellas en forma de alambique, y en la etiqueta declara *malt whisky* en lugar de *single malt whisky.* La receta consiste en cebada malteada, centeno y trigo, y emplean cebada malteada sin turba y con turba. El objetivo es pasar a elaborar con el tiempo más espirituoso de cebada malteada 100%.

Gama principal y ediciones limitadas

La gama principal usa barricas de bourbon, jerez y vino. Puni Gold es ligero y fácil de beber, madurado en barricas de bourbon de primer llenado; Puni Sole combina el bourbon con barricas de Pedro Ximénez para aportar notas cálidas de cítricos y especias. Puni Viña madura cinco años en barricas escogidas de Marsala Vergine de Sicilia. La edición anterior, Puni Alba, maduraba en barricas de Marsala de tres años y se acababa en otras de turba. Las líneas de edición limitada han sido Arte y Aura. Puni Arte fue diseñada para dar a la empresa la libertad de embotellar expresiones seleccionadas a mano, lotes experimentales o barricas específicas raras, e incluyó los primeros *single malts* Puni de cebada malteada 100%. Puni Aura es una gama de ediciones con graduación de barrica, a menudo de barricas de sus existencias más añejas. Con gusto por el diseño elegante, Puni trata de definir lo que puede ser el whisky italiano, esperando convencer a un país amante del whisky escocés de poder encontrar la calidad que busca más cerca de casa.

Puni Gold

NOTAS DE CATA

Puni Gold
Puro de malta, madurado en barricas de bourbon de primer llenado, 43% APV
Aquí están todos los rasgos clásicos del madurado en barrica de bourbon, con miel, vainilla cremosa y drupas maduras. Los sabores logran un equilibrio entre la vainilla, miel de naranja y galletas de crema con limón y lima, y un toque de grosella espinosa que aporta acidez al final.

Puni Sole
Puro de malta, madurado en barricas de bourbon y Pedro Ximénez, 46% APV
Aquí el jerez PX lo cambia todo, con higos secos y jengibre sumados a los aromas de miel de brezo, barrita de cereales y vainilla. Aunque ligero en boca, los sabores reúnen notas de caramelo, pastel de frutas, frutos negros y pimienta.

Puni Vina
Puro de malta, madurado en barricas de Marsala Vergine, 43% APV
El marsala aporta a este whisky mayor profundidad e intensidad, con frutos negros, cuero y algunas características de centeno que se abren paso en nariz, con sabores de uva negra, arándanos y sirope de cereza, y algunas especias robustas que persisten hasta el final.

ESPAÑA

España desempeña un papel crucial en el mundo del whisky, pero no aún por su pequeña pero creciente industria. No cabe exagerar la importancia de las barricas, botas y toneles de jerez de roble español y americano para las industrias del whisky escocés e irlandés. Destiladores de todo el mundo dependen de las excelentes tonelerías y bodegas de Jerez para las mejores barricas de roble de jerez que se puedan comprar.

DESTILERÍAS ACHA

COMPAÑÍA Familia Acha

AÑO DE FUNDACIÓN 1831 (whisky desde principios de 2000)

SITIO WEB www.destileriasacha.com

Euskal Herria, o el País Vasco, cuenta con una de las gastronomías más celebradas de Europa en Donostia-San Sebastián, y con la maravilla arquitectónica del Museo Guggenheim de Bilbao, de Frank Gehry. Al sur de Bilbao, en Amurrio, Destilerías Acha es conocida por su pacharán Atxa y su gama de vermús. La historia de la empresa se remonta a 1831, y pertenece a la familia Acha desde la década de 1880. En el siglo XXI, la cultura y las bebidas espirituosas vascas han vivido un renacimiento, y Destilerías Acha se ha diversificado para incorporar el whisky. Destilan en antiguos alambiques Hervé & Moulin Charentais. La gama Haran incluye whiskies de malta de 8, 12, 15, 18 y 21 años, y el de 12 años tiene expresiones maduradas en roble ibérico, así como acabados en barricas de oporto, jerez y sidra.

NOTAS DE CATA

Haran Whiskey Traditional 12 años
Puro de malta, madurado en barricas de roble ibérico, 40% APV
Aroma a virutas de roble, ralladura de naranja, flores y hierbas secas. Perfecto para un día de verano, la textura sedosa trae vainilla, miel, dulce de azúcar y mantequilla, gominolas de plátano y especias de madera, saliendo roble tostado al desvanecerse las especias en un final de galletas de crema.

Haran Whiskey
Traditional 12 años

DYC

COMPAÑÍA Suntory Global Spirits

AÑO DE FUNDACIÓN 1958

SITIO WEB www.dyc.es

Destilerías y Crianza, o DYC, es líder del whisky español. Tiene su sede en la histórica ciudad de Segovia, una bonita ciudad dominada por su impresionante acueducto romano, a una hora al norte de Madrid. Aquí los inviernos son muy fríos.

Don Nicomedes García, el fundador de DYC, se dedicaba al negocio de las bebidas espirituosas desde 1919, cuando con solo 18 años se hizo cargo de la pequeña destilería de su padre. Sin embargo, tras varios viajes a Escocia para aprender los secretos de la elaboración del whisky escocés, no fue hasta 1958 cuando fundó la planta DYC, que comenzó a destilar al año siguiente. El embotellado inaugural llegó en 1963. Propiedad de Suntory Global Spirits, DYC celebró su 60 aniversario en 2019, y en 2022 lanzó su primer whisky de 20 años.

NOTAS DE CATA

DYC 8 años
Mezcla añeja, mezcla de varios cereales, 40% APV
Solo cabe admirar lo bien compuesto que está este whisky, con una dulzura muy bien medida, y afrutado para bien, pero nunca acaba de explayarse. Acéptese como un whisky ligero, fácil y divertido que no decepciona:

DYC 8 años

ORIENTE MEDIO

En algunos países de Oriente Medio, el alcohol está prohibido y restringido, pero aún hay muchos en los que se permite la venta. En aeropuertos como los de Dubái y Abu Dabi hay un mercado minorista próspero de whisky para pasajeros de larga distancia en escala y viajeros internacionales que salen de los Emiratos Árabes Unidos después de viajes de negocios o de placer, y ahora la región cuenta también con su propia feria de whisky.

La destilería M&H de Israel es la empresa productora de whisky más conocida de Oriente Medio, pero en Israel hay otras destilerías, como N.G.K, la segunda destilería de M&H, y las destilerías Golani Heights y Yerushalmi de David Zibell.

Mientras tanto, en el Líbano están emergiendo marcas como Ana Beirut, Athyr y Levant Heights, aunque algunas de las técnicas que emplean pueden traspasar los límites de lo que se considera whisky. En Oriente Medio, como en África, para elaborar un buen whisky hay que superar los retos del clima, que afecta a la disponibilidad de materias primas como el agua, la cebada y el roble. Aparte de las elevadas tasas de pérdida por evaporación en las barricas, el calor sofocante puede causar estragos en la fermentación y la destilación.

ISRAEL/DESTILERÍA M&H

COMPAÑÍA Gal y Lital Kalkshtein

AÑO DE FUNDACIÓN 2012

SITIO www.mh-distillery.com

Fundada en 2012 por Gal y Lital Kalkshtein, la destilería M&H, abreviatura de Milk & Honey («leche y miel»), fue otro sueño destilador hecho realidad gracias a la experiencia del asesor internacional Jim Swan (1941–2017), quien ayudó al equipo a sortear los peligros y dificultades de destilar y madurar whisky en el caluroso clima de Tel Aviv, con sus 300 días de sol al año.

El agua es un recurso crítico en la región, y la ciudad depende de plantas desalinizadoras de agua de mar y subterránea. La destilería emplea agua subterránea filtrada, purificada, y que es también sostenible. En Israel se cultiva poca cebada apta para destilar, y el maestro destilador Tomer Goren importa la malta. Salvo en las campañas de malta con turba, que duran dos semanas, dos veces al año, suele destilar malta sin turba en sus dos alambiques de cobre.

***La destilería M&H triunfa** elaborando whisky puro de malta en un medio improbable.*

Maduración rápida en diferentes lugares

Con una pérdida por evaporación del 8–12 %, la maduración es comprensiblemente rápida, y carecen de sentido edades declaradas como las del whisky escocés, aunque no se embotella ningún whisky de menos de tres años. Exponen las barricas a cinco climas de maduración sin climatizado: la ciudad a nivel del mar, el mar Muerto, el desierto del Néguev, los Montes de Jerusalén y la Alta Galilea. Si se combina con las opciones de lugar para la maduración, la selección de barricas es amplia y experimental, y ha incluido las barricas STR preferidas por Swan, de jerez kosher, con turba de Islay, de cerveza y de vino israelí. Además de su emblemático M&H Classic, embotellan la serie Elements, variaciones del Classic, la serie experimental Apex, barricas únicas y la línea Art & Craft. Como un actor principal entre los whiskies del mundo, y otro aspecto del legado de Jim Swan, M&H está mostrando al mundo que la elaboración de whisky puede prosperar contra toda probabilidad en los lugares más inesperados.

NOTAS DE CATA

M&H Classic
Puro de malta, madurado en barricas de bourbon, roble nuevo y barricas de vino STR, 46 % APV
Tonos delicados de sirope dorado, malvavisco, jazmín y nuez moscada siguen a la nariz, con un tentador equilibrio de sabores entre notas de vainilla, miel y galletas de mantequilla, y las de naranja jugosa en desarrollo.

M&H Elements Sherry Cask, 46 %
Puro de malta, madurado en barricas de PX y oloroso con certificación kosher, 46 % APV
Aromas de cereza negra, fresa, ciruela y pimienta negra. En boca trae diversas bayas rojas, con chocolate, roble y galletas Bourbon de chocolate negro y mantequilla en el final.

M&H Elements Sherry Cask, 46 %

LÍBANO/RIACHI WINERY & DISTILLERY

COMPAÑÍA Familia Riachi

AÑO DE FUNDACIÓN 2013

SITIO WEB www.riachi.me

La bodega familiar Riachi, en Khenchara, a 30 km al nordeste de Beirut, funciona desde 1839 y es conocida por sus excelentes vinos, arak y licores. En 2013, el maestro destilador Roy Riachi empezó a hacer whisky con cebada libanesa de seis hileras del valle de la Bekaa malteada en el suelo. A diferencia de la mayoría de las destilerías de whisky, Riachi madura sus whiskies de forma poco convencional en ánforas de barro de entre 120 y 180 litros, en cuyo interior ponen ramas curadas de roble libanés.

En 2019, Beirut vio el lanzamiento del primer whisky libanés: Riachi produce el whisky puro de malta Athyr y Levant Heights, gama más experimental de whiskies artesanos que incluye Espresso Roast Dark Malt, de malta normalmente usada para hacer cerveza negra; Malt & Wheat, de cebada malteada y trigo duro libanés, destilado tres veces y envejecido en roble blanco; Dual Horizons, de una mezcla de cebada malteada de Escocia y Líbano; y Levant Highland King's Tower, un whisky de maíz libanés.

NOTAS DE CATA

Athyr Empire
Puro de malta, envejecido en ánforas de barro con inserciones de roble libanés, 55 % APV
Mucha personalidad, con aromas oscuros y dulces de vainilla, higo, azúcar moreno, cerveza de raíz y pimienta negra en nariz. Rebosa picante, con notas de chocolate, vainilla en rama y especias terrosas tostadas, y luego florecen sabores de cola, roble y tarta Sacher hasta el final.

Levant Heights Dark Malt
Puro de malta, madurado en barricas nuevas de roble blanco, 43 % APV
Una mezcla cautivadora de aromas de café tostado, esencia de vainilla, chocolate amargo y nueces pecanas chamuscadas, y hacen fruncir la boca la melaza, notas de café, azúcar moreno y avellana: tiene algo de gusto adquirido.

Levant Heights Dark Malt

SUDÁFRICA

Para el whisky escocés, África es un mercado en crecimiento, sobre todo Sudáfrica, Kenia, Angola y Nigeria. Como Líbano, Sudáfrica es un país productor de vino, y en este siglo también se ha hecho un nombre con whiskies muy respetados. El foco aquí está en Drayman's y James Sedgwick, pero no son los únicos lugares en que se elabora whisky. En la destilería Helden, Pieter van Helden trabaja en definir un whisky de estilo africano experimentando con malta de sorgo, arroz africano y mijo, entre otros cereales, y la destilería Qualito Craft, cerca del Parque Nacional Kruger, embotella un Limpopo 10 años de barrica única, y como técnica especial de añejado añade virutas de madera de la barrica a sus botellas de whisky Heimer.

DRAYMAN'S

Drayman's Highveld French Oak Reserve 5 años

COMPAÑÍA Moritz Kallmeyer

AÑO DE FUNDACIÓN 2000

SITIO WEB www.draymans.com

Drayman's es una microcervecería y destilería artesana de Silverton (Pretoria), a 1600 m sobre el nivel del mar. Tras muchos años como cervecero aficionado, el propietario Moritz Kallmeyer abrió en 2000 la cervecera artesana, y una década más tarde lanzó su propio *single malt*. Kallmeyer desarrolló un sistema de solera de ocho barricas de roble francés utilizando whiskies sudafricanos y escoceses, y embotelló la primera partida en 2009. Hoy elabora cervezas de trigo, ahumadas, lager e incluso hidromiel. Ah, y mampoer, fogoso espirituoso autóctono destilado a partir de diversas frutas que solo se hace en Sudáfrica. El whisky se produce en pequeñas cantidades, madura en roble francés y se exporta solo ocasionalmente por iniciativa de partidarios entregados de los whiskies del mundo, como Fred Barnet, de Anthem Imports, en EE.UU. (drinkanthem.com), de modo que si se ve hay que comprarlo, pues hay muy poco.

NOTAS DE CATA

Drayman's Highveld French Oak Reserve 5 años
Puro de malta, madurado en barricas de roble francés, 43% APV
La fragancia atractiva de notas cítricas, bizcocho de vainilla, cereales y especias en nariz. El primer sorbo revela mermelada, malta y miel, con cacao en polvo y especias en el final.

JAMES SEDGWICK

COMPAÑÍA Heineken Beverages

AÑO DE FUNDACIÓN 1991

SITIO WEB www.jamessedgwickdistillery.co.za

El camino a la destilería James Sedgwick, hogar del whisky sudafricano.

La historia de la destilería James Sedgwick se remonta al siglo XIX, pero nada tiene de anticuada, pues su programa de producción de whisky no arrancó de forma cabal hasta 1991. En 2009, la destilería de Wellington, al nordeste de Ciudad del Cabo, se modernizó y amplió, y se añadió equipo nuevo para aumentar la capacidad para producir su *single malt* Three Ships y Bain's Cape Mountain Whisky. Entre las mejoras, dos alambiques nuevos de Forsyth's Ltd de Escocia, diseñados en el estilo de los de Bowmore en Islay para aumentar su considerable capacidad de destilación de grano. Tienen siete bodegas, y el whisky madura antes en Sudáfrica que en Escocia, con una parte de los ángeles (la parte del destilado que se evapora) del 3–5 % anual.

El papel de Andy Watts

Hoy la gama Three Ships incluye una amplia cartera de expresiones con y sin edad declarada de hasta 21 años, y una Master's Collection de acabados especiales.

El whisky sudafricano tiene una gran deuda de gratitud con el maestro destilador Andy Watts, antiguo jugador de críquet del Derbyshire que emigró a Sudáfrica y se dedicó al negocio del vino y los espirituosos. Aprendió a hacer whisky en Escocia, en las destilerías Bowmore, Auchentoshan y Glen Garioch, en los primeros años de su carrera en el sector, gracias a un programa de intercambio técnico con Morrison Bowmore Distillers. Con Watts al frente, el whisky de James Sedgwick ganó mayor reconocimiento y obtuvo premios internacionales en un momento en que entre los aficionados crecía la curiosidad por los whiskies elaborados fuera de Escocia.

El gigante sudafricano de las bebidas Distell Group Ltd se formó en 2000 e incorporó la bodega Stellenbosch Farmers' Winery, donde trabajaba Watts desde 1984. En 2013, Distell compró Burn Stewart Distillers, y puso así un pie firme en el mercado del whisky escocés como propietario de las destilerías Bunnahabhain, Deanston y Tobermory y la mezcla Black Bottle. Watts fue director de excelencia intrínseca del whisky de Distell, responsable de toda la cartera de marcas y de supervisar la producción de whisky de grano y malta en James Sedgwick. En 2023, Heineken adquirió Distell junto con Namibia Breweries Ltd, y formó el nuevo grupo Heineken Beverages. Tras más de 38 años, Watts se jubiló en 2021 para dedicarse a proyectos propios, es la figura más conocida del whisky en el continente africano y sigue apoyando a las marcas que ayudó a desarrollar en la destilería James Sedgwick. La destilería también se ha abierto al público, convirtiéndose en una importante nueva atracción para turistas del whisky sudafricanos y extranjeros.

Three Ships 12 años

NOTAS DE CATA

Bain's Cape Mountain Whisky
Single grain, *madurado en barricas de bourbon, 40 % APV*
Destilado a partir de trigo o maíz, lo ingenioso es la doble maduración durante 4–5 años en barricas de bourbon de primer llenado. En nariz, miel, vainilla, virutas de roble, plátano maduro y notas florales elegantes, y en boca vainilla dulce, piel confitada de cítricos, melón maduro, *toffee*, especias ligeras y una textura aterciopelada y apetecible de chocolate blanco fundido que incita a repetir.

Three Ships 12 años
Puro de malta, madurado en barricas de roble americano, 46,3 % APV
Lanzado por Andy Watts en la Master Distiller's Private Collection, los aromas se abren con frutas secas, bizcocho de vainilla, *pâte de fruits* de cereza y cuero nuevo. De soda de cereza, arándano fresco, manzana roja y pimienta negra se pasa a pasas jugosas y chocolate, con humo de turba, carbón de roble y regaliz negro en el final.

GLOSARIO

Acabado en barrica La práctica de emplear una barrica secundaria para un periodo de maduración añadido que aporta sabores y complejidad. Llamado a veces maduración secundaria, o simplemente acabado, no tiene una duración mínima o establecida, pudiendo ser tan breve como un par de semanas o durar varias décadas para un acabado perfecto.
Alambique de aguardiente En la destilación doble, este alambique se encarga de la segunda destilación del lote, de la que se obtiene *new make* del destilado procedente del alambique de colada.
Alambique de colada En la destilación por lotes, el alambique de colada se usa para la primera destilación, en la que se destila el mosto fermentado.
Alambique Lomond Este alambique se diseñó para que la destilería pudiera variar el carácter del destilado producido. El nivel de flujo se altera mediante un condensador añadido, para obtener un destilado pesado o ligero, según se requiera.
Alambique Los grandes recipientes en forma de cebolla o lámpara, casi siempre de cobre, empleados en la destilación por lotes. Su tamaño y forma varían, y las diferencias afectan al estilo del destilado que producen. En EE. UU., un *doubler* (duplicador) es un alambique conectado al destilador o alambique de columna encargado de la segunda destilación.
Alambique Recipiente en el que tiene lugar la destilación. Hay dos tipos básicos, el tradicional para la destilación por lotes, y el de columna para la destilación continua.
APV (alcohol por volumen) La proporción de alcohol en una bebida, expresada como porcentaje. El whisky suele embotellarse a entre el 40 o 43 % hasta más del 60 %.
Barrica El barril de roble donde madura el whisky, del que hay muchos estilos y tamaños diferentes. Una distinción importante es la madera usada: el roble americano, europeo o mizunara japonés, por ejemplo, imparten sabores distintos. Algunos países permiten maderas distintas del roble en barricas de maduración o acabado, como el castaño, el cerezo o la amburana. Otro rasgo importante es el uso previo de la barrica y los sabores que haya absorbido la madera, como bourbon, jerez, vino, vino generoso o cerveza. Las barricas pueden servir para acabar de madurar otros destilados, como el bourbon, o aromatizarse con otros líquidos, como las barricas sazonadas con jerez. En EE. UU., el whiskey suele madurar en barriles de 180-200 litros, y estos se reutilizan en otros lugares: en Escocia suelen desmontarse y usarse para hacer toneles de 250 l. Las mayores barricas empleadas para madurar whisky tienen una capacidad de 500 l.
Barril *véase* barrica.
Blended at birth («Mezclado al nacer»). Mezcla de varios destilados *new make* antes de envejecer en barrica, por lo general whiskies puros de malta y *single grains*, en lugar de la mezcla de whiskies ya madurados. El resultado final no deja de ser una mezcla, pero ya no es legal elaborar productos de este tipo en Escocia.
Blended malt Mezcla de whiskies puros de malta de más de una destilería.
Bourbon Producido en EE. UU. a partir de un macerado con al menos un 51 % de maíz, destilado hasta una graduación máxima del 80 %, y envejecido en barricas de roble nuevas y tostadas a una graduación no superior al 62,5 %. Un bourbon *straight* debe envejecer al menos dos años. Su patria es Kentucky, pero es legal producirlo en cualquier estado de EE. UU.
Brazo de lyne El tubo que va de la cabeza del alambique al condensador, cuyo ángulo, altura y grosor influyen en las características del destilado.
Cabezas La primera fracción producida durante una destilación por lotes. Las cabezas no son lo bastante puras, pasan a un recipiente de cabezas y colas y se usan en la siguiente destilación.
Cask strength Whisky embotellado directamente de la barrica en lugar de diluido hasta una graduación específica. Suele tener una graduación de 57–63 % APV, pero puede ser mucho menor en whiskies más viejos.
Colas Última fracción producida durante una destilación realizada por lotes. Las colas no tienen buen aroma, y pasan a un recipiente de cabezas y colas donde se mezclan con el producto de la primera fracción y se vuelven a destilar.
Condensador El destilado vaporizado que sale del alambique vuelve al estado líquido en un condensador. Los condensadores requieren para la tarea una gran cantidad de agua fría. Los de tipo tradicional *(worm tub)* consisten en un serpentín de cobre de ancho menguante en un recipiente de agua fría fuera de la sala de alambiques, o de la propia destilería. Se han sustituido en gran medida por intercambiadores de calor de carcasa y tubos, habitualmente dentro de la sala, pero algunas destilerías nuevas han instalado *worm tubs* para obtener un carácter determinado.
Corte medio *véase* puntos de corte.
Cubas de fermentación Recipientes a los que se añade la levadura al mosto para que fermente.
De relleno Barricas ya usadas para madurar whisky, que se usan una segunda o tercera vez.
Destilación continua Producción de un destilado como proceso continuo, a diferencia de la destilación por lotes. La destilación continua usa un destilador o alambique de columna (también llamado *patent* o Coffey) en lugar del alambique tradicional. Tiene dos columnas conectadas, el rectificador y el analizador. El mosto fermentado frío desciende por el rectificador en un serpentín, donde se calienta. Luego pasa a la cabeza del analizador, por el que va goteando sobre una serie de planchas perforadas de cobre. Al pie del analizador entra vapor que atraviesa el mosto fermentado, haciendo que libere vapor de alcohol, que asciende por el analizador y luego pasa al pie del rectificador. Aquí asciende de nuevo para condensarse por efecto del mosto fermentado frío (que así se calienta) a medida que asciende en zigzag a través de otra serie de planchas perforadas de cobre. Al ascender el vapor, va ganando en pureza y fuerza, hasta que se retira en el recipiente de recogida a 94 % APV.
Destilación por lotes Método en que, a diferencia de la destilación continua, se obtienen lotes ligeramente distintos, lo cual confiere una cualidad artesanal.
Destilador de columna También llamado alambique continuo, Coffey o *patent*, es el tipo de alambique empleado en la destilación continua.
Destilería silenciosa Destilería cuya producción de whisky se ha detenido, aunque sea de modo temporal.
Draff Nombre escocés de los restos del grano después del macerado. Es un alimento nutritivo para el ganado, tanto húmedo como secado y peletizado.
Dunnage Bodega baja tradicional escocesa con suelo de tierra donde el whisky madura en barricas de roble.
Duplicador *véase* alambique
Eau de vie (Literalmente, «agua de vida».) Aguardiente, así llamado habitualmente para referirse a destilados a base de uva. Compárese con *uisge beatha*.
Edad declarada El número en la etiqueta, por ejemplo *12 years old*, que representa el mínimo de años que ha madurado el whisky más joven en barrica.
Embotellador/embotellado independiente Empresa que comercializa botellas de whisky independientemente de los embotellados oficiales de las destilerías, con las que acuerdan bonos de garantía. Encargan *new make* y pueden madurarlo en su propia bodega, comprando barricas a empresas y particulares y embotellando el whisky como y cuando deseen. El embotellado independiente puede ofrecer una perspectiva distinta del estilo característico de una destilería, por tener una edad declarada, graduación o acabado en barrica distintos.
Expresión Término que distingue a un whisky particular en relación con la producción general de una destilería o empresa. Puede referirse a la edad, como en una expresión de 12 años, o a un rasgo particular, como la expresión *cask strength* (con graduación de barrica).

Fenoles Grupo de compuestos químicos aromáticos. En la producción de whisky se refiere a las sustancias químicas que imparten sabores ahumados y medicinales a la malta y al whisky de ella obtenido, que puede describirse como fenólico. Los fenoles se miden en partes por millón (ppm). Los whiskies altamente fenólicos, como Laphroaig y Ardbeg, emplean malta tratada con turba hasta entre 35 y 50 ppm.
Grist Grano molido y malteado. Se le añade agua para luego macerar.
High wines (EE. UU.) Mezcla de la primera destilación con las colas y cabezas de la segunda. Con una graduación aproximada de 28 % APV, se someten a una nueva destilación para obtener *new make*.
Levadura Ser vivo que convierte el azúcar en alcohol y dióxido de carbono.
Lote En la destilación por lotes –practicada con alambique tradicional–, una destilación completa. El destilado producido es de calidad variable, y se divide por puntos de corte.
Low wines El producto de la primera destilación, con una graduación aproximada del 21 %. Compárese con *high wines*.
Maduración Para que el *new make* se convierta en whisky, debe pasar por un periodo de maduración en barrica de roble, cuya duración varía: en Escocia e Irlanda, el mínimo son tres años; para llamarse *straight rye* o bourbon *straight* en EE. UU., debe madurar durante al menos dos años.
Malteado El proceso de iniciar y detener deliberadamente la germinación del grano para maximizar su contenido en almidón. Cuando el grano comienza a germinar por efecto del calor y la humedad, se convierte en malta «verde» (que acaba de iniciar la germinación), luego secada para producir la malta.
Mash Mezcla de grano malteado y molido y agua.
Mash tun El recipiente o caldera donde el grano malteado y molido se mezcla con agua caliente para convertir el almidón en azúcares, listo para la fermentación. El líquido fermentable resultante es el *wort* o mosto, y el residuo sólido (cáscara y grano sobrante), el *draff*.
Mashbill El macerado, o mezcla de grano usada para hacer un whisky en particular. En EE. UU. hay normas legales específicas para el porcentaje de grano de determinado tipo para hacer bourbon, Tennessee whiskey y *rye* whiskey, por ejemplo.
Mosto fermentado El líquido resultante después de añadir levadura al mosto, que fermenta como cerveza. El mosto fermentado tiene una graduación aproximada de 7 % APV, y pasa al alambique de colada para la primera destilación.
Mosto Líquido dulce obtenido al mezclar agua caliente con grano en una caldera de remojo.
NAS o *no age statement* Whisky sin edad declarada, en cuya etiqueta no figura el número de años de maduración, generalmente porque algunos o todos los whiskies componentes son muy jóvenes.
New make El destilado incoloro utilizable obtenido del alambique. Su graduación aproximada es de 70 % APV, y suele diluirse hasta alrededor del 63,5 % antes de madurar en barrica. En EE. UU. se conoce como *white dog*, y debe salir del alambique a un máximo de 80 % APV.
Pagoda El tipo de tejado característico del horno de secado de las destilerías en Escocia y otros lugares, como Japón. El diseño clásico, llamado *Doig's Ventilator*, atrae aire caliente hacia arriba a través del horno para secar la cebada malteada y detener la germinación. Se ha propuesto como nombre más preciso *cupola* («cúpula»), pero «pagoda» se mantiene en el uso popular.
Parte de los ángeles La cantidad de líquido evaporada de la barrica durante la maduración, que puede variar entre un 1-2 % anual hasta el 12 % según las condiciones de la bodega, y aumentar o reducir la graduación alcohólica.
Peated Cebada a la que se ha añadido turba en el horno de secado para dar un carácter ahumado y fenólico que adsorben las cáscaras. El sabor ahumado se refina a lo largo de todas las fases de producción del whisky. Tradicionalmente asociado al whisky escocés, hoy es una práctica extendida en muchos países productores de todo el mundo.
Poteen *véase uisce poitín*.
ppm *véase* fenoles.
Primer llenado Barrica usada por primera vez para madurar *new make* y hacer whisky. Una de jerez habrá contenido solo jerez antes de su primer uso para madurar whisky; una barrica de primer llenado de bourbon se habrá usado una sola vez para contener bourbon antes de madurar whisky en ella.
Puntos de corte En el proceso de destilación con alambique tradicional, el operario divide el destilado en tres cortes para separar la parte utilizable del resto, que debe destilarse de nuevo. El primer corte contiene las cabezas (*foreshots*); el medio es la parte utilizable: y el corte final contiene las colas (*feints*, o *aftershots*).
Rectificador *véase* destilación continua.
Reflujo El proceso por el que el vapor alcohólico más pesado vuelve a caer al alambique en lugar de pasar por el brazo de lyne al condensador. Así este vapor se vuelve a destilar, volviéndose más puro y ligero. El tamaño, altura y forma del alambique, así como el modo de empleo, influyen en el grado de reflujo, y por tanto en la ligereza y carácter del destilado. Los alambiques de cuello largo tienen un grado de reflujo mayor, y producen destilados más delicados que los más achaparrados, que tienden a producir whiskies más densos y untuosos.
Rickhouse Bodega de maduración, y término empleado por lo general en EE. UU. Pueden ser de ladrillo y piedra, y tener paredes recubiertas de madera o metal, lo cual afecta a las condiciones de maduración de las barricas que guardan.
Secado En el proceso del malteado, se calienta suavemente la malta «verde» para cortar la germinación y conservar así el contenido en almidón para convertir en azúcares (en la fase de macerado), que acabarán convertidos en alcohol. Puede añadirse turba al horno de secado para impartir a la malta un sabor ahumado.
Single cask Embotellado procedente de una única barrica (a menudo con graduación de barrica), y valorado por su individualidad.
Single malt Whisky puro de malta producto de una sola destilería.
Spirit safe Caja con paredes de vidrio a través de la cual pasa el destilado y que sirve para controlar su pureza. El operario la emplea durante la elaboración para estimar la calidad y determinar los puntos de corte.
STR La barrica *shave-toast-rechar* («afeitado-tostado-quemado») es una barrica usada para vino tinto sometida a un proceso en tres fases antes de usarla para madurar o acabar whisky. Es un método de rejuvenecimiento que extiende la vida útil de las barricas, popularizado por el asesor en materia de whisky Jim Swan, quien lo recomendó a muchos de sus clientes de destilerías de todo el mundo.
Tambores de malteado Grandes cilindros donde germina el grano en el malteado industrial de la cebada. Los tambores se ventilan con aire a temperatura controlada y giran para evitar que los granos se apelmacen.
Triple destilación La destilación por lotes suele consistir en dos destilaciones: una en alambique de colada y otra en alambique de aguardiente. La triple destilación –el método tradicional en Irlanda– busca obtener un destilado más equilibrado y puro.
Uisce poitín Históricamente, el término gaélico irlandés para whiskey producido sin licencia, habitualmente llamado *poteen*.
Uisge beatha/uisce beatha Términos en gaélico escocés e irlandés, respectivamente, de los que deriva la palabra «whisky». Significa «agua de vida», al igual que *eau de vie* y *aqua vita*.
Vatting La mezcla de whisky de varias barricas. Esto suele hacerse para lograr un sabor regular a lo largo del tiempo.
Whisky de mezcla (*blended/blend*) En Escocia, una mezcla de whiskies de malta y de grano. Un whiskey de mezcla irlandés debe incluir un mínimo de dos o más estilos de whiskey, como uno puro de malta, un *single pot still* y un *single grain*. Un whiskey *blended* estadounidense debe incluir un mínimo de un 20 % de whiskey *straight*, pero el resto puede incluir alcohol rectificado y whiskey de otros tipos.
Worm tubs *véase* condensador.

ÍNDICE

Los números de página en **negrita** remiten a las entradas principales. Los números en *cursiva* hacen referencia a las notas de cata.

H

I

M

R

Y Z

La cuba de maceración *de la destilería Indri, en India (p. 253)*

CRÉDITOS FOTOGRÁFICOS

El editor desea dar las gracias a las numerosas destilerías y organizaciones que han proporcionado imágenes para este libro. Gracias también a The Whisky Exchange y a Master of Malt, que han proporcionado imágenes de varias botellas. Por último, gracias a las siguientes personas por su amable permiso para reproducir sus fotografías:

(Clave: a-arriba; b-abajo; c-centro; d-derecha; e-extremo; i-izquierda; s-superior)

Alamy Stock Photo: Associated Press / Koji Ueda 185sc, Derek Croucher 20-21, dpa picture alliance 265, Horst Friedrichs 137sd, Robert Grim 162, Rasvan ILIESCU 14, imageBROKER.com GmbH & Co. KG / Peter Giovannini 119s, imageBROKER.com GmbH & Co. KG / Robert Seitz 19bd, Rod Kirkpatrick 292cb, Iain Masterton 131, Iain Masterton 138, mauritius images GmbH / Novarc Images / Frame Focus Capture Photography 4, PA Images / David Cheskin 143s, Scott Hortop Travel 91sd, Ivan Vdovin 117s

Dreamstime.com: Helena Bilkova 268-269, Brina Bunt 178-179, Dmitry Serpakov 11si

Getty Images/iStock: Roberto Vecchio 332–333

Shutterstock.com: Chapatta 230-231, DerekTeo 6-7, Lukassek 156-157, Jan Miko 8-9

Whisky Saga: Thomas hrbom 148ci

Datos cartográficos de OpenStreetMap, accesibles con una licencia Open Database.

Página 2: Alambiques de cobre en la destilería Aberfeldy.
Página 4: Valle Three Sisters, Glencoe, Escocia.
Páginas 332–333: Lago Black, en Gap of Dunloe, Parque Nacional Killarney, condado de Kerry, Irlanda.

AGRADECIMIENTOS DE LA EDITORIAL

DK desea agradecer a Marta Bescos la búsqueda de imágenes, a James MacDonald su trabajo en la cartografía, a Kathy Steer la corrección de los textos y a Ruth Ellis la indexación de esta edición de 2024. DK también desea agradecer a Jonny McCormick, Gavin D. Smith, Fiona Holman y Sunita Gahir todo su trabajo en esta edición.

SOBRE LOS AUTORES

JONNY McCORMICK

El escritor y fotógrafo Jonny McCormick colabora en la revista *Whisky Advocate* (M. Shanken Communications Inc.), la publicación sobre bebidas espirituosas más importante de Estados Unidos, con más de un millón de lectores aficionados al whisky. McCormick comenzó a escribir para *Whisky Advocate* en 2006, donde es el experto principal de whisky escocés de mezcla, mezcla de malta, whisky de grano y whiskey irlandés, así como el crítico de whisky japonés y mundial con más años de experiencia. Ha escrito numerosos artículos sobre whisky para *Wine Spectator*, así como otros libros y publicaciones internacionales sobre bebidas y estilo de vida. En 2013 fue nombrado Keeper of the Quaich. McCormick ha impartido conferencias sobre whisky en América del Norte, Europa y Asia, y es una autoridad en subastas de whisky y en el mercado minoritario de whisky. Reside en Escocia, rodeado de destilerías de whisky escocés, y es posiblemente la única persona que ha conducido un deportivo rojo hasta la destilería Wolfburn y lo ha aparcado bajo los alambiques.

GAVIN D. SMITH

Dedicado profesionalmente a la escritura desde mediados de la década de 1980 y reconocido como uno de los principales expertos sobre whisky del mundo, Gavin D. Smith es colaborador de la revista *Whisky Magazine*. También escribe artículos para una amplia gama de publicaciones internacionales y realiza regularmente trabajos por encargo para importantes empresas de bebidas. Es autor y coautor de más de treinta libros sobre whisky, cerveza, historia y literatura escocesas, entre los que se incluyen *Worts Worms and Washbacks*, *An A–Z of Whisky*, *Whisky Wit & Wisdom*, *The Whisky Men*, *Discovering Scotland's Distilleries*, *Goodness Nose* —escrito junto con el maestro mezclador Richard Paterson— y dos ediciones de *The Micro-distillers' Handbook*. Junto con el difunto Dominic Roskrow, actualizó, revisó y editó tres ediciones de *Malt Whisky Companion*, de Michael Jackson. Entre sus publicaciones más recientes se encuentran *The A9 Handbook* y una historia de The Dalmore. Vive en la región de Scottish Borders y es Master of the Quaich, el máximo honor otorgado por la industria del whisky escocés.

AGRADECIMIENTOS DE LOS AUTORES

Gavin desea agradecer a las siguientes personas su generosa ayuda en las tareas de documentación para este libro:

ESCOCIA John Fordyce, The Borders Distillery; Francis Cuthbert, Daftmill Distillery; Ewan Gunn, Diageo plc; Philip y Simon Thompson, Dornoch Distillery; Ian Palmer, InchDairnie Distillery; Peter Kwasniewski, Isle of Harris Distillery; Alisdair Day, Isle of Raasay Distillery; John Campbell, Lochlea Distillery; Malcolm Rennie y Leonard Russell, Rosebank Distillery; Angela Brown y Cara Laing, Strathearn Distillery; y Bruce Perry, Torabhaig Distillery.

IRLANDA Alex Thomas, Bushmills and Causeway Distillery; John Teeling, Great Northern Distillery; Brendan Carty, Killowen Distillery; David Boyd-Armstrong, Rademon Estate Distillery; Ruairi Burns, Titanic Distillery; y Ned Gahan, Waterford Distillery.

Jonny desea agradecer a la red de destiladores, importadores, comercializadores, equipos de relaciones públicas y mensajeros sus contribuciones desde todas partes del mundo. Un agradecimiento especial a Fred Barnet, de Anthem Imports; Stephen Davies, de Penderyn Distillery; Kris Elliott, de High Road Spirits; Sam Filmus, de ImpEx Beverages Inc.; y Raj Sabharwal, de Glass Revolution Imports. Nada de esto habría sido posible sin el apoyo de mi familia y de mis colegas, editores y publicistas de *Whisky Advocate*.

Por último, gracias a Lucy Sienkowska, Izzy Holton y Marta Bescos, del maravilloso equipo de DK, con un agradecimiento especial a nuestra brillante editora Fiona Holman por su meticuloso trabajo y su perseverancia para llevar esta edición a buen puerto.